The Flat World and Education
How America's Commitment to Equity
Will Determine Our Future

平等的教育将如何决定未来
平面世界与美国教育

〔美〕琳达·达令－哈蒙德 著

孟梅艳 译

商务印书馆
The Commercial Press
创于1897

First published by Teachers College Press, Teachers College, Columbia University, New York, New York USA. All Rights Reserved.

前　言

琳达·达令 – 哈蒙德（Linda Darling-Hammond）是世界上主张公平、社会正义、学校与教师培养转型的最雄辩、最权威、最积极、最多产的学者之一。这本堪称经典的著作《平等的教育将如何决定未来：平面世界与美国教育》（*The Flat World and Education: How America's Commitment to Equity Will Determine Our Future*）包含了她的多项贡献。达令 – 哈蒙德通过无可争议但又让人警醒的统计数据，说明其他国家（如韩国、芬兰、日本和英国）的学生在数学和科学成绩方面的表现均优于美国学生，美国面临着严峻的国家危机。她还提出令人信服的证据表明，如果美国不能举全国之力改善为最弱势、被忽视学生所提供的学校和教师教育，就无法满足其目前和未来的科技需求。达令 – 哈蒙德指出，美国学生和其他发达国家学生之间显著的成绩差距正在日益扩大而非缩小。

自 20 世纪初以来，美国学校中的移民学生数量日益增长。每年大约有 100 万人口移居美国（Martin & Midgley，2006）。根据美国人口普查（2007年）的预计，少数族裔人口比例将从 2006 年的三分之一增加到 2042 年的 50%（Roberts，2008）。2006 年美国人口总数约为 3 亿，大约 1 亿为少数族裔。1997 年至 2006 年，大约有 900 万移民进入美国（美国国土安全局，2007），其中只有 15% 来自欧洲各国。大多数移民来自墨西哥、亚洲、拉丁美洲、中美洲和加勒比国家（美国国土安全局，2007）。另外，每年还有大量无法准确估算的非法移民进入美国。2007 年《纽约时报》估计，美国有 1200 万非法移民（2007 年 6 月 4 日星期一，第 A22 页）。人口族裔多样性的增加对美国中小学、学院和大学产生了巨大的影响。据发展政策研究所（Progressive Policy Institute）估计，2008 年有 5000 万美国人（全美国共 3 亿人口）在家中说英语以外的其他语言。

20 世纪初，大量移民从南欧、中欧、东欧进入美国，此后美国学校的多样性逐渐增强，今天尤为如此。在 1973 年至 2004 年的 30 年间，美国公立学校中非白人学生的比例从 22% 上升到 43%。按照目前的发展趋势，不出 20 年美国公立学校中非白人学生的比例将追上，甚至超过白人学生的比例。目前以下六个州的非白人学生数量已经超过了白人学生：加利福尼亚州、夏威夷州、路易斯安那州、密西西比州、新墨西哥州和得克萨斯州（Dillon，2006）。

达令 – 哈蒙德描述了低收入学生及非白人学生的学业成绩对美国学生整体成绩的影响。亚裔和白人学生在所有科目中的成绩均高于经济合作与发展组织（Organization for Economic Cooperation and Development，OECD）的平均水平。然而，加上非裔和西班牙裔学生的成绩后，美国的全国平均分便"跌至排名的底部"。由于非白人学生和英语学习者（English Language Learners，ELL）在美国学生中的比例越来越高，国家的教育走向与这些学生的学业状况和成绩的关系也更为密切，可是这些学生中的大多数却被排除在社会和学校结构之外，处于边缘地位。美国的非白人学生就像教育的警示灯，他们的状况和命运预示着国家的未来。因此，正如达令 – 哈蒙德所说，我们必须在学校中实现公平，缩小美国学生与其他发达国家学生之间教育成绩日渐拉大的差距。

达令 – 哈蒙德最令人心痛和不安的发现之一是，美国的监禁率与教育不足、种族和失业有关。美国人口占世界人口的 5%，却关押着全球 25%的囚犯。美国监狱中的囚犯大多是高中辍学者，很多人属于功能性文盲，有学习障碍。他们绝大多数是非白人，来自社会底层。美国监狱人口不断增加，监狱预算的增长速度达到教育预算的三倍。

这本书让人警醒，同时也给人以希望，目的在于促使国家采取行动，挑战人们对教育和学校教育普遍抱有的误解，并且提出了改革教育政策、学校教育和教师教育的蓝图。本书列出了严峻的统计数据，论述了国家的未来与被忽视的青少年命运的关联性，并指出美国学校在世界中的地位不断下降，所有这些都应激励政策制定者和教育工作者采取果断而周全的措施。达令－哈蒙德提出美国如果要阻止学业下滑、重返全球教育领袖的地位，必须实施具体的政策和学校改革，包括：（1）确定有意义的学习目标；（2）建立智能性相互问责制；（3）提供公平、充分的资源；（4）制定强大的专业标准；（5）组织适合学生和教师学习的学校。

达令－哈蒙德坦率地陈述了美国的教育危机。她指出，如果不采取行动，不制定学区、州和联邦政府可以采取的具体措施来实现教育公平，从而缩小民主理想与现实之间日益扩大的差距，后果将令人沮丧。如果我们能够改善种族关系，帮助所有学生掌握参与跨文化交流以及采取个人、社会和公民行动所需的知识、态度和技能，就会创造一个更加民主和公正的社会。

此书是多元文化教育系列丛书中的一本。该套丛书的主要目的是为师范生、一线教师和研究生提供全面且相关的书籍，这套丛书总结和分析了探讨美国各民族、种族、文化、语言群体以及主流学生所接受的多样性教育的重要研究、理论与实践。丛书提供了关于非白人学生、少数语言群体学生及低收入学生行为与学习特征的研究、理论和实践知识，还给出了如何在教育环境中改善学业成绩和种族关系的知识，从而说明多元文化教育对郊区中产阶级白人学生与居住在旧城区的非白人学生同样重要。多元文化教育有助于促进公共利益和国家的总体目标。我希望这本言语犀利、及时而又重要的著作能够对教育决策者和一线教师产生影响。

詹姆斯·A. 班克斯（James A. Banks）

参考文献

Banks, J. A. (2004). Multicultural education: Historical development, dimensions, and practice. In J. A. Banks & C. A. M. Banks (Eds.). *Handbook of research on multicultural education* (2nd ed., pp. 3–29). San Francisco: Jossey-Bass.

Banks, J. A. (Ed.). (2009). *The Routledge international companion to multicultural education*. New York and London: Routledge.

Banks, J. A., & Banks, C. A. M. (Eds.) (2004). *Handbook of research on multicultural education* (2nd ed.). San Francisco: Jossey–Bass.

Dillon, S. (2006, August 27). In schools across U.S., the melting pot overflows. *The New York Times*, vol. CLV [155] (no. 53,684), pp. A7, A16.

Martin, P., & Midgley, E. (1999). Immigration to the United States. *Population Bulletin, 54*(2), pp. 1–44. Washington, DC: Population Reference Bureau.

Progressive Policy Institute (2008). *50 million Americans speak languages other than English at home.* Retrieved September 2, 2008, from http://www.ppionline.org/ppi_ci.cfm?knlgAreaID=10 8&subsecID=900003&contentID=254619.

Roberts, S. (2008, August 14). A generation away, minorities may become the majority in U.S. *The New York Times*, vol. CLVII [175] (no. 54,402), pp. A1, A18.

Suárez–Orozco, C., Suárez–Orozco, M. M., & Todorova, I. (2008). *Learning a new land: Immigrant students in American society.* Cambridge, MA: Harvard University Press.

U.S. Census Bureau (2003, October). *Language use and English-speaking ability: 2000.* Retrieved September 2, 2008, from http://www.census.gov/prod/2003pubs/c2kbr–29.pdf.

U.S. Census Bureau (2008, August 14). *Statistical abstract of the United States.* Retrieved August 20, 2008, from http://www.census.gov/prod/2006pubs/07statab/pop.pdf.

U.S. Department of Homeland Security (2007). *Yearbook of immigration statistics, 2006.* Washington, DC: Office of Immigration Statistics, Author. Retrieved August 11, 2009, from http://www. dhs.gov/files/statistics/publications/yearbook.shtm.

致　谢

　　这本书可以说是我倾注毕生心血的作品，我要感谢太多的人为本书提供想法，虽然无法一一提及，但我还是想对一些人表示感谢。

　　我想感谢詹姆斯·班克斯（James Banks），他是教育领域的领军人物，多年来他坚持要我写这本书，他的支持和同事情谊为这本书的完成铺平了道路。

　　在我自己的学习道路上，我想特别提到我的导师伯纳德·查尔斯·沃森（Bernard Charles Watson）博士的影响，他将我招入研究生院，教会我如何理解和面对社会正义问题。一路上，有许多人教导我，支持我的工作。我要特别感谢华盛顿哥伦比亚特区前学区负责人佛罗莉塔·麦肯兹（Floretta Mackenzie），杰出的学校改革者和领导者黛博拉·梅尔（Deborah Meier）、詹姆斯·科默（James Comer）、泰德·赛泽（Ted Sizer）、安·库克（Ann Cook）、乔治·伍德（George Wood）、托尼·阿尔瓦拉多（Tony Alvarado）、艾瑞克·库珀（Eric Cooper）和查拉·罗兰德（Charla Rolland）；一起进行研究的同事霍华德·加德纳（Howard Gardner）、佩德罗·A.诺格拉（Pedro A. Noguera）、阿瑟·怀斯（Arthur Wise）、巴尼特·贝里（Barnett Berry）、格洛里亚·兰德森–比林斯（Gloria Ladson-Billings）、卡罗尔·李（Carol Lee）、珍妮·奥克斯（Jeannie Oakes）、安·利伯曼（Ann Lieberman）、戴维·柏利纳（David Berliner）、加里·奥菲尔德（Gary Orfield）、帕特里夏·加德拉（Patricia Gándara）、戴维·皮尔森（David Pearson）、克里斯·古铁雷斯（Kris Gutierrez）、安吉拉·巴伦苏埃拉（Angela Valenzuela）、雷切尔·罗坦（Rachel Lotan）、埃德·哈泰尔（Ed Haertel）、李·舒尔曼（Lee Shulman）、里奇·沙沃森（Rich Shavelson）、雷·皮切诺（Ray Pecheone）、马丁·卡尔努瓦（Martin Carnoy）、普鲁登斯·卡特（Prudence Carter）、米尔布雷·麦克罗林（Milbrey McLaughlin）、白田健二（Kenji Hakuta）、瓜达卢佩·瓦尔德斯（Guadalupe Valdés）和阿奈沙·鲍尔（Arnetha Ball）；果敢的决策者托马斯·索博尔（Thomas Sobol）和格里·蒂罗齐（Greey Tirozzi）、北卡罗来纳州前州长詹姆斯·B. 亨特（James B. Hunt）、前美国教育部长理查德·W. 莱利（Richard W. Riley）；为推动学校公平而斗争的我的同事们：克里斯托弗·埃德雷（Christopher Edley）、沙伦·波特·罗宾逊（Sharon Porter Robinson）、弗雷德·弗雷洛（Fred Frelow）、罗伯托·罗德里格斯（Roberto Rodriguez）、史蒂夫·罗宾逊（Steve Robinson）、鲁斯林·阿里（Russlynn Ali）、卡蒂·海考克（Kati Haycock）、戴安娜·丹尼尔斯（Diana Daniels）、克劳德·梅伯里（Claude Mayberry）、本杰明·托德·杰勒斯（Benjamin Todd Jealous）、马里恩·赖特·埃德尔曼（Marion Wright Edelman）、雷·巴切蒂（Ray Bacchetti）、休·费尔斯（Hugh Price）、苏珊·桑德勒（Susan Sandler）、约翰·阿菲尔特（John Affeldt）和迈克尔·雷贝尔（Michael Rebell），他们从未停下为儿童争取资源、捍卫学习权利的脚步。

本书得到了福特基金会、洛克菲勒基金会、斯宾塞基金会、华莱士基金会、纽约卡耐基公司、比尔和梅琳达·盖茨基金会、弗洛拉基金会、摩根大学家庭基金会、正义至上组织、大西洋菲律宾服务机构以及美国教育部的支持。我很感谢以上机构多年来的支持。

我的研究是与许多杰出的同事合作进行的：来自纽约市和哥伦比亚大学教师学院的杰奎琳·安纳斯（Jacqueline Ancess）、乔恩·斯奈德（Jon Snyder）、苏珊娜·奥特（Susanna Ort）、贝弗利·福克（Beverly Falk）、马里察·麦克唐纳（Maritza Macdonald）、韦尔玛·科布（Velma Cobb）等，来自加州大学和斯坦福大学的阿什·瓦苏戴瓦（Ash Vasudeva）、露丝·聪·魏（Ruth Chung Wei）、尼克尔·理查森（Nikole Richardson）、朱利安·维斯奎兹·海利格（Julian Vasquez Heilig）、戴安娜·弗里德伦德（Diane Friedlaender）、劳拉·温特沃斯（Laura Wentworth）、肯·蒙哥马利（Ken Montgomery）、迈克尔·米利肯（Michael Milliken）、皮特·罗斯（Peter Ross）和奥莉维亚·伊菲尔－林奇（Olivia Ifill-Lynch）。在本书的写作过程中，还得到了萨拉·纳什（Sarah Nash）、吉利安·哈马（Jillian Hamma）、法根·哈里斯（Fagan Harris）和塞尔希奥·罗莎斯（Sergio Rosas）的研究帮助。

杰西卡·吉米内斯（Jessica Gimenez）在参考书目和编辑方面发挥了重要作用。教师学院出版社团队，尤其是卡罗尔·萨尔茨（Carole Saltz）、苏珊·里迪克（Susan Liddico）和香农·维特（Shannon Waite），为本书的出版提供了全方位的有效支持与帮助。

当然，我要感谢我的丈夫艾伦（Allen）和孩子们——起亚（Kia）、埃琳娜（Elena）和肖恩（Sean），他们为我的工作提供了动力和最重要的支持。我的孩子们很幸运，教授起亚和埃琳娜的老师都资质良好，而且非常敬业，所有的孩子都应该受教于这样的老师。

我把这本书献给美国和世界上所有社群中争取与生俱来的受教育权利的孩子和家庭，他们的努力与主张终将换来所有人的学习权利。他们的斗争需要很大的勇气和良知。正如小马丁·路德·金（Martin Luther King Jr.）在 1968 年提出的警示：

> 在选择立场的时候，懦弱会问："安全吗？"权宜会问："是政治需要吗？"虚荣来了，问道："受欢迎吗？"但是良心却会问："这样做对吗？"有时候，一个人选择立场既不是出于安全或政治需要，也不是因为受欢迎，然而他必须这么做，因为良心告诉他这样做是对的。

目　录

第1章 平面世界、教育不平等和 美国的未来

　　未来，全球最卓越的公司将从世界各地招揽最能干、最有创意和创新精神的员工，也愿意花大价钱换取他们的服务……这样的员工除了具有"较强的英语、数学、技术和科学能力"之外，还必须乐于接受各种思想和抽象概念，善于分析和综合，拥有创意和创新能力，自律能力强，做事有条理，能够快速学习、融入团队，并能在日益迅速、剧烈的经济变化中灵活、快速地适应劳动力市场的频繁变化。如果我们延续目前的课程，在教育竞赛中领先于我们的国家也继续按照目前的速度发展，那与这些表现出色、或贫穷或富有的国家相比，美国的生活水平都将持续下降。核心问题是，我们的教育和培训体系是为了满足另一个时代的需求而建立的，在那个时代，大多数工人只要受过初级教育就足够了。对这个体系进行修修补补，是不可能实现我们的目标的。要想实现目标，只有改变教育体系一条出路。

　　　　　——美国劳动力技能新委员会（New Commission on the Skills of the American Workforce），2007 年

　　21 世纪信息丰富，技术先进，社会瞬息万变，日常生活便捷，国际竞争更加激烈。面对这些变化，我们教育改革的目标，应该是培养新一代具备迎接新世纪挑战所需要的特点与能力……教育改革必须以学生为中心……发展学生的潜力与个性。这种以学生为中心的理念强

调教育和课程改革、改良学习环境，并加强教师培训。

——香港教育委员会（Hong Kong Education
Commission），2003 年 6 月

过去 10 年中，世界各国出炉了大量报告，论述强效学习的必要性，重点是如何满足 21 世纪生活、工作和公民教育的需要。在当代民主国家，管理决策和解决社会、科学问题的程序变得无比复杂。目前，美国至少 70% 的工作岗位需要专业知识和技能，而 20 世纪初，在美国现行学校教育体系建立之时，这一比例仅为 5%。这些新的技能包括以下能力：

- 设计、评估和管理自身工作，使其不断完善；
- 使用广泛的工具和资源建立框架，调查和解决问题；
- 与他人进行战略协作；
- 进行多种形式的有效沟通；
- 发现信息、分析信息，并将信息用于多种用途；
- 开发新产品，创造新理念。[1]

此外，工作的性质还将加速变化。在 20 世纪的大部分时间里，大多数劳动者一生中从事两到三份工作。然而，根据美国劳工部（U.S. Department of Labor）的估计，今天的劳动者在 40 岁之前，很多人已经做过不止 10 份工作。[2] 2010 年预计的热门工作前 10 位，在 2004 年时并不存在。[3] 因此，学校肩负的新使命就是，培养学生面向还不存在的工作岗位，探索创造新产品的思路，思考尚未露出端倪的问题的解决方案，使用未被发明的技术。

我们的社会做好迎接挑战的准备了吗？我们能够为学生提供掌握这些复杂技能的教育吗？不只针对按传统方式选拔的、在精英学校和高级课程中学习的少数雄心勃勃的学生，也包括全国各地社区中的广大学生？我们的社会长期存在教育不平等的传统，迄今为止我们还未能实现从 19 世纪末形成的教育工厂模式向明确指向 21 世纪需求的教育模式的转变，我们会不

会受到这些问题的拖累？

本书将对这些问题进行探讨，提出美国需要比过去 25 年更加坚决地建立一个目的明确而且公平的教育体系，为所有孩子做好在知识社会获得成功的准备。这意味着抛弃各种各样充满变数、仅与教和学偶尔相关的改革举措，制定一套深思熟虑、条理清晰、支持有力的政策，让学生学会如何学习、创造和发明他们即将进入的新世界。这也意味着最终将实现美国没有兑现的承诺——人人享有平等的教育机会，这样，社会中的每个成员便能过上充实的生活，为提高社会福祉贡献力量。

巴拉克·奥巴马（Barack Obama）在其历史性的总统竞选中，称种族之间和阶层之间存在的巨大成绩差距"在道德上令人无法接受，会使经济难以为继"。当四分之三增长最快的职业要求高等教育程度时，美国的大学教育比例已经从世界第一下滑到第 16 位，只有约三分之一的年轻人拿到了大学学位。[4] 然而，在许多欧洲国家和某些亚洲国家，超过一半的年轻人将成为大学毕业生。当非白人人种儿童成为大部分城市地区的多数群体，且到 2025 年将成为整个国家的多数群体时，[5] 美国面临的危险的学业差距问题就会助长不平等现象，损害年轻人和整个国家的利益。今天，美国每 10 名低收入家庭的幼儿，仅有一名会成为大学毕业生。越来越多的人会加入被《纽约时报》称为"监狱国度"中不断壮大的囚犯队伍。[6]

在高中肄业生根本不可能找到工作的时代，美国的高中毕业率却徘徊在 70% 左右，已经从世界第一降至工业化国家的下游。当东亚和欧洲国家依靠科技进步推动经济增长时，美国学生的数学和科学成绩排名在工业化国家中却濒临末位。照此趋势，到 2012 年美国科学技术领域、"绿色"产业，以及其他行业中将有 700 万工作岗位找不到教育程度相当的美国员工。[7]（此数据为作者写作本书时的相关预测数据——译者注）

美国人想方设法解决货币危机带来的后果，这场危机在奥巴马总统上任后发酵为一场经济海啸。这让我们必须意识到，单靠金融措施不能最终保障我们的经济和社会福祉，对教育进行实质性的战略投入才是实现长期繁荣、保障民主的关键。仅靠经济援助无法摆脱这场危机，必须通过教育寻找出路。本书的主题就是探讨我们能够而且必须采取的措施。

平面、变化世界中的教育

世界在变化，如汤姆·弗里德曼（Tom Friedman）所说，变得越来越平面化。[8] 全球化让我们的工作方式、沟通方式及生活方式发生了翻天覆地的变化。公司可以基于成本和员工技能的考虑，把工作分发到世界上几乎任何建成了运输和通信基础设施的国家。美国的顾客可以购买中国和菲律宾制造的衣服，向印度的人工客服咨询新购电脑出现的问题。

由于制造业岗位实现了自动化或者被移至海外，美国经济的整体结构已经发生了巨大的变化。1967 年，国家经济产值的一半以上（54%）来自物质产品的生产和物质服务的交付（如运输业、建筑业和零售业），到了 1997 年，将近三分之二（63%）的产值来自信息产品（如电脑、书籍、电视和软件）的生产和信息服务的提供（如电信、金融服务和教育）。30 年间，仅信息服务一项在经济中所占的比例，就从三分之一左右增长至一半以上。[9]

与此同时，知识扩张的速度令人窒息。据估计，2002 年新产生了 5EB 信息（相当于国会图书馆纸质书信息量的 50 万倍），是 1999 年的三倍之多。事实上，从 1999 年至 2002 年，三年产生的新信息量几乎等同于此前世界历史上产生的信息总和。[10] 新技术信息每两年就会翻一番，因此，主要侧重于传递碎片信息、记忆信息构成稳定知识库的教育无法继续奏效。相反，学校教授学科知识必须强调核心概念，帮助学生学会如何批判性思考和自主学习，这样他们就可以将知识运用于新环境，应对瞬息万变的信息、技术、工作岗位和社会状况的要求。

这些都不是新技能，但建立于 1900—1920 年间的现行学校体系却不培养大多数学生掌握这些技能。该学校体系的基础是工厂模式，因为亨利·福特（Henry Ford）的汽车流水线而变得流行起来。其理念是把所有需要掌握的事实编成一整套知识体系，整齐地拆分为 12 年的学校教育，通过分级教材传授信息，并定期进行测试。到了 20 世纪 50 年代，"现代"方法使知识的累积可以用多项选择测试予以评估，打分完全由机器完成，无需教师参与，也省去了让学生对自己的观点进行阐释和辩护的麻烦。

这种以信息传输为导向的课程是为大规模、没有人情味的工厂模式学校所设计的，年复一年，学生从一位教师手中移交到下一位教师手中，在初中之前每 50 分钟就更换一堂科目。后来又发明了分层教学，给穷人的孩子提供基本技能课程，对于富裕人群则通过单独的"通道""层级""渠道"，或者在少数精英私立学校和富人区的公立学校中，提供思维导向型课程。虽然有各种改革致力于改变这个"最佳体系"[11]，但几十年过去了，这些特征在美国大多数中小学中依然显著存在，甚至常常因为有些以改变为初衷、最后却逐渐归于旧范式的改革而得到了强化。

然而，世界上其他国家却在转变学校体系，以满足新的需求。他们扩大教育对象，修改课程、授课与评价方式，以适应 21 世纪所需要的复杂知识和技能。例如，从 20 世纪 80 年代开始，芬兰废除了僵化的、向年轻人提供差别知识的分层教学体系，取消了相应的国家测试体系，而后选用训练有素的教师、课程与评价，注重问题解决能力、创造力、自主学习能力和学生反思能力。[12] 这些变化使芬兰的学业成绩高居世界榜首，缩小了曾经巨大而顽固的成绩差距。[13]

韩国用一代人的时间，从一个高中毕业率不足四分之一的国家，变成了一个成年人接受大学教育的比例居世界第三位的国家，而且大多数年轻人都完成了高等教育。[14] 新加坡自 20 世纪 70 年代开始，通过建立教育体系确保每个学生都能接触到强大的师资、研究型课程和先进技术，从一个到处是泥泞渔村的地方，发展成为经济强国。[15] 这些国家虽然贫困率高，公民的族裔和语言多样性逐渐增加，却创造了高水平、公平的学业成绩。

以新加坡为例，80% 的家庭居住在组屋，但在 2003 年的 TIMSS(Trends in International Mathematics and Science Study，国际数学和科学研究趋势）评估中，4 年级和 8 年级学生的数学和科学成绩位列世界第一。[16] 孩子们离开城市里随处可见的混凝土高楼中狭小的公寓，来到色彩明亮、通风良好的学校大楼，这里到处展示着学生们创作的艺术作品、写的文章、做的项目以及赢得的奖项；图书馆和教室资源丰富；教学技术多种多样；教师们训练有素，并得到有力的支持。

由于自然资源匮乏，新加坡认识到人力资本将决定其未来。经过不断的努力，前总理吴作栋（Goh Chok Tong）带领这个小国，在 1997 年实施了名为"思考型学校，学习型国家"（Thinking Schools, Learning Nation）的全面教育改革。教育部长解释说，这一举措旨在创建：

> 一个国民具备思考能力、敬业、能够迎接未来挑战的国家，一个面向 21 世纪需求的教育体系。思考型学校是全面的学习机构，不断挑战现成的想法，通过参与、创造和创新，寻求更好的做事方法。思考型学校是培养思考型学生及成人的摇篮，这种学习精神即使在学生毕业后也应该伴随其一生。学习型国家设想的国家文化与社会环境，能够促进国民进行终身学习。新加坡人无论为职业发展还是为个人提升而不断学习的能力，将决定我们面对变化的整体承受度。[17]

这种创造力和创新精神在中小学到处都有所体现，学校鼓励学生和教师参与体验式合作学习、行动研究、科学调查、创业活动，以及讨论与辩论。

有一次，我去南侨小学（Nan Chiau Primary School）参观，发现四五年级的学生正在热切地展示他们设计和进行的科学项目，整个学年他们都在不断重复"体验／调查／创造"的过程。学生们兴高采烈地带参观者去看他们的"创新之路"（Innovation Walk），长长的走廊里摆满了学生们在各个科目中的项目成果。

学校简介中关于"课程创新"的部分指出，"传统教学……强调死记硬背，是导致学生丧失学习兴趣的主要原因之一……南侨小学实施积极学习模式，充分利用体验式学习，让学生体验课程、调查研究，并创造新的知识"。学生在学校的生态园中研究植物、动物和昆虫；自己经营回收中心；为自己制作的互联网广播节目写作、编辑脚本；用掌上电脑玩游戏、创建培养量化分析能力的数学模型。

我观摩了一堂 4 年级的语言技能课，学生们先写一篇文章，简短地分析刚读过的一篇文学作品的某个方面，然后从电脑中调出另一位同学的文章，给同伴写反馈和评价。他们4人一桌，非常认真，偶尔也会互相交流，获得反馈。在这个过程中，教师会从电脑中调出所有学生的文章，仔细挑选几篇范例，用来简短地讲解学生需要建立的批判性思维以及掌握的书面表达要点。学生通过阅读和讨论教室投影仪上显示的文章，了解其他同学的优点，再进一步修改自己的文章。自我评价与同伴评价相结合，并积极创作自己的作品，是学校"让学生掌管自己的学习，成为有自主学习能力和探究精神的终身学习者，能够自信地应对未来变化"的众多手段之一。[18] 同时，教师也通过参与政府资助的行动研究，不断提高教学能力。

当然，美国也有类似的学校，但并没有形成规范。新加坡教育体系的不同之处在于，这种专注于培养学生创造性运用知识的高质量教育，已经复制到了全国各地。新加坡有400万人口，和美国中等大小的肯塔基州人口规模差不多。不只是新加坡，亚洲和欧洲的许多国家也在投入大量资源，推进提高全体公民教育水平的前瞻性教育体系，速度之快，令人惊讶。美国和这些国家之间日益扩大的差距同样引人注目，特别是我们还有资金投入严重不足的学校。

加利福尼亚的一所学校，与上述新加坡的普通学校形成了鲜明的对比。下面的描述摘自2002年代表加州所有类似中小学中低收入非白人人种学生提起的诉讼，此时距离轰动一时的"布朗案"（Brown v. Board of Education）已过去了将近50年：

> 在路德·伯班克（Luther Burbank）学校，任何核心科目的教科书，学生都不能带回家去写作业，因为老师的教材仅够课堂使用……要写家庭作业，只能把作业复印下来，不但没有指导文本或参考资料，还得等老师有足够的纸张用于复印……路德·伯班克学校到处是虫子、蟑螂，学生们经常在教室里看见老鼠。从新学年初，体育馆的角落里就躺着一只死了的啮齿动物，任由尸体慢慢腐烂。学校图书馆很少开放，没有图书管理员，近期也没有书目更新。馆藏版本最新的百科全书是1988年前后出版的。路德·伯班克学校的教室里没有电脑，因

此，电脑课程和研究技巧不作为路德·伯班克学校的正式教学内容。因为预算等原因，学校也不再提供任何艺术课程……三个卫生间中有两个是整天锁着的，天天如此……因为打不开锁住的卫生间，学生只能随地大小便……即使在卫生间不上锁的时候，也常常没有卫生纸、肥皂和纸巾，厕所还经常堵塞、溢出……体育馆的天花板有脱落和裂缝，孩子们都不敢在体育馆里玩游戏，因为他们担心在玩耍的过程中，会有更多天花板掉下来砸到身上……学校没有空调，炎热的天气里教室温度会上升到90华氏度。学校的供暖系统也不好用。冬天，孩子们上课时经常穿着外套、帽子和手套保暖……在路德·伯班克学校的35名教师中，有11位没有取得正规的、非临时教师资格证，17位是这学年到了路德·伯班克学校之后才开始教书的。[19]

在这种情况下，即使讨论一下如何帮助年轻人掌握当今和未来社会要求的深层知识和复杂技能，也是不切实际的。如果从马斯洛的需求层次理论来看，这样的学校还处于维持基本生存的水平，缺少关注学习与教学质量，或者发展高阶思维和表现技巧所需要的基础。

当然，有人会反驳说，加州的情况基本上是最差的，因为早在这桩诉讼案开始之前20年，加州就通过了降低财产税的第13号提案，造成办学经费基数持续减少。然而，旧金山的这所学校绝不是一个反常的个案，它是美国各地越来越多的"种族隔离"学校的缩影，这些学校只有少数种族/族裔学生，政治影响延伸不到这里，资源极其匮乏。虽然路德·伯班克学校糟糕的状况也不是美国学校的规范，却代表着相当一部分比例，许多其他城市学校与这种完全丧失学校功能的状况，相距并不遥远。

很多美国教育工作者和公民权利倡导者，为提高教育质量与公平奋斗了多年，他们参与废除种族隔离制度的斗争、推动学校财务改革、促进学生在学校获得公平待遇，但由于过去20年种族隔离情况日益恶化，差距逐渐拉大，很多州进展受阻。尽管在美国成绩最好的一些州和地区，学生的表现与其他高成绩水平国家的学生一样出色，但在我们感到宽慰的背后，却隐藏着深刻的不平等，这是美国教育的致命弱点。

美国如何节节败退

这些差距在美国似乎是无法避免的，可在世界上其他发达国家，却并非如此。他们对教育的投入集中且平均，额外的资源通常会向贫困程度高的学校倾斜。下文我还将提到，高成绩水平国家的教育投入不仅更加公平，而且更为稳定，并侧重于教育体系中的关键因素：提升教师素质和教学质量，开发鼓励师生进行积极学习的课程与评价，将学校设定为支持不断反思与改进的学习型组织。在美国，除了少数几个州拥有任期较长的开明领导之外，其他州都没有持续投入资金，打造一支稳定、有力的教学队伍；学习策略受效率低下的"课程之争"影响陷入拉锯；投入上百万美元创建的创新型学校，虽然有前景，但由于没有着眼于面向 21 世纪的学校教育，仍然处于教育体系的边缘。

成绩落后

这些现象造成的后果是，在其他国家高歌猛进的时候，美国却在原地踏步。对此，政府也感到痛心焦虑，也制定过宏大的目标。1983 年，《危机中的国家》（*A Nation at Risk*）谴责教育中出现的"日渐推高的平庸浪潮"，并呼吁进行大刀阔斧的改革。1989 年，乔治·H.W. 布什总统（George H.W. Bush）及 50 位州长宣布了一套国家目标，其中包括 2000 年数学和科学成绩将在世界排名中位列第一。然而，2006 年，在国际学生评估项目（Program in International Student Assessment，PISA）最近的一次国际评估中，美国的科学成绩在经济合作与发展组织（经合组织，Organization for Economic Cooperation and Development，OECD）的 30 个国家中排名第 21 位，数学成绩排在第 25 位，与 3 年前相比，原始分数和排名均有所下降（见图 1.1）。[20] 如果把东欧和亚洲的非经合组织成员也算进去，美国的科学成绩位于拉脱维亚和立陶宛之间，在 40 个国家中列居第 29 位，数学成绩在阿塞拜疆和克罗地亚之间，列居 35 位（见表 1.1）。

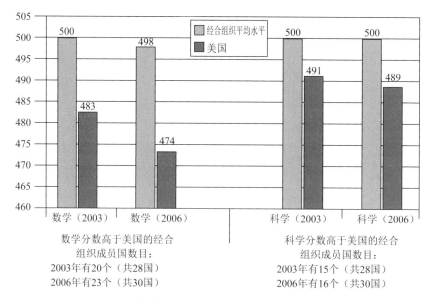

数学分数高于美国的经合
组织成员国数目：
2003年有20个（共28国）
2006年有23个（共30国）

科学分数高于美国的经合
组织成员国数目：
2003年有15个（共28国）
2006年有16个（共30国）

图 1.1　美国的 PISA 分数（2003 年和 2006 年）

资料来源：经合组织（2007）。

表 1.1　PISA 分数与排名（2006）

科学排名	国家或地区	科学分数	数学排名	国家或地区	数学分数
1	芬兰	563	1	中国台湾地区	549
2	中国香港特别行政区	542	2	芬兰	548
3	加拿大	534	3	中国香港特别行政区	547
4	中国台湾地区	532	4	韩国	547
5	日本	531	5	荷兰	531
6	爱沙尼亚	531	6	瑞士	530
7	新西兰	530	7	加拿大	527
8	澳大利亚	527	8	列支敦士登	525
9	荷兰	525	9	中国澳门特别行政区	525
10	韩国	522	10	日本	523

续表

科学排名	国家或地区	科学分数	数学排名	国家或地区	数学分数
11	列支敦士登	522	11	新西兰	522
12	斯洛文尼亚	519	12	澳大利亚	520
13	德国	516	13	比利时	520
14	英国	515	14	爱沙尼亚	515
15	捷克共和国	513	15	丹麦	513
16	瑞士	512	16	捷克共和国	510
17	奥地利	511	17	冰岛	506
18	中国澳门特别行政区	511	18	奥地利	505
19	比利时	510	19	斯洛文尼亚	504
20	爱尔兰	508	20	德国	504
21	匈牙利	504	21	瑞典	502
22	瑞典	503	22	爱尔兰	501
—	经合组织平均水平	500	—	经合组织平均水平	498
23	波兰	498	23	法国	496
24	丹麦	496	24	英国	495
25	法国	495	25	波兰	495
26	克罗地亚	493	26	斯洛伐克共和国	492
27	冰岛	491	27	匈牙利	491
28	拉托维亚	490	28	挪威	490
29	美国	489	29	卢森堡	490
30	立陶宛	488	30	拉托维亚	486
31	斯洛伐克共和国	488	31	立陶宛	486
32	西班牙	488	32	西班牙	480
33	挪威	487	33	俄罗斯联邦	476

续表

科学排名	国家或地区	科学分数	数学排名	国家或地区	数学分数
34	卢森堡	486	34	阿塞拜疆	476
35	俄罗斯联邦	479	35	美国	474
36	意大利	475	36	克罗地亚	467
37	葡萄牙	474	37	葡萄牙	466
38	希腊	473	38	意大利	462
39	以色列	454	39	希腊	459
40	智利	348	40	土耳其	424

资料来源：经合组织（2007）。

重要的是，PISA 的评估比大多数美国测试需要更高级的分析和知识运用能力，问题不会是"学生学习了某个事实知识吗"，而是"学生可以运用学到的知识做什么"。PISA 将数学、科学和阅读能力定义为学生运用知识解决新问题的能力。它强调学习的转换能力，这种能力在其他国家的课程和评估体系中越来越受到重视，可在美国使用的大多数教材和测试中却遭到了忽视。事实上，美国学生在 PISA 要求复杂问题解决能力的题目上表现得最差。[21]

不平等现象对美国的成绩产生了巨大的影响。如图 1.2 所示，美国亚裔和白人学生的平均 PISA 分数，与非裔和西班牙裔学生之间的差距，相当于分数最高的国家与美国的差别。[22] 实际上，美国白人和亚裔学生任一科目的分数，都高于经合组织的平均分，可是非裔和西班牙裔学生的分数过低，将全国平均分拉至排名榜的下游。

在所有 PISA 参赛国中，美国属于社会经济背景不同的两组学生之间分数差别最大的国家之一。从公平性上来看，美国在 55 个国家中位居第45 位，稍好于巴西和墨西哥。[23] 因此，美国排名靠后在很大程度上是因为贫困的非白人人种学生受到了不公平的待遇，他们接触不到国际评估所衡量的智力挑战式学习。

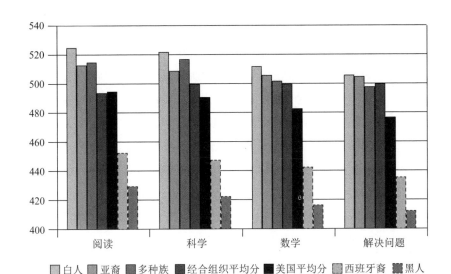

图 1.2　美国各群体 PISA 分数与经合组织平均分的对比（2003 年）

资料来源：斯特奇（Stage，2005）。

　　国际研究进一步证实，美国对教育体系的投入也是世界上最不公平的体系之一。欧洲和亚洲国家对学校的拨款比较集中而且平均，相比之下，美国最富有与最贫困学区之间的支出差距接近 10 倍，各州富校与穷校之间普遍相差 3 倍。[24] 这些差距进一步加深了家庭收入的巨大鸿沟，富人社区的孩子享有的资源最多，穷人社区，尤其是少数族裔比例高的社区，孩子获得的资源最少，这导致教育结果的巨大不公，最终削弱了美国社会的基础。

　　需要指出的是，美国数学和科学成绩差，排名下降，还因为一直以来没有重视提高这些学科的教学质量，1950 年之后一直缺少优秀教师，课程之争也使得课堂策略剧烈地摇摆。教育行业的工资通常比数学和科学领域整体上少 40%，低收入地区的差距更大，而且教师培养投入不足，缺乏有效的激励手段吸引人才进入教师行业。总之，国家的不重视与各种投入的不足阻碍了教育前进的脚步，而这一切原本都是可以避免的。

　　同时，在教学方法上也出现了分歧，"新数学法"侧重推理、沟通和问题的解决，"回归基础法"则强调记忆和计算公式，政治力量一次次地将美国的大部分数学教学拉回到训练法的老路上，与研究发现的发展高级数学能力的有效策略背道而驰。[25] 这些决策的实施，加上有相当一部分比例的教师没有经过教学法训练、缺乏高级教学所需要的学科内容知识，导致美国变成了一个有"数学恐惧症"的国家，无法持续培养大量爱好并擅长计量领域的人才，满足对计量能力日益增长的需求。

大多数美国课堂上采用的计算公式法，高成绩水平国家并不使用。虽然亚洲国家有让学生死记硬背的传统，但是仔细研究日本、中国、新加坡等国家的数学教学，就会发现，取而代之的是一种充满活力、训练严格的教学方法，培养数学推理能力以及不断将知识运用到日常生活的复杂问题解决能力，鼓励学生打破常规方法，在新场景中灵活地运用数学。[26] 高成绩水平国家每年的授课主题只是美国学校的一半，但是讲解得更加深入，尝试使用各种解题策略给学生更多学以致用的机会。[27]

有的教学研究学者，如加州大学洛杉矶分校（UCLA）的詹姆斯·斯蒂格勒（James Stigler），曾对日本、中国等国家的教师如何上课进行过说明。教师常常给出一个精心挑选的生活中的问题，然后学生用一整节课的时间进行推理。[28] 学生先自己思考，然后再一起提出各种可能的解决方案，进行课堂讨论和评价，这样每个人都能从多个角度理解概念。最后，学生可以自己总结公式或原则来概括知识特征，而不是把规则死记硬背下来，盲目地用于他们根本不理解的问题。因为学习得更加深入，学生们就能为日后的学习打下更为坚实的基础。

有意思的是，美国的阅读成绩排名比较高，国际阅读与识字研究方案（Program in International Reading and Literacy Studies，PIRLS）的评估显示，2006 年美国 4 年级学生的阅读成绩好于国际平均水平，在 40 个国家中排名第 18 位。[29] 相对较好的阅读表现（虽然 2001 年到 2006 年间有些下滑），与 20 世纪 90 年代投入大笔资金提高阅读教师的专业水准有很大关系。当时，联邦政府、各州以及地方都加大了对读写能力专业发展的投入，制定了新的教师支持与辅导模式，还有很多州大幅提高了教师教育和认证中新教师阅读培训的标准。

阅读课程也时常为阅读该以理解为主还是注重单词拼读的争论所干扰，

但是阅读专业知识的发展使大多数州都采取了平衡策略，并且认识到，优秀教师可以顺应学生的需求，采用各种策略促进拼读与理解。虽然有些地区和郊区还在为是否所有教师都需要接受阅读教学培训而争论不休，[30] 但是增加对阅读教学专业发展的投入表明，自 20 世纪 80 年代以来，大多数地区的教学都所有改善，促进了学生的学习。这件事带给我们的启示是，如果我们有组织地为广大学生打造更强的师资，就一定能够做到。

　　然而，和其他方面一样，阅读成绩的提高也难以长期维持。比如，2002 年《不让一个孩子掉队》（No Child Left Behind，NCLB）法案通过之后，一些经过充分论证的阅读方案被搁置在了一边，因为阅读先行计划（Reading First initiative）的管理部门要求，接受联邦资助的地区必须采用具体的商业方案，抛弃阅读发现（Reading Recovery）、全员成功计划（Success for All）等方法，以及围绕图书和写作展开的综合读写法。新阅读方案虽然给许多之前缺乏教学连贯性的社区带来了结构化的阅读方法，提高了一些地区低年级学生的单词拼读能力，但有时却不及之前采用的阅读方法有效，尤其是在培养深层理解能力和学术读写能力以及掌握高年级进行意义阅读所需要的关键技能方面。一份联邦评估报告最终发现，阅读先行计划尽管提高了一年级学生的单词拼读能力，但对小学生的阅读理解能力并没有产生影响。[31] 在《不让一个孩子掉队》法案通过后的几年中，国家教育进展评估（National Assessment of Educational Progress，NAEP）显示，4 年级的阅读成绩有所提高（尽管速度低于 20 世纪 90 年代），但 8 年级的阅读成绩有所下降，而且在 PIRLS 等国际测试中的阅读成绩也出现了下降。成绩有升有降，可能与政府的强制规定有关。阅读先行计划已经初步结束了，接下来还会出现新的方案，带来层出不穷的成功模式。

　　教育政策与实践的大转向在美国教育界屡见不鲜。地方政策、州政策，乃至联邦政策，时常出于政治考虑，在没有充分研究有效性的前提下，便迫使学校改弦更张。从长期来看，这种政策之争还将一直持续，影响学生的学习，否则我们能够而且应该取得更大的进步。受影响最大的莫过于城区或贫困乡村学校中的弱势群体学生，这些学校政治气氛浓厚，变化也最为频繁。

教育成就停滞不前

我们还必须关注教育成就落后的问题。过去，美国拥有世界上最民主的教育系统，大批年轻人都有机会读高中、上大学。如今，这种情况也发生了巨大转变。其他国家正在向教育投入大量资源，所有群体学生，包括近期的移民和历史上的少数民族，学业成绩和毕业率均持续攀升。但是，这一代美国年轻人的受教育程度和阶层流动性可能均不及前辈，这在美国历史上还是头一次。

许多高成绩国家（包括曾经成绩水平低下的国家），现在的高中毕业率都超过了90%，较20年前有大幅增长。同一时期，美国的毕业率却几乎停滞不前，明显低于许多其他国家（见图1.3）。[32] 虽然市场需要越来越多受过良好教育的劳动力，但2000年只有大约69%的美国高中学生在4年内拿到了标准毕业文凭，而1969年这一比例为77%。[33] 即使将拿到非标准文凭（普通高中同等学历证书［General Equivalency Diploma，GED］和其他类型证书）的学生计算在内，美国的毕业率也才将近75%，仍远低于大多数高水平国家的比例，导致许多年轻人没有经济收入，无法养活自己。

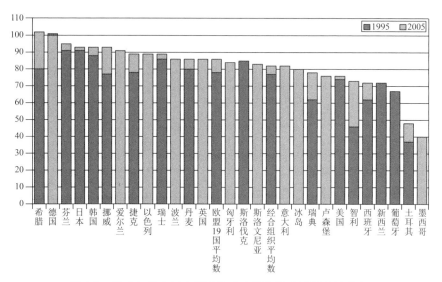

图1.3 毕业年龄人口中高中毕业生的比例（无重复计数）

资料来源：经合组织（OECD，2008）。

许多国家还建立了高等教育系统，而且很快就表现出相同的成效。美国的高等教育普及率曾在世界上首屈一指，可是随着年轻人中上大学的人数逐渐减少，到 2007 年已经下降到世界第 14 位，[34] 2008 年又降至第 16 位。[35] 虽然约 60% 的美国高中毕业生上了大学，但只有近一半人有足够的学业能力与财力支持，能够拿到大学学位，远远满足不了目前知识经济的需求。最终，美国只有 35% 左右的年轻人获得了大学学位，相比之下，欧洲国家约为 50% 左右，韩国超过了 60%。[36] 其他东南亚国家也通过扩张国内高校、补贴出国留学等手段，迅速增加了大学生在人口中的比例。

至于美国的非白人人种学生，在每个节点上流失的人数就更多了。2005 年，在 25 至 29 岁的非裔美国年轻人中，只有约 17% 的人获得了大学学位（西班牙裔的比例只有 11%），而同年龄段的白人比例则达到 34%。[37] 虽然到 2025 年，非白人人种学生将占据公立学校的大多数，但对他们的教育投入仍然既不平等也不充足，无法满足今天劳动力市场对各种知识技能的需求。他们所在的学校种族隔离情况比 25 年前更为严重，[38] 资源匮乏的情况也更加突出。[39] 多项国际研究表明，美国的教育制度落后于大多数工业化国家，不仅高中学业成绩低，而且教育投入的分配与产生的结果更加不平等。[40]

这些趋势会对国家经济产生重要影响。经合组织最近的一份报告发现，如果人口的平均教育水平每年都有提高，长期经济增长率会相应上涨 3.7%。[41] 这一统计数据值得重视，目前，美国的公民教育程度不断下降，而世界上大多数国家却在向前发展。

部分原因在于，各州对高等教育投入减少，导致学费增加，而联邦政府的财政援助也在下降。例如，1979 年，联邦佩尔奖学金（Pell Grant award）的上限可以覆盖大学 4 年 75% 的学费，可是 30 年后却只能覆盖 33%。[42] 情况越来越糟。2009 年，全国各地爆发了全面的财政危机，各州相继宣布大规模削减高等教育支出。仅在加利福尼亚州，州立大学系统就减少了两万多个学位，而准备上大学的年轻人和高科技工作岗位需要的人数却持续增长。

美国的优质大学体系现在越来越成为其他国家学生的培训基地，与美国学生不同，他们获得了本国政府的全额资助。国家科学基金会（National

Science Foundation）最近的一份报告指出，在美国攻读博士学位的学生中，中国大学的毕业生目前已成为主流。[43] 2006 年，向美国博士生项目输送学生人数最多的学校是清华大学和北京大学，加州大学伯克利分校名列第三。这两所中国大学在过去 10 年中，送往美国攻读博士课程的学生人数几乎翻了两番。在博士生生源最多的 10 所院校中，只有 6 所是美国学校，而在所有科学和工程领域的美国博士生中，超过三分之一来自其他国家。

这使得美国人在科学和工程方面取得高级学位的人数持续下降，而需要高级学位的工作比例却不断增加。英特尔的研发主管安德鲁·钱（Andrew Chien）说，这些领域的高级学位获得者"手握着释放世界可能性和推动变革的钥匙"[44]。他指出，好在美国的大学仍然是世界上顶尖的，对海外学生很有吸引力，他们中许多人表示愿意留在美国拿工作签证；但坏消息是，工作签证供不应求，而能胜任这些高技术工作的美国公民少之又少。

对美国年轻人投入不足导致的结果是，在硅谷中心我家乡的社区中，高科技科学工程职位日益增多，可接受过充分培训的人员却严重短缺，这个问题引起了极大的关注。2007 年 4 月 4 日的《圣何塞水星报》（*San Jose Mercury News*）上有一则新闻标题非常醒目："H-1B 签证供不应求"。文章指出，在符合资质的公司可以为高科技员工申请 H-1B 签证的第一天，就创纪录地递交了 15 万份申请，而 2008 年全年只发放 65000 份签证。科技公司都十分焦灼，只能通过摇号的方式，确定谁能获得为工程师、计算机程序员和其他技术人员签发的签证。

与此同时，在整个硅谷地区，教育程度低下的加州儿童辍学人数不断增加。最近的统计数据表明，2006 年的准时毕业率下降到 67% 左右，加州监狱人满为患，大部分都是辍学者和半文盲。这些年轻人都是加州设置税收上限、导致公共教育投入减少的受害者。[45]

教育政策的重要性

这些方面的倒退并不是无法避免的。过去我们在教育方面取得了重大成绩，今天依然可以做到。在这样的历史时刻，我们很容易忘记，在"布朗诉教育委员会案"（Brown v. Board of Education）发生后的几年中，出现了废除种族隔离运动和学校财政改革运动，还有"伟大社会向贫困开战"计划（Great Society's War on Poverty），增加了对城市和贫困农村学校的投入，在平衡教育投入及成果方面取得了实质性的进展。20 世纪 70 年代中后期，学校支出、有资质教师的配备以及高等教育入学率方面的差距，比之前缩小了，而且在许多州至今未能超越。

本着提供平等的教育机会是国家首要任务的信念，1965 年通过的《中小学教育法》（Elementary and Secondary Education Act）认识到儿童的最终成就不应该由他（她）的成长环境来决定，于是将资源投入到最贫困的社区。就业和福利支持将儿童贫困率降低到今天的 60% 左右，[46] 大大改善了儿童的医疗状况。接着，国会颁布了《残疾儿童教育法》（Education for All Handicapped Children Act），为有特殊教育需要的儿童打开了教育之门，还颁布了《中小学援助法》（Elementary and Secondary Assistance Act），支持打破种族隔离，发展磁石学校① （magnet school），并采取其他策略改善城市和贫困农村学校。通过密集地投入资金，培养、留住教学人才，提升教师教育，投入研究发展等手段，努力为儿童提供公平的环境。

这些投入逐渐有了明显的回报。到 20 世纪 70 年代中期，城区学校的支出和郊区学校不相上下，教师报酬丰厚；长期存在的教师短缺现象几乎消失；教育成就差距大大缩小。联邦政府的课程投入改变了许多学校的教学。创新型学校蓬勃发展，特别是在城市地区。

非白人人种学生的教育成绩也随之改善。在 20 世纪 70 年代和 80 年代初，黑人学生的阅读成绩大幅提高，大大减少了成绩差距，15 年中差距几乎缩小了一半（见图 1.4）。1973 年到 1986 年之间数学成绩的差距也急剧缩小。[47] 大幅增加了对高等教育的财政援助，特别是给予贫困学生的奖学金和贷款。在 20 世纪 70 年代中期的一小段时间里，黑人和西班牙裔学生上大学的比例与白人学生不相上下，这是历史上绝无仅有的时期（见图 1.5）。

---

① 磁石学校一词始于1965年，是一种实行特殊课程设计与教学方式的公立学校，目的是吸引不同背景的学生，促进种族间的融合。——译者注

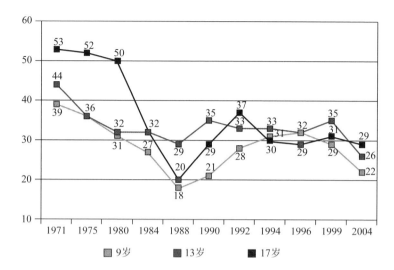

**图 1.4　国家教育进展评估（NAEP）中黑人学生与白人学生的阅读成绩差别
（1971—2004）**

资料来源：美国教育部，国家教育统计中心，NAEP 长期趋势数据。

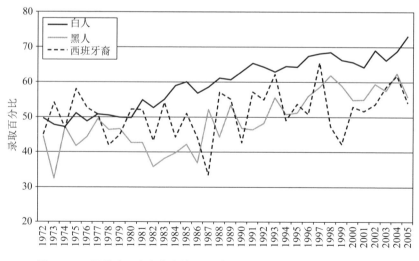

图 1.5　不同种族／族裔高中毕业生的大学录取比例（1972—2005）

资料来源：国家教育统计中心（NCES，2006）。

　　然而，这种平等和扩大教育机会的乐观愿景，以及"伟大社会"计划的成果，后来都遭遇了阻滞。20 世纪 80 年代里根政府时期，之前那些有针对性地支持城区和贫困农村地区学生上大学，以及对中小学与学前教育的联邦投入项目，大多数都被削减或取消了。与此同时，随着住房补贴、医保和儿童福利等联邦项目的削减，儿童的贫困率、无家可归人数，以及没有医保的情况也逐渐增加。

　　随着各州承担的教育投入责任越来越大，州立学校的资金无法跟上，城市和贫困农村学校的资源渐渐落后。慢慢地，教师短缺的问题突显出来，教学质量和学习条件也越来越差。20 世纪 80 年代，联邦对教育项目的出资比例从 12% 降至 6%，大多数支持贫困社区教育创新和投入的项目纷纷遭到削减。10 年间，许多大城区学校的情况不断恶化。由于税收减少、入学人数上升，学生人均实际支出不断下降。同时，随着移民、贫民和无家可归人口越来越多，需要第二语言教学和特殊教育服务的学生人数增加，学生的需求实际上也在增加。

　　1991 年，乔纳森·科佐尔（Jonathan Kozol）写《野蛮的不平等》（*Savage Inequalities*）一书时，被隔离的城市学校和郊区学校之间再次出现了巨大的差距，通常前者的支出只有后者的一半，其中就包括芝加哥服务于非裔美国学生的古迪小学（Goudy Elementary School）。该学校使用的教材"已经用了 15 年，是理查德·尼克松（Richard Nixon）当总统时期的教科书"，学校"没有科学实验室，也没有艺术或音乐教师……大约 700 个孩子使用两个厕所"。相比之下，邻近的新特里尔镇（New Trier）上的学校（98% 以上是白人），学生拥有"很棒的实验室……最新技术……七个健身房，还有一个奥林匹克游泳馆"。[48]

　　到 20 世纪 80 年代末，学业成绩差距开始再次拉大。虽然每年会有波动，但在 1988 年以后，所有年级的阅读成绩差距均急剧扩大，再也没有收窄过，只是最近 9 岁儿童组的成绩才有所改善。2005 年，黑人或西班牙裔 12 年级学生的平均阅读水平仅相当于普通白人学生 8 年级的水平（见图 1.6）。1988 年以后，黑人和拉丁裔学生的数学成绩也差得越来越远，尽管自 90 年代中期以来 4 年级水平已经有所提高，但是 8 年级和 12 年级学生表现出来的差距仍然让人瞠目。

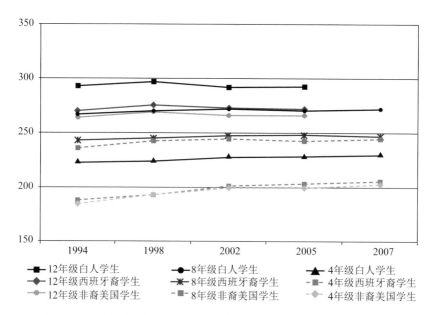

图 1.6　国家教育进展评估（NAEP）中的阅读趋势（1994—2007）

资料来源：国家教育统计中心，NAEP 趋势数据。

对隔离学校的非白人人种学生进行教育投入，以及 20 世纪六七十年代的教育改革，后来都没有充分实施。可惜的是，如果保持 20 世纪 70 年代到 80 年代初的进展速度，学业成绩差距在 21 世纪初就会被完全抹平。很不幸，事情并不是这样发展的。目前成绩水平高且教育公平的国家，都得益于 20 世纪 70 年代进行的持续改革（详见第 6 章），而美国取得的进展却在里根时代丧失了。保守主义者引入了一种只看结果不讲投入的新改革理论，大部分政策措施的制定都以无需投入的高风险测试为基础。虽然 90 年代又恢复了联邦政府对贫困学校和地区的支持，但还不足以完全弥补早先的损失，2000 年之后不平等现象再次变得严峻。

例如，2003 年，在《野蛮的不平等》出版十多年后，在许多人口有特殊需求的芝加哥市，新特里尔镇平均每名学生的支出接近 15000 美元，远超该市每名学生 8500 美元的水平。芝加哥有限的预算必须覆盖学生的饮食和医疗；

实施课前与课后托管，以便在家长加班的时候孩子不会无人照看；为大批英语初学者和入学后不像其他人那样掌握了基本词汇和世界知识的孩子提供额外帮助；投入更多资源，保证在家里得不到辅导的孩子能够取得学业进步。

增加的教学费用主要用于被隔离的贫困学校，这些学校需要提供语言支持、广泛的特殊教育服务、补习教育，还需要因教师流动频繁而定期培训、督导新教师，为家庭严重困难的学生提供社会服务和心理咨询，应对健康突发状况，以及学生在学年中间频繁搬家和转校等问题，因此，即便对这些学校投入相同的资金，也无法带来平等的机会。[49] 然而，事实却恰恰相反，我们的社会不仅产生了巨大的收入不平等，对贫困孩子少有社会支持，而且对这些孩子所在学校的资金投入也日益匮乏。

在全国范围内，目前大多数城市学校的支出远远低于富裕的郊区学校。事实上，宾夕法尼亚州下梅里尼亚市郊区小镇的人均教育支出为 17000 美元，而费城只有 9000 美元，纽约的曼哈萨特是 22000 美元，而纽约市仅为 11000 美元，[50] 这就意味着郊区可以提供更高的薪水和更好的教学条件，吸引最优秀、最有经验的教师。高教育支出地区的学校班型小、专家多，教学资源和设施更加丰富；课本、图书馆、电脑和设备都是最新的；能提供丰富的高质量课程。因此，社区之间的持续隔离，与财产税收入、拨款方案和学校管理实践造成的不公平相互交织，造成了白人社区和"少数"儿童所在社区在教育资源方面的巨大差异。家庭教育资源越差的学生，在学校中越是得不到教育资源。[51]

最近对 20 多个州的学校公平案件进行资料分析发现，在每一个具体的指标上，从合格教师、班级规模，到教科书、电脑、设施和课程设置，非白人人种学生多的学校享有的资源显著少于富裕的白人学校。[52] 许多这类学校严重超编，运行多轨时间表，缩短日学时与学年，缺少基本的教科书和材料，不能为学生开设上大学所需要的课程，而且师资常常是一支未经培训、缺少经验的临时教师队伍。[53]

显然，在这些情况下学生是没有享受到学习权利的。这当然不是新出现的问题。美国经历了 200 年的奴隶制，法院支持种族歧视长达 100 年，半个世纪以来，不同种族、阶级、语言背景和地理位置的人们接受不同的教育，因此，我们已经习惯了美国的教育不平等。每年，新闻关注成绩差距、公布反差巨大的教育结果时，政治家和专家们都会予以谴责，似乎整个国家一直都不知道从学前教育到中小学教育，乃至大学教育，都存在着严重的教育机会不平等。事实上，大多数普通美国人确实不知道这些差异，他们认为在美国，所有学校得到的资金支持肯定是均等的，他们孩子所在的学校就是所有学校的规范。

但是，饱受不平等之苦的孩子们就会认识到这一点。纽约市一名 16 岁的孩子这样描述他所在的学校：天花板上露着大洞，露出生锈的管道，雨天倾泻如注。与其他学校形成了鲜明的对比：

> 到富人区转一转你就清楚了。在他们的学校里四处看看，虽然不太礼貌，但看着周围美丽的环境，不由得深吸一口气。回到家，就会明白那一切都不属于你，你自然会思考这种差别。[54]

他的同学补充说：

> 如果……把白人孩子送到我们这儿来，学校就会面貌一新，绝对地。家长们会说："这房子太糟糕了，又难看，需要维修。"然后很快就会修好，绝对地……外面的人可能以为我们不知道其他学生的生活是什么样子，但我们会到其他学校去，我们有眼睛，有头脑。差异是隐藏不了的，看见了就会有比较。[55]

物质设施的差异只是冰山一角。各种明显的不平等叠加在一起，导致大多数非白人人种学生缺少许多基本的学习工具。日积月累，愈发严重。

教育不平等的由来

这些趋势带来的结果是，美国很多高科技工作岗位不得不招募在海外接受教育的员工，而越来越多的本国公民却找不到工作，靠福利生活，甚至进入监狱，这不仅是个人的巨大悲剧，也是对国家经济和社会福利的浪费，没有丝毫贡献。随着经济对教育的要求日益提高，辍学带来的影响比以往更加糟糕。2001 年至 2006 年，在 21 岁的高中肄业生中，黑人找到全职工作的机会不足四分之一，白人的机会将近 45%。[56] 最近，即使高中毕业生也很难找到稳定的工作。在 21 岁未上大学的美国高中毕业生中，只有 46% 的黑人找到了全职工作，相比之下，白人的比例为 59%。还有差不多四分之一的人根本找不到工作。那些在学校没有获得成功的人，正日益成为逐渐膨胀的下层阶级的一分子，无缘社会的生产性活动。

今天，经济已无法吸纳大量非技术工人并给予不错的报酬，因此，缺乏教育越来越与犯罪和领取福利联系在一起。高中没毕业的女性比其他群体更容易靠领取福利来生活，而男性则更容易进入监狱。监狱中大多数犯人没有读完高中，半数以上的成年服刑人员是功能性文盲，文化程度低于劳动力市场的要求。[57] 近 40% 的少年犯患有可治疗的学习障碍，但上学期间往往没有发现、进行治疗。[58] 据说，有些州竟然根据 3 年级的阅读分数来预测 10 年内需要的监狱床位数。[59]

这实际上是一个教育问题，由于缺乏教师和其他资源，年轻人无法获得能带来有薪工作的技能。有些州不愿意每年花费 1 万美元为非白人人种儿童提供充分的教育，却要每年支出超过 3 万美元在监狱中看管他们。教育不足、失业和监禁之间关系密切，形成了恶性循环，教育投入不足增加了对监狱的需求，导致现在监狱和教育在争夺资金。

自 20 世纪 80 年代以来，国家的资金投入严重向监狱而非教育倾斜。80 年代收监率翻了一番，到 1993 年，非裔美国公民被判缓刑、拘留、监禁或假释的人数（1985000）比上大学的人数（1412000）还多。[60] 从那时起，服刑人员的数量持续攀升。美国每 100 人中就有 1 人在监狱服刑（超过 230 万人），无论在数量上还是在比例上都超过了世界上任何一个国家。[61] 美国人口只占世界人口的 5%，却关押着世界上 25% 的罪犯。

各州现在每年花费约 440 亿美元改造罪犯。由于犯人人数自 1980 年以来增加了四倍，各州的改造预算增长了 900%，是教育经费增速的三倍（见图 1.7）。[62] 持续上升的监狱成本不断侵蚀着学校的资源。1987 年至 2007

年期间，以实际美元计算的州高等教育支出仅增长了 21%，而服刑人员改造支出却增长了 127%。到 2007 年，有 5 个州在监狱上的投入相当于或多于对公立学院和大学的支出。[63]

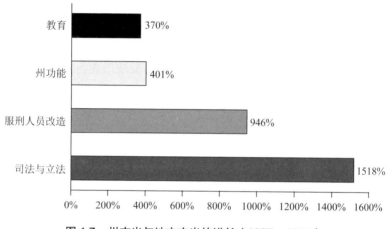

图 1.7 州支出与地方支出的增长（1977—1999）

资料来源：吉福德（Gifford，2002）。

讽刺的是，许多州也发现了监狱支出正在吞噬本打算用于早期教育的资金，研究已经表明，早期教育投入可以大大提高毕业率，减少青少年和成人犯罪。[64] 密歇根州州长詹妮弗·格兰霍恩姆（Jennifer Granholm）指出，"在这样非常艰难的时刻，我们应该投入能促进经济改革的事情，比如说教育，把所有纳税人的钱投入到监狱系统，不是一项合理的公共政策"。[65]

所以，美国陷入了两难境地，无法长久地维系健康的民主和高科技经济，为大多数公民创造优质的生活。许多州对低收入家庭儿童和新移民的教育投入不足，没有为他们提供有效的教师以及必要的课程与学习材料，导致越来越多的人在离开学校时，并不具备融入社会经济的必要技能。成绩水平最高的那些国家正在明智地大幅增加战略性教育投入，而美国却浪费着大量的人力资本。

这些社会选择对美国国家福利的影响是巨大的。辍学导致工资和税收减少，社会服务成本以及犯罪率上升，每年给国家造成至少 2000 亿美元的损失。[66] 2020 年，每 3 个潜在劳动力就要养活 1 个依靠社保生活的人员（1950 年每 20 个工人养活 1 个退休人员），如果三分之一的劳动力不具备生产能力，将会破坏国家赖以存在的社会契约。

美国要想在 21 世纪仍然位列"第一世界"国家，维持生存和繁荣，就必须改变方向。我们承受不起知识和资源结构性不平等带来的后果，这种不平等为大多数公民获得平等教育机会设置了长久、深刻的障碍。毫无疑问，个人和社会的长期生存与成功，越来越依赖于顶尖的教育制度。我们的未来将更加决定于我们为所有儿童提供优质教育的能力与决心，如果美国不想重蹈罗马衰落的覆辙，就必须抓紧时间面对这项挑战。

必须采取什么措施？

虽然被严重忽视的美国学校情况非常糟糕，但也有很多地方在探寻希望和解决之道。有些州和地区在为富裕儿童和贫困儿童提供有效教育方面取得了重大进展。有些州实施了全面改革，提高了成绩，缩小了学业差距。当然，整个国家要建立起强大、公平的教育体系，往往需要从小处着手。取得进展的地区表现出来的许多特征，也是为所有儿童提供常规优质教育的教育体系所需要的，包括：

- 提供安全的校舍、食物和医疗，为孩子们的日常在校学习做好准备；
- 创造支持性的早期学习环境；
- 给予学校公平的资金支持，使各学校提供同等的高质量教学；
- 配备训练有素、得到良好支持的教师和领导；
- 建设面向 21 世纪学习目标的标准、课程与评价；
- 建立支持学生和教师进行深入学习的学校组织形式。

这些地方成功的关键在于创建了一个为所有学生提供优质教育的教学和学习体系。这样的体系不仅帮助所有教师和学校领导做好面临挑战的准备，而且确保学校的组织形式支持学生和教师的学习，使指导教学的标准、课程和评价都鼓励发展 21 世纪所需要的知识与能力。

接下来将探讨造成今天局面的原因，并从实践和政策两个方面讨论，我们要创建一个面向美国所有儿童的优质而公平的教育制度，需要采取哪些措施。第 2 章将概述美国的机会差距是如何形成的。第 3 章和第 4 章讨论我们在通过标准改革和学校财政改革提高教育公平与质量的过程中所遭遇的挑战。第 5 章和第 6 章将描述一些州和国家是如何通过对有效改革方案进行战略投入，从零开始建立起更加高效与公平的教育体系的。最后，将探讨如何在实践中建构更加有效和公平的教育，包括促进高质量教学的政策（第 7 章）、有力的学校组织形式（第 8 章）以及指向最重要目标的支持性政策制度（第 9 章）。

第 2 章 解析不平等：机会差距是如何形成的？

我认为，到目前为止，我们所有法规中最重要的一个，就是在民众中传播知识的法案。没有比这项基础更能确保自由和幸福的了……无论在富人中还是在穷人中，都孕育着聪明才智和美德，(《教育法案》) 可以开发这些才智和美德，可是如果缺乏开发的手段，国家就会丧失这些才智和美德。

——托马斯·杰斐逊（Thomas Jefferson）[1]

5000 年来在世界人民艰苦争取的所有公民权利中，学习的权利无疑是最根本的……学习的自由……是用痛苦的代价换来的。无论我们怎么看待其他公民权利的削减，我们都应该斗争到底，保住学习的权利，保住在学校中审视我们的信仰与非信仰的权利，保住倾听我们领导人的言论以及其他团体和国家领导人、乃至历史上其他领导人言论的权利。我们必须坚持这一点，给我们的孩子一个公平的起点，让他们掌握一系列事实和对待真理的态度，这样他们才能真正有机会去判断世界的真相，以及智者眼中的真相。

——W.E.B. 杜波依斯（W.E.B. DuBois）[2]

美利坚合众国建立在教育平等的理想之上。我们国家传统中的一个重要部分就是，大家都认同人人（男性和女性）"生而平等，享有生命权、自由权和追求幸福的权利"的理念。此外，第 14 条修正案规定，所有人都受到法律的平等庇护。然而，无论在教育领域，还是在其他国家生活领域，这些理想的实现都需要经过长期的斗争。

这场斗争不只是为了获得学校教育，还追求教育赋权，教育赋权不是让人们遵循他人的规定和指令，而是要具备批判性深度思考的能力，控制自己的学习方向，决定自己的命运。布克特·T.华盛顿（Booker T. Washington）和 W.E.B. 杜波依斯围绕应该怎样教育非裔美国人展开了一系列重大的辩论，将斗争的激烈程度体现得淋漓尽致。有些慈善家和政治家主张培训黑人干些粗活，而杜波依斯、卡特·G.伍德森（Carter G. Woodson）和安娜·茱利亚·库珀（Anna Julia Cooper）等教育工作者则认为应该实施经典文化教育，让黑人也能成为领导者。[3] 关于少数种族/族裔群体、新移民和贫困人口的这种争论每个历史时代都会上演，表现为决定让哪些人受教育、投入多少资源、教育的范围和方式，以及最终的目的。这一争论在今天更是关系重大，因为做好从事思考性工作的准备是富有成效地参与经济和社会生活的先决条件。

美国投入了巨大的精力讨论学业差距，但却很少关注机会差距，即在获得关键教育资源（如专家教师、个人关注、高质量课程机会、优秀的教育资料和丰富的信息资源）方面累积的差别，这些资源为家庭学习和在校学习提供了支持。所有的资源性不平等叠加在一起，一代一代不断强化，最终形成了格洛里亚·兰德森-比林斯（Gloria Ladson-Billings）所说的"教育债"，债务对象就是几百年来没有得到优质教育的人们。[4]

实际上，教育的制度性歧视在美国建国之前就已经存在了。劳伦斯·克雷明（Lawrence Cremin）在论述 18 世纪殖民教育历史时，写道：

> 美利坚省虽然开放……但教育资源分布却并不均衡，出于种种意图和目的，关闭了某些群体的教育之门，特别是那些被奴役、甚至于没有被奴役的印第安人和非裔美利坚人……奴隶们几乎没有书、图书馆和学校……智慧之门不仅没有对他们打开，反而紧紧关闭着，并且打算一直如此……在殖民时期结束时，已经出现了一种完备的种族低劣思想，以证明这种情况的合理性，并确保即使面对独立革命中激烈

言辞的反驳，也能自圆其说。⁵

　　歧视的传统延续了下来。自南方各州规定教奴隶读书非法之后，整个 19 世纪和 20 世纪，全国各地的公立学校在事实上（*de facto*）和法律上（*de jure*），均将非裔美国人排除在外，美国原住民和墨西哥裔也常常面临相同的境遇。⁶甚至在北方问题也很严重："虽然（19 世纪的）公共主义者认为在共同学校、共同教室中的共同学习会产生统一的影响，但是美国黑人却基本不在考虑范围之内。"⁷例如，1857 年，一些非裔美国领导人向纽约州调查委员会抗议说，纽约教育委员会为白人儿童人均支出 16 美元用于建造校舍，而黑人儿童的人均支出只有 1 美分。黑人学生的学校位于"到处是邪恶和污秽"的社区，"灰暗、没有生气"，而白人学生的校舍"漂亮、堂皇，有各种舒适、便利的设施，优雅大气"。⁸

　　一个多世纪以后，在最高法院宣布实施"分开但平等"的教育违反了第 14 条修正案之后，根据詹姆斯·布莱恩特·康特（James Bryant Conant）在《贫民区与郊区》（*Slums and Suburbs*）一书中的记载，教育机会差距仍然存在，比如郊区学校的教育支出是城区隔离学校的 2 倍。⁹这些差距在 20 世纪六七十年代有所缩小，如今却重拾旧势，美国很多学生的教育都存在机会不平等，与 50 多年前并无二致。20 世纪 60 年代末机会之门曾经开启了一道缝隙，但在 80 年代又砰然关闭，当年没有挤过机会之门的人，如今其子女受机会差距之害尤甚。

　　这些不平等在一定程度上是由美国资助公共教育的方式造成的。大多数情况下，教育的成本主要由地方财产税和州补助金来支撑，补助金基本上是平均分配的，但通常不足以弥补由地方财富差异带来的差距。富裕地区支出较多，贫困地区即使大幅提高税率也赶不上。比如，得克萨斯州 1989 年学校财政诉讼案发生的时候，最富有的 100 个地区比最贫穷的 100 个地区税率低将近 50%，但是税收总额均摊到每个学生身上却多出 1 倍。¹⁰

　　各州之间也存在同样的差异，2004 年新泽西州学生人均支出接近 13000 美元，而犹他州只有 5000 美元。¹¹虽然各州通常会提供援助，在一定程度上达到均衡各地区支出的效果，但联邦政府在应对各州财富差别方面，却远远没有发挥这样的作用。事实上，最大的联邦教育计划《中小学教育法》的第一部分规定，资金分配在一定程度上是由各州学生的人均支出水平来确定的，因此财富不平等不但没有得到改善，反而被强化了。[12]

的确，美国有许多优秀的学校在提供一切可能的机会，实行赋权学习和参与学习。更多的学校一改过去的做法，向广泛的儿童群体开放。这让许多人以为不平等已经从美国的版图上消失了。实际上，由于种族隔离限制了贫困的非白人人种社区与其他社会的接触，大多数政策制定者、记者和编辑都没有与"另一半人口"交往的生活经验，也不清楚他们的学校体验。

因此，普通民众、专家和政策制定者每次解释教育不平等的原因时，往往或间接或直接地指责儿童及其家庭不够努力、养育孩子不当、"文化贫困"，甚至基因不够好，[13] 当然，家庭也应该适当地承担一些责任。家长在家里应该关掉电视、督促孩子完成家庭作业、保证孩子上学的出勤率，很多家庭需要做这些事情。然而，更多孩子所在的学校并不要求家长承担这些责任。

关于成绩差距的大部分讨论都假设目前的教育机会是平等的；因此，非白人人种学生成绩一直很差，必定是他们本人、家庭或社区自身的问题。然而，分析表明，这些学生的教育结果不仅与人种、阶层或文化有关，他们在学校内外得不到平等的关键教育资源，至少也是同等重要的原因。此外，学生努力上学和争取自己未来的意愿，与他们认为自己在社会、学校和教师眼中是否值得投入密切相关，这种认识可以促进他们进行自我投入。可见，学校要取得成功，不仅需要优秀师资与课程等关键资源，需要投入促进成绩提高的计划和实践，而且与学生的努力以及知道该如何努力等无形因素也密切相关。

造成美国教育结果不平等和不充分的因素，主要有 5 个：

- 贫困程度高，社会对低收入家庭儿童的医疗和福利（包括早期学习机会）支持水平低；
- 学校资源分配不平等，由于学校隔离情况又日渐明显，政治上更容易造成分配不平等；
- 缺乏向所有社区的所有儿童提供高质量师资与教学的制度；

● 通过分层教学和校际差异分配高质量课程；

● 工厂模式的学校设置不能为学生创造功能性学习环境，为有效教学提供支持。

这样的环境给予不了孩子精心的个性化培养，任由他们走向失败，但富裕家庭孩子的父母则将精心的个性化培养当作获得成功的先决条件。我们的工厂模式学校也不支持教师发展、共享专业知识，因此缺乏改善教学的机会和动力。所有这些因素都会滋生破坏成功的心理障碍。

贫穷与缺乏社会支持

美国不仅在工业化国家中儿童贫困率最高（见图 2.1），而且还削减了贫困儿童的社会福利和学校资源。2007 年，23% 的美国儿童生活贫困，是大多数欧洲国家的两倍以上，比 20 世纪 70 年代早期的比例还高，那时由于

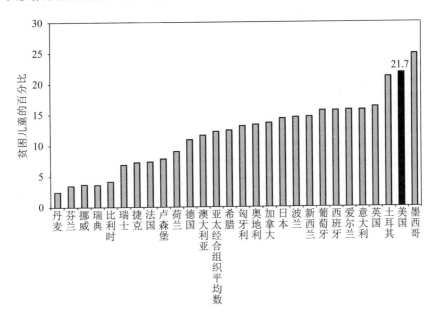

图 2.1　2002 年 OECD 国家的贫困率（基于中位数收入的 50%）

资料来源：吉福德（Gifford，2002）。

开展了"向贫困宣战"（War on Poverty）运动，儿童贫困率降低至15%。[14]

此外，每个经合组织国家都实施了向低收入家庭转移资源的政策，减少的贫困人口数量均大大超过美国。[15]因此，美国的儿童贫困率迄今为止是最高的（见图2.2）。资源转移的手段包括税收政策、现金福利、住房和医疗补贴，以及儿童保育援助。美国贫困儿童的保障体系远比其他工业化国家脆弱，在那些国家中，全民医保、住房补贴和高质量的儿童保育已经成为了规范。

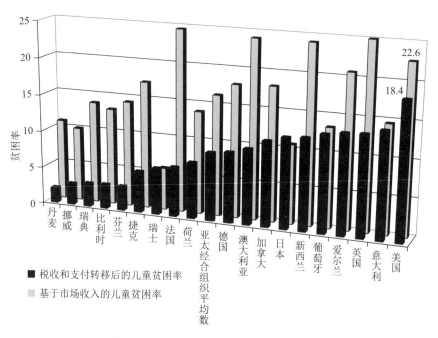

图 2.2　政府支付转移前后的儿童贫困率

资料来源：贝尔、伯恩斯坦和格林伯格（Bell, Bernstein & Greenberg, 2008：85）。

由于收入差距巨大且保障体系脆弱，2004年有3820万美国人食不果腹，比1999年多出20%以上，比1985年增加了50%还多。[16]每人每月分配的食品券所能购买到的廉价食品，还不足外科医生总会（Surgeon General）制定的健康饮食指南规定的一半。[17]研究表明，饮食不足会严重影响儿童健康，但讽刺的是，患儿科疾病的单次平均住院花费抵得上普通家庭 5 年的食品券。[18]

同时，越来越多的贫困家庭不得不在支付租金和购买食物或药品之间做出选择，很多人在那场 20 世纪 30 年代以来最为严重的经济危机中失去了家园。2004 年，超过 300 万美国人无家可归，40% 是有孩子的家庭，还有 5% 是孤儿。[19] 2005 年，4600 万美国人没有医保，18 岁以下儿童有 11% 没有医保，包括 19% 的贫困儿童和 22% 的西班牙裔儿童。[20] 由于 2009 年失业问题严重，这些数字增长得太快，无法计算。

当代美国的这些现实状况所产生的毁灭性影响，在约翰·德斯（John Deasy）最近提交的国会简报中得到了深刻的揭露。约翰·德斯曾是乔治斯王子县公立学区（Prince Georges County Public Schools）的负责人，这个城市学区紧邻华盛顿特区，学区中有一名 9 岁的孩子，从国会大厦可以望见他的家，他因为没有牙科保险，龋齿感染却得不到治疗，最后死于败血症。美国儿童的死亡率比任何其他富裕国家都高，[21] 从这个案例中可见一斑。

在其他发达国家，学校可以将精力主要放在教育上，不必提供早餐和午餐、帮助学生家庭寻找住房和医保，也不必承担学生患身体和精神疾病却得不到治疗的后果，或者面对退学导致的学生流动性大和儿童在入学准备上存在巨大差距等问题。

有限的早期学习机会

越来越多的研究表明，孩子入学之前获得的学习机会可以在很大程度上预测他们未来的成功或失败。然而，许多孩子在家庭或学前教育环境中，并没有机会发展有助于上学后进行独立学习的交流互动技能、运动发展技能、认知技能和社交情感技能，从而影响了其短期和长期的学业成功。

据估计，有 30% 至 40% 的儿童在进入幼儿园时，缺少社交、情感技能以及语言经验这些获得早期学校成功的条件。[22] 研究发现，来自低收入家庭的 4 岁儿童，积极词汇量大约是中等收入家庭儿童的三分之一，[23] 即使他们可以拼读文本，但阅读理解以及依靠积极词汇进行学科学习却非常困难。1 年级能熟练根据上下文理解单词并进行初步数学运算的贫困家庭学生，只有非贫困家庭学生的一半。[24]

诺贝尔奖获得者、经济学家詹姆斯·赫克曼（James Heckman）指出："与 50 年前相比，出生在贫困家庭的美国儿童比例更高，但对贫困儿童的投入却小于对富裕家庭儿童的投入。"[25] 减少早期教育和医保投入会对儿童日后的学业成功和人生产生负面影响；但是，他也认为，证据有力地表明，如果尽早干预，可以显著改善儿童的健康、福利和学习。干预得越早，社会回报率就越大，因为：

> 技能可以带来技能，能力能发展出更多的能力。所有能力都建立在早先发展的能力基础之上。早期学习所获得的技能非常有价值，因为会不断增强学习动机，而且早期掌握的一系列认知、社会和情感能力，会使之后的学习更有效率，因此也更容易、更具持续性……早期干预能够促进经济效率，减少人生的不平等。[26]

研究发现，高质量的学前教育计划，如佩里学前教育计划（Perry Preschool Program）和启蒙计划（Abecedarian Program），可以降低留级、需要特殊教育、辍学、失业和入狱的可能性，而且还能促进教育成绩的提高，让更多的毕业生进入高等教育，提高他们日后的收入。据此，研究估计，投入学前教育的回报为每投资 1 美元可以带来 4 至 10 美元的收益。[27] 要实施能够产生以上效果的高质量学前教育计划，需要依靠拥有早期儿童教育学士或硕士学位的高素质教师队伍、小班教学、丰富的实践学习材料，以及家长拓展服务与教育。[28]

虽然近年来学前班（pre-kindergarten）的入学率一直在增长，但低收入家庭儿童参与早期教育的比率仍然远低于高收入家庭儿童。2000 年，3 至 5 岁（还未开始上幼儿园）、父母收入在 5 万美元或以上的儿童中，有 65% 在上学前班，而家庭收入低于 15000 美元的同年龄段儿童，比例只有 44%。[29] 低收入家庭儿童严重依赖公共教育计划，四分之三以上的家庭收入不足 35000 美元。[30] 对教育成功的要求越来越高，但校内和校外对儿童的支持并没有跟上。

讽刺的是，贫困儿童接触不到学前教育，而越来越多的中等收入家庭儿童却在接受学前教育，因此儿童入学时在认知技能、词汇和学习经验方面的差距进一步拉大了。在种族和收入融合的学校环境中，教师发现入学儿童的各项能力发展差别比以往更大。接受过几年高质量学前教育、家庭环境优越的儿童，家长往往要求加快课程进度，而没有这些条件的学生还要学习颜色、数字及其他基本概念。这些差异会影响教师对准备不足的孩子的潜力的认识，也会影响学生的自信心和认知能力，对动机和学习产生累积效应。如果教师不能有效应对学生之间的巨大差别，就会让缺少学习经验的儿童不断经历沮丧和失败，很快他们便意识到自己已经输在了起跑线上。在种族和收入隔离的学校环境中，这往往会导致降低对低收入家庭儿童的期望，儿童周围也没有可以效仿的成功范例。

恢复种族隔离与不平等的学校教育

赫克曼指出：“如果后续有高质量的学习经历，有效的早期干预带来的优势就能够一直保持下去。”[31] 然而，除了家庭之间的巨大不平等越来越严重之外，20 世纪八九十年代日益明显的学校种族隔离趋势，也使得原本就很严重的资源分配不平等状况进一步恶化。在这 20 年期间，联邦政府和法院基本上放弃了废止种族隔离政策，各州政府也纷纷效仿。[32] 由于 20 世纪 80 年代联邦政府不再对学校进行取消种族隔离资助，90 年代法院的一系列判决又放弃了对取消种族隔离地区的司法监督，导致能够抵制居住隔离的杠杆越来越少。

虽然取消种族隔离让许多非白人人种学生有了进入之前无法企及的学校的机会，但是进展并不顺利，很多人都没有享受到这样的机会。许多美国人认为，布朗诉教育委员会案之后，学校便立刻全面取消了种族隔离。实际上，1964 年，在布朗案发生整整 10 年之后，南方 98% 的非裔学生仍在全黑人学校就读，超过 70% 的北方黑人学生就读于以少数族裔为主体的学校。[33] 1964 年《民权法案》(Civil Rights Act) 通过后取得的进展只持续了 10 年左右。虽然 60 年代非裔美国学生在以少数族裔为主体的学校中比例有所下降，但在 1972 年至 1986 年期间几乎没有变化，而这些学校中西班牙裔学生的比例，却从 1968 年的 55% 增加到了 1986 年的 71%。[34]

　　20 世纪 90 年代，学校和班级的种族隔离状况进一步严重。班级隔离增多主要是因为学校内实施了分层教学，[35] 这项策略导致"融合"学校中的许多学生体验到了种族隔离。到 2000 年，全国 72% 的黑人学生就读于以少数族裔为主体的学校，相比于 1980 年 63% 的低点大幅增加。在种族隔离程度高的学校中，非白人人种学生的比例也有所增加。近 40% 的非裔和拉丁裔学生在少数族裔学生比例高达 90% 到 100% 的学校中学习（见表 2.1）。因此，在学校种族隔离问题上，美国虽然站在 21 世纪的门口，却停留在 30 年前的水平，70 年代所取得的进步在这场全面的拉锯战中消耗殆尽。

表 2.1　2000 年秋季公立中小学学生中各种族 / 族裔的比例
（按少数族裔在学校中的比例计算）

种族 / 族裔	< 10%	10%–24%	25%–49%	50%–74%	75%–89%	> 90%
总数	28	19	19	13	8	14
非西班牙裔白人	43	26	20	8	2	1
非西班牙裔黑人	2	7	19	21	13	37
西班牙裔	2	7	15	20	19	38
亚洲 / 太平洋岛国居民	7	15	23	22	18	15
美国印第安人 / 阿拉斯加土著	9	19	27	17	8	20

资料来源：国家教育统计中心，公共核心数据（2000—2001）。

　　情况可能还会变得更糟。最高法院 2007 年针对来自肯塔基州杰斐逊县和华盛顿州西雅图的家长提出的一项诉讼做出裁决，裁定地方学校不能再将种族作为学校留作业的基础，即使这是维持融合学校的唯一办法。[36] 当时，有 550 多名学者签署了一份社会科学评论作为非当事人意见陈述，这在司法史上只发生过 5 次。第一次是在 1954 年著名的布朗诉教育委员会案前夕，几十名研究人员签署了论述隔离学校危害的社会科学声明。

在 2007 年的意见陈述中，学者广泛总结了研究结果，表明融合学校给白人学生和少数族裔学生都能带来教育和群体效益，记录了隔离的少数族裔学校持续面临的不平等现象，并且提出证据表明如果不出台种族自省政策，学校将再次回到种族隔离的状态。学者们总结说：

> 隔离的少数族裔学校常常提供极不平等的教育机会。这种不平等表现在许多方面，包括缺少合格、经验丰富的教师；教师流动性强，导致教师队伍极不稳定；教育资源不足，以及周围少有能带来积极学习影响的同龄人。毫无疑问，这些差异导致非白人学生比例高的学校教育成果低下，比如标准化成绩测试分数和高中毕业率。[37]

由此造成的部分后果是，除了白人之外的所有群体所在的种族隔离学校几乎都是贫困人口高度集中的地方。[38] 近三分之二非裔和拉丁裔学生所在的学校中，大多数学生都有资格领取免费或低价午餐（见表 2.2）。许多研究发现，这种高度集中的贫困状况对学生的学业成绩产生了独立的影响，甚至超出了学生自身社会经济地位的影响，这与 1966 年《科尔曼报告》（*Coleman Report*）的结论一致："在控制了学生自身社会背景因素时，（学校中）学生群体的社会构成与学生成绩的关系比任何学校因素都更为密切。"[39]

表 2.2　2000 年秋季 4 年级公立学校有资格领取免费或降价午餐的
学生比例分布（按种族 / 族裔统计）

种族 / 族裔	0%	1%–5%	6%–10%	11%–25%	26%–50%	51%–75%	76%–99%	100%
总数	6	11	11	14	20	20	11	6
非西班牙裔白人	7	14	15	18	23	17	5	1
非西班牙裔黑人	2	2	2	7	14	28	32	13
西班牙裔	4	4	7	9	16	26	16	17

续表

种族 / 族裔	0%	1%–5%	6%–10%	11%–25%	26%–50%	51%–75%	76%–99%	100%
亚洲 / 太平洋岛国居民	7	27	16	9	13	10	17	2
美国印第安人 / 阿拉斯加土著	3	2	1	9	25	32	16	12

资料来源：国家教育统计中心，公共核心数据（2000—2001）。

在贫困程度高的小学中，无论贫困生还是非贫困生，学业成绩都比较低。事实上，高贫困程度学校中非低收入家庭学生的成绩，比富裕学校中低收入家庭学生的成绩还要低。[40] 最近针对南方高中的一项研究发现，学生所在高中的社会经济地位，和他们自身的社会经济地位一样，对其成绩增长会产生独立的影响。[41]

贫困人口集中可以概括学校教育的一系列不平等。这些学校通常缺少合格、经验丰富的教师和学习资源，同伴支持与竞争水平也比较低，教学课程数量有限而且没有挑战性，存在严重的健康和安全问题，学生及家庭的流动性强，还存在其他严重影响学业成绩的因素。[42]

所谓同伴效应，举个例子，如果有很多来自高收入家庭、家长受教育程度高的同学，就可能意味着在班级中有更多使用了成功学习策略的榜样，他们可以将自己的学习经验带到学习小组、合作小组及其他集体场合中去。对于新移民学生，班里有讲英语的同学对掌握新语言至关重要。如果学校中有很多母语是西班牙语的学生，几乎没有可以流利使用学术英语的学生，那么种族隔离程度高就会造成语言的隔离。缺乏与英语母语者持续对话的机会，阻碍了学生对学术英语的掌握，而学生要在高中和大学取得成功，就必须掌握学术英语。[43] 高收入家长还可能有更多的社会资本和影响力，要求管理中心提高服务水平，同时也要求学校对成绩承担更多的责任。

种族隔离日益加深，资源供给却在逐渐萎缩，非裔和西班牙裔美国学生越来越集中在城区的公立学校，过去 10 年中很多学校已成为占多数的

"少数派"，而他们得到的资金却进一步落后于郊区学校。2005 年，全美 100 个最大学区所服务的学生中，有 71% 是非白人人种。[44] 在 20 世纪 90 年代后期，全国各地的城市中出现了一批所谓的"种族隔离学校"，这些学校中只有来自低收入社区的非白人人种学生。无论在加利福尼亚州的康普顿，还是在伊利诺伊州的芝加哥，或者新泽西州的卡姆登，这类学校都是校舍破旧拥挤，图书馆设施陈旧、馆藏匮乏，教科书又旧又破，因为数量不足，学生上课时只能合用，而且不能带回家写作业，师资队伍缺少专业知识，而且流动性极大。

在一定程度上，这些情况的出现，是因为纳税人抗议导致了州教育资金的削减，以及资金分配不平等的加剧。低收入非白人人种学生比例高的城市和贫困农村学校即使被撤销也不会引起强烈抗议，这就是高度隔离带来的后果。这也是民权倡导者首先寻求消除种族隔离的原因之一。他们长期为结束种族隔离而努力，不是纯粹出于想让黑人孩子与白人孩子并排而坐的愿望。相反，有充分的证据表明，最高法院在 1896 年"普莱西诉弗格森案"（Plessy v. Ferguson）的决定中阐明的"分开但平等"原则中的"平等"部分从来没有得到践行，白人学校大多提供了更好的机会，包括更多的资源、更高的毕业率和大学入学率、难度更大的课程，以及更先进的设施与设备。此外，有人认为，隔离学校一旦融入社会，富裕社区就需要为他们承担更多的社会责任。产生这种想法似乎是因为 20 世纪八九十年代城区学校逐渐以黑人与棕色人种为主，这些隔离学校的状况迅速恶化，陷入了类似于不发达国家的严重资源贫困。

资金投入不足与学生的种族和社会地位之间的这种联系，加大了建立融合学校或提供充足资金的难度。早期主张实施学校资助改革的斗争曾对这种恶性循环进行过描述：

> 郊区与城区的校际不平等极大地加强了种族居住隔离，而由此造成的学校种族隔离又不断阻碍着为消除校际不平等而实施的资助解决方案。如果我们要消除分离与不平等带来的弊端，就必须把二者放在一起讨论，因为问题的每个方面都会使另一方面更难解决——种族隔

离学校为消除校际不平等制造了障碍，校际不平等又阻碍了学校隔离的废止。[45]

城市学校和郊区学校之间普遍存在的资源差异，会极大地影响学校教育的结果。例如，一项实验研究随机挑选一些非裔美国高中生，安排到芝加哥郊区的公租房中，并让他们进入投入多、以白人为主的郊区学校，那里的教师和课程质量都比较高，结果与和他们收入、学业成绩相当的城区同龄人相比，他们的教育结果在多个维度上得到了提高：他们更有可能接受挑战性课程，获得额外的学业帮助，按时毕业、上大学，并找到一份好工作。[46]

最终，不仅城市学区获得的资源比郊区学区少，而且在同一学区内，低收入和"少数族裔"学生集中的学校，通常也比其他学校获得的资源少。这是因为高收入家长能够更有效地争取到学术课程、电脑、图书馆和其他支持，不能容忍建筑维护和物质设施方面的疏忽，而且富裕学校会通过新教师分配和资深教师调动等途径，找到经验丰富、教育程度高的教师。

最近对五个城市学区的一项研究发现，学区中贫困度最高的前 25% 的学校和最低的前 25% 的学校，政府拨款在学校总预算中的比例差距在 10% 至 23% 之间。[47] 在另一项针对加州 50 个最大学区的研究表明，高贫困学校中每位教师的平均工资比同一学区低贫困学校的教师少 2576 美元。[48]

新美国基金会（New America Foundation）指出，虽然《中小学教育法》曾经非常具体地要求保证第一类（低收入）和非第一类学校在资金投入、人员配备、服务及工资水平方面大体相当，但该条款在 1981 年里根政府时期基本停止实施了。之前要求各地区提供师生比和工资—学生比率来表示可比性，在放松要求之后，允许各地区提交书面保证代替实际数据报告，保证他们制定了区域内的薪资表与政策，以确保各学校在师资和材料方面的均衡。[49]

这类保证往往掩盖或忽略了基于学生种族、社会阶层、语言背景和居住区域对学校资源的不同分配。而且这仅仅是官方差距，还没有包括富裕家长为子女所在学校提供的大笔私人筹款。在有些社区，私人募集的资金（几万甚至几十万美元）可以购买音乐和艺术课程、图书馆书籍和电脑，甚至请到之前请不起的教师（无论公立还是私立学校都无法承担），从而进一步扩大了不平等。

合格教师数量的不平等

比起建筑的新旧或者图书馆馆藏的多寡，更重要的是不同孩子遇到的教师的差异。在美国，教师是分配最不公平的学校资源。20 世纪 90 年代我在纽约工作时，该市每年聘用的新教师中近一半是没有经过充分教学培训的，而且到年底还会因为被辞退、主动辞职或转走，流失同样比例的新教师。然而，在像郊区斯卡斯代尔（Scarsdale）这样的富裕地区，教师聘用的最低资格是具有 5 年的成功教学经验，并至少拥有哥伦比亚大学教师学院之类的名校硕士学位。那些年，因为招聘不力，工资又没有竞争力，纽约市甚至不能雇用合格的申请教师（包括许多教师学院的毕业生）。2003 年，纽约市教师工资的中位数为 53000 美元，而斯卡斯代尔为 95000 美元，造成这种差别的原因在于薪资标准、教师经验和教育水平的不同。

要理解这些差距的含义，可以参照乔纳森·科佐尔（Jonathan Kozol）对当时哈林（Harlem）一所中学教学条件的描述，该校以非裔和西班牙裔为主，70% 的学生成绩处于州测试的最低水平：

> 学校……在东哈勒姆一座 5 层老建筑的顶层，破败、肮脏……每班平均 30 名学生……15 名教师中有 13 名是"临时教师"，这意味着他们没有取得完全教学认证。教学用品匮乏。"我们有 3 个班没有教科书，"校长说，"所有的一切，都得去争取。"……"如果有了钱，我们理想的班级规模是 15 至 20 人，"一位教师说，"许多孩子都生活在寄养家庭，他们的父母死于艾滋病或正在服刑。"但是即使有钱聘任更多的教师，校长说，"我们也没有地方"，他打开一扇门告诉

我，教社会课的教师不得不在储藏室里办公。大部分教室的墙上张贴着标准、任务列表和评估准则。我问一位数学老师，这些对学生有教学价值吗？"学区委员会希望看到这些，好知道我在教这些内容"，老师面无表情地回答。我问他是怎么找到这份教学工作时，他说他在"房地产、保险行业"干过 9 年，然后出于某种原因（我觉得是失业了），他需要找工作。"一个朋友说，'把你的大学成绩单拿来'。我拿给他，然后他们让我去区教育委员会，第二天我就得到了这份工作。"[50]

科佐尔描述的"破败、肮脏"的学校状况与招不到合格教师密切相关。研究发现，工作条件至少与工资一样，能预测学校是否可以在教师还有其他选择的情况下招到并留住他们。[51]20 世纪 80 年代末以来，资源投入逐渐减少，但对教师的需求开始增加，许多城市和纽约一样，聘用的不合格教师数量越来越多。例如，1990 年，洛杉矶城市学区遭到少数族裔学校学生的起诉，因为学校不仅拥挤不堪，资金投入不如其他学校，而且绝大多数教师都未经培训、缺少经验，仅持有临时教师资格证。[52] 这一时期，美国很多州在为低收入少数族裔学校招聘教师时，常常降低或放弃认证标准（这种情况在高成绩国家和其他行业中可是闻所未闻），特别是在少数族裔和移民人口多的州，如加利福尼亚州、得克萨斯州、佛罗里达州和纽约州，没有资质的教师几乎全部分配给了这些学生。

10 年后，合格教师分配不均的情况不断恶化，加利福尼亚再次遭到起诉。例如，2001 年，加利福尼亚州隔离程度最高的少数族裔学校，分配到没有资质教师的几率是以白人为主体的学校的 5 倍以上。随着标准的降低，近 50% 的新教师入职时没有接受过培训，而且他们几乎都被分配到高度贫困的学校。在几乎全是非白人人种学生的学校中，大约 20% 的学校有超过 20% 的教师没有教师资格证，在有些学校这样的教师甚至占绝大多数。[53]（见图 2.3）。

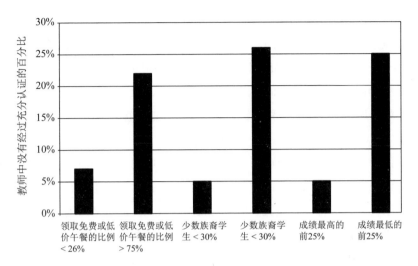

图 2.3　2001 年加州不合格教师的分布

资料来源：希尔兹等（Shields *et al.*, 2001）。

这一时期美国公共电视台（PBS）制作了《梅洛报告》（*Merrow Report*）[54]，其中有一集讲述了加州奥克兰为某群体学生招聘教师的政策已经松弛到了何种地步（同样的情形在费城、洛杉矶、芝加哥、纽瓦克、亚特兰大和纽约等地的学校也屡见不鲜）。在一所全部是非裔和拉丁裔学生的中学里，梅洛在狭小的教室里采访了在上数学课的 8 年级学生，在学年的大部分时间里学生们都没有一位正式的数学老师，梅洛问：“今年有几位数学老师？”一个记性显然不错的年轻人开始数起来：“让我算算，有贝里先生、盖恩斯小姐、李先生、第戎先生、富兰克林先生……布朗教练也给我们代过一天课。”一个看着很好学的女孩插话说：“还有中川小姐、盖恩斯小姐、埃尔默尔小姐，还有一位先生叫……他留着卷发，他叫……”梅洛说：“老师多得都记不住名字了？”孩子们都点头说是。

在几英里之外的奥克兰高中，9 年级的科学课全年都只有代课老师，没有一位有教师资格。梅洛问一年有这么多老师上课是什么感觉，学生们明显很沮丧，一个男孩说：“就是很奇怪，我们不得不每两个星期左右就要适应一位新老师。”另一个孩子接着说：“我感觉没有老师，现在已经 3 年级了……从我上初中以来，就没有一位科学老师……3 年都是代课老师。"
一位拉丁裔年轻人说："我们学的都是同样的内容，一遍一遍地从头开始。
来一个新老师，有时就要跳过几个章节，真的很难。"梅洛问："你们今年
学的科学课多吗？"学生们摇了摇头。一名黑人学生，把手放在面前的书
上，好像那是一棵救命的稻草，他摇摇头沮丧地回答，"没有，我们没有机
会学"。

记者接着采访了几位申请该区教职却没有收到人事部门回复的科学教
师。该区和其他资源不足的城区一样，为了省钱常常雇用没有资质的临时
教师来代替有准备、有经验，但工资较高的教师。近年来，奥克兰的新任
官员勇敢地打破了过去的成规，寻找并聘用训练有素并愿意留在该区的教
师。然而，与加州许多其他地区一样，该区也苦于资金不足和工资低下，
每年的学校招聘工作困难重重。

马萨诸塞州、新泽西州、纽约州、南卡罗来纳州、得克萨斯州，以及
其他州发生的对学校拨款不满的诉讼案件中，也记录了类似的不平等现象。
例如，2002 年，马萨诸塞州以少数族裔为主体的学校雇佣没有资质的教师
的几率，是非白人人种学生最少的前 25% 学校的 5 倍。[55]在南卡罗来纳州
和得克萨斯州，该比率为 4 比 1。[56]

在低收入少数族裔学生多的学校中，教师在教师资格、学科背景、教
育培训、毕业院系、考试成绩或教学经验等方面的资质比较差。[57]珍妮·奥
克斯（Jeannie Oakes）对全国数学和科学教师分布的研究表明，在少数族
裔多的学校，学生受教于拥有专业学位和证书的数学或科学教师的机会低
于 50%。[58]卡蒂·海考克（Kati Haycock）指出，这些关于资格证书和教学
经验差异的统计数据虽然令人震惊，但实际上还是低估了最差学校问题的
严重程度：

　　首先，这些效应是累加的。事实上，一所学校只有 25% 的教师没
有教师资格证，并不意味着其他 75% 的教师没有问题。通常的情况是，
这些教师都是新手，教的课程与自己的专业并不相关，在教师资格考
试中成绩很低……换句话说，有相当数量的学校基本上是不合格教师

的倾卸场，当然也是少数族裔学生的倾卸场。[59]

教师质量对学生成绩的影响

教师质量的每个方面都很重要。无论基于州、学区、学校，还是个人的研究都发现，教师的学科背景、教学培训、教师认证以及教学经验都会显著影响学生的成绩。[60] 这些结论似乎适用于世界各地。例如，秋叶素子（Motoko Akiba）和同事对 46 个国家的研究发现，可以预测数学成绩的最重要因素包括教师资格证、教师是数学或数学教育专业，以及至少 3 年的教学经验。[61]

教师具备的各项素质形成合力，可以产生巨大的影响。例如，最近对北卡罗来纳州高中生进行的一项研究发现，如果一名教师在其教学领域具有资质，入职时经过充分培训，教师资格考试分数较高，名牌大学毕业，有两年以上教学经验，又获得了全国教师委员会的认证，那么学生的成绩就会得到显著提高。[62] 虽然这些特征中的每一项都有助于教学效果的提高，但是受教于一个具备大多数条件的教师，比种族和家长教育程度产生的影响更大。也就是说，合格教师与不合格教师带来的学生成绩差距，大于父母受过大学教育的白人学生与父母只是高中毕业的黑人学生之间的成绩差距。如果低收入少数族裔学生也能受教于高素质教师而非现在遇到的教师，学生之间的成绩差距就会大幅缩小。

对纽约市教师的一项类似研究[63] 也发现，教师的认证情况、进入教学队伍的途径、教学经验、是否名校毕业以及 SAT（Scholastic Assesment Test，学术能力评估测试）数学成绩，是预测教师在中小学数学教学中有效性的重要因素。从师范专业毕业、获得了完全资格认证、有强大的学科背景及两年以上教学经验的教师，最能促进学生成绩的提高，而缺乏经验、持有临时资格证的教师，对学生成绩的负面影响最大，在以低收入少数族裔为主的学校中普遍是后一种师资状况。综合来说，改善教师素质能够使最贫穷和最富裕学校之间的成绩差距缩小 25%。

教师素质的变化会对学生成绩产生巨大影响，这表明制定政策解决教师资质不足和分配不平均的问题可能有助于改善学校教育的结果。

事实上，由于公众对这些差异和教师质量重要性的关注，[64] 国会 2002 年通过的《不让一个孩子掉队》法案包含了一项条款，规定各州应确保所有学生都能获得"高素质教师"，即经过完全认证并在所教科目中表现出一定教学能力的教师。这项规定具有历史意义，因为联邦立法所针对的学生（低收入、低成绩、刚接触英语或有特殊教育需要的学习者），其所在社区大多不太可能拥有培训充分、经验丰富的教师。[65]

然而，这项反映布什政府重要议程的法案却鼓励各州扩大替代性认证计划，美国教育部制定的法规允许将刚开始学习但尚未完成替代认证课程的人员也算作"高度合格"教师，导致加州低收入少数族裔学生家长将教育部告上了法庭。家长们称，教育部的这项规定通过让孩子们接受不合格的师资来掩盖教育不足的事实，从而减少政策制定者的压力，而决策者本该实施激励措施，让这些孩子也能获得经过充分培训的教师。

替代计划各不相同。有些计划是为有过工作经历的人员专门制定的，在专家教师的精心指导下围绕相关课程进行为期 1 年的严格实践。鉴于大多数州都很看重本科 4 年是否为教师培养专业，这些替代计划为拥有学士学位的人员创造了一条可行的从教途径，同时，他们带来的大量成熟、实用的工作经验（有时是育儿经验）也为教学提供了坚实的基础，有利于学校的发展。另外一些计划（通常针对高流动率的城区学校）则只开展几周培训便让教师自己进入课堂，也不提供各种指导或支持。在许多情况下，通过减少培训而不是增加教学激励的方法来解决贫困学校人手不足的问题，反而使师资问题更加严峻，有损于提高学生成绩的努力。

替代认证的效果

最近进行的一项麦瑟麦迪卡研究（Mathematica Study）[66] 揭示了非选拔性替代认证计划对成绩的影响。研究人员发现仅有 12 个州提供了允许未完成培训的人员进入小学当教师的途径；其中有些州，如威斯康星州和密歇根州，只允许在最贫困的学区（比如密尔沃基或底特律）实施替代认证计划。在少数族裔多、收入低的学校中这类教师很多，完成了替代计划中的"低级课程"和"高级课程"，就被视为具有同等资历。"高级课程"通常涵盖传统培养方案中的大部分或者全部课程，但允许被培训人员在完成课程之前，有时并没有经过教学实习，便开始执教。"低级课程"常常跳过教学实习并压缩准教师的培训总量，最多会削减三分之二。

这意味着教师在儿童发展与学习，如何建构课程和开发评估手段，如何展开阅读、数学或其他科目的教学，如何有效管理课堂，以及如何教授特殊教育学生或刚开始学习英语的学生等方面，基本没有接受过培训。这些教师通常一边教学一边上课，但学习的课程很少，而且在没有成功的老教师指导的情况下就开始执教了，只能靠定期来听课的督导教师给出的建议弥补压缩职前培训带来的后果。样本中参加"低级课程"的教师大部分来自得克萨斯州，该州在十几年前就降低了对所有教师接受教师教育培训的要求，后来又进一步降低了替代认证教师的准入要求，后者主要任教于低收入少数族裔学校。

尽管在招聘困难的样本学校中执教的传统认证（Traditionally Certified，TC）教师不如全国大多数小学的教师资质好，但该项研究发现，他们教出来的学生测试成绩要高于那些还在进修课程的替代认证（Alternatively Certified，AC）教师，以及工作过三四年的替代认证教师的学生。最重要的是，仔细观察测试成绩数据就会发现，参加所谓"低级课程"的替代认证教师的学生，其阅读和数学成绩在同一学年的春季和秋季学期实际上下降了近两个正态曲线等值（Normal Curve Equivalent，NCE）分数。[67] 传统认证教师的学生，在秋季学期初成绩更差，但最终成绩下降幅度较小，与替代认证教师的学生在春季学期的成绩大致相当。对于贫困学校中的每个孩子来说，这个结果实在令人忧心（见图 2.4）。

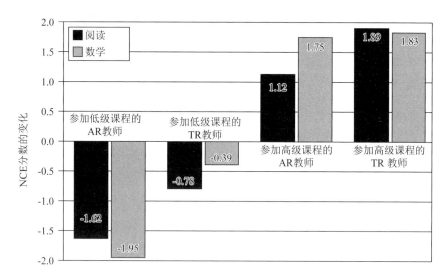

图 2.4　替代路线（AR）教师与传统路线（TR）教师的
学生在秋季到春季测试中的分数变化

资料来源：达令－哈蒙德（Darling-Hammond，2009）。

　　参加"高级课程"的教师表现要好一些，但还是比不上传统认证教师，这表明教师培养方案越全面，学生的成绩就越高。但是，这些教师经过一年的教学只能使学生成绩增加一到两个 NCE 绩点，根本谈不上弥补成绩差距（学生的分数远远低于标准）。虽然进行该项研究的人员认为研究结果表明，在困难环境下教书的替代认证教师并没有比学校中的其他教师带来更多的危害，但是低下的成绩绝不是可以接受的标准。这些教师体现了贫困社区的学生和学校不断落后的状况，而我们需要的是力争上游，为已经严重落后的孩子们切实提高师资水平。

　　这些结论与其他研究的结论相似。上文提到的北卡罗来纳州进行的研究发现，对学生成绩产生最大负面影响的因素是没有经验的教师和经由该州"横向录用"（lateral entry）方案进入教师队伍的教师。"横向录用"是招收有学科背景、但没有接受过初始教学培训的在职人员进入教师队伍的一条替代路径。此外，还有三项大型研究使用了纽约市和得克萨斯州休斯顿的纵向个体学生数据，并对变量进行了严格的控制，结果发现，没有经过完全培训就开始执教的新教师（如临时教师或替代认证教师），和经过完全培训的新教师都教授同样的学生，教学效果存在显著差异，尤其是在阅读教学方面。[68]考虑到启蒙阅读教学所需要的复杂知识和技能，特别是有些学生在校外几乎没有读写经验，还有一些学生刚刚开始接触英语，出现这种情况也就不足为怪了。

当然，这些研究也发现了积极的一面，留教时间长、能按要求完成认证课程的替代途径教师在有效性上的差距消失了。事实上，其中有两项研究发现，取得"为美国教书"（Teach for America，TFA）课程证书且有几年教学经验的教师，其学生的数学成绩高于平均水平。然而，这只代表了一小部分人员的情况，超过80%的TFA学员和一半的其他替代培训教师在从教的前4年便离开了教师行业，而传统认证教师离开的比例大约是三分之一。教师的教学效果越差就越容易提早离职，所以以上研究得出的结果或许是因为留下的都是优秀教师，而且他们在完成培训、积累经验之后提高了教学的有效性。

即使留下教学的教师日后可以赶上其他教师，但是，在他们还是新手时教过的学生却成为受害者，可能永远也赶不上来了，特别是一年一年不停更换新手教师的学生。例如，由培训不足的新手教师教出来的小学高年级学生，阅读成绩大约比年级水平低三分之一。[69]招聘困难学校中的孩子连续经历几位这样的教师，就会一步一步更加落后。当教师辞职、更换了其他培训不足的新教师时，学校或学区的成绩水平仍然非常糟糕。

未经充分培训的教师流动性高，这一点并不稀奇。例如，国家教育统计中心（National Center for Education Statistics，NCES）在全国范围内开展的一项研究发现，在近期的大学毕业生中，没有拿到教师资格证的教师五年内离职率为49%，而拿到教师资格证的教师，同期离职率仅为14%。[70]另一项NCES数据分析显示，没有经过教学实习、也没有学习过教师教育课程的新教师，离职率是有教学实习经历教师的两倍[71]（见图2.5）。讽刺的是，各州通过提供几周快速培训急于解决教师短缺的问题，可在教师上岗后却不闻不问，这样做的结果最终只能加剧城区学校教师流失的情况。

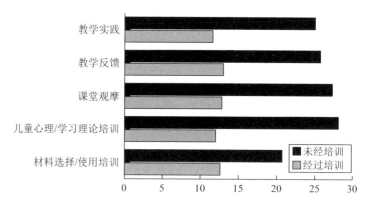

图 2.5　教师培训与第一年的流失率（一年后离职的教师百分比）

资料来源：全美教学与美国未来委员会（National Commission for Teaching and America's Future，2003）。

　　流动性高常常与教师对有效性的感知相关。虽然许多人在执教之前认为不需要进行多少特别的培训，但大多数人很快就意识到教学比想象中难得多，于是他们要么拼命地进行额外培训，建立以控制课堂为主的教学风格（经常为了便于管理而"降低课程难度"），要么就绝望地离开了教师行业。[72]

　　举个例子，2001 年 1 月《圣彼得堡时报》上有一篇文章，报道了该学年头几个月里本地区有将近 100 名教师辞职，其中很多人是有过工作经历的替代认证教师，在进入教师队伍之前从未接受过教育培训，计划开展在职培训。教微生物的比尔·高尔曼（Bill Gaulman）是一位 56 岁的非裔美国人，曾经供职于海军和纽约市消防队，年中之前辞职了，他的感受反映了许多人的经历："用一个词来说就是'不堪重负'"，加尔曼说，"人们告诉我，只要熬过第一年就好了"，可是，"我都不知道能不能熬过这个星期，我不想亏欠孩子们，不想滥竽充数，我想要做对的事情"。埃瑞卡·拉维莱克（Erika Lavrack），29 岁，学的是心理学，在没有接受过教育培训的情况下被安排从事特殊教育，她第二天就辞职了。"孩子们很好，"拉维莱克说，"但是，他们满教室跑，如果我不能让他们坐下来，就什么都没办法教。我不知道该怎么办。"[73]

有些人经过几周暑期培训便开始教学，自己缺乏技能，却责怪到学生头上，比如：

> 我待了一年。我觉得坚持了一年对我很重要，但是如果我还想继续教学，像现在这样可不行。不接受培训，我就没办法再教下去了。我发现自己进行跨文化教学时有很多问题，我责怪孩子们课堂混乱失控，责怪家长不关心孩子。陷入这样的境地，真让人沮丧。

其他教师明白，培训不足的教师没有教好的学生将最终将成为他们的责任。加州有一所教师流动频繁的学校，在那里执教的一位教师说：

> 相比完成了认证课程的教师，没有学过（培训）课程的教师更关注课堂管理以及如何有效地向学生传达指令。这个话题我们午餐的时候讨论过……我们有一个班有过很多代课教师，还有一位没有资质的教师因为应付不了课堂就再也没有来过，结果是孩子们会很痛苦，明年接手他们的老师也可能很难办。[74]

一些研究印证了这位老师的想法：无效教师带来的负面影响会持续多年，降低孩子的学业成绩，连续受教于两三个这样的教师会造成巨大的学业缺口。例如，一项分析表明，连续受教于 3 位无效教师的学生，成绩水平可能比连续受教于 3 位高效教师的学生低 50 个百分点之多。[75]差异之大，足以让有些学生很难高中毕业，而另外一些学生则能进入名校（见图 2.6）。

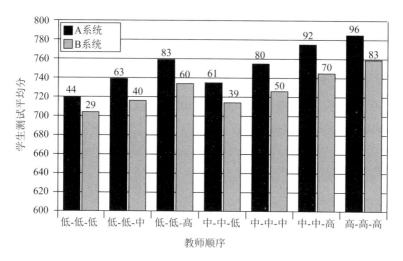

图 2.6　教师有效性的累计效应。两种学校体系 3 年中教师水平（低、中、高）对
学生 5 年级数学测试分数的影响

资料来源：桑德斯和里弗斯（Sanders & Rivers，1996）。

不合格教师扎堆带来的影响

除了每位教师会对学生产生影响之外，整个学校或学区的教师专业知识也会对学生学习产生额外的影响。一所学校中有经验的专家教师越多，能够用于分享并做出合理课程决策的专业知识就越多。此外，班级与班级、年级与年级之间的教学连续性越强，优秀教学带来的累积效应就越大。反之亦然。研究发现，在控制学生特征因素（如贫困程度和语言背景）后，无论在学校、学区还是州级层面，缺少经验、培训或认证的教师比例，会对学生成绩产生显著的负面影响。[76]

部分原因在于，除了教师个人能力弱带来的影响之外，人员流动性强和教师队伍不稳定也给学校造成了额外的麻烦。斯坦福国际研究所（Stanford Research International）进行的一项研究发现，许多收入低、少数族裔多的学校聘用大量缺少经验和准备的教师，不仅消耗了资金，也浪费了人力资源。聘用新手教师和短期教师的学校必须不断投入资金招聘新教师，给他们提供专业支持，而这些投入却不能带来收益。好比往一个漏桶里注水，学校不得不一遍遍地重复着精力和资源的浪费。其他教师，包括少数指导教师在内，既要给学生上课，又要帮助同事，常常筋疲力尽，这也增加了他们辞职的几率。[77] 学校每年都将匮乏的资源浪费在对新教师的基础培训上，他们入职时没有什么教学技能，没积攒多少经验就又辞职了。最重要的是，教师的频繁流动使学校中的大量学生只能受教于相对无效的教师，让整个社会背负上长期的补习、留级和辍学成本。

缺乏获得高质量课程的机会

除了专家教师数量不足之外，非白人人种学生和白人学生在课程、培养方案、材料与设备，以及学校的人文环境方面，都存在着巨大的差异。研究证明，由这些因素决定的高质量教学对学生成绩的影响比学生的背景更为重要。例如，社会学家罗伯特·德里本（Robert Dreeben）研究了芝加哥地区 7 所学校 300 名黑人和白人 1 年级学生的阅读课程，结果发现阅读成绩的差异几乎完全不受社会经济地位或种族因素的影响，而是由课程质量和教学质量决定的：

> 我们有证据表明，学习水平严重受制于教学质量：学习时间充足、涵盖大量丰富的课程内容、根据学生能力水平进行适当的教学……能力相当的黑人孩子和白人孩子接受相同的教学时，表现也相当，无论教学质量是高还是低，结果都是如此。[78]

然而，该研究还发现，平均来看，非裔美国学生接受的教学质量比白人学生低得多，这样在 1 年级结束时就造成了总体成绩的种族差距。事实上，德里本研究初期使用的样本中，能力最高的一组来自一所低收入非裔美国人社区学校，但是，学校无法为这个小组提供高质量的教学指导，结果导致这些学生在 1 年级时学得没有白人学生多，这种情况几十年来在全国许多社区不断上演。

知识分配

各种或微妙或明显的手段造成了知识获得的不平等。甚至在入学之初就给不同学生分配了不同的课程与上课机会，美国学校的这种情况比高成绩国家严重得多。分类和分层教学通常早在幼儿园或一年级就开始了，决定了哪些学生将被安置在补习班或"高才"班。富裕学校和贫困学校开设的课程存在巨大差别。例如，富裕地区通常在小学低年级就开设外语课，而贫困地区即使到高中也很少有这样的课程；富裕地区通常提供广泛的音乐和艺术课程、项目导向式科学课和具体的技术支持，而贫困地区则无法提供这些课程，阅读和数学教学通常采用简单的训练法而非培养高阶应用能力。

研究发现，服务于非裔、拉丁裔和原住民美国学生的学校"过于低端"，也就是说，他们较少提供学科课程和大学预备课程，课程大多是补习或面向社会地位不高的职业，比如美容课和缝纫课。[79] 例如，2005 年，加州高度隔离的学校（超过 90% 为非白人人种学生）中仅有 30% 为学生足量开设了加州要求的大学预备课程，而且在这些学校（占加州所有学校的四分之一）中，大量大学预备课程都是由缺乏学科资质的教师讲授的。[80] 受制于这些条件，2003 年该州只有 6% 的非裔和拉丁裔高中毕业生参加并通过了要求的课程与考试，有资格进入州立大学系统。[81]

在种族融合的学校中，课程分层通常是按肤色划分的。荣誉课程或大学先修课程主要针对白人学生，而在低级课程（基础课程、补习课程或职业课程）中绝大多数则是非白人人种学生。[82] 获得高级课程和挑战性课程机会的不平等，可以解释少数族裔学生和白人学生成绩之间的大部分差异，因为课程与成绩密切相关，从很小的时候开始，不同种族学生所上的课程就存在很大的差别，尤其是数学、科学和外语等课程。[83]

相比之下，芬兰、瑞典、韩国、日本和中国香港等当代高成绩欧洲和亚洲国家及地区，为学生提供的教育课程差异很小，并且作为教育改革的一部分，努力使学生能够平等地获得同样的智力挑战性课程。[84] 这些国家在高中之前通常不会对学生进行分层或分类，只是在高中的后两年才根据学生的兴趣和能力设置差别课程，大学的录取情况要看入学考试的成绩。然而，法国和德国等欧洲国家，则和美国一样，仍然延续着对学生进行早期分类的传统，在国际评估中成绩比较落后。

历史源头

美国实行分层教学体系的历史源头始于 20 世纪早期，优生学家和一些教育改革者认为智力是存在差异的，人应该分为三六九等，从事社会经济地位不同的特定职业。1909 年，斯坦福大学教育学院院长埃尔伍德·P. 卡伯里（Ellwood P. Cubberly）对这个问题进行了论述，当时随着意大利人、波兰人、捷克人和其他新移民的到来，形成了这样的观念：

> 这些南欧人和东欧人与之前到来的北欧人是非常不同的类型。他们不识字、温顺、缺乏自立能力和主动性，没有盎格鲁-德意志民族具有的法律、秩序和政府概念，他们的到来极大地稀释了国家的民族性，腐蚀了我们的公民生活……我们的城市学校很快就会被迫放弃人人平等、社会不分阶层这样过度民主的观念……开始实行专业化教育，多管齐下，使学校适应这么多阶层的需要……学校及未来阶层概念的变化，使工业培训和职业培训变得尤为重要。[85]

心理学家和智商测试发明人刘易斯·特尔曼（Lewis Terman）也是斯坦福大学的教授，他发现他测试的移民中 80% 似乎"智力迟钝"，他在 1922 年出版的《智力测试与学校重组》（*Intelligence Tests and School Reorganization*）一书中总结道：

> 他们的迟钝似乎是种族性的，至少也是其族系所固有的。印第安人、墨西哥人和黑人中常见这种类型，这有力地说明，必须重新看待种族之间存在思维差别的问题……这个群体的儿童必须放在单独的特殊班级……他们不能掌握抽象概念，但是通常可以培训为有效的工人。[86]

在工业化经济中，学校被视为进行有效人力分类的机制。教育家 W. B. 皮尔斯伯里（W.B.Pillsbury）在 1921 年的《科学月刊》（*Scientific Monthly*）中称：

> 我们可以将教育系统描述为具有重要选拔功能的机构，可以将智力最好的人与智力低下及普通的人区分开。所有人都被倒进系统，没有能力的人留级、退出，进入非技术劳动力的行列……聪明一些、可以做职员的人送进高中；最聪明的人进入大学，成为专业人士。[87]

即使社会对教育的期望和劳动力市场都发生了巨大变化，但对学校功能的看法仍然停留于用来选拔少数人从事思考性工作，而非发展和提高所有人的才能。基于 20 世纪初科学管理者的工作成果，美国学校的分层教学与其他很多国家相比，更加低龄化、也更为广泛。结果是，只有很少一部分学生能够接触到挑战性课程，在美国有机会学习高成绩国家常见课程的学生就更少了。[88]

事实上，高质量课程在美国非常稀缺。高质量课程包括一系列高难度、循序渐进的学习目标，给学生布置智力挑战性任务，实施有效课堂教学，并提供支持性材料。课程匮乏问题包含两个重要方面。第一个方面是美国贫、富学生接触的课程类型之间存在差距，这个差距远远大于世界上所有高成绩国家，后者都在有意识地缩小学习机会的差异。第二个方面是托尼·瓦格纳（Tony Wagner）所说的全球差距，"我们最好的郊区、城市和乡村公立学校进行的教学和测试内容，与当今全球知识经济对称职学者、员工和公民的要求之间存在的差距"。[89] 第 6 章将对这个问题进行深入讨论，并介绍高成绩国家正在进行的教育制度改革。

瓦格纳描述学生需要具备的技能时所使用的术语，与世界各地的改革报告类似：批判性思维和解决问题的能力；协作能力；灵活性和适应性；主动性和开创精神；有效的口头和书面沟通能力；获取信息、分析信息的能力；好奇心与想象力。培养这些能力的课程通常只有美国最富有的学生才能享受到，可是这种教育策略带来的问题却日渐明显，因为现如今到处都需要这些技能。

课程机会与学习

我们一直沿用的课程分配制度，其理据是，按照学生的"水平"，以最适合他们的方式进行教育，使他们在社会中找到自己的位置。然而，过去 40 年有大量的研究发现，教师质量和课程质量才是影响学生成绩的最主要原因，能否获得课程机会是比初始成绩水平更加重要的主导因素。也就是说，当具有相似背景和初始成绩水平的学生使用不同程度的挑战性课程材料时，有机会接触内容更丰富、难度更大的课程的学生最终会表现得更好。[90] 例如，在一项设计严格的实验研究中，将 7 年级的"边缘"（at-risk）学生随机分配到补习班、普通班和荣誉班上数学课，结果发现，年底时在学习前代数课程的荣誉班中的边缘学生，表现优于其他组中背景类似的学生。[91]

同样，珍妮·奥克斯在加州一座城市进行的研究发现，在该学区标准化测试中分数处于中位数的学生，放入低级课程 1 年后，成绩平均下降两个正太曲线等值（NCE）分数，而且连续 3 年均下降 2 分，但是在高级课程学习 1 年后，NCE 分数提高了 6.5，3 年后提高了 9.6。无论初始分数位于成绩分布下游（20 百分位左右）还是上游（80 百分位左右）的学生都呈现出这样的规律，其他研究也强化了这一结论。[92] 这样，分层教学就拉大了成绩差距。

分层教学意味着课程差异，这会极大地限制学生接触知识和学习的机会。几十年的研究表明，无论教成绩高的学生还是教成绩低的学生，能促进高水平学习的教师都会让学生相互协作，多进行口头和书面表达，创造积极的学习机会；联系学生先前的知识和经验；提供实践学习机会，并让学生体验高阶思维过程，包括培养他们制定任务策略、假设、预测、评估、整合和综合的能力。[93]

然而，许多研究也发现，在最低级的课程或补习课程中，教学方法往往强调死记硬背，做填空题和其他考试题型，这种低认知水平练习与学生需要学习的技能毫无关联。在低级班课堂上，教师与学生的互动缺少启发性和支持性，更多的是批评学生的行为，尤其是少数族裔学生的行为，[94]不太注重高阶推理与反应。[95] 在这样的课堂上，学生很少有机会谈论他们所知道的事情，真正地去阅读、研究和写作，建构和解决数学、科学或其他科目中的问题。[96] 可是，以上课堂活动对于发展高阶思维技能、持续提高学习成绩非常重要。

目标分层

在高级课程中，学生不仅能接触到更多课程内容，学习的方式也有所不同。他们有思考、调查和创造的机会，教师鼓励他们去探索。珍妮·奥克斯在《分层教学》（Keeping Track）一书中，描述了教师为不同层级学生设置的不同教学框架。[97]

高级班教师描述课程目标时强调高阶思维能力和独立学习能力，比如："逻辑思维过程"；"思考和使用信息的能力"；"科学推理与逻辑"；"依靠自己"。学生对课堂学习内容的看法也反映了这些目标。高级班的学生说他们学到了："理解概念和思想，在此基础上做实验并独立完成"；"如何科学地、有逻辑地思考和推理"；"如何进行书面表达，有逻辑地组织（自己的）想法，并表现出创造力"；"寻找并发现问题的答案"。

相反，在低级班课堂上，教师描述学生的学业目标时没有涉及逻辑性、批判性或独立性思考能力。教师常常强调学生守纪律、掌握低级技能，比如："更好地利用时间"；"守时和自律"；"减少课程内容，制定他们可以实现的目标"；"好的学习习惯"。低级班学生说他们学会了："在课堂上守纪律"、"上课不讲话"；"在老师说话的时候保持安静"；"认真听从老师的要求"；"（如何）在老师提问的时候回答问题"。[98]

这两种体验截然不同。一位非裔美国人家长马克·罗伯茨（Mark Roberts）提到他女儿所在的"高才"班与她来自低收入家庭的朋友蒂芙尼所在的班级就很不一样：

（在高才班里）孩子们的家世都不错……配有最好的老师，班级规模小，课程丰富，还有令人兴奋的实地考察课，作业有挑战性，还有校长的关注与保护。他们永远不会有像西蒙斯太太这样的老师，对学生大喊大叫，桌子上放着一块砖头，上课时频繁地打电话。[99]

对于蒂芙尼班上的这些差别，校长是这么回应的："记住我们讨论的是谁，"校长说，"为这些孩子我们只能做这么多。"

这种现象很普遍。乔纳森·科佐尔在纽约市进行的一项研究提到，在种族表面上融合的学校里，少数族裔儿童绝大部分被分到补习班或特殊教育班，教室狭小、拥挤，甚至被分成了好几部分，而以白人及少量亚裔为主的高才特长班却占据着最好的教室，有很多书籍和电脑，用孩子们的话说，学习"逻辑思维"、"解决问题"、"尊重别人的逻辑"及"推理"。进入这些班的孩子，需要有老师和家长的推荐，也要看他们的考试成绩。科佐尔在笔记中写道："6 个女孩，4 个男孩，其中 9 个是白人，1 个是中国人。我很高兴他们能进入这个班。但是其他人呢? 学校里有没有 10 个黑人孩子也可以进入这样的班级? "[100]

在三千英里之外的加州阿拉米达县，一位高中生描述了同样的情况：

> 嗯，在（我们学校）……很糟糕，但是学校里存在另外一个学校系统，叫优等生学会（Phi Beta），那里都是聪明孩子，没有少数族裔。所有优质设施和工具都在他们那儿，比如工程部……他们和我们（在学校里）是分开的。他们在学校里有自己的区域。学校把其他人都放在学校另一边，或分在不同班，这样做很无耻。[101]

分层教学、种族与阶层

虽然测试成绩和前期教育机会都是进行差别分班的理由，但是种族和收入因素的作用却更加明显。研究发现，即使在控制了测试成绩之后，种族和社会经济地位也决定了学生是进入高中荣誉课程，还是进入职业课程或学科课程，以及在每种课程中适合的难度大小。[102] 奥克斯的研究表明，标准测试成绩相同的学生，因种族的不同在分层时存在着巨大的"调高"

或"调低"差异。[103] 比如，在标准化测试中成绩接近 60 百分位的拉丁裔学生，进入大学预科课程的机会不足白人和亚裔学生的一半。即使成绩超过 90 百分位，机会也只有 50% 左右，而同样成绩的白人和亚裔几乎肯定可以进入大学预科课程（见图 2.7）。欧克斯的研究团队发现，他们研究的中西部和东海岸城市中的非裔和西班牙裔学生，也呈现出类似的模式。

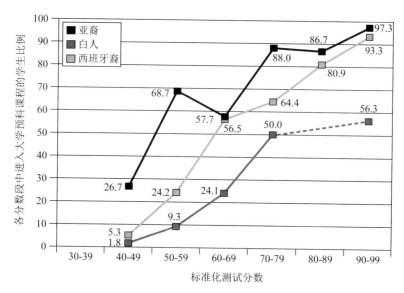

图 2.7　控制了标准化测试分数后学生进入大学预科课程的概率（9 年级）

资料来源：奥克斯（Oakes，1993）。

　　究其原因，一部分是因为学生之前进入了质量不同的分层课程与学校，一部分是因为辅导员认为他们应该建议学生"现实"地考虑未来，还有一部分原因是社会经济地位高的家长影响力更大。虽然有各种各样的原因，以及成绩分数和教师建议的影响，但是非白人人种学生在学科课程、高才班、荣誉课程和大学预科课程中的比例确实过低（见图 2.8），而在特殊教育课程中的比例却过高（见图 2.9），后一类课程不仅内容少，而且教师通常缺少资质。

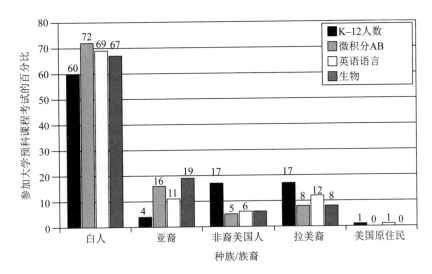

图 2.8　参加大学预科课程的人数（2003）

资料来源：大学理事会预科课程汇总报告（The College Board, AP Summary Reports, 2003）。

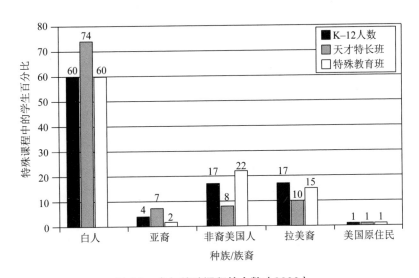

图 2.9　参加特殊课程的人数（2000）

资料来源：美国教育部公民权利办公室（2000）；中小学公民权利遵守情况报告（2003）；教育信托基金会的计算（教育观察）。

高挑战性课程和有效教学的积累效应，会给学生带来一连串机会，相应地，如果学生接触不到这些课程和教学，就会失去很多机会。例如，我参观过马里兰州的一所"种族融合"小学，所在社区超过50%的人口都是非裔，但学校通过开设高才班磁石课程，吸引白人学生加入，我注意到课堂上明显能感觉到种族的差别。虽然大多数教室里都是以黑人为主体，但"高才班"的学生几乎全都是白人。数学课堂尤其明显，在讲授高度概念性课程"综合学校数学课程"（Comprehensive School Mathematics Program，CSMP）的两个班里，更是没有一名非白人人种学生。其余班级进行的则是机械的、死记硬背型课程。很明显，在1年级就已经决定了要培养哪些学生学习代数、三角函数和微积分了。

校长告诉我，CSMP课程是给"高资优"学生开设的，他们是在幼儿园阶段经过测试进入到该课程的。我跟她说，该课程本来是研究人员为不分层级的城区学生开发的，应该针对所有学生，她同意了，并且调集资源保证第二年课程可以面向所有学生开设，后来也确实这样实行了。但是3年之后，当我再次来到这所学校时，发现又恢复了以前的分层教学。我问其原因，校长回答说，课程实施之前只对教师进行了几天的专业培训，大多数教师发现高度概念性课程太难教了，他们也缺乏教授不同学习者所需要的知识与教学技能。因此，为了弥补教师技能的不足，学校又回到了分层教学的老路上。

即使越来越多的证据表明，分层教学不会给高成绩学生带来实质性益处，却会使低成绩学生陷入更糟糕的境地，可是分层教学依然存在，[104] 这不仅是因为学校发挥选拔作用的观念深入人心，还因为优质教学是一种稀缺资源，必须进行分配。这些稀缺资源往往分配给那些父母、维护者或选区代表具有强大政治影响力的学生，通常的结果是最优秀的教师为最富有的学生提供最丰富的课程。有证据表明，教师本身也存在分层，能力最强、经验最丰富或地位最高的教师教高级课程，经验和培训最少的教师教低级课程。[105]

早期分层教学产生的不平等会影响整个学习生涯。例如，只有小学时参加了上述磁石项目的学生，才能做好准备进入中学的数学和科学学科磁石项目，再进入到高中的磁石项目。在之前提到的那个社区中，初中大约有 1000 名学生，大部分是非裔，进入到特殊磁石项目的有 100 人，几乎全都是白人，只有极个别非裔学生，那是因为小学校长在"改革时期"曾将课程向非裔儿童开放过几年。

参加磁石课程的 100 名学生接触了内容丰富而又训练严格的数学、科学和技术课程，电脑充足，经常进行科学调查，早在 7 年级就开始上代数课。授课教师都受过良好训练，拥有所在学科及教育方向的硕士和博士学位。而学校中的其他 900 名学生，基本没有电脑，没有科学实验室，只有一位有资质的数学老师可以教他们代数。可是因为他是学科组长，需要花大量时间指导其他教师，所以上"常规"课程的 900 名学生中，只有约 30人有机会在初中学习代数。剩下的人都在普通数学班，到高中时已经没有机会考入磁石课程或高级课程，赶不上追求知识的步伐了。

今天大部分学区都存在学校教育路径不平等、固化的情况，只有少数人能得到高质量的教育资源，而且，不同种族和社会经济群体的学生小学时接受的教育质量参差不齐，进入到"种族融合"的初中和高中后，便被分入不同的分层课程。分层教学往往加强了种族和阶层的隔离。

分层教学与语言背景

随着学校中新英语学习者（English language learners，ELL）的数量越来越多，出现了一种新的阻碍学习知识的分层形式。许多学校采用的常见做法是，将学生隔离在被称为"ELL 贫民窟"的课程中，即通过为英语学习者开设一系列课程，使他们几年内都在上这种课程，无法为进入高级课程或上大学做准备。将这类学生聚集起来，本意是替代极端的"浸入式"策略，浸入策略往往在不提供任何语言支持的情况下把移民学生扔进普通班，导致很多学生跟不上，只能放弃。然而，把学生放在一起也有问题，学生发现高中毕业时他们所上的英语课程（English as a Second Language，ESL）无法让他们进入大学。

美国为英语学习者创造的学习机会五花八门。劳里·奥尔森（Laurie Olson）在《美国制造》（*Made in America*）中是这样描述加州学校的：

大多数高中向英语能力有限（limited English proficient，LEP）的学生提供两种类型课程：英语语言课和用英语教授的主流选修课，如体育课或音乐课。除此之外，各学校给 LEP 学生提供的课程存在很大差异……一种常见的模式是提供部分课程：设置几个涵盖所有核心科目的班级，但是这些班级无法容纳所有需要上核心课程的 LEP 学生。因此，有些学生只能缩短学时，没有课的时候要么待在自习室，要么去上别的选修课或进入别的班级，如果理解不了，只能……自生自灭。[106]

师资也不尽相同，分配教师讲授 LEP 课程是一个"高度政治性问题"，大多数教师不喜欢这项教学任务，不仅学生不好教，而且缺少适应学生需求的材料与培训，因此只能通过比拼在教师梯队中的资历和影响力来决定由谁来教。[107] 很多人认为，进行内容与方法均适合英语学习者的"照顾性"（sheltered）课程教学是最佳解决方案，但是必须有受过训练的教师资源和语言难度适当的教学材料；因此，大多数学校不能给学生提供完整的课程菜单，许多学生无法获得学科课程、语言教学或者他们需要的训练有素的教师。

最后一点，也是很重要的一点，学校之间的隔离以及学校内部的分层教学，减少了不同类型学生互相交流和获得多重视角的机会。约翰·杜威（John Dewey）在《民主与教育》（*Democracy and Education*）一书中指出，"民主不仅是一种政府形式；它主要是一种社交生活方式"。[108] 他强调了营造鼓励人们多分享兴趣、多与其他群体交往的环境的重要性：

> 为了形成大量共同的价值观，群体中所有成员必须有公平的机会去接受他人的价值观，必须共同参与、经历各种事务。否则，教育的结果就会使一些人成为主人，而另一些人沦为奴隶。如果各种生活模式无法自由交流，那么任何一方的经验都会失去意义。[109]

隔离学校和分层教学将学生按照种族、语言和社会阶层隔离开来，在原本需要沟通和联系的地方却鼓励沉默与分离，从而破坏了民主。这些做法加大了群体之间的分歧，阻碍了许多年轻人积极参与学校的社交生活，以及日后更广阔的社区生活。毕竟，最终我们都必须学会在广泛的社会中共同工作和生活。

丧失功能的学习环境

这些做法很多是从一个世纪前延续下来的，我们的教育体系至今仍然没有变革。与近几十年来一直处于挣扎和变革之中的制造业一样，现代学校是 20 世纪末设计的高度官僚机构，分为不同的年级和科目，实行分层教学，提供课程和辅助服务，每个部分单独管理，按照精细划分的程序运行，制造出标准产品。

建立学校的目的是为了实施传递既定信息的主流教学与学习理念，这样的结构设计缺少人情味。根据 20 世纪初科学管理者的建议，美国采用了普鲁士人的年龄分级制度，并发展出"组队系统"（platoon system），把学生沿着传送带从一位教师手中传到下一位教师手中，从一个年级传到下一年级，从一个课堂传到下一个课堂，一门课通过了再学下一门课，根本没有机会让成年人在一段持续的时间内好好了解学生，将他们看作完整的人或处于智力发育中的人。中学教师可能每天要接触 150 名学生，在洛杉矶甚至超过 200 名，这种学校结构使教师无法了解大多数学生。

美国教师常常独立工作，很少有时间与他人一起制定计划或交流信息。在视学校为工厂的理念中，流程都是固定的，几乎不需要专业知识或教师合作来开发课程、解决实践问题。学生也是一个人被动地学习，坐在独立的课桌边听课，背诵、记公式，独自完成课堂作业。教师在职业生涯中，很少有机会与哪个班级一天接触超过 45 分钟，或者给哪个班级授课超过 1 年的。许多欧洲和亚洲的学校则不同，教师经常和学生相处超过 1 年，讲授多个科目，即使到了高中也是如此。[110] 这些策略让教师可以更好地了解学生，实施有效教学。美国普通学校的学生在求学期间接触的教师数量是许多其他国家学生的两倍。

在以低收入少数族裔为主的大型城区学校中，师生联系尤其不密切。这样的学校就像一座巨大的仓库，装着 3000 名甚至更多的学生，主要精力放在控制学生行为而不是发展学生能力上。储藏室是唯一稳定的师生联系场所，年轻人穿梭于 7 到 9 个不堪重负的教师的课堂，很少能见到学校辅导员，因为他得关心上百名学生的"个人需要"。在这种情况下，学生即使努力也找不到与教师的联系。这样的高中将学生分成三六九等，缺少人性化，大部分学生在这里感受不到关心，甚至感觉环境充满了敌意，既然不能"被了解"，只能"得过且过"。学生认为学校并不关心他们。纽约市一名从大型综合高中辍学的孩子这样描述他的经历："学校一度对我来说很重要，我乐意取得好成绩，让我的父母为我感到自豪。（但在高中）我从来没有感觉到自己是学校的一分子，有我没我无所谓。老师只是把我抛在一边，可能因为我是西班牙裔。我觉得我被忽视了，我不重要。"另一个辍学的孩子深入地分析了这个问题：

> 我决定退学时，成绩是合格的，却没有人想要阻止我，没有人在乎……没有一个辅导员关注过我。我就被送去见过校长一次，也只是匆匆一会儿。课堂规模太大，学生没法学习。学生应该与教师多接触。如果在高中期间各科教师固定下来，教师就能更好地了解学生……高中应该最多不超过四百名学生，所有学生都在一个楼层。谁需要把学校盖成七层楼？[111]

一位加州高中生的话更加简洁："这个地方让我的精神受到了创伤。"[112] 他所在学校的管理者也说，关心学生的教育工作者在规定和学生之间左右为难："是的，我的精神也受到了伤害，我们的做法我并不认同……"[113] 在这项研究中，教师和学生对学校的看法一致，充分暴露了这种两难困境。研究人员指出：

> 教师自认为非常关心学生，他们从事教学，想要教给青少年知识。教师最初看到学生认为学校里的成年人不关心他们，感到很吃惊。教

师看到学生的评语很难过，想要说明为什么他们的注意力不能放在学生身上。教师感觉压力巨大，要上课，要应付官僚差事，还要参与大量与教学无关的活动。一天中真正与学生相处的时间所剩无几。教师认为由于班级的规模和他们每天面对的学生人数，他们很难做到关心学生，在初中和高中尤其如此。[114]

当教师没有机会充分认识学生，学生也没有机会与学校中任何成年人建立起持续的个人联系时，工厂模式的高中就会出现虚拟的裂口，将学生吞噬。这样的学校毕业生数量往往不及入学人数的一半，就没有什么奇怪的了。

随着人们对城区综合高中教育结果的关注，现在已经开始倡导在大型建筑中建立小型学校和小型学习社区，因为长期的研究发现，在其他条件相同时，规模小的学校成绩更好、辍学率低、暴力和破坏行为发生率低、学生对自我和学校的感受更积极，而且更愿意参与学校活动。[115]在纽约、芝加哥、费城等地，创建小型、个性化城区学校的举措已经帮助低收入非白人人种学生和近期移民提高了学习成绩，毕业率和大学毕业率也大幅增加。[116]

虽然 20 世纪 90 年代以来"小型学校运动"就已经在安内伯格挑战基金（Annenberg Challenge）等慈善投资及比尔和梅琳达·盖茨基金会（Bill and Melinda Gates Foundation）的努力下开始推进，但仍面临着重重困难，要在所有地区建立起高质量的新模式学校，需要强大的政治意愿、财政支持和专业知识。筹措长期的资金支持并非易事，改变社群对高中作用和理想高中的认识也很困难。对校园暴力进行反思和应对的结果，往往是加大投入购买金属探测器，雇佣保安人员，而不是为青少年建立有人情味的个性化环境。富裕家长希望孩子能够继续留在特殊的层级。学区官员很难找到能够创造新的学校环境和丰富课程的教师和学校领导。政策环境往往也不利于创建偏离传统结构的学校模式，堆积如山的现行法规都是维护传统学校结构的。

研究表明，成功的新型教育模式需要一支有力的教学队伍，组织结构团结一心，朝着"共同"的方向努力，教师将自己视作大家庭的一分子，共同创造关爱的环境。这些学校减少课程差别和分层教学，提高教学的真实性和严谨性，并通过诸如咨询和团队教学等体系让成年人更好地了解学生。[117]小规模学校可能为实现一些重要的教育条件提供了机会，比如师生关系更密切、学生参与性更强、更好地促进学科学习，但是仅仅缩小学校规模并不能保证这些条件会实现。

最后，教职人员和学校结构都需要为学生学习提供支持。除了成功的学校教育所需要的有形元素之外，年轻人还必须首先相信自己可以获得成功，才会付出努力，去争取成功。这意味着需要消除不平等的高度种族化社会给教师和学生造成的消极心理。例如，数十个研究发现，相比于白人儿童，教师通常对黑人儿童的个性特征、能力、语言、行为和潜力持有更多的负面态度，大多数黑人学生与教师的积极互动少于白人学生。[118]研究还发现，非白人人种儿童在课堂上也更容易受到区别对待，教师不会像对待白人学生那样，督促他们学习或经常给予表扬。相反，他们更容易受到处罚，而白人学生犯了同样的错误却不追究后果；同样是违反规定，黑人学生比白人学生更容易遭到退学。[119]

年轻人的观察力非常强，他们能注意到这些特征，在学校认为他们不配得到高质量、人性化的教育时，他们也是知道的。难怪在这样的环境中，非白人人种学生会开始怀疑自己的学业能力，不信任学校，最终拒绝学校的一切。[120]研究发现，怀疑自己学习能力的心理对学习成绩具有巨大的负面影响。相信能力是天生的、而不是可以后天努力培养的人，在遇到困难时往往更加消极，不能有效摆脱。[121]此外，在数十个实验研究中，研究人员发现，所有年龄的学生在遇到"刻板印象威胁"（stereotype threat）（即降低对他们的期望值，诱发对其群体成绩预期的刻板印象）时，会表现得更差。[122]让人感到欣慰的是，在明确去除这些诱因之后，学生的成绩便会大幅提高。

因此，消除不平等现象不仅需要平衡有形资源，还需要关注教育者的观点和行为，营造提供强大支持和高期望的环境，帮助学生重新认识自己的潜力和责任，这样他们才能够相信自己、努力学习。

第 3 章　新标准与不平等的老问题：测试是如何缩小和扩大机会差距的？

> "我打电话是想询问一个学生的情况，一个叫亨利·兰姆的年轻人……我想知道，里夫金德先生，亨利·兰姆是个什么样的学生？""什么样？""这么说吧，他书面作业完成得怎么样？"里夫金德先生哼了一声，"书面作业？鲁伯特高中已经 15 年没留任何书面作业了！也许有 20 年了！学生们做多项选择测试。阅读理解，才是最重要的。教育委员会只关心这个。"
>
> ——汤姆·沃尔夫（Tom Wolfe），
> 《虚荣的篝火》（*The Bonfire of the Vanities*）[1]

> 一星期前我遇到一位学生，他 16 岁；这是他第一年读 9 年级，他毕业的机会很渺茫……如果上不了 10 年级，他到时候就 17 岁了，面临着辍学……没有学校会收他，他会拉低测试分数。没有激励政策（把他留在学校），除非有校长愿意接收这样的孩子。他们从一所学校转到另一所学校，最后只能辍学。
>
> ——得克萨斯州"布拉佐斯市"（Brazos City）
> 学区的一位学校管理人员 [2]

美国仍然存在教育机会不平等的现象，实际上在过去 20 年里，许多州的情况更加恶化，但是人们意识到教育对个人和社会福祉越来越重要，于是孕育出以制定新标准为主的教育改革运动。几乎所有州都制定了新的毕业标准、指导教学的课程框架，以及测试学生知识的评估体系。许多州建立了高风险测试系统，根据学生的标准化测试成绩实施奖励和处罚，包括留级或升级、学生毕业、给予教师和管理人员绩效工资奖励或解雇处理，甚至关闭或重组学校。

2001年布什政府执政之初颁布的《不让一个孩子掉队》（NCLB）法案强化了这些制度，要求所有接受联邦拨款的州每年都对学生进行测试，对于学生整体成绩及按种族/族裔、语言、社会经济地位和残疾群体统计的成绩没有达标的学校进行处罚。NCLB重视提高非白人人种学生、贫困学生、刚接触英语的学习者和残疾学生的分数，得到了民权倡导者的支持，这项法律也确实包含着重大的突破。首先，通过显示不同种族和阶层学生的成绩差异，突出了长期存在的不平等现象，引发了对被忽视学生需求的关注。其次，该项法律坚持认为所有学生都应受教于合格教师，促进各州进行颇有成效的教师招聘工作（在很多州低收入和少数族裔学生频繁地更换缺乏经验、未受培训的教师）。NCLB首次承认了学生受教于合格教师的权利，具有重大的历史意义。

然而，通过测试加强问责的做法被证明是一把双刃剑。各州制定的学生学习指导标准都有明确的目标，如果标准设计得当，能够有效地提高学习知识和技能的期望。有些地方建立了周全的评估体系，并且按照预期实施了基于标准的改革，加大了对高质量学习材料和教学的投入，改善了学生教育不足的情况。但是，在有些地方，低质量测试导致课程面变窄，与当今世界所需要的高阶技能相脱节，致使教育质量下降，尤其对最贫困的学生来说，教育越来越像是为多选测试做准备，而不是培养学生社会迫切需要的技能。此外，在用高风险测试代替教育投入的地区，学生灰心丧气，学校不堪重负，非但没有提升教育标准，反而推高了辍学率，导致越来越多的年轻人进入到学校—监狱通道，与社会争夺资源。[3]下面将对这些复杂的动态过程进行探讨。

标准改革的前景与缺陷

"标准"（standards-based）改革依据的逻辑颇具说服力。如果学生在学校里接触不到更具挑战性的任务，就无法满足新经济的要求，如果不能对学生的真实能力与缺陷进行说明和关注，学校便不可能取得进步。另外，要求学校报告并关注各弱势群体学生的成绩，目的在于关注经常遭到忽视的学生的教育问题。这些主张很有价值，确实引发了人们对成绩趋势和成绩差距的极大关注。在给予关注之后，下一步的问题就是该如何解决了。

采用标准促进提高

最初的标准改革理论是马歇尔·史密斯（Marshall Smith）和詹妮弗·奥戴（Jennifer O'Day）在 20 世纪 90 年代早期提出来的，认为在给学生制定学习标准与评估的同时，需要进行教育投入，提高师资水平，改善学习材料的质量和一致性，并向学习困难的学生提供更有力的支持。[4]事实上，很多州都是这样做的，特别是在 90 年代标准改革第一波浪潮袭来期间。研究发现，教师和校长更加重视各州制定的标准，有些地方加大了教师专业发展的投入，对需要支持的学生给予了更多关注。[5]还有些州采用高质量评估手段，帮助教育工作者找出课程的薄弱方面，有针对性地进行资源投入。[6]

改革初期，科罗拉多州、康涅狄格州、肯塔基州、缅因州、北卡罗来纳州和佛蒙特州等地采用的方法最为有效，在精心设计学生学习评估的同时，增加了教学投入。[7]通常，评估要求学生分析各种类型的文本和信息；写议论文和文学批评；查找、评估、综合和使用信息；进行科学调查并展示结果；解决日常生活场景中的复杂数学问题，同时说明解题策略和推理过程。

有些州，如肯塔基州和佛蒙特州，创建了让学生完成写作和数学结构作业集的方法；还有些州，如康涅狄格州和马里兰州，设计出科学调查之类的复杂表现性任务，由教师在课堂上根据标准规范进行管理。各州将教师召集起来，培训如何基于同一标准给表现性任务打分，通常在协商的环境中进行，方便教师校准自己的评分，这种做法与高成绩国家颇为相似。虽然一开始评估遇到了一些困难，但各州最终学会了建立有效的评估手段，保证打分的信度与一致性。后来，新罕布什尔、俄勒冈和罗得岛等州也采用了表现性任务及技术评估法。另一些州，如康涅狄格州、特拉华州、马萨诸塞州和新泽西州，则在州级测试中加入了论述和其他开放式题目。在第6章和第9章中我们将看到，这些评估手段与世界各地高成绩国家非常类似。

实施表现性评估的州发现，教师布置更多的写作和复杂数学问题解决任务，学生的高阶技能成绩也有所提高。[8]此外，教师也感觉，与同事共同参与评估打分，直接面对学生的作业和想法，和同事探讨优秀作业的标准以及怎样才能把作业写好，可以加深对学生学习及有效教学方法的理解。[9]

这正是标准改革倡导者的初衷，他们希望通过测试促进教学，提高教育质量，让学生学到重要的知识。众所周知，测试会极大地影响课程和教学，后者不仅会模拟测试的内容，也会模拟测试的形式与认知要求。[10]如果这种影响能够增强教学的目的性，为更多学生提供强大的学习形式，就可以提高学生的受教育质量。

事实上，有些研究发现，在采用表现性评估的问题导向型课堂上，学生的成绩会有所提高。例如，一项针对23所重组学校、超过2000多名学生的研究发现，如果课程强调在真实场景中的主动学习，包括运用高阶思维能力、考虑替代方案、进行延伸写作、向受众展示等，学生在复杂表现性任务上的成绩会高出许多。[11]一项规模更大的研究发现，在广泛采用这种教学形式的重组学校中，学生在常规测试中的分数同样会有所提高。[12]对评价学生真实能力的各种任务（如设计计算机程序、制定工程解决方案、收集和分析科学问题的数据、研究和编写历史记录）的研究表明，受训学生在基本技能测试中的表现与其他学生差不多，但在复杂知识与技能测试中的表现却好得多。[13]

在有些州，优秀教师使用智力挑战性评估来指导高阶思维和复杂表现性技能，判断学生的学习需求，改进课程，学生的测试结果也表现出类似上文的特征。20世纪90年代末对各州成绩的研究发现，在控制了贫困、语言背景和种族 / 民族因素之后，成绩最高的州是那些教师资质最好，且将评估主要用于教学与课程改革、而非对学生和学校进行奖励和处罚的州。[14]

举个例子，20 世纪 90 年代康涅狄格州的成绩大幅增长，国家教育目标小组（National Education Goals Panel）和几个研究团队认为原因在于，该州政策制定者提高和规范了学生与教师的标准、培养与评估，制定了更多基于表现的测量方法，并完善了从幼儿园到高中（K—12）以及教育学院的教学与学习制度。[15]到 1998 年，虽然该州低收入、少数族裔和新移民学生的比例逐渐增加，但阅读、数学、科学和写作成绩在国内和国际均排名首位。因为该州明确禁止以测试成绩为由拒发毕业文凭，所以可以制定更高的标准促进智力挑战性学习。研究发现，该州学生成绩显著提高，毕业率提高，成绩差距缩小，有两个原因：一是进行师资投入；二是早在其他州实施之前，便通过成熟的评估向各学区提供按种族、阶层、主题和学校统计的学生成绩用作教学指导。（关于康涅狄格州的详细内容，请参见第 5 章。）

有些州采用的评估则缺少启发性，结果就大不相同。研究人员一致认为，强调脱离语境记忆不相关的事实和做题技巧，只能产生僵化知识而非积极知识，无法迁移到现实活动或者用来解决问题。[16]用这种方式学习的内容很快就会忘记，日后需要的时候根本无法提取或应用。这样教出来的学生，慢慢会被落下，跟不上对智力日益增长的要求。因此，学习的关键问题在于，评估要侧重于有价值的内容以及有助于将所学内容迁移至新问题、新环境的生成性技能，而不是只看重回忆与识别等低阶能力。此外，教师能否从评估信息中有所收获，决定了评估结果是能转化为更有成效的教学，还是让痛苦挣扎的学生背负更多的失败和耻辱。以上认识是推动欧洲和亚洲高成绩国家及美国一些州进行评估改革的动力，但许多决策者却视而不见。

当前实施的测试问责制所面临的挑战

尽管表现性评估对学生学习产生了积极作用，但是美国众多州和地方在20世纪90年代实施的表现性评估计划都遭到了缩减甚至抛弃。[17] 2001年，《教育周刊》（*Education Week*）公布的《教育品质报告书》（*Quality Counts*）发现，只有8个州在写作以外的其他测试中采用了论述题目。自从2001年《不让一个孩子掉队》法案通过以来，许多州为了遵守联邦进行年度测试的新规定，满足美国教育部的要求（教育部一再反对采用表现性评估），纷纷减少了表现性评估的比例，回到了多项选择测试的老路上。[18]

不幸的是，在高风险测试的背景下，考试面变窄，迫于多选测试的巨大压力，课程只局限于测试科目与模式，忽视复杂的推理与表现能力。[19] 亚利桑那州、佛罗里达州和得克萨斯州等地采用的就是高风险测试。对这些州的研究发现，教师面临提高成绩的压力，通常会投入大量课堂时间让学生做类似于测试的多项选择练习，并进行对考试有用的回忆、背诵练习。在这个过程中，扩展写作、研究论文、调查和使用电脑等教学策略都变得无足轻重。[20]

不测试的科目也遭到了忽视。一项针对1000多名公立学校教师进行的全国性调查发现，85%的教师说他们所在的学校不重视州级测试不考的科目。[21] 一位得克萨斯州的教师指出："在我们学校，3年级和4年级的教师被告知3月以前不上社会课和科学课。"[22] 所在州施行高风险测试的教师们报告说，他们不仅不上科学课或社会课，电脑也不用了，因为州级测试要求手写答案，[23] 写作技巧和计算机课就都停掉了。[24] 2007年，教育政策中心（Center on Education Policy）进行的一项研究发现，为了应对《不让一个孩子掉队》法案要求的阅读和数学测试，将近一半的小学缩短了科学、社会、艺术、音乐和体育的教学时间。[25]

最近一项对全国教师的调查发现，相比其他州的教师，所在州实施高风险测试的教师更容易认为，测试对课程造成了扭曲，使用测试形式进行教学让他们倍感压力，这种教学方式有悖于他们进行全面教学的理念。[26] 佛罗里达州的两位教师说：

> 在佛罗里达州综合评估测试（Florida Comprehensive Assessment Test，FCAT）实施之前，我教得更好。以前，我让孩子们广泛接触科

学与社会经验。我制定教学主题，孩子们通过阅读、写作、运用数学和技术能力深入学习某个主题。现在我唯恐没有教会孩子怎么考试。我很清楚我之前的教学方式能够为孩子们打下更坚实的基础，培养他们的学习热情。我每年都盼着 3 月份赶紧过去，我好在最后的两个半月，按照自己的意愿，用学生们喜欢的方式上课。

> 我觉得 FCAT 逼着教师和学生将课程进行得太快。我们没法让学生将数学概念理解透彻，必须赶进度讲完所有科目，好准备 3 月份的测试。这样的学习很肤浅，很多时候只是蜻蜓点水。我宁愿用一个月的时间讲一个概念，让学生们学透。[27]

有趣的是，在美国教师被迫赶进度、无法进行深入教学的时候，国际评估却表明，数学和科学成绩高的国家每年讲授的概念比美国学校少，但是更加深入，这样为学生高年级的高阶学习打下更牢固的基础。[28] 讽刺的是，在同一年级水平测试内容越多的州学得越肤浅，学习基础越不牢固。另外，在死记硬背型测试中的分数提高，并不能促进学生在需要分析思维和知识运用能力的测试中取得更好的成绩。[29] 得克萨斯州的一位教师在调查中说：

> 我见过很多学生，虽然通过了得克萨斯州学业技能评估（Texas Assessment of Academic Skills，TAAS），可一旦题目不是 TAAS 的测试形式，就不会应用了。有些学生可以做测试题，但不会查字典，理解词的不同含义……我不知道这能不能称作高质量教学。迫于考试合格的压力，做测试题的时间越来越多，而且所有题目都是 TAAS 的形式。[30]

在低收入少数族裔学生多的学校中，将课程变为测试准备的情况是最常见、也是最严重的。学生们很难达到测试成绩目标，更没有机会学习上大学、从事当代职业所需要的课程。

教师常常将考试成绩提高的原因归结为进行了测试准备，而非学习能力的提高。[31] 全国 40% 的教师报告说，所在学校的教师提高了学生的测试分数，但其学习能力并没有进步，四分之三的人认为，分数和学校排名不能准确地描述教育质量。[32] 考试成绩的提高并非总是能够反映教学和学习的总体进步，有证据表明，虽然考试往往使教师做出调整，特别是调整教学任务的内容和形式，却不是总能大幅提高教学质量。[33] 除了测试本身的性质，这似乎还有教师知识与课程资源的原因。詹妮弗·奥黛在讨论不同的问责方式时指出：

> 并非所有信息都会促进学习与变化……信息要想有用，系统中的成员必须首先接触信息……另外，如果想把信息纳入自己的认知图式或策略库中，就必须关注信息，有足够的知识稳定地解释信息。即使学习了知识，也不一定会采取行动，因为这一步往往需要动机和超过学习本身所需的资源……接触、关注、认识、动机和资源，所有元素都必不可少。任何一个元素的缺失都会扰乱信息与变化之间的联系。[34]

想要以标准和评估促进教育，投入非常重要，不仅要精心设计评估，还要通过提供专业发展和教学帮助、改善教师招聘与留用政策，来提高教师的专业知识，并完善、丰富课程资源。测试政策到底是能够提高资源匮乏学生的教育质量，还是不能提高最弱势学生的成绩，导致更多人辍学、退学？这个问题与以上因素有很大的关联。

只测试不投入

对教师知识、课程资源和学校支持的投入与否，会导致测试结果的大相径庭。事实上，标准改革的两种方法源自于两种完全不同的变革理论。有些州和地区的理论依据是，成绩的提高需要教师、学校和系统增强有效性，同时也要更加平等、有针对性地分配资源。另一些州则认为，主要问题在于教育工作者和学生不努力、不重视，因此，采用标准和测试对不达标者施加惩罚，就能促进变革。持第二种观点的政策制定者，会将高风险测试当作主要的政策工具。事实上，有些官员清楚，通过增加测试、加大处罚的方式来应对成绩低下的问题，既省钱又省力，表面上是在对学校进行"改革"，实际上并没有进行系统性转变，没有真正改变最弱势学生的学习条件。这种方法带给学生的影响是灾难性的。

在克林顿政府通过《2000 年目标法案》（*Goals 2000 Act*）、首次启动国家标准运动的时候，资源分配问题就得到了广泛的关注。国家教育标准与测试理事会（National Council on Education Standards and Testing，NCEST）的报告认为，既要制定学生成绩的全国性标准，也要制定保障达标所需投入的"学校发展标准"。该理事会的标准专责小组（Standards Task Force）指出：

> 在实施全国性内容与表现标准时，如果缺少保障平等学习机会的措施，反而会扩大社会中优势学生与弱势学生之间的成绩差距，如果没有明确的学校发展标准和旨在为所有学生提供平等学习机会的政策措施，我们对缺少公平性的担忧就会变成现实。标准和评估的实施必须配合为所有学生提供高质量资源的政策，包括适当的教学材料和训练有素的教师。制定内容与表现的高标准，可以让所有学生面临同样的期望和挑战，但是只有所有学校都提供满足期望的高质量教学，高期望才会普遍带来高表现。[35]

然而，很快就表明，学校发展标准或所谓的"学习机会"标准提案，没有得到国会通过，各州州长与代表意识到，列出学生需要的资源预期将导致更多起诉学校拨款的案件胜诉。因此，只通过了学生标准，却没有学校、地区或州应该提供什么支持的标准。

差不多 20 年过去了，有充分的证据表明，虽然标准和评估有利于明确目标、关注成绩，但是不对课程、教学和学校支持进行投入，仅靠测试是不能让学校得到改善或者创造教育机会的。讽刺的是，以学生测试分数作为升学、分班、毕业、学校排名和惩罚依据的高风险测试政策，其主要受害者便是低收入非白人人种学生。事实上，正如下文将要论述的，对未能通过考试的学生给予最严厉处罚的州，资源不平等的现象愈发严峻，很少有合格教师愿意在被贴上失败标签的学校中任教，导致被留级和退学的学生人数增加。这种做法带来的最大后果，便是学校—监狱通道膨胀，在有些州，大量非白人人种和新移民学生被放入极不平等的系统，情况尤其严重。[36]

虽然许多政策制定者认为，如果学校不达标，就必须受到处罚，但实际上对资源匮乏的贫困学校进行处罚，不可能不累及在校学生。越来越多的研究认为，加利福尼亚州、乔治亚州、佛罗里达州、马萨诸塞州、纽约州、南卡罗来纳州、得克萨斯州等地辍学率的增加，与高风险测试引起的留级、学生受挫及被学校开除存在一定的关联。[37]

处罚学生：留级与毕业考试

自20世纪80年代以来，越来越多的州开始将测试作为升级和毕业的依据。到2009年，已有25个州，涉及全美三分之二以上的学生，使用或计划使用测试来确定学生能否毕业。[38] 其中许多州或地区使用测试作为关键年级的升级依据，并根据分数对学校进行奖励或处罚。关于各州实施高风险测试所带来的影响，结论喜忧参半。例如，在一系列追踪州和国家测试中表现出来的州平均趋势研究中，卡尔努瓦（Carnoy）和洛布（Loeb）[39] 发现，由于实施了"强有力的问责制"，成绩提高了，成绩差距也缩小了；哈努谢克（Hanushek）和雷蒙德（Raymond）[40] 发现成绩有所提高，但成绩差距却扩大了；李（Lee）和黄（Wong）[41] 发现，成绩和成绩差距均没有变化；阿姆瑞（Amrein）和柏利纳（Berliner）[42] 发现实施了测试政策之后，成绩不升反降。

然而，这些研究都没有使用个体学生或学校数据来追踪政策刺激对学生的影响。凡是着眼于具体实践的研究都一致发现，在实施了以测试为升级和毕业依据的州和城市，最弱势学生群体的留级率和辍学率都有所增加。[43] 布赖恩·雅各布斯（Brian Jacobs）使用《全国教育纵向调查》（*National Educational Longitudinal Survey*）中的个体数据，发现毕业测试增加了能力最差学生的辍学概率。[44] 芝加哥学校研究联合会（Chicago Consortium for School Research）也使用了类似的纵向数据，发现虽然有些学生为了应对与升级挂钩的高风险测试，成绩确实有所提高，但是留级的20000 名低分学生，与成绩相当的升级学生相比，分数实际上是下降了，而且其辍学率大幅提高。[45] 研究人员得出的结论与其他研究类似：

> 芝加哥并没有解决那些没有达到最低分数线、被留级学生表现差的问题。先前想要通过留级解决功课跟不上问题的尝试以及相关研究，已经清楚地预测到了今天的结果。留级研究很少发现有积极的影响，大多数都认为学生留级并没有比自动升级表现得更好。芝加哥公立学校（Chicago Public Schools，CPS）的现行政策，只是区分出面临重大学习障碍、被远远甩在后面的那群学生。[46]

芝加哥的这项研究指出，该市改革战略的最大问题在于，没有进行改善教学的投入，只是将照本宣科的课程和留级作为主要工具。研究者指出："管理部门希望提高低成绩学生的考试成绩，却不解决学生在学校受教育不足的问题，也不投入资源提高教师的授课能力，更好地满足学生的需求。"[47]

一般来说，通过留级来解决成绩差的前提假设是，问题在于孩子而不是学校。当学生学习跟不上的时候，学校不会反省课堂实践，而是让学生留级，重读一次。而且根本没有什么措施来保证留级后的学习质量更高，使其更加适应孩子的个体需求。简而言之，留级基本不能保证学生的教育质量。

洛杉矶、亚特兰大和其他城市地区那时的情况也与芝加哥类似，其中洛杉矶在 20 年的时间内，两次"取消了自动升级"。20 世纪 80 年代纽约第一次废除自动升级政策之后，针对该地区的一项研究发现，7 年级留级的学生中有将近一半在 4 年内退学了，比例远远高于成绩相近的比较组。[48] 1989 年该政策再次被废除，1999 年 9 月的《纽约时报》既没有讽刺也没有回顾之前的政策，只是报道说，该市实施将"最终"取消自动升级的"新"

政，会导致 21000 名学生留级。[49]

此后不久，该市的评估与问责部门统计，由于实施了"新"升级标准和新的州毕业测试要求，1998 年至 2000 年的辍学率增加了 25%，并指出"只提高标准不提供必要的学业和社会支持，会导致毕业率下降，辍学率增加"[50]。该部门报告的辍学率为 19%，不包括毕业前已经被学区"清除"的学生。2000—2001 年，超过 55000 名高中学生没有毕业就被退学，而高中毕业的实际人数只有 34000 名。[51] 同时，参加城区学校开办的普通教育发展（General Educational Development，GED）考试课程（该课程中很多人会走上辍学的道路）的学生，人数增加了 50% 以上，从 25500 人增加到 37000 多人。[52]

根据其他城市的经验和大量研究成果，这些政策的选择与结果是可以避免的。1980 年佐治亚州亚特兰大市成为首批实施考试升级政策的城市之一，由于不及格率高、重复留级，导致辍学率增加。1988 年之前，高中毕业率已经从 70% 左右下降到 61%。1998 年，在佐治亚州设置了升级和毕业考试门槛之后，联邦报告的该市毕业率跌至 43%[53]。

加里·奥菲尔德（Gary Orfield）和卡罗尔·阿什基纳泽（Carole Ashkinaze）在研究这些改革时指出："虽然大多数改革很流行，但政策制定者和教育者完全忽视了，大量研究表明这样做不会提高学业成绩，只能增加辍学率。换句话说，这类政策对教育毫无益处，却付出了巨大的代价。这里只有政治利益，代价却要由边缘学生来承担。"[54]

国家研究委员会（National Research Council）最近提到了这项研究并得出结论，由于考试分数低而不能升级的低成绩学生，与成绩相当的升级学生相比，学业水平更低，更容易发生辍学，[55] 留级会使辍学的可能性增加 250%。[56] 国家研究委员会的联合主席罗伯特·豪瑟（Robert Hauser）对于许多州或地区采用的高风险测试政策能否最终给学生带来积极影响的问题，提出了深刻的质疑：

可以建立一个将测试升级标准与对学习问题的有效诊断和治疗相结合的教育系统，但过去的经验表明，美国的学校系统可能既没有意愿，也没有途径进行这样公平、有效的教学。这样的教育系统包括精心设计和调整的课程标准、表现标准和评估。教师将接受有效培训，满足高授课标准，学生也将充分了解对他们的知识与能力的期望。在高风险测试到来之前，提前几年就识别出学习困难的学生，让学生、家长和教师在测试之前有充足的机会赶上来。学生表现不再仅仅是或主要是学生个人的责任，也是教育工作者和家长的集体责任。无论过去还是现在，还没有可信的研究表明美国成功地建立过这样积极的教育系统。[57]

　　尽管豪瑟的看法可能过于悲观，但是有太多的例子印证了他的担忧。事实上，如果对优质教学进行投入并提供额外支持，就可以采用其他策略对待学业没有进步的学生，避免大规模留级。让成绩差的学生复读，这种解决方案沿袭自长达百年的工厂模式，如果第一次不成功，就放回到生产线上再重复一遍相同的过程。不断改进教学的高成绩国家是不使用这种策略的。据估计，美国每年的留级率为 15% 至 20%（其中大部分是城市中心的边缘学生），这个比例与海地和塞拉利昂等国家不相上下，而欧洲和高成绩亚洲国家通常每年留级的学生不到 1%，甚至彻底禁止留级。[58]

　　国家教育统计中心的数据显示，佛罗里达州、印第安纳州、纽约州、北卡罗来纳州和南卡罗来纳州在新实施了高风险测试政策之后，1995—2001 年间 4 年如期毕业的学生比例有所下降[59]（见图 3.1），鉴于许多州没有为避免低收入少数族裔学生学业失败而认真进行教育投入，这个结果并不奇怪。之后 NCES 改变了毕业率的计算方法，扰乱了趋势曲线，但是，几年后加利福尼亚州和马萨诸塞州等地也引入了毕业考试，各州数据均表现出类似的下降。例如，加州 2006 年采用了毕业考试，当年只有 67% 的学生（4 年前在读 9 年级）从高中毕业，而前一年的比例为 71%。和其他州一样，非裔和拉丁裔学生的下降幅度最大，毕业率分别降至 56% 和 55%。该州 12 年级的辍学人数从 2002 年的 14000 人增加到 2006 年的 24000 人，虽然该州对大学教育程度的员工需求量越来越大，但从 2005 年到 2006 年，大学新生数量减少了 25000 人。[60]

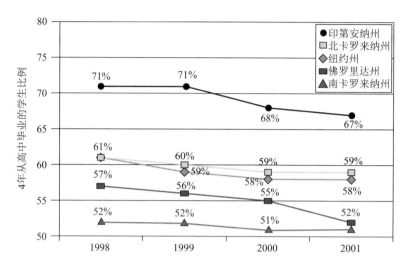

图 3.1 引入新毕业测试以后的各州毕业率（1995—1998）

资料来源：国家教育统计中心，共同核心数据。

总体而言，在 1993 年至 2002 年期间，9 年级学生 4 年如期毕业人数不足一半的美国高中，数量几乎翻了一番，在全国非白人人种学生最为集中的 100 所高中里，有 48% 是这种情况。[61] 与此同时，关注教育的国家正在快速提高高中入学率和毕业率，投入资金改进教学、精心建设培养高阶技能的课程。这些国家将评估用于指导课程并为高等教育决定提供信息参考，而非用来拒发文凭。他们一直在努力提供广泛而公平的中学和大学入学机会（见第 6 章），但美国却在背道而驰。

处罚学校

尽管布什政府宣称高风险测试是用于应对"低预期隐性偏见"的，但教育质量极差的显性歧视却没人理会，糟糕的教育导致学生缺少学习资源，拿不到文凭，关闭了他们高中毕业后的各种选择。佩德罗·诺格拉（Pedro Noguera）指出，根据测试分数让学生留级、不发文凭的决定"好比食品和药品管理局（Food and Drug Administration）通过处罚买错产品的消费者来设置产品质量标准，或者联邦运输委员会（Federal Transportation Commission）通过处罚在机场违反安全条例的乘客来制定新的空中安全标准"。[62] 学生无法控制教育质量，却要背负教育制度缺陷的最大责任，反复受到最严厉的处罚。抗议的声音一直很微弱，无疑与受害者绝大多数是贫困的非白人人种儿童有关，很多人认为在他们身上花钱是浪费，不值得认真投入。

有些人认为成年人应该受到更严厉的处罚，主张实施更多对学校进行处罚的策略。然而，对于最弱势的学生来说，这无疑是雪上加霜。诺格拉指出：

> 大量报告显示，佛罗里达州最贫困儿童所在的学校人满为患。该州采取了一项大胆的举措，在学校大楼的前面放置该校的字母等级，不用进入学校，就能看出一所学校是不合格学校。当然，该州仍然允许不合格学校的存在，并假装在学校门前贴上 D 级或 F 级标签（我还去过迈阿密一所 FF 级别的学校）就算是采取了严厉的措施。在佛罗里达州及其他几个州，州长和州立法委员们都赞成提高标准，但是明知学校条件恶劣，却不采取任何措施提高学生的教育质量。[63]

给学校贴标签的政策，旨在让学校知耻而后勇，但实际上却可能赶走优秀教师，进一步损害学生的教育。资质好、选择多的教师没有理由寻找或留在可能遭到处罚、解雇和嘲笑的环境中。佛罗里达州对学校进行排名的依据是总体测试成绩，而不是学生在学校里的进步，和其他州一样，测试成绩与学生的社会经济地位高度相关，用学生的进步作为排名的标准更为公平，因为教师可以在一定程度上进行控制。不出所料，排名低的学校就是那些最贫困学生所在的学校。1999 年该项政策实施之后，新闻报道曾指出，资质好的教师正在"大批"离开被评为 D 级或 F 级的学校，[64] 由没有经验、通常也没有接受过培训的教师替代。一位校长说："有谁愿意选择一所被贴上了不合格标签的学校呢？"

北卡罗来纳州将测试成绩未达标的学校标记为"表现差"，对该州问责制度的研究也呈现出类似的结果：在控制了影响教师招聘的其他因素后，标记制度削弱了低等级学校招聘、留住有资质教师的能力。[65] 学校一旦被贴上低等级标签，教师的流动率就会更高，更难招到替代人员，最终只能雇用经验更少、资质更差的教师。

为了满足这些招聘困难学校的教师需求，北卡罗来纳州建立了"横向招聘"途径，允许没有任何职前培训的个人进入教师队伍。最近的一项研究发现，没有教学准备并缺乏经验的教师对北卡罗来纳州学生的成绩产生了显著的负面影响。[66]

20 世纪 90 年代詹姆斯·B. 亨特（James B. Hunt）当州长时期，在教师教育、教师薪水和专业发展方面进行了大量投入，促进了该州整体成绩的大幅上升，但是"不合格"学校的学生成绩仍然不尽如人意。[67] 很不幸，90 年代末期该州施行了学校标记政策，损害了最贫困学校学生的利益。研究者指出：

> 仅仅通过增加薄弱学校教师的压力，可能不是提高低成绩学生表现的最佳途径。我们发现问责制使低成绩学生所在的学校很难留住优秀教师，因此需要采用更为系统的方法，确保低成绩学生能够获得有效教师和稳定的教学环境。[68]

事实上，所需的"系统性方法"需要建设富裕学校具备的能力——拥有能够使用标准来改善教学的稳定的高水平教师队伍。最贫困学生所在的学校工作条件差、物质匮乏、流动率高、管理人员和教师知识不足，在这种情况下，系统的教学改进几乎是不可能实现的。对至少 6 个州的研究发现，高水平学校可以运用标准改善教学实践（包括一些贫困学生多的学校），而被划为"不合格"的低水平学校就不能重组提高，相反，面对压力他们只能将课程变成测试练习，排除最难教、成绩最差的学生。[69]

这种现象并不局限于美国。对英国撒切尔政府发起的高风险问责制的研究发现，基于测试的学校排名和标记制度，导致学生退学率大幅上升，同时削弱了教学质量和教师的干劲。[70] 许多教师报告说，迫于学校排名和测试带来的压力，加上学校实施动态选拔和规定性课程，低成绩学生感到丢脸，辍学人数增多。同样，在英国，专家教师最少的学校，学生辍学的现象也最为严重。后来英国修改了导致这些后果的学校问责政策。其他一些决定避免这类问题的国家，已经通过立法禁止基于测试对学校进行排名和处罚。

当新标准遭遇不平等的现状

讽刺的是，许多对学生和学校实行最严厉处罚的州，不仅没有对最贫困学生所在的学校进行必要的投入，实际上反而降低了教学门槛，成千上万招聘困难的职位都由资质越来越差的教师填补。加利福尼亚州有临时资格证教师、实习教师和预备实习教师，佛罗里达州和得克萨斯州有替代认证教师（现在只要进行纸笔测试，再接受几个星期的培训，甚至根本没有经过培训就能进入教师队伍），北卡罗来纳州有"横向招聘"教师，贫困程度高、少数族裔多的学校几乎全是这样的教师。这些教师自身能力有限，流动率更高，导致学校的教育能力进一步下降。在很多情况下，各州并没有尝试改善学校的教学能力以帮助学生达标，甚至连努力的姿态都没有。

"得克萨斯奇迹"

有一张宣扬以高风险测试促进学校改进的海报，上面的孩子就是得克萨斯州的。该州在 20 世纪 80 年代制定了一个全州范围的测试体系，1987 年实行最低能力毕业测试，并在 1993 年建立了得州公立学校问责制，给学区和学校评级。90 年代乔治·W. 布什（George W. Bush）任州长时期，在得克萨斯州学业技能评估（TAAS）中白人和少数族裔学生的分数均明显提高，于是该州的改革被称为"得克萨斯奇迹"，并且该州政策的许多特征被纳入布什政府的主要教育举措——2001 年通过的《不让一个孩子掉队》法案。

然而，许多研究对该州测试分数明显增加提出了质疑。20 世纪 90 年代后期的几项研究发现，10 年间，得州学生在国家标准化测试或本州大学入学考试中，成绩并没有出现同样的增长，[71] 而且在州级测试中似乎缩小了的成绩差距，在国家教育进展评估中实际上却进一步拉大了。[72] 这些研究表明，面向测试的教学可能提高了高风险测试的分数，但是学到的技能却不能推广到其他考察更广泛技能的测试中去；及格分数被调低了，而且随着时间的推移测试会变得容易一些，造成分数增加的假象；为了推高平均分，许多学生不被允许参加州级测试。其他研究发现，80 年代后期实施毕业考试之后，9 年级的留级率以及中学生和高中生的辍学率都有所上升，[73] 尤其是非白人人种学生，到 1991 年毕业率低于 50%。

"布拉佐斯市"的高风险测试与学生成绩。布拉佐斯市是得克萨斯州的一个大型城市学区，在我和朱利安·维斯奎兹·海利格（Julian Vasquez Heilig）进行的一项研究中，使用了该市从 1995 年到 2002 年间 7 年的纵向数据考察以上问题。此外，我们还在 7 所以拉丁裔和非裔学生为主的大型高中里访谈了 160 位高中生、教师和管理人员。[74] 和大多数得州大城市一样，布拉佐斯市的人口中大约 50% 是拉丁裔，30% 是非裔，20% 是白人和亚裔。超过三分之二的学生被归为经济弱势群体，近三分之一英语水平有限。对于学生结构类似的所有城市学区来说，达到该州问责制设定的期望水平都极具挑战性。

虽然我们的研究结果仅限于一个学区，但该研究证实了其他研究人员提出的质疑，并且更具体地分析了该高风险测试环境是怎样一步一步将学生排除在外的。与其他研究人员一样，我们发现在用来进行学校问责排名的高风险 TAAS 测试中，学生成绩大幅提高，成绩差距也有所变窄（见图 3.2），但我们也发现，在不与学生和学校问责挂钩的低风险学区测试斯坦福 –9（Stanford–9）中，阅读和数学成绩均没有提高（见图 3.3）。

这似乎是因为每年有大量学生被排除在 TAAS 测试之外。每年约有 95% 的学生（各种族比例不存在差异）参加 SAT–9 测试，但是有超过四分之一的学生（大多是非裔和拉丁裔）不参加英语 TAAS 考试。其中 8% 至 10% 参加不用于问责制的西班牙语 TAAS 考试，其余的都是特殊教育学生和英语能力有限（LEP）的学生，不参加考试。由于遭到了批评，1998 年不参加考试的人数有所减少，分数一度出现下降，但是随后越来越多的学生没有成绩，从 1997 年的 1.7% 攀升到 2002 年的 8.9%。布拉佐斯市学区（Brazos City School District，BCSD）委员会的一位成员对此是这样解释的：

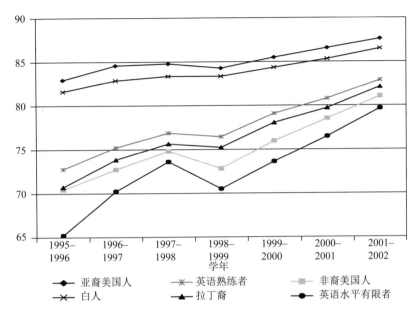

图 3.2　布拉佐斯市不同群体学生在 TAAS TLI 中的数学成绩中位数

资料来源：维斯奎兹·海利格和达令－哈蒙德（Vasquez Heilig & Darling-Hammond, 2008）。

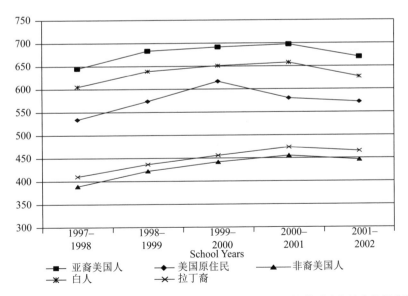

图 3.3　按种族／族裔统计的布拉佐斯市学生在 Stanford-9 数学测试中的中位数分数

资料来源：维斯奎兹·海利格和达令－哈蒙德（Vasquez Heilig & Darling-Hammond, 2008）。

不让 LEP 学生进行测试是因为会影响分数。有人抗议说，你们的分数有水分，没有对所有人进行测试。我们没办法两头兼顾。如果像以前一样……按照（学区负责人的）要求，让所有人参加测试，就必须清楚什么人参加测试会产生什么样的结果。好吧，你觉得我们的分数有水分，明年我们就让所有人参加测试。分数当然会下降，因为所有人都混在一起……所有人参加测试的负面后果之一就是，分数会急剧下降。[75]

这位委员会成员认为，如果"把所有人都混在一起"，分数下降将不可避免。在布拉佐斯市这样非裔和拉丁裔学生集中的地方，似乎确实如此。如果学生的测试分数记录可以与一位教师相关联，我们就可以将个体教师与学生数据联系起来，考察 3 到 5 年级斯坦福 -9 考试成绩中的预测因子。不出所料，学生的 SAT-9 分数是可以通过学生的人口统计特征和 TAAS 分数进行预测的，有意思的是，一个更强的低分预测指标是学生是否被排除在 TAAS 之外。另外，如果受教于具备教师资格并有 3 年以上教学经验的教师，个体学生的分数会显著升高，而如果所在学校中边缘学生较多，学生的分数就会显著降低（见表 3.1）。

表 3.1　布拉佐斯市 3—5 年级斯坦福成绩测试（Stanford Achievement Test）
　　　　分数的预测因子（GLS 回归随机效应）

	SAT-9 阅读		SAT-9 数学	
	模型 A	模型 B	模型 A	模型 B
常数项	97.833*** （2.751）	487.377*** （1.982）	−10.546*** （2.843）	498.527*** （2.112）
英语水平有限	−41.990*** （1.151）	−56.635*** （1.215）	−12.634*** （1.170）	−19.084*** （1.296）
经济弱势群体	−47.051*** （.963）	−62.252*** （1.082）	−34.813*** （.978）	−52.603*** （1.153）
美国原住民	−47.755*** （13.748）	−38.186* （16.665）	−28.777** （13.647）	−19.589 （17.482）
亚裔美国人	−8.065*** （2.490）	−17.520*** （3.049）	52.439*** （2.457）	62.756*** （3.176）

续表

	SAT-9 阅读		SAT-9 数学	
	模型 A	模型 B	模型 A	模型 B
非裔美国人	−109.519*** （1.422）	−150.155*** （1.724）	−83.471*** （1.408）	137.602*** （1.800）
拉丁裔	−91.527*** （1.509）	−127.648*** （1.807）	−55.757*** （1.492）	−87.796*** （1.889）
完全认证教师	4.399*** （.690）	8.275*** （.705）	6.786*** （.725）	10.843*** （.764）
有经验的教师	13.814*** （.726）	12.471*** （.747）	11.042*** （.762）	9.877*** （.809）
学校边缘指数	−.741*** （.022）	−.474*** （.024）	−.676*** （.022）	−.160*** （.025）
TLI（TAAS）分数	6.361***	—	8.227***	—
学生的有效 TAAS 分数	—	159.102*** （1.062）	—	159.032*** （1.170）
R^2	.506	.342	.495	.272
观察人数	163,709	193,339	166,950	193,339

资料来源：维斯奎兹·海利格和达令－哈蒙德（Vasquez Heilig & Darling-Hammond, 2008）。

布拉佐斯市和许多其他城市一样，非裔和拉丁裔学生更有可能分配到没有教师资格、缺少教学经验的教师，并集中在隔离的、贫困程度高的学校。这些都是教育委员会负责的事情，无论委员会是否代表少数族裔学生的利益。

小学成绩的提高是通过让许多低成绩学生退出高风险测试实现的，高中成绩的提高则是靠将低成绩学生完全赶出校门。例如，在 1997 年进入高中的 9 年级学生中，26% 在 9 年级留过级，他们中仅有三分之一参加了毕业测试，只有 8% 通过了 TAAS 的 3 门测试，有资格毕业。

另外，在所有 1997 年上高中 9 年级、本该在 2001 年按时毕业的学生中，只有大约 40% 通过了 TAAS 毕业考试中的阅读、写作或数学测试。大约 20% 的学生参加了考试，却每一门都不及格，还有 40% 的学生在 1997 年至 2001 年的任何一个学年中，都没有参加过该区任何一门毕业考试（见图 3.4）。据估计，大约 8% 的学生在高中时期可能搬出了该区，这些数字表明有大量学生通过其他途径消失了。

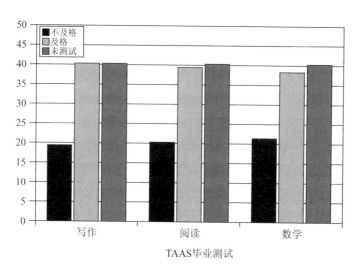

图 3.4　1997 年 9 年级学生在 TAAS 毕业测试各科目中的累计测试成绩

资料来源：维斯奎兹·海利格和达令 – 哈蒙德（Vasquez Heilig & Darling-Hammond, 2008）。

与制度的博弈。大部分学生消失在 9 年级升 10 年级、参加毕业考试前夕，因为他们的分数将被用于学校排名。据管理人员和学生说，不让低成绩学生升入 10 年级的一个策略，就是实行"免考"升级政策。根据得州的要求，学生能否升级要看他们获得的学分，但是免考规定却要求高中 1 年级和 2 年级的学生必须通过所有核心课程，才能升入下一年级。一位高中管理人员解释了免考规定是怎样帮助学校提高 10 年级分数的：

> 我们建立了免考规定，如果在 9 年级的时候没有通过所有四个核心科目，无论有多少学分，都不能升级……嗯，我正在上 10 年级的所有课程，只是我还要等一个学期，参加（考试不及格的）代数 1B 考试。拿到这个学分，我的学分就够上高三了。我现在有 12 个学分，不

是 7 个学分。我跳过了 10 年级的测试。10 年级测试是用来评估学校的，所以我们有一大群人跳过了这项问责考试，没有分数……在我们学校，这个免考规定基本上是用来提高测试成绩的。他们制定了免考规定，绕过了政策，这样他们就知道通过测试的学生比例会提高。

另一所学校的管理人员也证实，"分数升高，是因为设置了障碍，其他人还待在 9 年级……用免考规定砌了一堵墙，那些孩子从来就没进入过问责制的范围"。在我们样本中涉及的所有高中，都能遇见毕业班的学生说他们有伙伴在 9 年级复读过一年，甚至好几年的。有些学生在 9 年级读了三四年。学生们一致说，多次留级的人最终都放弃、辍学了。一位拉丁裔学生的评论很有代表性：

> 我有一个朋友，9 年级读了两年，那时她已经 19 或 20 岁了。她没有通过代数考试，学校告诉她，她年纪太大了，如果成绩再不提高，就得退学了。于是，她……就辍学了。

许多学生身边都有 9 年级留级、却"跳过"10 年级考试，意外地进入 11 年级或 12 年级的人，但是他们仍然没有毕业资格。例如：

> 我说的这个人……和我们同年入学，但突然就升到 12 年级了，她也不知道为什么……即使她现在在毕业班，也不能毕业，因为（没有）TAAS（的测试成绩）。

一位管理人员所在的学校反对这种潮流，他解释说，不让学生参加考试的情况非常普遍，与学生辍学率高、退学率高不无关联：

> 我认为孩子们是被迫离开学校的。我们这里有一个孩子，是从优橡高中（Fine Oaks high school）转过来的，他问我："老师，如果我来这里上学，能参加（毕业考试）吗？"我说："这是什么话？如果你

来这里上学，就必须参加考试啊。"他跟我说："嗯，每次我想参加考试时，他们都说：'明天你不必来上学了'，或者'你不用（参加测试）'……跟我们说的话和别人不一样。"这时候孩子们就会辍学……从来不给他们机会……我觉得优橡高中发生的事情，会在许多学校中上演。我认为我们做了大量的工作迫使孩子们退学。

如图 3.5 所示，有 3 组学生，每组都有约一半人在高中第 2 年没有从 9 年级升入 10 年级，还有 10% 在第 3 年没有从 10 年级升入 11 年级。官方报告的辍学率徘徊在 6% 以下，只有控制在这个比例，才能在得克萨斯教育协会（Texas Education Association, TEA）的问责系统中保持"可接受"评级，然而，在我们跟踪个体学生记录时却发现，在 1997 年进入 9 年级的学生中，只有三分之一在 5 年内成为有学区编号的毕业生，19% 仍在学校就读，估计有 8% 的学生转到了该区以外的公立或私立学校，约有 40% 的学生没有通过测试辍学、"退学"或者消失了。这些学生中有超过 90% 的人没有通过毕业考试。

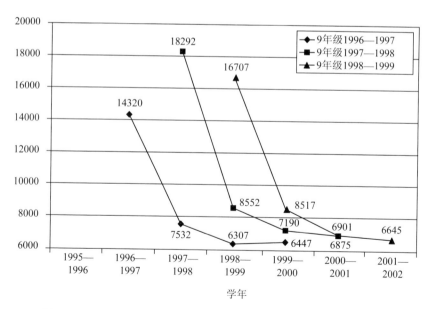

图 3.5　BCSD 高中群体进展（1996—1998 年进入 9 年级的学生）

资料来源：维斯奎兹·海利格和达令 – 哈蒙德（Vasquez Heilig & Darling-Hammond, 2008）。

该学区声称毕业率达到85%，但一位学校管理人员的估计与我们的数据比较接近："我觉得毕业率接近40%到45%，不是85%。"她继续说："最终，我们让孩子们失望了。我们使用某种系统假装他们在读。如果学校有600名（新生），只有300名毕业了，余下的人在哪儿？"

问责压力与学生退学。布拉佐斯市给管理人员和教师施加了巨大的压力，要求达到问责标准。不仅评级低于"可接受"的学校要受到处罚，校长也会依据分数的高低获得津贴或遭到解雇。一所高中的管理人员解释说："我们的合同很'随意'。年底可能会被解雇……压力太大了……这种压力可不是隐性的……而是显性的压力，迫使你提高分数。"

另一所高中的一位教师说：

（你）必须了解得克萨斯州的文化。得州是一架标准化测试机器。这是该州的运行方式，也是该州的文化。因此，如果校长知道9年级的学生没有做好考试准备……他就会实施某些机制，阻挠学生，让他们留级，年年如此。

另一位教师解释说：

我觉得每年都有一堆新规定，我们得思考怎样利用这些规定才对我们最有利……游戏在变化……这就像一个有一套规则的游戏。每个人都拿到相同的规则，并且遵守相同的规则……如果你真的聪明，真的在意这一切，作为校长，你就可以让你的学校拥有别的学校所不具备的优势。

许多教职人员描述了学校如何制定一系列策略来提高10年级的考试成绩，包括让成绩差的9年级学生留级、跳过10年级、鼓励他们彻底离开学校。据我们了解，学校实行零容忍纪律政策摆脱成绩差的学生，因出勤问题开除学生，将学生劝退，鼓励学生参加普通教育发展课程（GED），或将他们转到非传统学校中去。学生无故旷课超过一定天数，家长也会收到每天 500 美元的罚款，这导致很多学生辍学，以减轻家庭的经济负担，特别是那些经常旷课帮忙照看孩子或者给去看病或办事的亲戚当翻译的学生。我们在少数族裔学校中访谈过的大多数学生或他们的朋友都经历过这些事情。许多学生说，9 年级已经读了三四遍了，大多数人往往把毕业描述成失败的抗争。例如，一位 9 年级读了几次、最终放弃了的学生说："嗯，过去两年我都在读 9 年级，终于我通过了课程，拿到了学分，可是他们还让我上同样的课，这样拖到年底，又处理不了了。"

留级和缺勤罚款给了很多人双重打击，比如这名学生：

嗯，我 9 年级考试不及格，又回去复读。我一遍一遍地复读，我妈收到一张又一张的罚单（缺席罚款）。所以，你知道，我只能辍学，不能总让我妈给我交罚款。

有些人发现他们不是主动"退学"的，比如这位学生：

大多数（学生）是（因缺席被踢出学校的）。他们也不通知你你被踢出了学校，如果哪一天你不在，他们就会派人去找你所有的任课老师，老师就在文件（你的退学文件）上签字。等你回到学校，他们会告诉你你已经不在籍了。

还有学生说想在学校注册，但是遭到了拒绝，学校的工作人员也说学校拒收低成绩学生。一位管理人员解释说：

一星期前我遇到一名学生，他 16 岁；这是他第一年读 9 年级，他毕业的机会很渺茫……如果上不了 10 年级，他到时候就 17 岁了，面临着辍学……没有学校会收他，他会拉低测试分数。没有激励政策（把他留在学校），除非有校长愿意接收这样的孩子。他们从一所学校转到另一所学校，最后只能辍学。

另一位管理人员介绍说，学校会把学生留到 10 月份，到统计注册人数的时候再把他们推出校门："许多学校拍完（注册）照，就卸掉包袱。留到那会儿，还可以赚他们的钱。"几所高中的学生都解释说，在学期初期，学校里人多到教室桌子都不够用了，可是，到春天要考试了，却空出了很多座位，因为很多学生已经不在学校上学了。

我们发现，这些策略确实有助于提高学校的分数和问责评级。我们对 1997 年到 2002 年每所学校的分数进行了回归分析，结果发现，学生留级、消失、退学和辍学的比例增加，10 年级的阅读和数学成绩就随之提高。这些变量对每年分数变化的解释，要大于学生特征和学校能力（教师认证、经验和流动率）等变量的总和。

在我们所有的模型（计算和没计算学校的固定效应）中，9 年级留级率的增加是 10 年级阅读和数学成绩变化的最大预测因子。一所学校的 9 年级留级率增加 7 个百分点，TAAS 阅读得州学习指数（Texas Learning Index，TLI）就提高 1 分；留级率增加 8 个百分点，数学成绩也会提高 1 分。学生从学校退学也会产生一定的效应，9 年级升 10 年级的学生退学率增加 11 个百分点，会使阅读 TLI 增加一分。

这些变量还预测了每年 TEA 责任评级的升降。（TEA 评级是 TLI 分数增加以及相对于阈值水平的官方辍学率的函数。）同样，9 年级的留级率对 TEA 评级升高也有明显的预测作用。然而，根据官方报告，TEA 评级上升的学校 9 年级辍学率（与实际离校率几乎没有关系）有所下降（见表 3.2），符合问责制的要求。

表 3.2　TEA 问责变化（1997—2002）的多项逻辑回归：相关系数和优势比

模型	A		B		C		D	
TEA 评级	持平	提高	持平	提高	持平	提高	持平	提高
学校能力								
完全认证教师百分比	.083 (.054) .129	.045 (.075) 1.048	—	—	—	—	.086 (.073) 1.090	.244* (.124) 1.277

续表

模型	A		B		C		D	
TEA 评级	持平	提高	持平	提高	持平	提高	持平	提高
新手教师百分比	-.022 (.076) .774	-.043 (.106) .958	—	—	—	—	-.161 (.110) .851	-.084 (.173) .919
教师流动率百分比	.047 (.055) 1.048	.017 (.077) 1.018	—	—	—	—	.101 (.097) 1.107	.073 (.131) 1.076
9年级学生进展								
9年级消失率百分比	—	—	-.112 (.060) .894	-.003 (.072) .997	—	—	-.061 (.079) .941	.133 (.111) 1.143
9年级留级率百分比	—	—	.215** (.071) 1.240	.294** (.094) 1.342	—	—	.221* (.109) 1.248	.437* (.156) 1.548
9年级退学率百分比	—	—	-.149 (.077) .054	-.066 (.097) .936	—	—	-.147 (.099) .864	.044 (.147) 1.045
9年级辍学率百分比	—	—	-.150 (.240) .861	-.661* (.316) .516	—	—	-.439 (.296) .645	-1.845** (.627) .158
学校中的人口结构								
白人学生百分比	—	—	—	—	.198 (.215) 1.219	-.005 (.303) .995	.315 (.298) 1.371	.680 (.523) 1.973
LEP学生百分比	—	—	—	—	-.138 (.126) .871	-.261 (.179) .770	-.185 (.208) .831	-.164 (.310) .849
特殊教育学生百分比	—	—	—	—	-.161 (.215) .851	-.638 (.337) .528	.030 (.289) 1.031	-1.203* (.549) .300
边缘学生百分比	—	—	—	—	.195** (.068) 1.215	.040 (.085) 1.041	.189* (.093) 1.209	-.040 (.138) .960

注：括号中的数值为标准误差（* p<.05；** p<.01）。

我们采访的大多数工作人员和学生都认为，操纵学生人数来与问责制博弈的做法司空见惯。一位管理人员说：

> BCSD……被称为（得州奇迹）……我认为这并不是奇迹。操纵算不上奇迹。奇迹是真地在现实中拯救孩子，这才是奇迹的含义。走出学校，找回辍学或成绩差的孩子，想办法解决，才是奇迹……而不是操纵、制造（假象）。这都是面子工程。

必须指出，不是所有学校都以博弈应对。有些学校通过提高教学能力，如提高完全认证教师的比例，升高了评级。与 TEA 评级下降的学校相比，评级升高的高中改善教师资质的可能性高出 20%。然而，这些年教师质量的改善主要是针对白人学生，在获得合格教师方面的种族差距实际上是拉大了。根据我们每年的研究，超过三分之一非裔和拉丁裔学生的授课教师没有资质（见图 3.6），这些教师的教学效果也明显低于其他教师。

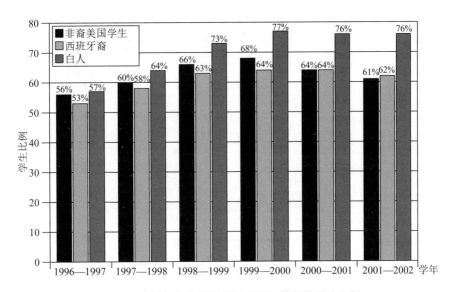

图 3.6　布拉佐斯市受教于标准认证教师的学生比例

资料来源：达令－哈蒙德等（Darling-Hammond *et al.*, 2005）。

事实上，整个得克萨斯州确实存在这种趋势，20 世纪 90 年代期间实行的一系列教师扩编政策（保持低工资成本），使得每年新聘用教师中未完成教学培训，或根本没有进行过教学培训的比例越来越大。1996 年至2002 年期间，新聘教师在进入教师队伍时拥有教师资格的比例从 86% 下降到 47%，大部分没有接受过培训的新教师都在城区低收入、少数族裔多的学校任教（见图 3.7）。大约 12% 的新教师有替代认证资格（在职完成培训课程），而超过 40% 的新教师连基本的资格都没有。此外，这些年来，得州教师的离职率不断攀升（见图 3.8），在贫困程度高、少数族裔集中的学校，没有资格和持有替代认证资格的教师流失率比经过完全认证的教师高出一倍。[76]

最后，这种所谓的"问责制"并没有给学校提供任何激励或资源来帮助难教的学生。当测试取代了被投入用作改进学校的杠杆时，学生和家长希望学校履行、而且学校也应该履行的义务（提供达到学习标准所需的高质量教学和教学支持）就缺失了。

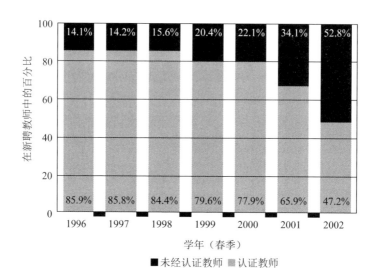

图 3.7　得克萨斯州新聘任教师的认证情况（1995—2002）

资料来源：得克萨斯州教育认证委员会网站。

注："认证教师"指在秋季学期 12 月 31 日之前取得了标准教师资格证的教师。

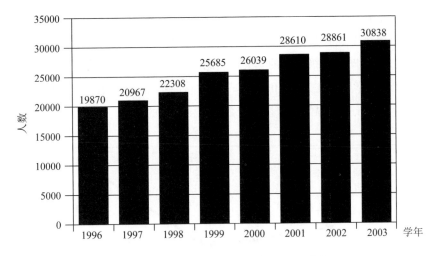

图 3.8　得克萨斯州公立学校教师离职人数
（从 1995—1996 学年至 2002 —2003 学年）

资料来源：埃德·福勒（Ed Fuller），得克萨斯州教育认证委员会（Texas State Board of Education Certification）。

注：辞职教师算作前一年公立学校的在职人员，不计入当年人数。

马萨诸塞州：鲜为人知的故事

像在马萨诸塞这样高成绩水平的州中，低收入学生的学习机会也常常不能保证。尽管 20 世纪 90 年代初期马萨诸塞州在学校和资助改革方面取得了重大进步，但是资源差距从未完全弥合。90 年代后期税收减少，导致贫困学校进一步落后。而且，从 90 年代末开始实行与学生 MCAS（Massachusetts Comprehensive Assessment System，马萨诸塞州综合评估体系）测试分数挂钩的学校排名政策。在高中阶段进行毕业考试，将学校评级与 10 年级学生的通过率联系起来，并从 2003 年起与高中毕业挂钩。学生可以在 10 年级后重新参加毕业考试，但与奖惩相关的学校排名仅看 10 年级的分数。随着这项政策的逐步推进，更多的学生（大多数是非裔和拉丁裔学生）未能从 9 年级升到 10 年级，因为他们的分数不利于学校的评级（见图 3.9）。许多留级率和辍学率最高的学校，测试成绩反而增长得最快。

安妮·惠洛克（Anne Wheelock）[77] 的一项研究发现，因在 MCAS 测试中
10 年级通过率提高而受到奖励的高中，除了辍学率增加之外，前一年的 9
年级留级率和 10 年级学生的"失踪"比例也大幅攀升，也就是说，越来越
多的 9 年级学生没有升入 10 年级。因此，有些学校是通过不让学生参加考
试或者干脆让他们退学，来提高分数并获得奖励的。

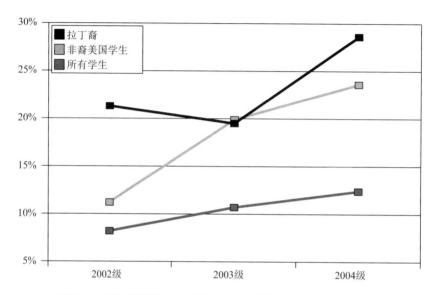

图 3.9 马萨诸塞州 9 年级升 10 年级时"失踪"的学生百分比

资料来源：马萨诸塞州教育厅，马萨诸塞州公立学校辍学率（1999, 2000, 2001）。

诺格拉指出，在实行毕业考试与毕业挂钩的第一年：

> 在我研究的波士顿的一所学校，有时候一半甚至三分之二的毕业
> 班学生拿不到高中文凭，我听说学生和老师很愤怒，很多人离开了学
> 校。我去跟校长谈，他坦言大多数学生没有做好通过考试的充分准备。
> 我也听说焦急的父母迫切地希望官员们能在最后一刻清醒，扭转政
> 策，因为官员们也知道这种做法很愚蠢，会给许多学生带来灾难性的
> 后果。[78]

但是政策并没有推迟。2003 年，在 4 年前进入高中 9 年级的学生中，所有类别学生的毕业率都有所下降，但非白人人种学生的下降幅度最大。2002 年入学的非裔学生如期毕业率为 71%，可是 2003 年进入 9 年级的学生中只有 59.5% 的人最终毕业了，第 2 年的毕业比例又进一步下降。[79] 2002 年入学的拉丁裔学生毕业率为 54%，2003 年入学的学生毕业率则下降到 45%。

这是因为贫困程度高的学校经常缺乏大幅提高学生学习机会所需的资源。我在回顾 2004 年马萨诸塞州一桩关于学校公平的诉讼案（第 4 章中将进一步讨论）数据时发现，和以白人学生为主的学校相比，非白人人种学生占主导的学校，教师和管理人员没有资质的比例可能高出 3 倍，没有达到《不让一个孩子掉队》法案中联邦要求的专业辅助人员比例多出一倍的规定。这些差异与高风险测试中学生的成绩密切相关，没有资质的教师比例与未通过州测试、辍学的学生比例之间存在显著的正相关关系（见图 3.10，图表用没有资质的教师比例与其他变量之间的相关系数来表示他们之间的关系）。结果，在没有资质的工作人员较多的地区，绩效指数得分显著低于州标准。下一章将继续讨论，在进一步控制了学生特征和其他因

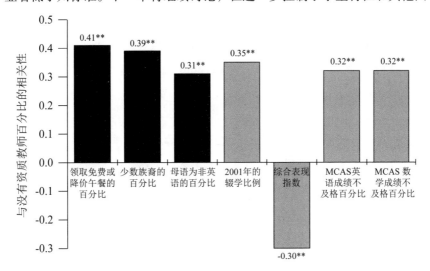

图 3.10 马萨诸塞州没有资质的教师与学生特征和成绩之间的相关性

注：显著水平为 *（p＜.05）；**（p＜.01）；***（p＜.001）。

素的更为复杂的分析中，也存在相同的关系。

该州采取的主要应对措施不是增强激励，为这些地区吸引合格教师，而是放松对教师资格的要求，反对在这些地区加大投入，"汉考克诉德里斯科尔中学"（Hancock v. Driscoll）案件中的辩护就体现了这一点。这桩关于学校公平的诉讼旨在纠正 90 年代初存在的不公平现象，2004 年该州对贫困地区的投入进一步下降，诉讼案件再次被提起。不妨看看马萨诸塞州斯普林菲尔德学区的情况，该区是 2004 年马萨诸塞州成绩最差的学区之一，辍学率是州平均水平的两倍，MCAS 测试的不及格率居高不下，半数以上学生数学测试不及格，超过四分之一的学生英语语言技能测试不及格。

斯普林菲尔德学区有 28000 名学生，80% 以上是非白人人种，四分之三学生的家庭生活在贫困线以下，该区学校开支低于州平均水平，财务困境甚至到了 2003 年至 2006 年教师发不出薪水的地步。仅 2004 年一年，该区 2500 名教师中就约有 270 人辞职，其中许多人到了周边郊区社区任教，那里的工资要高出 8000 至 18000 美元。到了 2006 年，由于该州教育部门放松了要求，该区教师中足有 20% 的人没有教师资格证。[80] 该州越是对学生成绩差的学校进行处罚，这些学校就越难招聘和留住教师，特别是在缺少教学必要资源的情况下。

在斯普林菲尔德和其他原告学区要求资源均等的一项诉讼中，高级法院法官马格特·博茨福德（Margot Botsford）认为，斯普林菲尔德学区的学校没有提供学生达到州标准的条件，比如，她指出：

> 森林公园（中级）学校的建筑年龄已有 106 年了，学生们在衣帽间、保卫室、供应室、更衣室和地下室里上课，礼堂的一部分被用作储物空间和教师办公室……学校图书馆的书籍没有更新，也没有图书管理员。学校没有科学或语言实验室，但有一个计算机实验室，里面有 30 台电脑和 12 台笔记本。整个学校只有 12 个显微镜，300 名学生共用一套课本，所以学生不能把书带回家……教师们需要自掏腰包、投入私人时间来准备材料，包括购买教师用品。[81]

　　她还指出，学校缺少科学实验室，不能按照州科学课程框架的要求展开教学，学区也买不起州课程框架建议的历史教科书。博茨福德法官认为在这样的条件下学生不可能达到州标准。

　　面对问责压力进行的制度性应对给人和社会带来的后果，在近年的"改革"时期基本上还没有显现出来。但是显而易见，高风险测试只进行处罚却不给予充分支持，产生的一个意想不到的负面后果便是，减少了最弱势学生的上学机会。学校和学区可以不让这些学生参加考试或者让他们退学，从而不必改善这些学生的教育状况便能大幅提高考试分数。基于测试的问责政策带来的副作用是，大量学生过早地离开了学校，又没有什么技能，这些教育程度低的年轻人不能进入劳动力市场从事生产性活动，只能靠福利为生，甚至进入监狱，给社会背上沉重的包袱。学校为了提高考试成绩将成绩差的学生推出校门，或者不给他们提供受教育的机会，这样的政策对整个社会没有任何好处。

　　读者可能会问到底该怎么办呢? 是否应该让学生逐年升级，却学不到他们需要掌握的技能? 是否应该让学生在还不具备劳动力市场初级职位所要求的最低技能时就毕业? 当然不。但是，我们必须抛弃目前的做法，采取切实有效的解决方案。其他学业成绩大幅升高的国家都切实改善了课程与教学的质量（第 6 章中将进行详细说明）。任何解决方案都无法否认，要想提高学习成绩，必须改善教学。

　　套用改革话语，对于学生（尤其是最弱势学生）而言，关键问题在于，在推行新标准的同时能否加大投入改善教学、课程和教育，或者说，建立在教育持续不平等基础上的标准是否只是为了确定学生的失败，从而减少他们未来受教育和就业的机会? 布朗诉教育委员会案已经过去了半个世纪，眼下的问题是，拿什么保障全国所有孩子都享有平等受教育机会的宪法权利? 这个问题将在下一章中探讨。

第4章 考问不平等现象：资金投入会带来差别吗？

> 没有证据表明，（投入到 20 世纪美国教育中的）额外资源提高了学生的成绩表现……
>
> ——埃里克·哈努舍克（Eric Hanushek），
> 威廉姆斯诉加州一案中的辩方专家[1]

> （我理想中的学校）教室里有足够的桌子、足够的椅子、足够的书、足够的教学材料，有一位关心学生的老师，可不是只通过了普通教育水平（GED）之类考试的老师……就像我说的，物品充足，安全有保障，什么都不缺……不能因为我们弱小，就不把我们当人看。
>
> ——一位高中生，威廉姆斯诉加州一案中原告的证人

许多州纷纷推出高风险测试改革，要求学生达到特定标准才能升级或毕业，但非白人人种学生却进一步遭到隔离，教育变得更加不平等。改革给资源最匮乏学校中的最弱势学生带来了意想不到的负面影响，造成了深刻的问题。然而，标准运动还有一个重要方面，它为对抗教育不平等提供了新的基础。

各州在没有充分保证学习机会的情况下便制定面向所有学生的标准，引发了大量关于平等的诉讼。这些诉讼可以说是继布朗诉教育委员会案之后的第二轮诉讼，主张如果各州要求所有学生达到相同的教育标准，就必须肩负起责任，提供足够的资源，给予学生达标的合理机会，包括提供充

分反映标准的课程、有教学资质的教师，以及教学所需要的各种材料、教材、用品和设备。

其中的逻辑很简单。然而，想通过法院获得教育机会的道路却充满曲折，这不仅是因为人们对法院的职责看法不一，还因为国家对不平等的宽容程度往往使得公众和法官都认为目前的情况似乎可以容忍，甚至并无不妥。反对学校财政改革的人们认为，由于地方管理学校的传统，资金不平等实际上是由地方财税导致的，与各州没有干系。得克萨斯州最高法院在1988 年要求改革的决定中反驳了地方管理学校的误解，如今各州对教育过程和结果的规定进一步加强了：

> 唯一没有减弱的地方管理因素是富裕地区可以随心所欲地对教育进行资助，而贫困地区却没有这样的地方管理能力……教育过程中的大多数事情是遵照州法律和 / 或州教育委员会规则来决定和管理的，包括课程、课程内容、教科书、教学时间、师生比、教师培训、管理人员及董事会成员、教师测试以及人事决定和政策的审查。[2]

公立学校仍然主要靠家长和社区的参与来解决地方需要的资源与决策，并对家长和学生负责，但这种参与方式却得不到地方教育资金的支持。许多国家给予学校统一、平等的拨款，地方学校在设计课程与干预措施、决定如何使用资金方面具有广泛的灵活性。在芬兰、瑞士、加拿大、澳大利亚甚至高度集权的新加坡，学校资金都由政府统一划拨，地方社区与学校教育者积极参与、决定学校的运行。可以说，公平的资源供给是地方能够真正进行重要教育决策的先决条件。

学校财政改革反对派反复提到的另一个理由是，"资金投入不会带来差别"。赞成维持现状的人认为，低成本的态度与管理转变对学区内教育质量的贡献要大于财政资源的投入，而且资金投入与教育质量之间并没有表现出明确的相关性。他们有时会举出华盛顿特区等学区的例子，这些学区经常受到国会的干预，支出远远超过全国平均水平，但成绩仍然很低。的确，有些支出并不明智，花在赞助、维持臃肿官僚机构、修建足球场和游泳池上的钱，可不像教学投入那么容易转化为学习成绩。此外，在许多生活成本较高的城区，贫困学生的教育和非教育需求更大，比如膳食、保健、课前与课后托管等，这就意味着投入或购买的资源与净收益之间不存在一一对应关系。贫困学生多的高生活成本地区要取得同样的成绩，就需要投入更多的资金。[3]虽然资金与资源投入分析变得复杂，但绝不是减少贫困儿童教育支出的理由。

然而，反对均衡拨款的人往往会强调种族、父母教育程度、收入和成绩之间具有很强的测量关系，并认为这些是学习成绩的主要预测因素，因此，增加的投入就（可能）浪费在不能善加利用的人身上。1966年《科尔曼报告》（*Coleman Report*）得出结论，"学校对儿童成绩的影响不大，成绩与学生背景及一般社会环境也无关"，此后，对学校的投入便持续减少。[4]虽然报告指出了许多不平等现象，也认为应该进行修复，但是人们广泛认为这份报告宣称给学校拨款不会对成绩产生影响。后来的分析也指出，尽管学生背景与学校资源之间存在高度相关性，也很难确定学校教育会对成绩产生独立的影响，因为美国的种族、阶层和教育机会总是错综复杂地交织在一起。[5]

虽然《科尔曼报告》中没有明说，但是传统观点认为，额外投入资源并不会在提高学生教育水平方面起到任何作用。许多研究驳斥了这一观点，揭示了具体资源对学生成绩的贡献，包括资质更好的教师、小班授课和重新设计的小规模学校（需要提供顾问、给教学团队备课时间以及为学生提供支持体系）。[6]然而，报纸却常常大肆宣扬一些有悖常理的结论，比如《华尔街日报》（*Wall Street Journal*）曾说，"金钱买不来更好的教育……简直不言自明"。[7]

资源能否对低收入少数族裔学生的教育产生影响？这种辩论最近在学校财政诉讼案中屡屡被提起。在威廉姆斯诉加州案中，被告认为，尽管有资料显示在资金投入以及儿童接触的合格教师、教科书、课程设置和设施方面存在巨大差距，但这些资源在很大程度上与学生的成绩无关，贫困效应而非资源不平等才是造成成绩差距的原因。在过去的半个世纪中，教育投入普遍减少，辩方专家埃里克·哈努舍克称，"没有证据表明，（投入到20世纪美国教育中的）额外资源提高了学生的成绩表现，至少最近30年是这样的"[8]，只字不提那些发现额外资源能够提高学生成绩表现的研究。

声称投入不能带来差别的研究，其方法和解释均遭到了其他经济学家、统计学家和法院的批评。[9] 哈努舍克称投入没有对美国学生的成绩表现产生影响，实际上是忽略了过去半个多世纪以来教育的大规模扩张。举个例子，自 20 世纪 60 年代起，教育体系增加了幼儿园和幼儿园学前班的数量，提高了高中入学率。1965 年，只有 10% 的 3—4 岁儿童进入了任何形式的幼儿园或幼儿园学前班，四分之三的 5—6 岁儿童在学校学习。到 1998 年，3—4 岁儿童的入学比例为 52%，5—6 岁儿童达到 96%。[10] 更为夸张的是，在 60 年代之前，许多社区都没有黑人、墨西哥裔或印第安裔学生上的高中，即使有也往往在隔离学校，资金投入严重不足。残疾学生被认为不应该上学，学校也不必为他们提供服务。到 1970 年，只有 57% 的白人和 36% 的黑人成年人读完了高中，但到 1998 年毕业率分别跃至 94% 和 88%。[11]

虽然高中大规模扩张，招收的少数族裔、贫困新移民和有特殊教育需求的学生越来越多，但国家教育进展评估和 SAT 等测试的平均成绩却不断提高。由于大量先前被排除在外的（及弱势）学生都参加了测试，测试平均分实际上低估了高中生知识的实际增长。在 1970 年到 1990 年期间，非白人人种学生的 SAT 成绩大幅提高。参加测试的人数增加了，但成绩还能继续提高，这显然是增加教育投入的结果，教育投入提高了读写能力和各级学校的成就，大大增加了在美国的受教育机会。

增加投入能够带来一定的收益，但并不意味着所有投入均能产生相同的收益。讲究效率是有道理的。资金有可能被浪费或者使用不当，而糟糕的管理决策也可能产生行政负担，将有限的资源和精力从有效的教学与学习转移到效率低下的策略或管理过度的官僚体系，阿瑟·怀斯（Arthur Wise）将其称之为"教育的过度理性化"。[12] 因此，有效的制度不仅要想办法保证给予学校充足的资金，还必须采取激励措施提高合理使用资金的可能性。至少，各州不应该制定不合理的要求迫使学校将稀缺的资源浪费掉。

高明的政策将着眼于投入是否能在儿童福利和学习方面产生高收益。虽然无法确定资金的最优边际效用（这取决于环境和学生情况），但各州仍然发挥着重要的作用，通过评估课程与策略的结果，为地方做出最明智的投入决策提供信息。由于学校失败会带来巨大的社会成本，让相当一部分人口不能接受足够的教育、无法为社会做出积极贡献，显然是缺乏效率的。

学校拨款不平等的合法性

尽管各州宪法在规定州承担的首要教育角色时，都要求提供"免费、适当"，"全面、有效"，或"健全、基本"的公共教育，但法院却迟迟不肯承认各州有提供资金使教育达到一定标准的义务。早在 20 世纪初，人们就曾关注过学校拨款不平等的现象，但直到 60 年代中期，才开始对长期存在的学校拨款不平等问题的合法性进行司法审查。

诉讼进展

1965 年，阿瑟·怀斯发表了一篇文章，针对各州内部学生人均支出差异巨大的问题，就学校财政拨款的合宪性提出了质疑。[13] 他认为支出的不平等导致了教育机会的不平等，而且意味着各州否认了法律的平等保护作用。接着出现了一批诉讼拨款不公的案件，并于 1973 年取得了第一场重大胜利，当时新泽西最高法院在"罗宾逊诉卡希尔案"（Robinson v. Cahill）中宣布，该州的学校财政制度违反了新泽西州宪法中要求为所有 5 至 18 岁孩子提供"全面、有效的免费公立学校制度"的教育条款。然而，就在同一年，美国最高法院却驳回了"得克萨斯州圣安东尼奥独立学区诉罗德里格斯案"（San Antonio Independent School District v. Rodriguez）[14] 中教育是联邦宪法规定的一项基本权利的主张，从此切断了去联邦法院诉讼教育拨款不公问题的道路。

尽管圣安东尼奥案中的决定击碎了在联邦层面全面起诉学校拨款差异问题的希望，但 20 世纪 70 年代，有几十个州的法院都不断接到诉讼。1976 年，在"塞拉诺诉普里斯特案"（Serrano v. Priest）中，加利福尼亚最高法院结束了近 10 年的辩论，最后判决该州的学校财政制度违反了联邦宪法第 14 条修正案及加利福尼亚州的平等保护条款。在西弗吉尼亚州和康涅狄格州也取得了一些胜利，但大多数诉讼还是失败了。民权律师比尔·泰勒（Bill Taylor）和戴安娜·皮什（Dianne Piche）指出了州法院在处理类似问题上的差异：

> 在每一桩案件中，州法院都面临着财政差异巨大的问题，但法院持有的意见反映了各州独特的法律推理，因为采用了不同的标准，最终得出了不同的结论。最高法院在罗德里格斯一案中持有的"联邦"立场，毋庸置疑能够保障康涅狄格州和西弗吉尼亚州贫困学区的孩子享有一定程度的平等，而生活在纽约州和马里兰州贫困城区的孩子却只能接受劣质教育。[15]

在诉讼有输有赢的各州中，高支出与低支出地区之间常见的拨款差距为 3 比 1。这些差异造成了不同种族、不同社会经济地位以及不同地区学生受教育机会的差异。泰勒和皮什解释说：

> 不公平的学校财政制度给少数族裔和经济条件差的学生带来了巨大的伤害。各州对比来看，这样的学生主要集中在南方最没有能力为公共教育提供资金的一些州中。从州内来看，教育支出差异最大的州很多都是工业大州，在这些州中，许多少数族裔和经济条件差的学生住在教育支出最少的贫困城区。此外，还有几个州，经济条件差的白人和黑人学生都集中在农村学区，财政拨款极不公平。[16]

平等拨款面临的障碍

20 世纪 70 年代到 80 年代初期共有 31 个州发生过这类诉讼，其中 10 个州的法院认为本州的学校财政计划违宪。[17] 但之后的 10 年却几乎没再提起过类似的诉讼。其中的一个原因是记录差异的联邦数据库和州数据库被废弃了。里根政府时期，中断了一些可以用来分析不平等现象的联邦数据收集与报告工作，联邦对州教育部门收集数据的资助也停止了。

联邦对话转向了教育的"成果"，只监测和管理结果，不谈投入。"单纯的投入"因与教育成绩无关而遭到了摒弃。教育部长威廉·班奈特（William Bennett）曾提出过一个具有历史意义的观点：

> 班奈特……引用了无数教育评估研究表明，20年来往公立学校"扔钱"并没有提高学业成绩……班奈特创造了著名的"挂图"（wall charts），按照学生的人均支出（以及考试分数、贫困率、教师薪酬和辍学率）给各州排名，以显示支出与学业成绩之间几乎不存在相关性。然而，批评者却指责他只提供了一系列与课程或教学实际改革无关的统计数据，却掩藏了其他数据。[18]

班奈特一边大幅削减联邦教育预算，一边要求增加测试来评估学校的表现。共和党和民主党议员都对他提议的削减规模表示反对，他却争辩道："我们不是对教育投资不足，而是效率低下。"[19]虽然国会没有同意他所要求的削减幅度，但最终联邦教育预算在他任职期间从9.6%下降到6.2%，而在里根政府执政的前几年教育预算已经从12%下降到了9%。削减对象大多数是贫穷的城区和农村学校。里根政府时期还削减了其他联邦预算，各州不得不为教育、医疗、福利、就业培训、住房支持和其他功能承担更多的责任。因此，他们专注于治理越来越不稳定的经济，提高或平衡教育拨款还远不是紧急的议程。

曾经有一段时间，教育机会问题被神奇地移出了人们的视线，也没有人在意。这个把戏异常奏效。直到20世纪80年代末启动联邦学校和人员配备调查（Federal Schools and Staffing Surveys）的时候，才创建了一个新的数据集，可以追踪各州、各地区、不同学校和学生类型享有的教学资源（教师、支持人员、课程、设施和专业发展）差距。这些数据以及各州建立的类似数据集，可以让研究人员日后得到教育投入的记录，分析在合格教师及其他学习条件上的差别，为新一轮法律诉讼提供了数据。

资金投入带来的差异

认为投入不会产生差别的论调，所依据的一个明显事实就是，并非所有支出都能改善学生的学习。但最近的研究已经开始显示投入是会带来差异的。例如，罗纳德·弗格森（Ronald Ferguson）采用了比科尔曼研究团队规模更大的数据集进行分析，结果表明，支出水平会对学生成绩的提高产生差别，而且资金投入与教学越直接相关，对学生成绩提高的效应就越大。[20] 他发现，学生学习成绩提高的最重要可测量因素是教师的专业知识，表现为教师在衡量学术能力与教学知识的州级认证考试中的分数、教师经验以及是否具有硕士学位。这些因素的效应非常强，而且教师的专业知识差异巨大，导致在控制了社会经济地位因素之后，黑人和白人学生之间的巨大成绩差距几乎完全可以由教师的资格差异来解释。弗格森总结说："现有证据有力地表明，教师质量很重要，应该成为提高学校教育质量工作的重心。高水平教师是所有教育投入中最关键的因素。"[21]

弗格森发现，在考虑了区域成本差异的情况下，学区的运营支出对学生成绩产生了显著的正面影响，这种影响主要是通过补贴教师薪水，吸引和留住更多合格教师所产生的。他发现，和其他与教学不直接相关的预算相比，补贴教师薪水所产生的学生边际成绩更高。

弗格森还发现，班级规模产生的效应虽然不及教师因素大，但在决定学生成绩方面也具有显著的统计学意义，临界数值为 18 名学生 / 教师。这个研究结果在许多其他研究中也得到了证实，阈值通常在 20 人上下，对低年级和成绩差的学生来说尤其如此。[22] 被引用频次最多的是一项被称作田纳西 STAR 计划的随机实验，该实验发现将幼儿园到 3 年级的班级规模从22 人降至 15 人，学生成绩会显著提高。[23] 虽然降低班级规模的成本会很高，而且单位支出产生的效应一般小于提高教师质量带来的效应，[24] 但经济学家阿兰·克鲁格（Alan Krueger）将降低班级规模作为提高成绩预期的函数，估算其效益成本比为 3 比 1。

这项研究表明，当资金用于关键教学资源时，比如聘任高质量教师和提供个性化的课程设置，资金投入对成绩提高产生的效应会增加。这些关于教师培训和经验产生的影响与相对贡献的研究结果，在芝加哥大学学者对 60 个生产函数研究的综述中得到了印证。他们发现，教师的教育水平、能力和经验，以及小规模学校和较低的师生比例，与学生成绩的提高密切相关。[25] 据他们估算，在与学生成绩提高相关的各种资源支出增量中，教师教育支出是对学校最有成效的投入，超过了教师经验和降低师生比例带来的效应。

经济学家罗伯特·斯特劳斯（Robert Strauss）和伊丽莎白·索耶尔（Elizabeth Sawyer）进行的一项研究强化了有关师资投入的结论，他们发现北卡罗来纳州教师在考察科目知识与教学知识的教师资格测试中的平均分数，对学生的平均测试成绩有很大的影响。在考虑收入水平、学生种族、地区财富、学生的上大学计划，以及师生比率的情况下，教师质量会对学生在州能力考试中的失败率产生极大的影响：教师质量每提高 1 个百分点，未通过测试学生的比例就会下降 3% 至 5%。两位研究者的结论与弗格森的结论颇为相似：

> 我们的分析非常清楚地表明，在政策可控的投入（教师质量、用师生比率表示的教师数量，及资本存量）之中，提高课堂教师质量比缩小班级规模，或者决策者能够合理增加的资本幅度，对处于教育边缘的学生更有好处。[26]

教师流动与低素质教师的机会成本

相反，教师效率低下及教师队伍不稳定带来的成本相当高。低水平教师的成本不仅体现于学生成绩低下，还包括学校承担的补课、留级、特殊教育以及不合格学校中常见的纪律问题所带来的成本。此外，社会还要承担日后学生辍学、被监禁和劳动力生产能力低下的成本，根据近期的估算，目前每年的成本高达近 3000 亿美元。[27]

教师流动给学区带来的成本通常超出了预期，不仅需要替换教师，还要补救学生的成绩。替代每位早期离职教师的成本估计在 15000 至 20000

美元之间，包括离职、招聘、雇用以及培训的费用。如果经验丰富的教师被新手教师替代，学生成绩的下降会进一步推高成本，估计每位离职教师的成本达到 33000 到 48000 美元。[28] 部分原因是雇佣新手教师会导致教育效率下降，教师的课堂效率在从教 2 至 3 年后才会大幅提升。[29] 如前所述，如果新聘教师准备不足，就可能很快离开教师行业，导致教育效率更低。得克萨斯州有大量替代路线教师，年均损失率高于平均水平，2000 年针对该州的一项研究估计，使用不同的成本模型计算，该州每年的教师流失成本在 3.29 亿至 21 亿美元之间（见图 4.1）。[30]

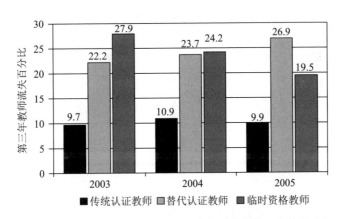

图 4.1　得克萨斯州不同认证类型中学数学教师的三年流失率

资料来源：福勒（Fuller，2008）。

不能保持稳定的教师队伍也有可能抵消其他方面的学校改进。例如，对一个城市学区建立大量新型小规模、创新学校的工作进行评估，发现新的学校模式显著提高了学校改进学生学习的能力，超越了学生背景带来的影响。在高中阶段，控制了学生特征因素之后，该区新型学校（体现了改革的具体特征，如咨询系统、基于项目的学习、跨学科课程和学生实习）的学生成绩比其他学校高出了 5 到 13 个百分点。[31]（第 8 章中将进一步讨论这种新型学校模式的优势。）

然而，该区的教师配备却存在问题，导致新手替代认证教师的数量和比例越来越大，对学生成绩产生了很大的负面影响，甚至超过了学校改革带来的好处。在控制了学生特征因素之后，新手教师比例最大的学校，学生成绩比老教师多的学校落后 20 多个百分点。通常情况下，在隔离程度最高的少数族裔学校中新手教师的比例最高。（见图 4.2 和图 4.3）

在这个资源匮乏的学区，相比以前为了平衡预算不能招聘专职教师、只能聘用低成本代课教师来说，聘用新手教师是一种进步。但是，由于学习教学的压力大（许多人并没有接受过多少早期培训），工作条件差，平均工资又比附近学区低 20% 左右，这些新手教师很难留下来。这些人中有超过 40% 的传统培养教师和三分之二的替代认证教师在 4 年内离职，导致最贫困学校的教师常年流失，学校的成绩不合格。

最成功的新型学校模式克服了重重困难，聘用并留住了一支结构更加均衡的教师队伍，由稳定且经验丰富的高水平教师对新手教师进行精心指导。这些学校能够有效地实施新的学校计划，并长期从教师广泛参与的专业发展和协作备课中受益。而流动率高的学校则无法收回在学校改革中的投入。

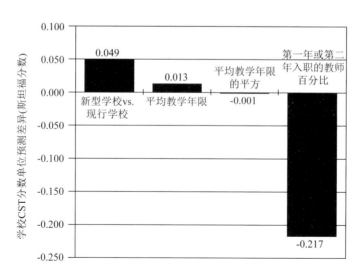

图 4.2 学校特征与教师结构对学校效率增值的贡献

资料来源：瓦苏戴瓦、达令－哈蒙德、纽顿和蒙哥马利（Vasudeva, Darling-Hammond, Newton & Montgomery, 2009）。

注：成绩 vs. 期望，将之前的测试成绩和学生人口特征设为常量。

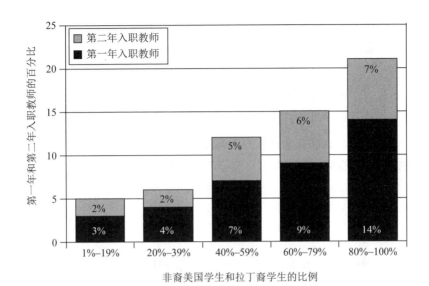

图 4.3 第一年和第二年入职教师的比例（2002—2003 学年至 2007—2008 学年）。

来源：瓦苏戴瓦、达令－哈蒙德、纽顿和蒙哥马利（Vasudeva, Darling-Hammond, Newton & Montgomery, 2009）。

教育进步的要求

事实上，多项教育改革（无论是学校设计、教学计划、课程、评估，还是家长参与）研究发现，创新能否成功，取决于教师是否具备执行力，以及学校能否实施改革并不断完善改革策略。至少需要 3 至 5 年的持续努力才能看到新方案的实施成效：成功的变革要求进行高质量的教师职前培养，借鉴过去的有效经验（包括收集、分析数据，对变革战略进行反思），并发展全校学习新知识与技能的能力。[32] 倘若没有一支有能力、肯奉献的教师队伍和一个能干的领导者，学校根本就无法取得教育进步。

打造稳定、均衡的教学队伍需要进行多种投入。如前所述，职前培养充分的教师任教时间通常会显著延长，入职第一年得到高质量指导的教师也是如此。[33] 因此，增加教师有效性的投入有助于教师长期从教。此外，有证据表明，工资和工作条件也会影响教师的流失。工资没有竞争力的学区，教师辞职的可能性更大，[34] 特别是数学和科学等师资不足科目的教师。[35]针对加州教师的一项研究发现，工资和工作条件（包括班级规模大，设施有问题，实施多层、全年制教学，教学条件差）对教师流动性有很强的预测作用。[36]

最后，学校领导的素质对招聘和留住教师也至关重要，因为校长是否有能力营造高效的环境，获得资源，保护学校不受外部干扰，激励教师并支持他们学习，直接关系到教师的满意度与成效。[37]所有这些因素都可以通过政策予以保障，在下一章中将会看到，有些州和地区通过实施这类政策取得了巨大的教育进步，而另一些州和地区却逃避解决问题，没有实现改善。

要求获得充足资源的诉讼

我们不应该讨论教育投入能否带来差别，而是应该讨论战略性教育投入可以怎样影响学校教育的结果。随着标准改革运动的兴起，这个问题得到了越来越多的关注，有20多个州出现了要求得到"充足资源"的案例。提起诉讼的主要依据是在达标所需的具体学习资源上的差异数据。据统计，70%的诉讼成功地确立了州政府的教育投入责任。[38]

然而，成功通常是一个相对概念。在许多州，原告不得不多次回到法庭前后长达几十年，因为即使胜诉也不一定能够带来资源。法院在制定有效补救措施时常常遇到麻烦，法院虽然要求做出改变，却没有权力确保改变的实施。立法机构经常抵制增加税收或修改拨款的议案，而且只是消极等待法院结案，并不执行司法要求。因此，即使学校拨款计划被宣布违宪，也可能需要经过几十年的持续诉讼才能重新分配资源。不管怎样，这些诉讼在主张学习权利方面取得了一定的进展。

此外，越来越多的证据表明，各州采取干预会让孩子们受益。例如，2002年《公共经济学》（Journal of Public Economics）杂志上发表了一项研究，提到80年代法院曾判决对12个州低收入差学区进行学校财政改革，该研究衡量了学校财政改革对学生成绩的影响，并与其他没有接到法院判决的州进行了比较。研究将SAT分数用作衡量学生成绩的共同指标，发现低收入学生参加 SAT 测试的人数增加，而且加大资金投入"将高学历家庭孩子与低学历家庭孩子之间的 SAT 平均分数差距缩小了……大约 5%"[39]。经济学家确认，马萨诸塞州和新泽西州学生成绩提高以及成绩差距的缩小，是在要求公平的诉讼之后施行学校资金投入的结果，[40] 而堪萨斯州的一项研究发现，依法院判决接受更多资助的地区大学入学率有所提高。[41]

争取公平的曲折过程

各州的辩护方往往对常识和研究结果置若罔闻，不断敦促法院不要纠正资源匮乏的现状，因为没有"证据"表明资金投入会改变结果。在越来越多的学校拨款诉讼中，原告和被告争论的焦点在于，州是否有义务向学生提供同等的支持，包括符合各州培训要求的教师。

这些争论可能持续数年，甚至数十年。例如，在南卡罗来纳州，"布里格斯诉埃利奥特"（Briggs v. Elliot）一案（最早的同类诉讼案之一，为布朗诉教育委员会案奠定了基础）中的非裔原告，其后代在整整 50 年后又重返法院，在克拉伦登郡的同一座法庭中继续就缺乏教育机会提起诉讼。

1949 年 11 月，布里格斯案发生之前，黑人家长和孩子曾请愿抗议克拉伦登郡第 22 学区教育委员会，请愿书中提到：

> 在仅有的 3 所招收黑人学生的学校中，设施、建筑、卫生和防护……不足、不利于健康，学校建筑老化、人满为患、到处都破破烂烂……没有适当和必要的集中供暖系统、自来水或足够的灯光……教师数量不足，教室空间狭小。

而白人学校却"现代、安全、卫生、设备齐全……不拥挤，条件一流；……教师充足，学生拥有足够大的教室空间"。这份控诉书很长，请愿者们在结尾处要求教育理事会立即停止对黑人儿童的歧视……并全方位地提供和白人一样的教育优势与设施。[42]

50 年过去了，在此期间针对贫困学区与富裕学区之间拨款差别巨大的诉讼均告失败，1999 年，南卡罗来纳州最高法院依据克拉伦登郡学校（这些学校仍然是隔离学校，学生已是当初原告们的孙辈）与白人学生为主的富裕学区之间的总体资源差异，审理了"阿伯维尔诉南卡罗来纳州"一案（Abbeville v. State of South Carolina）。[43] 2005 年，当案件举行听证的时候，原告所在的学区中 88% 的学生是少数族裔，86% 生活贫困，75% 的学校在该州评级体系中被列为"不满意"或低于标准。这些学区的毕业率在 33% 和 56% 之间。

证词与半个世纪之前在同一座法院中所听到的惊人相似，原告描述说校舍破旧拥挤，设备缺乏，大量教师没有资格证书，教师工资和福利远远低于其他地区，从而导致教师流动率高。有一部名为《耻辱走廊》（Corridor of Shame）的电影，展现了原告所在学区的情况。制片人兼导演巴德·费利罗（Bud Ferillo）在看过该州最老旧的校舍，比如迪隆第二学区（Dillon School District Two）的马丁高中（J.V. Martin High School）之后，对恶劣的学校条件进行了反思。马丁高中建于 1896 年，基本没有暖气，在拍摄的第一天早上，室外温度是 18 华氏度，室内差不多也是一样寒冷。费利罗惊呼，"你无法想象这些农村学校有多冷、多贫困、多缺少设备"。影片展示了缺少设备的教室、科学实验室和媒体中心，报道了最近有两所学校的天花板脱落，下雨的时候有两个学区的学校污水反流到走廊和壁橱里，还有一座餐厅最近爬入了几条附近沼泽中的毒蛇。[44]

我们能够听到这份证词，完全是因为州最高法院最后认定，教育条款"要求州议会为每个儿童提供接受最低限度适当教育的机会"，并规定教育包括向学生提供充分、安全的设施，使学生有机会掌握州标准列出的技能：

1. 英语读、写、说的能力，以及数学和物理知识；
2. 经济、社会和政治制度，以及历史和政府程序的基本知识；
3. 学术与职业技能。

辩护方却争辩说，该州虽然制定了学生的学业目标，但这些目标已经超过了该州提供"最低限度适当"教育而需要的资助标准。[45] 有趣的是，在纽约的"财政公平运动"（Campaign for Fiscal Equity）诉讼中，被告也持有同样的观点，他们认为 8 年级的教育程度就能满足该州的教育标准，不必提供获得高中毕业文凭所需要的学习机会，但这一观点最终没有得到法院的支持。

资源与成果之间的联系

人们可能以为，只要立刻给出供给不足的证据，就能够要求州采取补救措施，但是关于资金投入能否带来变化的问题仍然争论不休。这就需要专家们证明在考虑和排除种族与收入因素的情况下关键学校资源产生的影响到底有多大。

有趣的是，这些因素之间的关系在成绩高但不公平程度日益加深的马萨诸塞州和在成绩低且历来不公平的南卡罗来纳州一样明显。作为这两个州争取充足资源诉讼案中的专家证人，我分析考察了种族、贫困程度和学校资源对学生成绩的影响。在两州的案件当中，原告学区的少数族裔和低收入学生数量都高于州整体水平，而资源水平、教师工资水平、教师资质水平以及学生成绩均低于其他学区。这两个州都实行了基于高风险测试成绩的问责制，根据学生的分数给学校排名，毕业考试不达标的学生不予发放文凭。

然而，这两个州历来的拨款方式不同，整体成绩也存在差异，马萨诸塞州学生的平均排名位于全国前列，而南卡罗来纳州则几近垫底。1992 年对"汉考克诉德里斯科尔"（Hancock v. Driscoll）不公平诉讼案进行裁决之后，马萨诸塞州在提高和平衡学校拨款方面取得了重大进步。作为教育改革法案的一部分，1993 年实施的学校拨款计划通过同时平衡拨款和地方投入，大幅增加了对贫困学校的资助，并根据学区中低收入学生和英语学习者的比例增加资金投入。

马萨诸塞州实施了采用新标准与评估的全面改革，对教与学提出了更高的智力要求，这项积极的措施有助于推动教育投入与成绩的提高。芝加哥大学经济学家乔纳森·高里安（Jonathan Guryan）考察了这些投入带来的影响，发现增加对低支出学区的教育投入可以提高学生的成绩，特别是分数一向低下的学生的成绩。他得出结论："学生人均支出的增加会使 4 年级和 8 年级学生的数学、阅读、科学和社会学科测试成绩显著提高。"[46]

然而，10 年的减税政策吞噬了这些致力于公平的努力，再加上 2001 年全国经济衰退，2002 年州拨款金额大幅下降。[47] 由于马萨诸塞州将资助学校的成本更多地转移到地方，导致不平等现象再次增多，出现了新的诉讼案件。

马萨诸塞州在进步之后又再次落后，而南卡罗来纳州从来没有真正尝试解决拨款不公平的问题。1988 年，南卡罗来纳州最高法院驳回了一项基于贫富学区人均支出的巨大差异、质疑该州公立学校拨款制度合宪性的诉讼。[48]1993 年，南卡罗来纳州有 91 个学区再次对该州提起诉讼，质疑财政制度没有给贫困学区提供适当的教育。[49]这一次，最高法院支持了原告的要求，将案件发回重审。直到 2005 年，审判法院才做出裁定，认为该州未能履行其宪法责任。到 2008 年，距离首次诉讼已经过去了 20 年，仍然没有任何立法行为。[50]

在这两个州中，不平等导致低收入少数族裔学生所在的学区条件异常糟糕。（回顾第 3 章中讨论的马萨诸塞州斯普林菲尔德学校的恶劣条件。）诉讼提出了这样的问题：成绩差距是否与学生有意义的学习机会有关？州是否有义务确保学生获得条件以达到州规定的学业进步标准及就业和升入大学的门槛？

我们首先分析了种族和贫困对学生成绩的影响，然后分析了关键学校资源的影响，以及学生因素与学校因素产生的综合影响（见表 4.1 至表 4.3）。由于州资金是分配到各区的，因此在这两个州收集的都是学区一级的数据。尽管二者在教师配置和资源方面的数据有些不同，我们还是能够考察教师资质、教师工资和师生比率（大致可以表示班级规模）对学生表现的影响。

表 4.1 南卡罗来纳州：学生成绩、种族与学区资源之间的关系
（州测试分数"低于标准"的所有年级学生百分比）

	共变系数（T 值）			
	模型 1	模型 2	模型 3	模型 4
（常量）	1.485 （.537）	40.672*** （6.007）	49.960* （2.263）	.354 （.021）
贫困指数	.401*** （5.619）			.427*** （5.107）
黑人学生百分比	.134** （2.706）			.034 （.601）
持非标准资格证的教师百分比		1.940*** （6.270）	1.714*** （4.940）	.713** （2.596）
具有高等学位的教师百分比		−.243* （−2.086）	−.220 （−1.383）	−.039 （−.347）
持有非名牌大学学士学位的教师百分比		.059 （1.149）	.054 （.973）	.020 （.515）
教师空缺 9 周以上百分比		1.885** （2.988）	1.903** （2.687）	.497 （.974）
外州教师百分比		−.173~ （−1.900）	−.162~ （−1.754）	.091 （1.263）
教授其他科目的资格证教师百分比		−2.417*** （−5.281）	−1.746** （−2.773）	−.781~ （−1.725）
生师比			−.164 （−.584）	.040 （.202）
教师平均工资			.000 （−.298）	.000 （.037）
活动教室百分比			−.057 （−1.501）	−.036 （−1.374）
R^2	.79	.64	.65	.84

来源：达令 - 哈蒙德（Darling-Hammond，2004b）。
注：~ $p < .10$；* $p < .05$；** $p < .01$；*** $p < .001$。

表 4.2　南卡罗来纳州：学生成绩、种族与学区资源之间的关系
（MCAS 英语技能测试不及格的所有年级学生百分比）

	共变系数（T 值）				
	模型 1	模型 2	模型 3	模型 4	模型 5
（常量）	4.051*** （13.057）	2.446*** （8.971）	1.703** （3.103）	18.732*** （5.529）	11.664*** （4.395）
少数族裔百分比	.237*** （13.473）	.035 （1.393）			−.017 （−.572）
低收入百分比		.271*** （14.032）			.290 （11.559）
母语为非英语百分比		−.014 （−.558）			−.022 （−.954）
不具备本学科资格证的教师[1]百分比			.929*** （7.478）	1.100*** （8.498）	.272* （2.227）
没有资格证的管理人员百分比			.077* （2.534）	.055~ （1.867）	.022 （1.023）
资质不高的专业辅助人员[2]百分比			5.513*** （5.791）	4.016*** （4.186）	−.086 （−.116）
教师平均工资（千）				−.320*** （−4.719）	−.138** （−3.657）
学校净支出 / 基础预算[3]				−.011 （−.763）	−.020~ （−1.826）
生师比				−.025 （−.442）	−.036 （−.881）
R^2	.38	.64	.39	.46	.73

来源：达令－哈蒙德（Darling-Hammond，2004b）。

注：~ $p < .10$；* $p < .05$；** $p < .01$；*** $p < .001$。

1. 包括在所有学科均无资格证的教师和不具备所教学科资格证的教师。

2. 不符合《不让一个孩子掉队》法案关于"高素质"标准的专业辅助人员比例。

3. 学区中学校净支出与州规定的基础预算之间的比率，是州根据学区学生特征计算出来的满足基本教育标准的预算水平。

表 4.3　南卡罗来纳州：学生成绩、种族与学区资源之间的关系
（MCAS 数学测试不及格的所有年级学生百分比）

	共变系数（T 值）				
	模型 1	模型 2	模型 3	模型 4	模型 5
（常量）	14.680*** （21.838）	10.868*** （19.964）	6.225*** （4.855）	40.406*** （5.247）	29.127*** （5.354）
少数族裔百分比	.434*** （11.391）	−.062 （−1.245）			−.050 （−.913）
低收入百分比		.643*** （16.665）			.582*** （12.3719）
母语为非英语百分比		−.005 （−.098）			−.028 （−.699）
不具备本学科资格证 的教师[1]百分比			1.502*** （6.153）	1.757*** （6.895）	.111 （.495）
9–12 年级没有数学 和科学教学资格证的 教师百分比			.168*** （4.482）	.115** （3.071）	.032 （1.286）
不具有资格证的管理 人员百分比			.125* （1.957）	.100 （1.640）	−.005 （−.123）
资质不高的专业辅助 人员[2]百分比			−.146*** （7.439）	.117*** （6.036）	.033* （2.411）
教师平均工资（千）				−.536*** （−3.580）	−.243* （−2.342）
学校净支出 / 基础预算[3]百分比				−6.765* （−2.152）	−.6.541** （−3.116）
生师比				.061 （.548）	.047 （.649）
R^2	.31	.65	.50	.56	.82

来源：达令 – 哈蒙德（Darling-Hammond, 2004b）。

注：~ p < .10；* p < .05；** p < .01；*** p < .001。

1. 包括在所有学科均无资格证的教师和不具备所教学科资格证的教师。

2. 不符合《不让一个孩子掉队》法案关于"高素质"标准的专业辅助人员比例。

3. 学区中学校净支出与州规定的基础预算之间的比率，是州根据学区学生特征计算出来的满足基本教育标准的预算水平。

因为有研究表明，高水平教师和小班授课等学校资源对成绩一贯低下的学生的表现有重大影响，而且最相关的法律标准是学生能否达到州规定的最低标准，所以我们关注资源对各州未达到最低考试成绩标准的学生比例的影响。在南卡罗来纳州使用的是州测试分数"低于基本线"的学生的比例，该测试用于确定学生能否升级，最终从高中毕业以及学校的问责排名。在马萨诸塞州我们考察的是学区在 MCAS 考试中英语语言技能课和数学课不及格的学生比例，MCAS 考试也用于确定学校的问责评级，以及与学生毕业相关的 10 年级成绩水平。

研究结果非常相似。首先，在通常情况下，学生的贫困水平和少数族裔身份[51]预测了不同学区在未达州测试最低标准的学生比例上的大部分差异。在南卡罗来纳州，非裔学生的比例及贫困指数预测学生成绩差异的比例竟然达到 79%。在马萨诸塞州，少数族裔学生的比例及低收入、母语为非英语学生的比例，能够预测未通过 MCAS 英语语言技能测试和数学测试的学生比例的三分之二差异。其次，学生特征产生的表面效应不仅仅与学生带到学校的知识技能或他们的生活条件相关。

如前所述，学校资源与学生特点有着显著的共变关系。当我们单独估算学校资源对学生成绩的影响时（不包括学生特征），发现能够解释相当一部分学生成绩的差异。虽然许多可能很重要的资源信息在州数据中没有提供，比如课程设置、课程严谨程度、资料和设备供应，以及支持服务等与学生特征共变的数据，但并不影响结论的正确性。我们能够并入的学校资源（教师质量、班级规模和拨款金额）可以解释南卡罗来纳州在州测试中得分"低于基本"分数的学生总方差的 65%，解释马萨诸塞州 MCAS 测试英语和数学不及格学生成绩差异的 46% 到 56%，显著大于种族造成的影响。[52]

影响主要来自于教师的资质，可以解释南卡罗来纳州学生成绩总方差的 64%。学生 / 教师比率和学校设施解释的方差很少（只有 1%）。预测学生不及格的最大因素是未经任何培训或认证的教师比例[53]及教师空缺超过 9 周的比例（用来衡量教师短缺的状况），通常只能通过聘用代课教师或资质不足的教师来解决。

具有高等学位和接受州外培训的教师比例对学生成绩也产生了一小部分积极的影响，这表明高等教育学位和州外培训对教师质量具有一定的边际效应。州外培训的教师比州内培训的教师更加有效，表明该州并没有关注教师培养方案的质量以及 K—12 学校教育的质量。（下一章中将提到，有些州制定了改善教师培养方案的策略，作为提高学生成绩的杠杆之一，非常有效地利用了州教育拨款。）

在马萨诸塞州，未经认证的教师和管理人员以及资质不足的辅助教师所占的比例，显著预测了 MCAS 测试中学生不及格的比例。这些变量解释了数学测试中 50% 的方差以及英语测试中 39% 的方差。在数学方面，高中数学或计算机科学教师没有学科执教资格的比例，也会增加成绩的预测能力。

由于马萨诸塞州没有提供衡量师资素质的其他数据，因此教师平均工资（反映教师素质的其他方面）也成为显著因素就不奇怪了。其他资源也很重要。学生／教师比率和学区支出（学区支出是以在考虑了学生需求的州基础支出中的比例来体现的）也解释了 7% 的英语和 6% 的数学方差。

用学生特征和学校资源来预测学区表现，就会发现种族和学生的语言状态不再是显著的成绩预测因素。学校资源非常重要。在南卡罗来纳州，各种学校资源变量产生的综合影响对总体方差的解释比例与种族和贫困因素相当，教师资质对学生成绩仍然有着极为显著的影响。在马萨诸塞州，教师素质和总体支出仍然能解释成绩总方差的 40% 左右，其中最强的预测因素包括教师平均工资、教师在所教科目中没有资质的比例以及学校的总体支出。

持续的斗争

这些分析与以往的研究一样，表明提高学校资源分配的公平性可以大大减少非白人人种和低收入学生在高风险测试中的不及格比例。各州都选择用高风险测试向学生和学校问责，但问题是能否向政府问责，以确保所有学生都享有必要的学习条件和资源。

这个过程仍然会很漫长。在"阿贝维尔县学区诉南卡罗来纳州"

（Abbeville County School District v. South Carolina）的案件中，法官库珀（Cooper）指出"制度的许多方面都急需改进"，但"从来都没有考虑过怎样才最有利于本州的儿童"，只是怎么满足州提供"最低限度适当教育"的义务。初审法院驳回了原告要求改善学校设施、增加合格教师以及向落后学生提供支持方案的诉求，却判决应保障从学前班到 3 年级的儿童早期干预计划。该案件仍在上诉阶段。

在"马萨诸塞州汉考克诉德里斯科尔"一案中，初审法院法官玛戈特·博茨福德认同马萨诸塞州没有履行宪法规定的义务，为贫困学区儿童提供适当的教育，而且最近州拨款削减，进一步降低了提供教育机会的能力。法官强调了学前教育、优质教学、残疾学生教师专业发展以及设施充足的重要性，建议州进行适当的成本研究以确定这些需求的程度。

在上诉中，最高法院首席法官玛格丽特·马歇尔（Margaret Marshall）认为，博茨福德法官给出的"结论支持充分"，反映出"公共教育的严重匮乏"，"要实现联邦所有儿童都接受教育的目标，还有待纠正很多问题"。但是，鉴于该州自 1993 年学校公平诉讼案后一直在进行改革，马歇尔只是建议立法机关"今后依据这些研究结论来改善公共教育"，最后总结说"任何人看到……这些决定都不会产生一丝怀疑，问题不在于是否需要进行更多的投入，而在于需要投入多少资金"。

在什么情况下投入资金很重要？

真正充足的投入可以改变低收入少数族裔学生的学校成绩，这一看似直接浅显的观念在现行的法律斗争中却屡屡遭到维护现状的辩护者的反对，他们认为即使有了和富裕学区一样的资源，这些学生也不会表现得更好。他们持有两个观点：首先，这类学校（尤其是经常作为诉讼主体的贫困城乡学校）无能、低效，给了他们资源只能造成更大的浪费；其次，对学生也没有好处，因为他们生活于"贫瘠的文化"，家庭教育不足，天生低劣（通常说得比较隐晦）。

联邦法院判决回顾

30 多年来这些论点第一次出现在美国最高法院是 2009 年秋发生的"弗洛雷斯起诉亚利桑那州"（Flores v. Arizona）案件。该案最早可以追溯到 1992 年，米利安·弗洛雷斯（Miriam Flores）和其他英语学习者的家长提起集体诉讼，要求纠正亚利桑那州靠近墨西哥边境的诺加莱斯城中英语学习者（ELL）教育资源严重不足的问题。8 年后，联邦地区法院认为，亚利桑那州没有向学区提供必要的资源，未能履行 1974 年《教育机会平等法》（*Equal Education Opportunities Act*）中规定的义务，采取"适当行动"克服阻碍学生平等参与学校活动的语言障碍。

亚利桑那州一再不遵守整改期限，地方法院威胁予以制裁。亚利桑那州总检察长、州长和教育委员会承认该州的做法仍然不合规定，但州教育厅长却逃避判决责任，并且得到了州立法领导的干预和支持。经过 8 天的听证，地方法院认为，无论法律还是现实都没有按照原判进行变动，状况依然不能令人满意。联邦第九巡回上诉法院最终批准了上诉请求，17 年后，案件提交到了最高法院，当年提起诉讼时出生的孩子如果幸运的话，已经高中毕业了。

为该州辩护的知名保守学者，比如大卫·阿摩尔（David Armor）、约翰·丘布（John Chubb）、切斯特·芬（Chester Finn）、埃里克·哈努舍克（Eric Hanushek）、特里·莫（Terry Moe）、弗雷德里克·赫斯（Frederick Hess）、保罗·彼得森（Paul Peterson）、迈克尔·波德古尔斯基（Michael Podgursky）、阿比盖尔（Abigail）和斯蒂芬·热斯特罗姆（Stephen Thernstrom），大都反对联邦公共教育投入及资助各州贫困学校的改革。他们认为"研究已经一边倒地表明，法院决议的财政弥补办法……一直没有效果"，增加资金投入只会鼓励学区"把 ELL 学生留在 ELL 课程中挣扎，与其他学生隔离，以确保 ELL 课程资金不会被减少或取消"。[54] 该州不去普及如何将资金用于有效的策略，而是一味强调，为低收入儿童服务的公职人员无法做出合理的支出决定，因此不应该给予更多的投入。

他们还认为，"学者持有的主流观点是教育改革应该关注学生的成绩，即学校系统的产出，而不是拨款水平之类的投入"。[55] 一份由美国教育研究协会（American Educational Research Association）和美国国家教育学院（National Academy of Education）30位前任和现任院长签署的独立法庭纪要，对这一观点进行了驳斥。他们认为，"教育政策如果过分看重结果，却不重视为学生成绩和教学质量的提高提供支持，就会面临失败的危险。对英语语言学习者等边缘学生来说，尤其如此……合理教育政策的投入和产出是相辅相成的"。[56]

2009年6月25日，法院以5票对4票决定将弗洛雷斯案[57]发回初审法院做进一步听证，以确定"情况的变化"是否导致地区法院9年前的法令已经过时，这个举动可能会造成该案搁置几年，甚至永远搁置。塞缪尔·阿利托（Samuel Alito）法官支持多数人决议，即"教育研究越来越达成共识，单纯增加投入并不能提高学生的成绩"。斯蒂芬·布雷耶（Stephen Breyer）法官则持有不同意见，批评多数人决议"只提到了这场复杂专家辩论的一个方面"，并且引用研究反驳资源投入与成绩无关的论点。

在教育不公基本没有得到纠正、专家和法官甚至还在为是否应该承认教育不公争论不休的时候，不平等的根源却日渐加深，许多社区的情况变得更加糟糕。尽管如此，如果努力为成绩最差的孩子进行全面教育投入，他们的学习能力就会表现出来，不仅对他们自己，对所在社区和整个社会都有好处。

坚持的回报：新泽西州的例子

在新泽西州，对充足资源的争取可能是最为艰难和来之不易的，30年来法院做出了9次裁决，努力让城市少数族裔所在的学区获得平等的学校资金，这些学区的支出几十年来一直远远低于富裕儿童所在的学区。第一轮裁决是在1973年做出的，当时我在卡姆登（Camden）一所资源极为匮乏的学校进行教学实习。期间，我为教育法律中心（Education Law Center）记录临近城市费城的不平等状况，并撰写与宾夕法尼亚州学校财政有关的博士论文，对新泽西州法院裁决的考察也是分析的一部分。

在我离开学校去做教育公平问题政策分析师的 10 年中，发生了多起诉讼，而后我到临近的纽约当教授，期间又发生了一起诉讼，那时我的学生中有很多人在新泽西州从事教育工作，他们会讨论纽瓦克（Newark）和帕特森（Paterson）学区与纽布伦斯威克（New Brunswick）和普林斯顿（Princeton）学区之间的巨大资源差异。教育法律中心一次次地提起诉讼，该州却只是以逸待劳，等待法律诉讼偃旗息鼓。在那些年，新泽西州的城区状况越来越糟糕，几乎到了无法逆转的程度。和其他观察者一样，我不知道该州到底会不会决定关心城区学校中的黑人和棕色人种儿童。

经过 30 年的努力，1998 年该州通过了一项保证平等拨款的重大协议，2000 年开始大规模投入优质学前教育，2003 年在阿伯特地区实施密集的教学改进举措。到 2007 年，新泽西州在国家阅读和数学评估中的排名大幅提高，NAEP 中所有科目和年级排名均在前五名，写作成绩全国第一。该州也是过去四年中在 4 年级和 8 年级的阅读和数学方面白人与黑人及西班牙裔学生之间成绩差距缩小最大的四个州之一。[58] 在高分各州之中，新泽西州的低收入非裔和西班牙裔学生比例最高（分别为 17% 和 19%），远远高于马萨诸塞州、佛蒙特州、缅因州和新罕布什尔州。考虑到学生的人口结构，2007 年新泽西州是全国成绩最高的州。

虽然要实现平等还有很长的路要走，但该州 4 年级和 8 年级西班牙裔学生 2007 年的阅读成绩比全国同年级西班牙裔学生高出 10 分，4 年级黑人学生的得分比全国同年级黑人学生高出 9 分，8 年级高出 5 分。[59] 在数学方面，两个年级的西班牙裔学生分数均高出 7 分，4 年级黑人学生高出 10 分，8 年级高出 5 分。[60] 该州残疾学生和社会经济地位处于弱势的学生，其成绩差距也缩小了（见图 4.4 和图 4.5）。

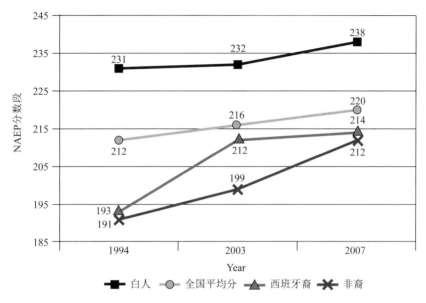

图 4.4 新泽西州在 NAEP 中的 4 年级阅读成绩趋势

来源：国家教育进展评估 NAEP 数据趋势。

注：1998 年和 2000 年 NAEP 没有对新泽西州进行评估。

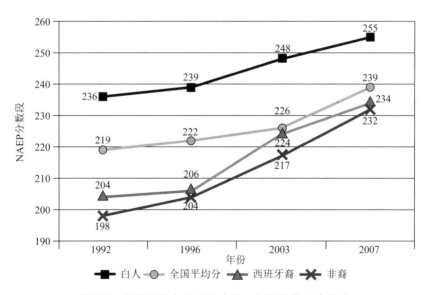

图 4.5 新泽西州在 NAEP 中的 4 年级数学成绩趋势

来源：国家教育进展评估 NAEP 数据趋势。

漫长的征程。奇迹是如何发生的呢？虽然州最高法院在 1973 年"罗宾逊诉卡希尔案"的决定中首次用美元数字阐释了平等，但州立法机构最终同意的拨款计划仍然存在巨大的不平等。该计划承诺通过冗长的检查表和监测，确保各学区能够实行州法规、开设州测试评估的最低基本技能课程，从而实行"全面而有效的"教育。[61] 矛盾的是，这种"公平"的方法将资源从课堂教学转移到雇用官员管理具体的规划、检查和报告系统上，这些费用贫困的城市学校根本无力负担。

1976 年，新泽西州教育委员会负责人弗雷德·伯克（Fred Burke）曾抛出过一个经常用于反对公平拨款的观点："即使实施了多年的补救措施，城区儿童也无法和郊区儿童表现得一样好……我们只是实话实说。"[62] 该州多次用这种言论维护其不公平的学校财政体系，证明现状的合理性。

直到 1997 年新泽西州法院做出第 9 次裁决之后，富裕学区和贫困学区之间的支出或资源缺口才明显缩小。但是情况依然没有改变。吉恩·安恩（Jean Anyon）指出："（1973 年之后）接下来的 20 年间，在州的密切监督下，城市确实为学生提供了基本的技能课程，而郊区则继续提供高级课程方案和各类课程。"[63] 在 20 世纪 80 年代的一轮诉讼中原告指出，富裕的白人学区蒙特克莱尔（Montclair）在学前阶段就提供外语课，而贫穷的以黑人为主的帕特森（Paterson）学区直到高中才开设外语课，而且种类很少。富裕的莫里斯敦（Moorestown）学区 11 和 12 年级的学生中有 20% 在参加大学预科课程，但在贫穷的以黑人学生为主的卡姆登和东奥兰治（Camden and East Orange）学区，没有任何一所学校提供这类课程。[64]

支出的不平等程度一直在加剧，像普林斯顿这样的富裕学区，支出相当于贫困的黑人学区的两倍。1981 年发生了第二次诉讼，并最终于 1990年进行了裁决，该州的观点是不应该对贫困学区增加投入，因为资金可能管理不善，甚至被浪费，而且"资金投入不是提高教育质量的首要关键因素"[65]。该州认为，课程设置、教师经验和教育，以及班级规模或人员配置比率等资源，不是预测教育质量的可靠指标，通过监测州法规和命令的执行情况可以对教学质量进行更好的评估。事实上，这种大规模的官僚行为消耗了大量纸张，对保证高质量课堂教学的作用十分有限。该州进一步主张，城市中的少数族裔学生并不需要接受与富裕的郊区学生同样的教育类型或教育质量："目前在这些比较贫穷的城市学区提供的（基本技能）教育是根据学生目前的需要量身定制的……这些学生根本无法从富裕学区提供的高级课程中受益。"[66]

法院 1990 年的决议明确反对了这些观点，答复说不认为贫穷学区的学生能力不如其他学生，不配得到或不能从丰富的课程中受益。虽然法院再次判决该州的拨款制度违宪，但是又经过了一场重大诉讼，在 10 年之后，才最终向已经完全丧失功能的城市学区投入大量资金。一场反税收运动让 1990 年通过的旨在补救这些不平等现象的《优质教育法案》（*Quality Education Act*）没能得以实施，法院在 1994 年的决定中再次宣布拨款制度违宪，这种循环已经开始有些像比尔·默瑞（Bill Murray）主演的电影《土拨鼠日》（*Groundhog Day*）了，默瑞扮演的角色每天醒来，注定要一遍一遍地经历相同的事件，直到他最终做出了正确的选择。

新泽西州的立法者逃避责任，不愿意为贫困少数族裔学生的教育买单，1994 年州教育部门是这样描述纽瓦克学区学生的教育状况的：

> 纽瓦克学区公立学校的儿童……忍受着糟糕的学校环境，这样的环境基本上注定了学业会失败……（在许多教室里）什么都没有……科学实验室缺少基本的设备。除了极少数例外情况，（学生）规规矩矩地一排排坐着，做练习册上技能缺少关联、附带答案的填空题，或者听老师脱离语境地讲解事实知识或做题技巧……在任何课堂上，无论哪个年级或科目，都很少教学生如何写作、阅读理解、解决问题，或者进行批判性思考。

> 从大多数学校的设施条件……可以看出它们遭到了忽视……地板和墙上到处都是洞；肮脏的教室里黑板破得不能用；污秽的厕所中没有卫生纸、肥皂或纸巾；水龙头也是坏的……臭水从学校流到街道上……不仅忽视学生……也忽视教师……名义上有各种主管、管理人员和协调员在解决这些问题，不同的文件形式……一级一级地通过官僚机构传达，但是学校已经长达 14 年没有粉刷过，很多教室的灯组都

缺少荧光灯管或者遮光板。

这些条件表明忽视的程度让人震惊。同样令人震惊的是，部分工作人员已经不感到愤怒了。一位接受采访的教师解释说，"过一段时间，"她看了看周围，"你就会降低期望了。"[67]

但是，该州却认为投入资金不会带来差别。事实上，该州在 1993 年至 1995 年期间确实将 K—12 的教育资金减少了 3%，同时将监狱及改造的预算增加了 25%。[68] 毫无疑问，学校—监狱通道的膨胀需要更多的钱来应对，很大一部分犯人都来自纽瓦克、卡姆登、特伦顿（Trenton）、帕特森和泽西市等学区中极度贫困的学校。此时，该州已经接管了其中 3 个城市学区，由州指定官员进行管理。讽刺的是，在州管理了几年之后，考试成绩并没有明显提高，州教育部门的官员报告说，因为没有足够的资金，他们无法转变这些城市学校的状况。[69]

补救措施的第一步。1997 年，最终在法院的推动下，温和的共和党州长克里斯汀·托德·惠特曼（Christine Todd Whitman）向贫困学区注入了大量资金。新泽西州最高法院在 1994 年和 1997 年做出的 "阿伯特诉伯克案"（Abbott v. Burke）判决中，要求进行 "公平的" 资助，即该州应该援助阿伯特等 28 个（后来增加到 30 个）学区，使学生人均拨款达到 110 个优质郊区学区的学生平均支出水平。法院允许该州分阶段进行，1997—1998 学年拨出 2.46 亿美元的平等援助实现初步平等，日后再提供 3.12 亿美元的补充援助，贫困学区可以申请。1998 年的法院判决进一步规定，拨出资金用于实施与州标准挂钩的新课程，支持全面全校改革，保证 3—4 岁儿童的早期教育和全日制幼儿园教育，减少班级规模，投入技术设备，确保设施充足，并支持医保、社会服务以及帮助学生补课的替代性暑期学校课程。

关于早期儿童教育的实施问题引发了另一轮诉讼，导致法院在 2000 年制定了更为详细的学前要求，包括大量教育标准、教职人员资质，并规定学生 / 教师比率最高为 15 比 1。[70] 设施资源投入也遭到延迟，但最终新资源开始进入这些教育贫困学区。

在新资源到达之前，这些学区的学校或办公中心有资质的人员数量很少，维护不及时，课程资源稀少，招聘、雇佣、采购、会计制度都一塌糊涂，需要一段时间才能再次建立起功能正常的系统。招聘和留住合格人员的问题最为突出。不熟悉这些地区内部状况的人员缺乏耐心，许多媒体人和州议员不明白为什么集中注入大笔资金却不能大幅、快速提高学生的成绩。

法院最初坚持要求目标学区的每所学校都必须选择一项新型美国学校的学校整体改革模式以及一个具体的完整阅读方案，部分原因在于人们普遍认为，只有完整的课程方案和外来者才能在这些丧失功能的学区发挥作用，法院的坚持放慢了解决问题的脚步。前州立法委员、公民推进学校进步组织（Citizens for Better Schools）主席戈登·麦金宁斯（Gordon Macinnes）指出："教育委员会负责人（和新泽西州最高法院）将推动（整个学校改革）作为提高读写能力的最佳途径，实际上是默认了改革运动的前提：城市学区不是太腐败、太官僚，就是太无能，甚至三者皆有，不能承担学业管理的工作。"[71]

但麦金宁斯指出，这项要求导致的结果参差不齐。到 2001 年，纽瓦克学区的 75 所学校采用了 10 种不同的模式，其中大多数模式并不专注于改进教学，造成没有一致的学区课程、评估数据或教学支持，缺少专业发展支持，将英语学习者或特殊教育学生与同龄人分开上课，却不提供支持。麦金宁斯指出："学区抱怨成本高、服务差、一线教学人员流动率高、得到的建议前后矛盾或者毫不相关。"一位校长说："学校已经被政策制定者接管了。"[72]

由于采取的一些干预措施增强了服务（辅导员、社会工作者、课前与课后托管），并按照阿伯特案判决的要求缩小了班级规模（K—3 中每班不超过 21 名学生），在一定程度上产生了积极的影响，但大多数学区在最初几年只是取得了小幅增长。那些进步巨大的学区，如联合城（Union City）、西纽约（West New York）和珀斯安博（Perth Amboy），在整个学区推广科默模式（Comer model），建立以学生为中心的学校文化，注重健康发展和成人协作，并进行全学区的教学改进。

联合城是全州最贫困的地区，96% 的学生为拉丁裔，但该区成绩增长最快，被公认为改革的"领头羊"。2006 年，大部分低收入英语学习者的语言水平，与该州非城市学生的水平相当。该学区采用的策略奠定了 2003 年实施的修订补救办法的基础，激发了之后全州城区学生成绩的大幅增长，证明了正确使用资金能够带来多么重大的改变。

真正的补救措施具备的元素

分析者将 2003 年后新泽西州最贫困学区取得的重大进展归因于两个增强教学资源的主要措施：高度合理地投入优质学前教育和加强教学法，特别是早期读写教育。[73] 下面，我将简要介绍这些策略，说明在资源充足的情况下地方州可以怎样取得大规模进步。

投入优质学前教育。2000 年在"阿伯特诉伯克"一案中最高法院作出裁决，要求向新泽西州 30 个最贫困学区中的所有 3—4 岁儿童提供高质量的学前教育。作为这项裁决的一部分，法院规定这些学区的所有骨干教师在 2004 年 9 月之前均需取得学士学位和早教资质，这在许多州看来根本就无法实现。2000 年，私立机构早教教师中只有 15% 符合这项标准。到 2004 年，阿伯特学区早期教育教师中大约 90% 的人都具有学士学位，并且至少获得了临时教师资格。到 2007 年，97% 的教师受过高等教育并通过了完全教师认证。[74]

通过对学前课堂上的活动与互动进行观察发现，这一时期的教育质量指标大幅度提高，2003 年至 2007 年期间，优秀课堂的数量增加了 1 倍，接近 72%，学生的学习效果也随之提高。2006 年全国早期教育研究所（National Institute for Early Education Research）对阿伯特学区的 1000 多名幼儿园学生进行了评估，发现那些上过两年幼儿园的学生，其"词汇差距"缩小了一半。[75] 联合城和西纽约等对个体学生情况进行了跟踪的学区，也发现接受过学前教育的学生在 3 年级州测试中比没上过学前班的学生表现得更好，实际上在语言技能考试中超过了州平均水平。[76]

这一巨大转变表明，在短时间内提供教育机会、提高教育质量是可能的。研究人员指出，这些成果与教师质量的投入尤其相关。为了提高教师素质，新泽西州专门建立了专业的 P-3 认证，提供多种培养路线，包括给予指导和监督的职前培训和在职培训。该州为读取学位的教师发放全额奖学金、学费券，并免除贷款；建立了一个代课教师库，使教师有时间上学；提供笔记本电脑以支持远程学习机会。[77] 该州还建立了一个全州专业发展中心，帮助教师获得信息和培训。州和私人基金会提供补助金，资助大学在晚上和周末提供早教和教育课程，另外，还制定了两年制与四年制的衔接协议，保证课程无缝对接。最后，该州提高了阿伯特学区学前教师的工资，使这些高素质教师不会离开学前领域，去寻求工资更高的小学职位。

投入优质教学法。2003 年 4 月，法院允许新泽西州以联合城为范例，放弃 WSR（Whole School Reform，整体学校改革）法，转而采用一种基于密集专业发展的以教学改进为主的方法。到 2005 年，超过 80% 的学区放弃了 WSR 合同。新泽西在全州创建了一个早期读写方案，并要求没有施行 WSR 的阿伯特学区采用。新泽西州说服美国教育部（U.S. Department of Education，USDOE）允许将"阅读优先"（Reading First）计划资金用于购买教育部指定的一般阅读丛书之外的 300 多种教室图书。同时允许该州强调双语教学，为英语学习者提供适合年龄的母语读物，这在当时也是联邦教育一般不鼓励的策略。[78]

新泽西州的城市读写办公室（Office of Urban Literacy）支持各学区按照标准制定全面的读写课程，放弃各种一揽子方案，同时让教师参加当地的学前课程，鼓励学生阅读教材之外的重要读物，展开小规模授课，并留出较长时间段进行不间断的读写练习。

广泛的专业发展可以帮助管理人员和教师学习如何按照教学计划对学生的进步进行经常性的诊断与评估，可以根据学校的需要提供广泛的专业发展，支持课程、特殊教育和英语学习者课程中的阅读和写作，给所有落后学生特别的关注，最理想的情况是由了解学生及其需求的固定教师授课。管理人员也要和教师一起参加专业发展。

学生体验的转变从奥兰治（Orange）学区可见一斑，该学区是最早采用专业发展方法的学区之一。奥兰治低收入学生的比例超过 70%，83% 为非裔，余下的是海地裔和拉丁裔，4 年级阅读及格率从 1999 年的 22% 提高到 2007 年的 75%，几乎达到了州平均水平。到 2007 年：

　　由教师、辅导教师和学校"协助者"组成的学校委员会每周举行两次会议，讨论个体学生的问题并商定具体措施。学生们可以畅谈他们从教室图书区挑选的独立阅读书籍，以及怎样用网络收集信息撰写研究报告。很明显，所有人都关注学习、学生的作业，以及后进学生的情况。[79]

该州还推出了一套新的教师教育方案，通过与几所州立大学合作，专门培养教师在贫困的阿伯特等城市学区开展有效的教学。这些方案建立了学校与大学之间的合作关系，既为准教师提供了大量实习经验，也为老教师提供了专业学习的机会。州教育厅还将专业发展扩展到其他科目和年级，向贫困学校提供特别的资金和援助，以建立有效的实践模式。[80] 在中学阶段，除了专业发展计划之外，还进行了针对高考和就业的课程改革，建立提供咨询支持的个性化小型学习社区（第 8 章中将进一步讨论）。

　　显然，现在投入资金，战略效果可能不如早前拯救失修学区那么好，但是从长远来看，资金投入确实能够带来变化。如果合理地使用资源，这些学区将来就有可能为学生提供充足甚至优质的教育。

第 5 章　三个州的启示：投入策略得当（或失当）的后果

教育是我们的未来，是全部。我们不能容忍学校教育的任何得过且过。

——北卡罗来纳州州长詹姆斯·B. 亨特（James B. Hunt）

教育一直是康涅狄格州成功的内核……我相信，今天在课堂上培养美国人的聪明才智，会促进明天的经济增长。

——康涅狄格州州长 M. 约迪·瑞尔（M. Jodi Rell）

（加利福尼亚州）支出低、资源少、学业水平差……校舍破旧、课本不足、教室拥挤、教师不合格……在加州人们（可能）无法信任本州的劳动力，虽然经济一流，却必须引进技术员工，公民没有做好承担公民责任的准备，受到马戏团式民主（circus democracy）的摆布，这个曾经诞生过奇迹的地方，因为成本高、学校差、机会不平等而令人避之不及……一位中学生犀利地提出疑问："这么富有的州怎么会表现得这么差？"

——加州大学伯克利分校教授
W. 诺顿·格鲁布（W. Norton Grubb）

上一章讲述了新泽西州的情况，说明合理、集中地向贫困社区投入资源，可以在相对较短的时间内大幅提高落后学生的成绩。新泽西州并不是一个偶然的案例。上一章中也提到，马萨诸塞州在"汉考克诉德里斯科尔案"之后进行的教育投入也带来了巨大的收益，虽然 2003 年之后成绩差距再次拉大。[1] 甚至早在 20 世纪八九十年代，就有几个州进行了目的明确的制度改革，创造了有力的教学条件，取得了实质性的成绩增长。

本章将讲述其中两个州（康涅狄格州和北卡罗来纳州）的情况，二者都将学校拨款投入到了最重要的地方，取得了很好的效果。另外，还将讲述另一个州（加利福尼亚州）的警示，该州的投入既不充分也不合理，白白葬送了 20 世纪 70 年代平等拨款（大致上）以来本应取得的成果，而且制定的政策使学校更难有效利用有限的资源。资金投入很必要，但仅有投入是不够的：资源使用策略必须得当，才能收到巨大的成效。

战略投入需要鼓励学区将资金用在刀刃上，避免干预不当，迫使学校不明智地使用资源，另外还要建立强大的基础设施，为学校提供范例，稳定地供应接受过良好培训的教师、有用的成绩信息，并协助学校不断进行改进。这些政府制度特征就是许多高成绩国家表现强劲的关键所在，但在美国各州普遍发展得不够完善。下一章将介绍这些国家采取的策略，它们通过对强大公共教育系统的核心要素进行合理、有目的的投入，大大改善了教育制度，并以相对低廉的成本换来高质量的学校教育。

康涅狄格州和北卡罗来纳州：有效地利用战略资源

康涅狄格州和北卡罗来纳提供了在低收入少数族裔学生比例高的州，决策者如何通过升级教师知识和技能、提高学生和教师标准，来改善学生学习的范例。[2] 从 20 世纪 80 年代起，这两个州做出了全国最雄心勃勃的教学改进努力，使学生成绩大幅提高，国家教育目标小组对二者进行了广泛的研究。这两个州的努力使学生的整体学习取得了惊人的进步，并缩小了优势学生和弱势学生之间的成绩差距。

20 世纪 90 年代，北卡罗来纳州学生数学成绩的提高幅度居各州首位，阅读成绩也取得了实质性的进步，成为首个 4 年级阅读和数学成绩超过全国平均水平的南方州，而90年代初该州成绩还位于各州排名的末尾。同期，北卡罗来纳州也是少数族裔与白人成绩差距缩小最多的州之一。[3] 2007年仍然是数学排名最高的南方州，与爱达荷和缅因等州不相上下，而后者的贫困和少数族裔学生数量要少很多。

同样，在康涅狄格州，1998年4年级学生在NAEP的阅读和数学排名位列全国第一，尽管那时该州公立学校低收入、少数族裔和新移民学生的数量持续增加。[4] 8年级阅读和写作能力合格的学生数量高于其他任何州，全世界只有排名首位的新加坡学生在科学成绩上超过了康涅狄格州。白人和少数族裔学生之间的成绩差距也在缩小，占康州学生总数25%以上的黑人或西班牙裔学生，成绩大幅高于全国同龄的黑人或西班牙裔学生[5]（见图5.1和图5.2）。

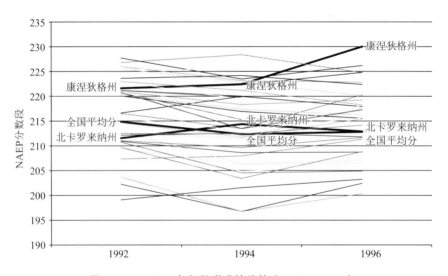

图 5.1　NAEP 4 年级数学成绩趋势（1992—1998）

来源：NAEP 各州数据趋势。

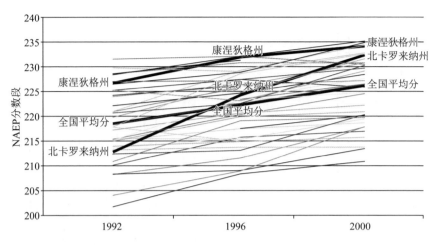

图 5.2　NAEP 4 年级数学成绩趋势（1992—2000）

来源：NAEP 各州数据趋势。

2007 年，在 NAEP 阅读、写作和数学排名位居前五的州中，只有康涅狄格州和新泽西州，非裔和拉丁裔学生占公立学校人口的 30% 以上（见表 5.1 和图 5.3）。

表 5.1　2007 年 NAEP 各州成绩排名（成绩"合格"及以上）

排名	阅读		写作	数学	
	4 年级	8 年级	4 年级	4 年级	4 年级
1	MA（49）	MA（43）	NJ（56）	MA（58）	MA（51）
2	NJ（43）	VT（42）	CT（53）	KS（51）	MN（43）
3	NH（42）	MT（39）	MA（45）	NH（51）	KS（41）
4	CT（41）	NJ（39）	VT（40）	NJ（51）	ND（41）
5	VT（41）	CT（38）	ME（39）	MN（50）	VT（41）
		MN（38）	NH（39）		

来源：NAEP（2007a；2007b）。

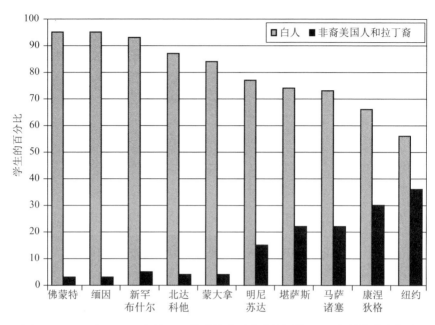

图 5.3　2007 年 NAEP 阅读、写作或数学测试成绩居前 10% 各州的学生构成

来源：NAEP 各州情况（2008）。

1977 年在"霍顿诉麦斯基尔"（Horton v. Meskill）一案的判决中，[6] 康州最高法院与加州和新泽西州最高法院一样，率先宣布了本州以地方财税为基础、支出极不平等的教育财政体系无效，康州改革由此拉开了帷幕。1989 年"谢夫诉奥尼尔"（Sheff v. O'Neill）[7] 一案对种族隔离学校提出了质疑，引发了新的改革。北卡罗来纳州的改革是在致力于教育的詹姆斯·B. 亨特（James B. Hunt）当上州长之后开始的，20 年间他担任州长长达 16 年，努力使该州摆脱了成绩差的状态，成为高水平教育州。

这两个州都提高了教师教育和认证标准，增加并均衡了教师工资，给准备在高需求领域和贫困地区工作的教师提供补贴。北卡罗来纳州要求全州所有公立教师教育机构都要得到全国认证，使这些机构为了符合更加严格的标准而做出改进。康涅狄格州也提高了州教师教育认证标准。两个州都资助改进教师培训的专业发展学校计划，建立新手教师指导制度，并为持续、密集的专业发展提供基础设施。

每个州都为学生和教师制定了新的学习标准，并创建了评估进展的评价手段。康涅狄格州建立了表现评估，让学生进行广泛的写作并解决开放式问题。北卡罗来纳州创建的新评估标准类似于国家教育进展评估，旨在提高批判性思维和解决问题的能力。最值得一提的是，这两项改革持续的时间都很长，分别超过了 15 年。下面我将介绍这两个有着不同政治文化的州（一个是有地方管理传统的北方州，另一个是有州管理传统的南方州）是如何以各自的方式进行类似改革的。

康涅狄格州：发展教师行业

对教学进行战略投入。国家教育目标小组[8]在解释康涅狄格州取得的巨大成就时，将该州实施的教师政策作为一个关键因素。根据州长任命的权威委员会的建议，1986 年通过的《教育促进法案》（*Education Enhancement Act*）采取了以专业化教学改善学生学习的行动理论。当时，该州城市地区教师严重短缺，聘用了大量没有教学资质的教师。该州也关注教师的学科知识和教学培训。另外，该法案还大幅增加了教师薪水，提高了教师教育和认证标准，并投入大量资金用于新手教师的指导和专业发展。

起初投入了 3 亿美元（州财政盈余的结果）用于提高、均衡新手教师的最低工资，使贫困学区也能在市场上争取到合格的教师。作为一个实行地方管理的州，康涅狄格州并不要求各地区达到最低工资水平，而是提供大量薪金援助由地区进行支配。资金是根据完全认证教师的数量进行分配的，以鼓励各学区招聘符合新出台的高认证标准的教师，也鼓励个体教师达到标准的要求。薪金表仍然由地方议定，但新出台的最低薪资规定了一道底线，教师的薪资要高于这条线。1986 年至 1991 年期间，教师的平均工资增加了 50% 以上，从 1986 年的 29437 美元增加到 1991 年的 47823 美元。州援助的公平性使得城市学区有可能争取到合格的教师。

这些激励措施的实行，取消了临时资格证。为了确保合格教师的充足供应，康州给予奖学金和免除贷款等奖励，吸引能力强的师范生，特别是非白人人种教师和高需求领域的教师，还通过建立资格互认制度，鼓励其他州的合格教师来康州执教。这些举措迅速消除了教师短缺的问题，城市地区也不例外，政策实施不到 3 年，教师数量便有所富裕。[9]这样，学区在招聘时就有更大的选择余地，对教师专业知识的期望也更高。到 1990 年，近三分之一新聘教师的毕业院校在巴伦大学专业索引（Barron's Index of College Majors）中的评级在"非常难进"或以上，75% 的教师本科平均成绩达到"B"或以上。[10]

仅仅这样并不足以提高教学质量。该州还提高了教师教育和认证标准，要求专业与所教学科相同，并有广泛的教学与学习知识，包括读写能力发展规律以及特殊需要学生的教学知识。准教师必须通过学科测试和教学知识测试才能获得教师资格证，之后还要接受指导教师的指导与帮助，并完成复杂的评估程序，由州培训的评估人员确定哪些人员在从教一年后可以继续留在教师队伍中。这些评估演变为类似全国专业教学标准委员会（National Board for Professional Teaching Standards）制定的作业集评估，通过审查教师的教学计划、教学录像、学生的学习资料和教师的实践分析，来评估教师的能力。

这些举措产生了深远的影响。康涅狄格州大多数教师和校长，以及许多教师教育者，都以考生、导师的身份或者经过培训成为评估人员，参与了新的教师评估系统。教师培育围绕着标准组织和开展。因为评估侧重于教师能力的发展，与学生标准紧密相关，并要求进行复杂的实践分析，所以评估系统便成为改进教学和学习的中心。

作为现行教师教育改革的一部分，该州支持与地方大学合作建立专业发展学校，共有 100 多所学校与大学建立了合作伙伴关系。还资助了一系列教学与学习学院，并开发了可用于硕士学位申请、与教师和学生标准相关的课程。要想取得长期的教师资格证，硕士学位是必要条件。此外，设置了阅读与写作教学的密集专业发展课程，并为小学、初中和高中教师举办为期四周的数学、科学和技术暑期学习班。[11]

2000 年，该州发起了"早期阅读成功"（Early Reading Success）计划，培训了一批运用诊断评估和个性化教学的读写专家。经过初步培训的教师、图书馆员和校长仍然每月见面更新技能，接受区域服务中心的后续支持。

培训范围慢慢地扩大，将所有贫困学校的教育者都包括在内。该州还制定了阅读蓝图（Blueprint for Reading），指导职前教师培训以及在职培训和学校课程。[12]

投入学校管理层。康涅狄格州还制定了学校领导标准，用以指导州教育领导政策的方方面面，包括教师培育课程的认证、管理人员资格、持续的专业发展要求和管理人员评估。这些标准比其他许多州的计划更加注重教学领导；要求校长研究学习教学法、课程发展、教师的监督与评估，以及特殊儿童教学。该州与大学和学区密切合作，推进符合标准的教学改革。

2001 年，该州建立了康涅狄格州管理人员测试（Connecticut Administrator Test，CAT），这项创新性表现评估依据标准向准校长提出挑战性的真实问题。CAT 由四个模块组成，考试时间为 6 小时。有两个模块要求考生作为教学主管给教师提供支持，就教师的课程计划、录像课和学生作业样本提出建议。另外两个模块要求考生依据学校和社区提供的学生学习记录和数据，描述学校改进过程或者回答特定的全校性问题。考生必须通过这项严格的考试才能获得执业资格，而州对大学的资格认证在一定程度上取决于其学生在考试中的表现。如果 80% 以上的学生没有通过考试，该大学就必须重新制定课程。

另外，由于评估人员都是经过评分培训、经验丰富的管理人员和大学教师，因此评估为州内其他专业人员提供了强大的专业发展机会，并在全州范围内形成了共同的实践标准。在最近的一次全国性调查中，康涅狄格州的校长们说，为了达到评估的期望，他们的培养方案可能比其他州更倾向于问题解决式学习，与家长和教师合作解决全校性问题。[13]

2002 年，康涅狄格州在严格的初始资格评估基础上，制定了学校领导评估和专业发展指导方针，目标是将具体的教学领导技能纳入每位校长的专业发展计划。因为实施了这些策略，难怪康涅狄格州的校长们在最近一项全国调查中称，他们感觉比其他州的校长在评估教师、提供教学反馈、制定支持学习的课程和教学以及发展教师专业能力方面，更加游刃有余。[14]

制定学生标准与评估。除了对教学和管理层进行大力投入之外，目标小组对康涅狄格州的成果分析也表明，该州很好地运用了学生标准与评估。

1987 年，在实施教学改革之后，该州成为最早采用学生学习标准的州之一，将对学生的期望与教师教育标准和教学期望联系起来。1993—1994 年，该州更新了学生标准，强调高阶思维技能和表现能力，并制定了新的评估，包括建构衡量阅读和写作真实水平的反应与表现评估，反映的学习目标比以前的测试更加具有挑战性。要求学生进行广泛的写作和科学调查，解决复杂的多重运算题目，并解释自己的推理答案。法律禁止将这些符合专业测试标准的评估作为学生升级或毕业的依据，它们主要用于持续的课程与教学改进。

目标小组的报告说明了该州实施低风险测试带来的好处，低风险测试报告和分析数据的方式有助于教师和学校领导深入理解标准和学生的进步。州教育厅支持将测试成绩用于诊断，给学区提供计算机数据集可以在学区、学校、教师和个体学生层面进行分析，指导学校改进。教育厅还协助各学区分析数据，以确定需求和重点工作领域。

城市学区的改善。这种评估方法能够让学区厘清教学重点，激励学区对课程和教学进行重大修订。该州有针对性地向最贫穷学区提供资源，包括为教师和管理人员提供专业发展资金，提供学前班和全日制幼儿园，缩小学生 / 教师比率，等等。1990 年至 1998 年期间，在康涅狄格州阅读进步最大的 10 个学区中，新不列颠（New Britain）、诺瓦克（Norwalk）和米德尔敦（Middletown）3 个城区学校系统属于"最贫困"学区（使用的依据是有资格领取免费午餐的学生比例以及他们的州测试分数）（见图 5.4）。

取得这些成绩背后的政策包括，帮助学区聘任并留住能够胜任教授不同类型学生的高素质教师，给所有新手教师提供经过州培训的指导教师，从而提高参与计划的新、老教师的知识和技能。[15]

此外，学区管理人员和教师描述了州和地区提供的阅读教学专业发展的作用。专业发展资金根据学生标准和州评估标准，用以提高教师的教学知识，比如如何在阅读教学中平衡语言和技能，如何通过具体干预策略解决阅读困难，以及如何诊断和治疗特定的学习障碍。大多数学区已经培养了一批培训教师或辅导教师，他们是读写发展能力方面的专家，可以与学校的同事们一起工作，进行示范教学和课堂辅导。有些学区将州拨款用于关注边缘学生教学的暑期强化读写讲习班。

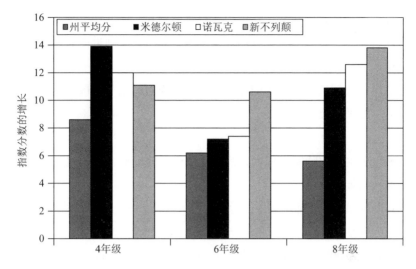

图 5.4 康涅狄格州标准测试（Connecticut Mastery Test Scores）
分数的增长（1993—1998）

来源：巴伦（Baron, 1999）。

进步学区用到的阅读教学方法，源自康涅狄格州教师教育改革中对教师知识的加强，在州教学评估中也有所体现：系统教授阅读和拼写技能（包括语言学培训）；使用真实的阅读材料，如儿童文学、期刊和非教科书，并进行日常写作和讨论；通过连续记录、错误分析以及分析阅读、写作和口语样本等策略，持续评估学生的阅读能力；使用重建阅读能力（Reading Recovery）等干预策略，帮助阅读迟缓的学生，10 个进步迅速的州中有 9 个都用到了这项干预策略，目前已在全州进行推广。[16] 讽刺的是，几年之后，由于"阅读为先"计划管理不善，重建阅读能力等策略无法得到联邦的资助。

学区管理人员还指出，保持制度的一致性很重要，这样才能利用这些复杂的策略开展教学和学习。除了教师发展方面的工作之外，他们还努力使学区课程和教学适应学生的学习标准和评估，并利用州教育厅提供的丰富的学生成绩信息来解决学校问题、制定教师个人成长计划，这也是州规定的教师评估系统的一部分。他们还认为，正是因为有了这些标准，州评估才能真实地衡量阅读和写作能力，教育培育和专业发展计划才会运用这些方法，使新手教师得到更好的教学培训，同时老教师也能获得很多进步的机会。

总结。康涅狄格州成绩的提高可以归结为通过以下手段健全全州的基础设施、鼓励高质量教学：

- 为学生和教师制定周密、针对具体科目的标准，并通过表现评估强调探究和技能的应用；
- 提高和平衡教师工资，同时提高教师培养、准入和留任标准；
- 为准教师、新手教师和学校领导提供大量支持和评估；
- 要求为教师和管理人员提供高质量的专业发展，并给予持续支持。

这些因素有助于建立专业知识基础，使教育工作者能够在分析学生成绩的同时改进教学，着手制定学校改进计划。如果没有深入的专业知识作为指导，这些活动就不会产生效果，结果令人沮丧，几乎不能带来任何有效的变革。

北卡罗来纳州：追求更高的标准

教学投入。1983 年，在詹姆斯·B. 亨特第一次当选州长的两届任期结束之前，北卡罗来纳州推出了综合立法改革，这是亨特为帮助北卡摆脱当时东南各州共同面临的低支出、低成绩状况而进行的坚定努力之一。《中小学改革法》（*Elementary and Secondary School Reform Act*）增加了学校拨款，改变了对学生课程的期望；提高了教学和学校管理的资格和培训标准；更新了教师培养学校的标准；对专业人员及评估提出了期望，同时缩小了班级规模，延长了教学时间；建立了以教师学历、表现及资历为基础的工资差异原则；实行新的奖学金计划，招募有才能的人从事教学；扩大了专业发展的范围。这项法案为 20 世纪 80 年代实施的一系列举措奠定了基础，90 年代措施的范围进一步扩大。

亨特州长尊师重教，他出生于教师之家，自己也接受过教学训练，获得了农业教育学士学位，他开玩笑时喜欢说，他觉得教学太具挑战性，就去了法学院。他说他后来对教学标准产生兴趣，源于自己学生时代的教学实习经历，那时没有对优秀教师应掌握的知识和能力的明确说明。[17] 亨特后来担任全国专业教学标准委员会的创始主席，该委员会建立于 1987 年，是国家为设定教学专业标准、评估教师课堂能力进行的最早尝试。

亨特作为政策制定者，决心确保教师享有成为合格、有效教师的机会，使教师行业能够吸引和留住有才华的教师，所有学生都能获得强大的师资。因此，在他的两段任期中（1977—1985 和 1993—2001），北卡罗来纳州一直致力于教学改进。

根据 1983 年的综合法案，该州提高了对教师和校长的资格要求，要求进行学科和教学知识测试，并加强培训。还要求所有接受公共拨款的教师培养学校必须通过全国教师教育认证委员会（National Council for the Accreditation of Teacher Education，NCATE）的专业认证，这使得许多学院为了保住资质，不得不改进课程，增加教师培养的投入。

该州还实施了数学和科学教育网络（Mathematics and Science Education Network，NC–MSEN）等教师发展计划，NC–MSEN 创建于 1984 年，至今仍在运行，通过开设各种课程计划提高数学和科学教与学的质量。NC–MSEN 在北卡罗来纳大学校园中设置了 10 个中心，在北卡罗来纳州科学和数学学院（North Carolina School of Science and Mathematics）也有一个中心，培训骨干教师和辅导教师，并每年开设讲习班。此外，NC–MSEN 大学预科课程面对更多的初、高中学生，以增加准备从事数学和科学教学的北卡罗来纳州高中毕业生的数量。该州数学成绩的大幅提高就是得益于这些举措。其他学科领域也开展了专业发展计划，包括阅读教学支持、全国写作计划（National Writing Project），以及对技术使用的支持。

为了确保能够招到优秀的师范生，而且他们负担得起学费、能够进入教师队伍，该州实施了一项积极的奖学金计划，通过全额补贴大学教育费用，每年招收数百名有能力的高中学生进行教师培育。选拔严格的北卡罗来纳州教员计划（North Carolina Teaching Fellows program）始于 1986 年，目前仍在运行，该计划支付所有的大学费用，包括全额资助的强化教师教育课程计划，作为回报被资助人必须从教几年。该计划增强了教师后备力量，让大量男性、少数族裔、数学和科学专业的学生进入到教师行业。七年后，这些教师的留教比例超过 75%，很多人担任校长或学区中心办公室的领导。[18]

为了将教师留在教学行业，20 世纪 80 年代北卡罗来纳州率先实行了新教师指导计划，给新教师提供支持，并给予指导教师经济奖励。该计划在 90 年代得到了进一步扩展。国家教育目标小组 1998 年的一份报告称赞北卡罗来纳州在指导新教师方面取得了巨大进步，而且学生成绩进步幅度居全国首位。[19]专业发展学院和北卡罗来纳州教学发展中心（North Carolina Center for the Advancement of Teaching）也给予了支持，后者为新手教师学习教授州课程提供额外的帮助。为了使教学行业更具吸引力，能够招聘到满足更高标准的人才，北卡罗来纳州在 80 年代中期和 90 年代两次提高了教师薪水。

亨特第二次任州长期间又掀起了一轮重大改革，通过了 1997 年的《卓越教育法案》（*Educational Excellence Act*）。此前，他担任过全国教学和美国未来委员会（National Commission on Teaching and America's Future）主席，该委员会制定了一系列改革大纲，以改善教师的招聘、培养、留任和职业发展。1997 年的法案向新的系列改革投入了数亿美元，主要目的是进一步提高教师培养的质量和教学质量。该法案创建了一个专业的教学标准委员会，要求所有教师培养学院都寻找专业发展伙伴学校，作为长期的学生教学实习场所。法案还资助了一项更为密集的新教师指导计划，进一步提高了教师认证标准，对攻读硕士学位和得到委员会认证的教师给予经济奖励，并拨款将教师薪资提高到全国平均水平。提高薪水的目标曾经被认为遥遥无期，但最后终于实现了。

北卡罗来纳州规定了全州最低薪资表，对薪酬进行了全面更改，在全国率先将所有得到国家委员会认证的教师基本工资增长了 12%，这是一项基于教师课堂能力实行绩效薪酬的突破性举措。

老教师需要提交各种教学实践材料，包括具体的教学实践录像、学生作业样本，以及对教学意图、理据和结果的分析阐释，还要通过学科测试和教学方法测试，才能得到委员会认证。大多数研究发现，基于这种方法衡量的教师表现，可以预测对学生成绩提高的效应，[20] 教师也常常将其看作自己最有效的专业学习经历之一。[21] 北卡罗来纳州对全国委员会认证教师实行了全国最广泛的激励机制，在本书撰写期间，该州委员会认证教师的数量比其他任何州都多。

北卡罗来纳州最近的一项研究发现，该州获得国家教育委员会认证的教师，以及经过强大学术和教学培养并拥有长期经验的教师，教出来的学生成绩增长得更加显著。[22]

投入学校管理层。北卡罗来纳州在第二波改革中还推出了全国最具雄心的计划之一，以改善学校管理层的培训。该州 1993 年开始实施的校长培训课程（Principal Fellows Program，PFP）吸引了一批优秀、有抱负的校长。该课程给予每人每年 2 万美元的奖学金贷款，在 8 所州立大学进行培训，第二年在专家校长的指导下到学区进行全日制实习。作为条件，每位校长学员需要保证在本州任校长或助理校长至少 4 年。该课程计划为北卡罗来纳州培养了 800 名训练有素的校长，目前在读的校长学员中有一半正在读取学校管理硕士学位。北卡罗来纳州的大多数校长都有在经验丰富的老校长指导下实习的经历，这也是培训的一部分内容，但在美国仍然相对罕见。[23]

此外，为了确保学校领导者能够获得稳定的学习机会，由州立法机构资助，在北卡罗来纳大学教堂山分校（UNC–Chapel Hill）创建了校长执行课程（Principals' Executive Program，PEP）。PEP 通过驻校实习计划以及专题课程、研讨会和会议等形式，为北卡罗来纳州校长提供了 20 多年的继续教育。最近在一项关于领导力发展的全国研究中，北卡罗来纳州的校长对大学课程和研究机会作用的评价是"非常有帮助"，显著高于其他州校长的评价。[24]

对早期学习的投入。除了对教学和学校管理层进行广泛投入之外，K—12 学校支出也出现增长，降低了学生 / 教师比率，同时也向早期教育注入了大量资金，包括 1993 年启动的获奖早教计划"聪明起点项目"（Smart Start program）。该项目由公私合作，向该州 100 个县提供早期教育资金，用于提高儿童的保育质量和普及性，以及医保服务和家庭支持。评估发现，该项目为提升学前教育质量，提高有助于儿童在学校获得成功的技能和能力，做出了重大贡献。[25]

标准和评估。20世纪90年代初引入了新的课程标准，以及一项面向全州教师的专业发展计划。1995年，北卡罗来纳州启动了一个与课程标准挂钩的全州评估体系，大体上与NAEP测试相类似。标准和评估为州教学工作和专业发展投入提供了重点。和康涅狄格州一样，北卡罗来纳州教育厅专门设立了一个部门与低成绩学校合作，提供帮助改善的援助方案。

对北卡罗来纳州成绩差距迅速缩小的低收入、少数族裔多的学校进行研究发现，关键因素包括校长实行合作领导，提供教学重点和广泛的专业发展支持，特别是写作支持；定期诊断评估，根据对不同年级和群体学生的数据分析确定改进工作的重点；运用技术资源教授核心学业技能；实行一对一辅导，在课堂上开展小组作业。[26]

摘要和后记。对早期学习和K—12教育投入大量资金，同时提高学生、教师和学校领导的标准，提供专业学习支持，帮助北卡罗来纳州提高了学生成绩，在从1983年到2003年的20年时间里，成绩差距不断缩小。此后，州公平拨款和专业发展资金开始减少，一些政策滑向了相反的方向，比如引入没有经过教学培训的"横向招聘"教师。因此，学生在国家教育进展评估中的绝对成绩和相对成绩都有所下降。虽然该州数学成绩仍然高于全国平均水平（低于从前），但阅读和写作成绩却低于国家平均水平。[27]

1997年后，该州实施了一套新的问责制，将奖惩措施与学校在州测试中的分数挂钩；2002年后根据NCLB的要求，进一步加强了惩罚力度。这样做当然可以使学校将注意力集中在测试上，但是产生的影响既有积极的一面，也有消极的一面。由于开始重视测试和问责制，且不给予资金投入，不平等现象再次出现。研究发现，北卡罗来纳州实行问责制、制裁低成绩学校（大多数为资源匮乏、以低收入和少数族裔学生为主的社区学校）的战略，使得这些学校更难吸引和留住合格教师，[28]该州通过横向招聘政策，让未经培训的教师进入招聘困难的学校，对学生成绩造成了负面影响。[29]

这些担忧已经引起了人们对学校拨款差异问题的重新关注。2004年，北卡罗来纳州最高法院认定，该州的拨款方式不符合宪法中"确保本州所有儿童都有机会接受良好基础教育"的规定。法院称：

> 　　平等接受良好基础教育的机会，要求孩子们都能进入至少具有以下教育资源的公立学校：第一，每间教室都配备经过认证和培训的合格教师，采用有效的教育方法教授标准课程，并给学生提供差异化、个性化的教学、评估和补课。第二，每所学校都有一位训练有素的校长，具有聘请和留住经过认证和培训的合格教师的领导技巧与能力，能够实施经济、有效的教学计划，满足边缘学生的需要，使他们能够升级或学业成绩达标，拥有平等的获得良好基础教育的机会。第三，以最节约成本的方式为每所学校提供开展有效教学计划所需的资源，满足所有儿童（包括边缘儿童）获得平等的良好基础教育的需求。[30]

　　立法机关根据法院的命令采取了措施，该州 2006—2007 年预算将 K—12 教育支出增加了近 10%，加大了对贫困学区的拨款，提高了教师和管理人员的薪金，并在全州扩展针对弱势学生的试点课程计划。另外还将 1790 万美元的彩票收益，专门用于"四岁多学"（More at Four）学前计划。[31] 显然，教育进步需要不懈的努力和投入，继续增强北卡罗来纳州贫困学校的能力，才能维持和扩大过去 20 年所取得的实质性进展。

加利福尼亚州：管理不善加上极度忽视

　　如前所述，学校拨款诉讼案引发了一些州对学校的公平投入：霍恩案和谢夫案之后的康涅狄格州；汉考克案之后的马萨诸塞州；从罗宾逊案到阿伯特案历经 30 年诉讼之后的新泽西州；2006 年财政公平运动案判决之后的纽约；2004 年霍克郡（Hoke County）诉讼案之后的北卡罗来纳州；等等。

　　然而，并不是所有的学校公平诉讼都换来了资金投入或积极的改革。加利福尼亚州就是后进的代表，该州过去比较"平等"，但在 1975 年具有里程碑意义的"塞拉诺诉普里斯特"（Serrano v. Priest）案判决之后，情况不断恶化。塞拉诺案之后不久，在 1979 年，加州投票通过了限制财产税的第 13 号提案，接下来的 20 年间，加州开支大幅下降，地方资源变得更加不平等。[32] 最近有一部名为《从第一名到最后一名》的关于加州教育制度的纪录片，影片名称恰如其分地描述了该州 25 年来学校拨款的过山车式变化。[33] 只有被排除在塞拉诺公平改革（所谓的"基本援助"学区）之外的几十个富裕地区，因地方财税基数大，可以筹集到所需的资源，在州拨款减少的情况下，依然能够满足学校的需求。

该州不仅减少了对公共教育的投入，采取的政策也缺乏效率，降低了教育的效果。虽然加州一直以高科技、面向未来、多元文化的形象示人，但是学校投入不足，管理不善，造成了资产的严重浪费。

加州提供了一个决策极为短视的例子，说明政策会导致不平等和效率低下，使学校不能充分利用有限的资源，加州还颁布了大量自上而下的命令，没有履行州发展学校制度的基本职责。我希望想要寻求补救办法、解决过去和当前投入不足问题的人们以加州为戒，把来之不易的教育进展切实转化为更好的学生教育。

不断落后

在第 13 号提案通过之后的 20 年里，虽然加州已经是"少数族裔占多数"，但学校拨款萎缩，教育机会和成绩的不平等加剧。到 2000 年，加州学生数量居全国首位，但学生人均支出却位列第 38 位（考虑到生活成本排名降至第 48 位），K—12 支出在个人收入中的比例居第 48 位，学生 / 教师比率居第 50 位（90 年代后期班级规模有所缩小）。[34] 21 世纪以来，加州雇用的不合格教师数量比任何其他州都多，[35] 班级规模、工作人员 / 学生比率、图书馆质量和大多数其他学校资源，在全国各州居于后 10%。[36]《教育周刊》（Education Week）的州报告将加州在"资源充足性"一项列入"F"级。

到 2006 年，消费最高和最低学区之间的支出比超过 3 比 1（从学生人均 6000 美元到 20000 美元不等）。[37] 这种差别可能是因为高消费地区位于生活成本和学生需求更高的城市地区。然而，情况却远不是这样。该州大多数城市学区的支出都低于州平均水平，而富裕学区的支出却远远高于平均水平。塞拉诺案在主张平衡资金投入时，曾比较了高消费学区比佛利山（Beverly Hills）和几英里外以黑人为主的低消费学区鲍德温公园（Baldwin Park）。补救措施本意是将两个学区的支出拉平，但 25 年后，富裕的比佛利山学区的人均学生支出比低收入的鲍德温公园和康普顿（Compton）多出 40%，后两个学区位于洛杉矶的低收入、少数族裔隔离社区，消费低于州平均水平。[38]北部城市旧金山生活成本高、贫困率高、英语学习者的比例大，每位学生的支出只有 6400 美元，也低于州平均水平，附近的马林郡（Marin County）游客云集，到处都是游艇俱乐部，那里的索萨利托小学区（Sausalito Elementary District）学生人均支出多出 1 倍，达到 16600 美元。

不平等的学校拨款制度导致教师薪酬的不平等，以及在获得合格教师方面的巨大差距。2000 年，学历与经验相当的教师，薪金差异几乎达到 2 比 1，如果考虑当地劳动力市场的差异，薪水差距会进一步拉大而非缩小。[39]由于生活成本的差别，在圣何塞市（San Jose）附近的少数族裔学区明矾石（Alum Rock），教师起薪只有 2001 年州平均水平的一半，而在白人超过 85% 的瓦莱西托联合学区（Vallecito Union），教师起薪比州平均水平高出 60%。这并不奇怪，明矾石学区差不多有半数教师没有接受过任何培训，而瓦莱西托联合学区的教育工作者都是经过充分培训的高素质教师（这是后者招聘的重要宗旨之一）。像奥克兰和旧金山这样的城市为新教师提供的薪水，比洛斯阿尔托斯（Los Altos）和圣马特奥（San Mateo）等富裕郊区少将近 1 万美元，与顶级教师每年的差距甚至高达 3 万美元。此外，这些城市地区的教师经常需要自掏腰包购买书籍和学习用品，还必须让自己和学生克服大班授课、缺少支持的状况。

这些差异造成的主要后果是低收入地区往往教师不足。对加州各县的招聘实践与薪资分析表明，通过贫困地区与周边学区之间的工资差异，可以预测持有临时资格证和无证教师的数量。[40]到 2001 年，有 5 万教师缺少资格，全州只有 40% 的学校没有聘用不合格教师，四分之一学校中超过 20% 的教师资质不全。[41]这类学校中大约有超过 170 万名儿童，大多是非裔和拉丁裔，他们在整个学校生涯中经常遇到培训不足的临时教师。[42]

拨款不充分、不平等造成的后果

考虑到以上情况，看到一度是全国支出最多、成绩最高的加州，竟然在 2000 年国家教育进展评估中的排名几近垫底，而且至今没有起色，就不会感觉惊讶了。加州几乎每一项都排在后 5 位，甚至低于南方各州，后者在 20 世纪 90 年代致力于教育的州长接手之前，对教育的投入少得可怜。事实上，对比各州的法律诉讼，可以发现南卡罗来纳州对贫困少数族裔儿童的教育支出远远多于加州。专栏作家彼得·施拉格（Peter Schrag）写过一本讨论加利福尼亚"密西西比化"的著作，用贫穷、成绩一直低下的密西西比州做类比，说明加州对公立学校投入不足的情况。[43]

虽然移民的涌入会对学生成绩产生一定的影响，但一些研究证实，即使控制了人口特征，如语言背景、种族／民族、贫困和父母教育程度之后，加州学生的表现也很差，在国家测试中成绩大幅落后于其他州。[44] 2000 年加州教育政策分析中心（Policy Analysis for California Education，PACE）的报告指出："过去 6 年，（社会经济因素与成绩分数之间的）关系进一步强化，而不是减弱了。"[45] 如图 5.5 所示，学校贫困程度与持有临时资格证教师的比例之间存在着近乎绝对的关系，这两个因素都与学校在州学业表现指数（Academic Performance Index）中的成绩呈完全负相关关系。

由于这些趋势，再加上增加了高中毕业考试，到 2006 年只有 56% 的非裔学生和 55% 的拉丁裔学生在 4 年内从高中毕业，12% 至 14% 的应届生符合进入州立大学的要求。[46] 在大多数城市学区比例甚至更低。

越来越多的非裔和拉丁裔男性青年进入到不断膨胀的州监狱系统，而非高等教育体系。20 世纪 90 年代，加州监狱新增加了 5 万名非裔囚犯，非裔学生进入高等教育的人数却下降了：州罪犯改造系统中每增加 57 人，高等教育中就减少 1 人。此外，拉丁裔男性被投进监狱的数量是进入 4 年制公立大学的 3 倍。[47] 这些囚犯大多是高中辍学者，人均监禁成本超过 46000 美元，[48] 加州却不愿意每年拿出四分之一的金额，为他们提供高质量的 K—12 教育。由于公立大学的实际支出下降，监狱人数和收监成本急剧增加，到 2008 年，加州对公共高等教育和监狱改造的投入基本持平。[49]

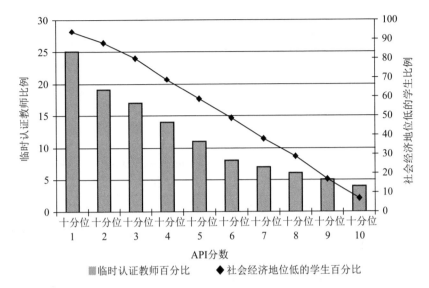

图 5.5　加州小学 API 分数、学生社会经济地位和教师素质之间的关系（2000）

来源：达令 - 哈蒙德（Darling-Hammond，2003a）。

　　到 2025 年，白人将缩减至全州人口的三分之一，拉丁裔人口增长到一半，未来，即便劳动力市场对高学历员工的需求增加，加州公民的受教育程度也会持续下降。加州公共政策研究所（Public Policy Institute of California）的研究人员指出："最危险的趋势之一是，新经济对教育的要求与未来人口可能拥有的教育程度之间存在的潜在差距。"[50]

　　显然，在这种情况下，加州高科技经济的蓬勃发展难以为继。而且，2009 年又出现了州预算危机，中小学和大学的预算被削减了 60 亿美元，而监狱预算却丝毫未减，这加剧了恶性循环，如果不予以遏制，会导致监狱人口进一步增加，耗尽加州的财政，因为年轻人不是走上大学—找高薪工作的道路，而是进入学校—监狱通道。

儿童的体验

　　日益严重的隔离使情况不容乐观。到 2004 年，加州是非裔学生隔离程度最高的 5 个州之一，也是拉丁裔学生隔离程度最高的 3 个州之一，有

87%的非裔学生和90%的拉丁裔学生就读于以"少数族裔"为主的学校。加州将近半数的拉丁裔学生和超过三分之一的非裔学生所在的学校中非白人人种学生的比例超过90%。2002年由低收入非白人人种学生提起的"威廉姆斯诉加州"（Williams v. California）案，描述了大量这些学校的生活图景作为证据。比如：

就读于第四城市小学（Urban Elementary School #4）的800名儿童都有资格领取免费或低价午餐。学生中62%是英语学习者，65%是拉丁裔，33%是非裔。校舍包括一个主楼和几十间活动板房，活动板房中间用狭窄的过道分隔。上课的时候，总有学生和陌生人躲在过道里，有些还是被警察追捕的对象……到处都是破烂失修的状态。很多活动板房教室的窗户上以及学校的外墙上布满了涂鸦。学生或教师能用的厕所很少，还经常缺少卫生纸、香皂和/或纸巾，水龙头总是不好用。教室里常常有蟑螂。虽然学校两侧就是大运动场，但没有游戏设施。课间，学生只能自己玩或者使用个别教师提供的物品。一位教师说，"学生常常跑来跑去相互打闹"。

第四城市小学中大多数教师缺乏经验，只有10%拥有完全教师资格；有几位是最近才从西班牙来到这里的。教师经常缺编，流动性非常大。例如，在2000—2001学年，该校38名教师中有12名辞职了。因为学校很难找到足够的代课教师，教师空缺和延迟配备的情况特别严重。通常，管理人员会把辞职教师的学生分给其他教师。例如，去年一位教师在180个教学日中有56天接手了额外的学生。在刚接手这些学生时，常常没有教材，教师必须修改教学计划。就算找到代课教师，质量也是"参差不齐"，教师们再接手这些学生时，经常发现教室遭到破坏，学生们任何作业都没完成。

第四城市小学给学生提供的教科书和教学材料非常少，英语语言学习者或阅读困难的学生受到的影响尤其大。虽然教师在课堂上可以使用相对较新的分级阅读读物和数学练习册（但没有数学教科书），但学校禁止教师将这些资料给学生带回家。学校不向教师提供科学、社会学科或英语语言发展教科书，或者任何字典、词典、参考书或写字纸。教师必须自掏腰包，给学生提供英语和西班牙语图画书、数学教具、美术用品和复印材料，有时每年的花费高达 1000 美元。第四城市小学唯一的一台复印机在圣诞节前就坏了，所以教师必须自费复印。缺乏适当的学习材料，也是有些教师不能正常教授社会学科或科学的一个原因。一位教师无奈地说："如果我想教他们，就必须提供所有的资源，可我自身的经济也很困难。"[51]

学生进入中学也面临同样的条件，学校有 2000 多名学生，超编了 400人。他们上科学课的教室里没有自来水、实验室桌子、设备；数学课没有教具、方格纸、计算器（即使加州标准要求中学生作图、使用计算器）；语文课没有字典、小说；社会课没有地图。进入当地高中，课堂也一样缺少设施，还会继续遇到培训不足的教师和代课教师。大多数人在高中阶段没有上过申请大学需要的化学课或物理课，由于科学教师流动率高，又缺少实验空间，学校根本无力开设这些课程。[52]

米歇尔·法恩（Michelle Fine）研究学生对学校状况的反应时发现，处于这样环境的学生很清楚，自己接受的教育与富裕学生不同，他们说教室里拥挤不堪、没有椅子，上数学课和科学课没有书本（学校告诉他们，因为课程"有限"，不是所有学生都能上课），他们希望有机会学习每年测试中遇到的内容。这些学生慢慢地"认为学校不希望他们获得成功，所以就离开了学校，班级人数减少，却没有成年人对学生的流失负责任……政府、整个加州、公共教育系统和部分教师深深地看不起他们，希望他们消失"[53]。法恩还发现，学校条件不达标反映了种族和社会经济的差异，对非白人人种学生的污蔑损害了学生的自尊、对学校的依恋和表现。她总结说：

　　在原告所在班级这样的教育条件下，对学生的期望值很低、教师流动性高、环境糟糕、教学楼破烂失修，青少年便逐渐产生了所谓的学业习得性无助（academic learned helplessness）：即在具体场合中产生了努力无用、他们无法改变学校的想法。有人抱怨说，没有书籍或教学材料阻碍了他们学习和掌握学业内容的能力。还有人说，教师不足、上课缺乏连续性，扰乱了学业进展。经常提到的缺乏学科知识的代课教师，逐渐成为教育系统忽视穷人、工人阶层家庭和非白人人种青年教育的象征。他们与教师和环境结构的关系变得疏远而紧张。这些因素都对学业表现不利。[54]

"你（理想中）的学校是什么样子？"一位女青年是这样解释的：

> 教室里有足够的桌子、足够的椅子、足够的书、足够的教学材料，有一位关心学生的老师……可不是只通过了普通教育水平（GED）之类的考试，拿到文凭，就坐在那里，想怎么说就怎么说的人。他们（理想的老师）不会想要成为这样（的老师）。他们不希望校长进到教室大喊："闭上嘴，好好听我在这里说的话。"这就是他们对待我们的方式……我希望会有一位老师，了解孩子们从哪里来，最好生活在我们的地区……关心我们。就像我说的，物品充足，安全有保障，什么都不缺……不能因为我们弱小，不像他们知道的那么多，就不把我们当人看。

对证据的反驳

威廉姆斯案的诉求比追求完全平等小得多：只是要求学区能够获得实施20世纪90年代通过的州标准所需的基本资源。加州将这些标准纳入到对学校予以奖惩、决定学生升级和毕业的测试之中，并依据这些标准选择州指定的教科书，制定教师资格标准。可是，加州却没有保证学校有足够的资源去执行标准、购买必要的材料，或者聘请按照标准执教的合格教师。

尽管关于这类学校问题的证据堆积如山，加州在威廉姆斯案中却强词夺理，声称没有责任解决这些问题。加州想方设法逃避责任，一方面"同意原告的中心论点，即每个学生都应该拥有有利于学习的合格教师、充足的教学材料和干净、体面的学校设施"[55]，另一方面又称，这些资源对学生成绩没有影响，因此不是必要的。

该州专家甚至试图否认现存的所有问题：一份无视现实的证词说，"加州的学校财政系统是高度均衡的"，并在没有给出实际参考数据的情况下称，"如果所有学区的支出大致相同，那么资源的具体分配一定是均衡的"[56]。加州还不顾自上而下控制测试、课程和教材选择的事实，辩解说，政府干预会违反地方管理教育的原则，又自相矛盾地称，基于测试的问责制本身就足以确保教育的公平性。

原告们引用了大量研究，证明学生成绩与教科书和优质材料、教学时间（许多贫困学校缩短了教学日和学年的长度）、合理的班级规模，及充足的设施之间的关系。[57] 他们还引用了一些加州的研究，发现无论控制学生的人口特征与否，教师质量与学生的数学和阅读成绩之间都存在显著的相关关系。[58] 例如，加州公共政策研究所对该州 7000 多所学校学生成绩的研究发现，在控制了社会经济地位的影响之后，教师素质变量是学生成绩的最强预测因素。报告指出：

> 在学校资源因素中，教师经验水平和与之相关的未经完全认证的教师比例，是与学生成绩最密切相关的变量。用具有硕士及以上学位教师的比例来表示的教师教育程度，与测试分数有时呈显著正相关关系，但没有教师经验因素的影响普遍。同样，一个年级仅有学士学位教师的比例与学生成绩负相关。[59]

然而，该州认为，原告学生要求的补救措施对学习没有影响，即便这些学生从高度隔离的学校中集体辍学，已经构成了格洛里亚·兰德森－比林斯所说的"极端忽视"。[60]

关于教师资格方面的巨大差异，辩方专家试图将分析局限于一小部分弱势学校，以显示教师资格对学生学习的影响不像原告认为得那么大。然而，重新分析他们的数据，结果却更清楚地表明合格、有经验的教师是如何影响学生学习的。完全认证教师的百分比强烈预示了全州和最贫困学校（那些低收入少数族裔学生最多、有资质教师最少的学校）的成绩。虽然这样限定贫困学校低估了资源变量带来的影响，但结论仍是正确的，因为社会经济地位和资源是相互决定的（见表 5.2）。

表 5.2　加州学校成绩（API 分数）的预测因子，共变系数（t 值）

	样本 1：低收入、少数族裔学生居前 25%、且完全认证教师数量居后 25% 的学校（n = 818）	样本 2：所有加州中小学（n = 7203）
少数族裔学生百分比	−2.457*** (−3.33)	−.417*** (−9.55)
完全认证教师百分比	0.758*** (4.73)	1.085*** (18.18)
享受免费或低价午餐学生百分比	0.596* (2.05)	−1.360*** (−31.99)
英语学习者百分比	−0.066 (−0.47)	.647*** (10.19)
学生流动率百分比	−0.691*** (−4.15)	−.819*** (−15.38)
取得高中以下文凭的家长百分比	−1.484*** (−10.41)	−2.138*** (−30.14)
原告学校	−9.248 (−0.56)	−35.127** (−3.31)
常量	−14352.8*** (−3.94)	−17230.99*** (−14.77)
R²	.19	.66

注：* p < .05；** p < .01；*** p < .001。

此外，在这组高需求学校中，几年中经过完全认证的合格教师的比例变化是预测学校成绩水平变化的最重要因素，比少数族裔和低收入学生的比例变化对成绩增长的解释作用更大。[61] 这表明，学生成绩与向贫困学校投入更多合格教师的政策之间存在正向关系；反之，合格教师离开学校则会导致成绩下降（见表 5.3）。

表 5.3 1999—2002 年教师素质变化与学生结构变化对学校
成绩水平（API 分数）的影响，共变系数（t 值）

	样本 1：低收入、少数族裔学生居前 25%，且完全认证教师数量居后 25% 的学校（n = 739）
少数族裔学生比例的变化	−1.310（−1.66）
完全认证教师比例的变化	1.151***（7.87）
享受免费或低价午餐学生百分比的变化	.202（1.09）
英语学习者比例的变化	−1.128***（−5.63）
取得高中以下文凭的家长百分比变化	.026***（3.50）
原告学校	−22.979（−1.73）
学生流动率的变化	−.432**（−3.20）
常量	242.728**（3.10）
R^2	.15

注：* p < .05; ** p < .01; ***p < .001; **** p < .0001。

忽视加上管理不善

加州少数族裔学生多的学校，资源不足的情况可能比全国任何地方都更加明显，尽管城市地区生活成本高、贫困学生多，但大多数城市地区学校的拨款却低于州平均水平，在威廉姆斯案诉讼时期，加州的平均支出在考虑了生活成本之后，排在全国第 48 位。辩方也愿意承认原告的意见，资金本身不是唯一的问题，资源的管理至关重要。加州关注成绩的提高，但税收限制导致公共资源稀缺，人们可能认为该州会努力确保将有限的资金用来支持学习。然而，在长达十几年的时间里，加州政策短视、决策失灵、管理不善，对贫困学校和学生来说无疑是雪上加霜。

短视的教学政策。1970 年，加州成为全国唯一取消本科教师教育的州，将所有培训都转移到学士后阶段，而且时间不超过一年。这大大减少了教师的供给来源，到 20 世纪 90 年代出现了教师短缺现象，并始终没有恢复。这也意味着加州教师培养机构的培训深度不如康涅狄格、北卡罗来纳等提高了教师知识和技能期望的州。加州也没有与其他州实行教师资质互认，不能迅速聘用数千名想在该州任教的合格州外教师，而教师资格认证委员会（Commission on Teacher Credentialing）却全面允许各学区聘用数千名持临时教师资格的个人。加州应对教师短缺的主要手段，不是资助大学扩大招生，或激励师范生去高需求领域和贫困学校任教，而是降低教师标准，通过发放临时资格证引入数万教师，这一措施不但影响了学生成绩，也造成了高流动率和教师队伍的不稳定。

20 世纪 90 年代末，州长格雷·戴维斯（Gray Davis）终于制定了一些有效的教师招聘政策，开始转变贫困学校的教师招聘机会，比如提供可免除贷款和奖学金为这些学校培训教师；[62] 向招聘困难学校发放补贴，用于招聘、留住合格教师，改善工作条件；[63] 建立州招聘中心，帮助学区招募、聘用合格的申请人；这些措施明显缓解了教师短缺的情况。[64] 然而，戴维斯的继任者阿诺德·施瓦辛格（Arnold Schwarzenegger）却频繁地削减预算，几乎将所有措施都废除殆尽。[65] 他还减少或终止了一些教师发展和领导发展的强大培养方案，包括为教师提供专业发展的州"学科计划"（Subject Matter Projects）以及支持校长学习和学校改造的"加州中小学领导学院"（California School Leadership Academy），这些项目都曾经是全国其他州的效仿对象。立法机关经常制定一些执行不力的新举措，但是因为管理分散、行政混乱，再加上立法委员会任期的限制，每出台一个新举措，就必须从头开始，而且时间紧张，所以新措施往往都很短命，于是便陷入了没有意义的循环。

班级规模缩减执行不力。1996 年加州在计划不周的情况下便匆忙实行班型缩小改革，结果使问题进一步放大。之前，加州的班级规模是全国最大的，小学常常超过 30 名学生，高中超过 40 名，而全国标准是在 20 名左右。在加州出现短暂的预算盈余时，几乎全部用于缩小 K—3 年级的班级规模，在学校开学之前硬性将班级学生/教师比规定为 20 比 1，并在此基础上划拨资金，但是学校并没有足够的教室或教师支持小班上课。

　　低收入学校很多已经拥挤不堪，不得不在礼堂、体育馆、储物间和其他非教室场所上课。同时，这项政策使得认证教师迅速从低收入社区学校向薪水和工作条件较好的富裕地区流动，导致贫困学校只能聘用持有临时资格、未经培训的教师。这加剧了学校之间的师资差别，进一步拉大了成绩差距。例如，在实施缩减班级规模政策之后，在 40% 或以上是英语学习者学生的学校中，资质不足教师的比率从 3.7% 增加到 23.9%。[66] 可见，班型缩小并没有提高最贫困学生的学习成绩，[67] 如果政策可以更加成熟，同时采取必要的激励措施确保有足够的合格教师，学生成绩可能会得到提高。

　　未能实施本州制定的政策。州政府机构即使发现学区为节约开支，绕过合格教师的申请，聘用代课教师、临时教师和实习教师，还是会批准临时教师资格，大开方便之门，让学区将未经培训的教师和管理人员分配给低收入学生所在的学校。[68] 加州财政危机和管理援助小组（Fiscal Crisis and Management Assistance Team，FCMAT）曾对地方管理问题进行了彻底而有益的回顾，并给出了改进当下无效招聘系统的详细建议，但 FCMAT 并没有要求变革的权力，权力机构也没有跟进。

　　同样，当加州被要求调查教科书等法定资源不足的问题时，该州的措施往往是加剧而非改善了不平等现象。例如，2002 年，由于立法机构关注洛杉矶高成绩学校和低成绩学校在校生可用教科书数量和质量方面的差距，加州核政司进行了一项研究，发现确实存在教科书供应短缺和质量差异的问题，以拉丁裔学生为主体的学校情况尤其严重。然而，报告对差异带来的影响只是轻描淡写，认为教科书短缺对成绩的重要性不及社会经济地位、英语水平和家长教育程度等因素。[69]

　　对课程的过度规定。这些削弱教学质量的政策，由于加州对地方教学决策的严厉限制，被进一步强化了。在制定州标准的高度政治化斗争中，州教育委员会给教学方向带来了巨大的变动，经过一系列恶意的课程之战，在每个科目上都倡导"回归基础"，反对"批判性思维"。20 世纪 90 年代末，委员会修订了 90 年代初制定的所有科目标准，一味强调单词拼读和事实回忆等技巧，避免对推理、分析和探究的"过分"重视。由此产生的州标准构成了州测试建立的基础，并导致地方只能使用特定的教科书，这种规定性做法在各州中非常罕见。

虽然最终标准在"基础派"和"思维派"两大阵营之间做出了一些平衡，但是指定教科书的决定将一些高成绩国家广泛使用的高效阅读、数学和科学教学方案拒之门外，研究人员和一线教师对指定教科书的看法仍然存在着相当大的分歧。[70] 加州的决定也使得该州不会拨款购买教科书以外的图书和课程材料，这些资料对于学生能真正应用所学技能、而不是只会做书后练习题特别重要。事实上，新泽西州投入资金为贫困社区的学生建立了内容广泛的教室图书馆，帮助学生学习阅读，可是许多低收入学区的加州教师在有人巡视课堂的时候却不得不把书扔掉或藏起来，因为这些图书不属于阅读课程的范围。

讽刺的是，除了众所周知的阅读和数学课程之争外，过去 10 年中，这个以硅谷著称的州却努力将调查从科学课程中去掉。经过多次较量，委员会勉强同意科学课上最多可将 25% 的教学时间用于实际调查，但仍坚持使用州指定的教科书，不能用国家科学基金会（National Science Foundation）等机构开发的、在全国乃至全世界探究型科学教学中广泛采用的课程材料。[71] 2004 年，加州实行非探究型科学教学已有 7 年了，而且未来有可能出台更为严格的课程限制，大型高科技公司的 CEO（首席执行官）、斯坦福大学和加利福尼亚大学系统的著名科学家，以及大学校长集体给州教育委员会写了一封信，认为：

> 美国企业与行业需要今天的高中毕业生具有高度抽象性的概念思维能力，并运用这种能力解决复杂的现实问题。（委员会的）标准……大大限制了 K—8 年级学生接触全国广受赞誉的培养这些技能与思维习惯的教学材料。知识的获取固然有必要，但众所周知，如果不积极利用实验帮助理解，学生就很难掌握科学知识……因此，（委员会的）标准与扩大加州经济的希望相悖，并且会严重限制加州儿童学习科学和科学方法的机会。[72]

这封信最终改变了标准的修辞，但并没有允许地方采用适合21世纪科学的材料。如果不明智的自上而下的命令阻碍了学校使用最好的教材、实施最有效的教学方法，州级管理不但不会提升，反而会降低学校效率，造成资源的浪费。

2007年，加州学生在数学方面取得了一些进步，但4年级和8年级学生在国家教育进展评估中的排名仍然位于第47和第45位（共50个州）。[73]在阅读成绩方面，加州4年级学生2007年的排名是第48位，8年级学生是第49位，甚至比10年前落后得更多。[74]加州4年级和8年级学生的科学排名在第49位，仅高于密西西比州。[75]

不连续的拨款和管理。这些问题都是该州在由地方管理快速向州管理转变的过程中教育决策混乱、分散、不连续造成的结果，在州的指导下各机构颁布的政策不仅不协调，甚至相互矛盾。比如，有一个由选举产生、经常与州长抗衡、却要向州长任命的州教育委员会报告的州教育厅长，州长又设置了一个教育秘书长的职位。此外，还有一个独立的教师资格认证委员会，一个单独的设施资助机构，一个独立的核政司，一个有任职期限的激进立法机构，以及一个无人完全负责的公民投票程序，再混乱的政策制定也不过如此。

与此同时，在第13号提案通过之后，该州的拨款分散为不同的类型，资助也不平等。这种令人眼花缭乱的拨款组合，以及额度进一步减少，使用却更加具体，使州和地方不能专注于完善、提高学校系统的效率，而是要管理数百个小规模、互不关联的项目，满足行政要求，其中许多项目不允许地方对需要投资的重要领域进行投入。加州不是给贫困学区拨款，由学区自由支配，用来提高教师工资、改善工作条件或修复破旧的建筑，而是给学区（或是让学区申请）几十个小额补助，这些资金往往出现在规划快结束的时候，而且不是每年都有，比如为学区无力完全负担的音乐课程提供一半辅导教师或少量乐器，或者资助小规模、非经常性的专业发展课程。此外，由于每项补助都要有单独的支出和报告要求，导致珍贵的资源从教学流向了行政。

到2002年，最贫困学区有将近一半的资金是以这种分类补贴的形式取得的，以至于前州教育委员会主席迈克尔·克里斯特（Michael Kirst）担心加州这种不健康的"分类补贴会固定下来"。2006年，加州有一小段时间出现了预算盈余，州长将全部教育经费分成若干笔小额一次性分类拨款，用于艺术、音乐和体育教育等缺少资金的领域，结果州教育厅根本赶不及在学期初进行管理，学校也无法开设长期的课程。一年后，这些项目大多都不了了之了，这位州长又从预算中拿出钱来，实行了一套支持教师和学校领导招聘和培训的长期项目，倒是有效地缓解了加州的就业问题。

最后，虽然基于标准的改革理论要求分配资源、制定明确的目标，并让地方考虑实现目标的最佳途径，但加州却注重规定学校的实践活动，同时减少对学校的拨款，立法机构阻碍了学校的发展，却不断怀疑学校的能力。珍妮·奥克斯（Jeannie Oakes）在总结威廉姆斯案原告专家报告时评论说：

> 30多年来，加州迫切地参与、要求改革，但一直未能制订好计划，明确州肩负的责任，支持执行和监督新的州级政策与项目……每个州级机构都更关注提高本州学校的质量，也都更加积极地指定学校组织、课程、教学、教学材料、测试和评估，特殊项目的细节。结果在现行体制上又加上了大量不协调的政策，加剧了州教育政策制度的分散性和不一致性……20世纪90年代制定的保证质量与机会的系统改革政策，由于管理不善、缺少资金，越来越单一地强调考试分数，并错误地持有"地方灵活性"观点，[76]最终偏离了轨道。

这种观点正是得克萨斯州法院所批判的，该观点认为学校"不"应该期望地方和州政府均衡资源，可是后者却越来越多地规定学校该如何管理有限的资金。

加州并不是一直都缺少管理事务的能力。20世纪80年代该州教育厅运作良好、教师资格认证委员会资源充足，并发起了全国最早、最雄心勃勃的标准改革之一，增强了促进能力的众多因素，只是90年代中期随着政治的变化和资源的减少，大部分措施都废除了。事实上，和许多其他州一样，随着联邦政府和州政府相继撤资，而且州行政机构既没兴趣、也无意愿关心学生能否获得资源，加州教育部门的能力逐渐减弱。

行政部门不愿为学校能力承担责任的一个标志性事件，就是格雷·戴维斯州长 1999 年对州议院以压倒性优势通过的一项议案投了反对票，该议案要求向公众报告学生的学习机会，包括他们获得合格教师、高质量课程和其他学习条件的机会。戴维斯州长在否决意见书中称，加州已经做出了足够的努力投入并平衡资源：

> "州政府的恰当职能，是使各地区对其成绩负责……1999 年通过的《公立学校责任法案》（*Public Schools Accountability Act*）……引入了问责制，根据学校的努力结果对其进行排名，并按表现予以经济奖励和制裁。实施高中毕业考试也有助于让各学区为给学生提供学习机会负责。"[77]

仅仅一篇书面答复就驳回了机会不平等的问题，后来阿诺德·施瓦辛格当州长的时候，也曾否决过类似的提案。结果，严重的资源不平等问题一直持续到今天，威廉姆斯诉讼案虽然在 2004 年暂时得到了解决，但是如果接下来条件仍然没有改善，诉讼会再次提起。奥克斯经过深入思考后指出：

> 由于制度的缺失，加州不能防止、发现和纠正该州学校供给不足和不平等的问题。制度的巨大不足使得该州无法知道哪里存在不平等、不平等条件如何影响学生的成绩，以及怎样对这些条件进行补救。目前基于测试的方法可能对决策者来说更有政治吸引力，不必实施确保所有学生都获得适当、平等条件的政策。在这场基于测试的问责制转变中，承受损失最大的社区（低收入非白人人种社区）恰恰是那些缺乏政治力量、不能影响州政策制定的社区，这也许并不奇怪。[78]

各州案例带来的启示

加州的例子表明，不仅学校缺乏充足和公平的资金，而且该州还缺少良性教育发展的制度。尽管持续存在的成绩差距让人心生绝望，但我们知道了学校提高落后学生成绩应具备的关键因素。这些因素包括高质量的教师和教学，特别是教师有因材施教、有效支持不同学生学习过程的能力；[79]内容严谨的相关课程；[80]充分了解学生、支持学生，并与学生所在社区和家庭建立积极联系的个性化学校。[81]反过来，这样的组织也需要优秀的领导者，可以在相对稳定、相互理解的政策环境中有效地开展工作。

当然，优质学校的以上特征是不可能实现的，除非资源充足，能够确保教师拿到有竞争力的工资、得到有力的培训，提供支持性的教学和学习条件，并配有最新课程资料、电脑、图书馆、科学实验室等学习必需的资源。这些条件的实现还需要能为普遍优质教育提供基础设施支持的政策。在每个方面，全国各地的学校和学区中都有创新教育者做出了示范。美国教育中并不缺少创新，稀缺的是能够积极为广泛实行高质量教学和学校教育提供条件的制度。

关键问题是，只有当学校能够将资源用于聘任训练有素、日后能在高效的学校组织中发挥作用的教师和领导者时，增加资源才能促进学生的成绩。地方学校和学区自身无法提供为社会培训有效教师和校长的基础设施，也无法进行教师的整体供应与分配。具有开拓精神的学校领导者可以发展创新型组织、为学生提供有吸引力的课程及有效评估，却很难抵挡阻碍良好实践、要求采用过时或低效方法的短视政策。

各州除了将纳税人的钱用于学校之外，在创造有利的教育条件方面也发挥着重要的作用。不仅要避免无知的干预，还要制定完善的结构和政策，促进高质量课程、评估及学校规划的发展，培养知识和经验丰富的教师和领导者。康涅狄格州和北卡罗来纳州（以及上一章提到的新泽西州）都有大量低收入少数族裔学生，它们的例子告诉我们，如果州政府扮演了正确的角色，就可以提高教育质量、减少不平等现象。加州的案例却表明，当政府没有担负起支持性领导作用时，用于教育的稀缺资源就会遭到浪费，损害儿童和社会的利益。

　　所有这些案例都表明，美国在实现平等方面取得的进展是多么的脆弱，在每一个州原告都不得不一次次重返法院，主张儿童接受优质教育的权利。然而，许多其他国家却建立了强大、公平的公共教育制度，为他们的孩子接手未来世界做好准备。下一章将对这些国家的情况进行介绍。

第 6 章　脚踏实地：各国如何建立起强大的教学和学习系统

　　（芬兰教育政策的）目标是实行连贯的政策，促进教育公平和面向全体人口的高水平教育。终身学习的原则使得每个人一生中都能获得足够的学习技能和机会，在不同的学习环境中发展知识与技能。

——芬兰教育部，2009[1]

　　韩国教育有两个显著的特点值得注意：平等的理想和对教育的热衷……自从韩国引入了现代学校，政府就一直尽力保障所有人的平等受教育机会，不论性别、宗教、地域或社会经济阶层。第二，韩国社会有高度重视教育的传统……近代发生的日本殖民主义和朝鲜战争让韩国人相信，投资人比投资物质资本更加重要，进一步强化了韩国对教育的热情。

——金光祚（Gwang-Jo Kim），2002[2]

　　不再简单地鼓励创新，创新已经成为商业、政府和教育领域中所有专业工作的必要条件……需要一种新的思维方式和新的策略来促进创新，我们周围的工作都需要创新，所有组织，特别是学校，必须做出应对。学校是知识组织……因此，必须充当学习和发现的催化剂，以及知识社会的源泉。

——新加坡教育部长张志贤（Teo Chee Hean）[3]

美国学校为争取公平资助而付出的努力，仅仅回顾一下就很令人疲惫了，更不必说年复一年地参与斗争了。每一天，每一周，家长或学生在功能丧失、资源匮乏的学校中遭受着有意的忽视，就更令人沮丧了。

人们不禁会问，如果我们最终抛弃了解决不平等现象的承诺，行为与追求平等的言论严重背离，持续花费数百万美元在建立面向所有儿童的高质量教育体系的问题上进行辩论和诉讼，那么我们的国家将走向何处？我们该采取些什么措施？那些曾经基础薄弱（有的几乎是从零开始），却在短短二三十年间有目的地建立了高效和公平教育制度的国家，为我们提供了借鉴。

本章将简要介绍 3 个不同的国家——芬兰、韩国和新加坡，是如何从零开始建立起强大的教育体系的。20 世纪 70 年代，这些国家中没有一个在教育上是成功的，而那时的美国却是世界上公认的教育领袖。这些国家通过扩大教育的受众范围，创建了高效的教学和学习系统，同时运用各种策略来提高教学能力，有目的地对雄心勃勃的教育目标进行投入。

我建议使用教学和学习系统这一术语来描述一组设计、衔接得当便能可靠地支持所有学生学习的要素。这些要素确保学生总是能遇到训练有素的老师，他们围绕成熟、高质量的课程使用适当的材料和评估展开合作教学。此外，系统中的这些元素旨在帮助学生、教师、领导和整个系统不断学习和提高。

尽管这些国家都面临着问题和挑战，但每个国家都建立了比美国更加一致的面向所有学生的高质量教育体系。虽然无法将外来制度完全照搬到另一个环境中去，但是看看别人是怎样解决我们遇到的类似问题，可以学到很多经验。一位先哲曾说，从自己的错误和经验中学习固然重要，但能从别人的经验中学习就更加明智。本章介绍别国的情况正是基于这一想法。后面的章节将探讨如何恰当地将关键要素纳入我们的文化，在美国建立教学和学习系统。

芬兰的成功

自芬兰摆脱了苏联的影响，在国际排名中迅速跃居首位之后，就一直是学校进步的榜样。曾经，芬兰臃肿的官僚机构导致教育质量差、不平等现象严重，而且教育排名低下，但是现在该国在 PISA 评估中的数学、科学和阅读成绩居所有经合组织国家之首。另外，虽然移民学生的比例越来越高，但芬兰的成绩分布却高度均衡[4]。

高水平、均衡的教育成绩和成就

帕思·萨尔博格（Pasi Sahlberg）在最近对芬兰教育改革政策的分析中，描述了自 20 世纪 70 年代以来芬兰如何从传统教育体系转变为"具有广泛公平、高质量、高入学率特征的现代、公共资助教育体系模式，而且付出的成本相对合理"[5]。除了测试成绩提高之外，高中和大学教育成就也取得了巨大进步。超过 99% 的学生顺利完成了义务基础教育，约 90% 的学生完成了高中学业。[6]三分之二毕业生进入大学或职业技术学校，50% 以上的芬兰成年人参与成人教育课程。各级教育成本的 98% 由政府出资，而非个人承担。[7]

20 世纪 70 年代学生之间的成绩差距相当巨大，这与社会经济地位密切相关，但 80 年代开始实施课程改革之后差距逐渐缩小，在 2000 年、2003 年和 2006 年的 PISA 评估中差异继续缩小。到 2006 年，芬兰在 PISA 科学成绩上的学校间差异只有 5%，而其他经合组织国家的学校间平均差异达到 33% 左右。[8]学校间差异大通常与社会不平等有关，包括具有不同财富水平的社区之间的成绩差异，以及导致不平等现象减少或增加的学校拨款水平和组织程度。

芬兰不仅学校之间的成绩差异微乎其微，学生成绩的总体差异也小于几乎所有其他经合组织国家。即便近年来自较低教育水平国家的移民数量急剧增长，学校面临的语言和文化多样性增强，但成绩差异依然很小。最近的一项分析指出：

在过去 15 年中，芬兰的机构与个人都不得不适应新的政策和实践。在教育方面，新的文化和语言少数群体的出现对教育和课程的基本价值观念提出了挑战，同时芬兰学校的社会和族裔多样性增加，对教师也构成了挑战。在有些城市学校，移民儿童或母语不是芬兰语的儿童比例接近 50%。[9]

虽然大多数移民仍然来自瑞典等地，但自 1990 年以来增长最快的新移民群体来自阿富汗、波斯尼亚、印度、伊朗、伊拉克、塞尔维亚、索马里、土耳其、泰国和越南。[10] 移民使用的语言超过 60 种。但是，芬兰的成绩仍然持续上升，而且更加均衡，但其他一些经合组织国家的成绩却不断下降（见图 6.1）。

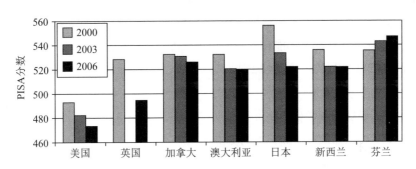

图 6.1　部分 OECD 国家的 PISA 数学成绩

来源：萨尔博格（Sahlberg, 2009），第 5 页。

与此同时，芬兰的经济也实现了转型，到 20 世纪 50 年代芬兰还是一个乡村农耕社会，被认为比邻国瑞典落后约 40 年，但 2001 年至 2005 年世界经济论坛有四年将芬兰列为世界上最具竞争力的知识型经济体。[11] 90 年代初芬兰遭遇了一场重大的银行危机，经济近于崩溃，由于拥有高水平的人力资本、广泛使用全球信息通信技术（芬兰在该领域居世界第一）、重组教育和研究机构促进创新，最终通过新兴的知识产业摆脱了危机。[12]

改革战略

鉴于这些趋势，许多人转向芬兰寻求教育改革的线索。一位分析人士指出：

> 大多数人来到芬兰会看到优雅的学校建筑，温和的儿童和高学历教师。还会看到学校享有巨大的自主权；中央教育部门几乎不干预学校的日常生活，学校运用系统的方法去解决学生生活中的问题，并为有困难的学生提供有针对性的专业帮助。[13]

然而，在参观者所见的背后还存在一些不明显的因素。芬兰领导人将取得的这些成就归因于对教师教育的密集投入（所有教师都公费接受两到三年高质量的研究生水平培训课程）以及对课程和评估系统进行的重大改革，以确保所有学生都能接触到"思维性课程"。最近一项对芬兰教育制度的分析总结出了以下核心原则：

- 为最贫困的学生提供资源；
- 对特殊需求给予高标准的支持；
- 合格的教师；
- 教育评估；
- 平衡权力下放与集中。[14]

变革的过程几乎与美国的政策进程背道而驰。在过去40年中，芬兰从强调外部测试的高度集中教育系统转变为本地化教育系统，由受过良好训练的教师根据非常精简的国家标准设计课程。除了高中和大学教师创建的样本评估和自愿参加的大学预科考试之外，所有评估都是在学校层面由教师设计、用以评估高阶思维和表现技能的。这个新系统是通过公平资助和对所有教师进行全面培训来实施的。该制度的逻辑是，投入资金增强地方教师和学校的能力，满足所有学生的需求，同时给予周全的目标指导，就可以释放地方的创造力，带来共同、公平的结果。

而美国一直在推行更多的外部测试，实施的方式通常会加剧课程的差异，拉大地方学校条件的不平等。由于儿童和学校获得的整体资金和在受过训练、有经验教师方面的差别加大，贫困学校愈发没有能力满足政府追求的表面结果。分析芬兰政策的学者萨尔博格指出了芬兰所采用路径的不同：

> 根据许多教师和学者的说法，立法（《不让一个孩子掉队》法案）导致教学断层，加强了与基本课堂教学不协调的干预，使更多培训不足的教师走上教师岗位。结果，学校对每位学生都有太多的教学要求，失当行为增多，而且缺少教学连续性和系统的学校改善［格拉布（Grubb，2007）；尼古拉斯和伯林内尔（Nichols & Berliner，2007）；瓦利和韦泽（Valli & Buese，2007）］。这与芬兰采取的方法有明显的区别：芬兰人已经进行了 35 年的系统努力，确保所有学校中都有能够为全体学生创造最好学习条件的合格专业人员，而不是认为在最后一刻引入标准化教学和相关测试，就能改善学生学习，扭转学校的失败。[15]

萨尔博格指出了许多国家普遍使用、但芬兰却没有采用的一系列改革措施，包括通过频繁的外部测试来实行的课程标准化；将课程范围缩小至阅读和数学的基本技能；减少创新性教学策略的使用；使用外部教育理念促进创新和解决问题的能力，却不发挥地方的潜力；采用高风险问责政策，对学生、教师和学校进行奖励和制裁。相比之下，他建议：

> 芬兰的教育政策是 40 年来系统、有意识发展的结果，它在整个芬兰社会，特别是在教育系统内创造了多样性、信任和尊重的文化……教育发展的基础是人人享有平等的机会，公平分配资源而不是靠竞争获得资源，强化早期预防干预措施，以及在教育从业者，特别是教师中间，逐步建立起信任。[16]

除了基本拨款以外，还多方位保证平等的学习机会。芬兰学校一般规模较小（少于 300 名学生），班级规模也相对较小（20 多人），设备统一齐全。关注学生的教育和个性是学校的核心原则。所有学生每天都会在学校获得免费午餐，以及免费的医疗、交通、学习材料和咨询服务，具备一切学习的基础。[17] 此外，配备优质课程与教师已成为芬兰教育政策的核心部分。

改善课程内容和学习机会。从 20 世纪 70 年代起，芬兰开始实施教育机会平等化改革。首先，消除了根据学生考试成绩将其分为不同层级的做法以及之前用于分级的考试，在 1972 年到 1982 年之间分两个阶段完成，并在整个系统中开发了一个直至高中毕业的通用课程。改革的目的在于平衡教育成果，扩大高等教育机会。[18] 在此期间，还对儿童和家庭提供了社会支持，包括医疗和口腔保健、特殊教育服务和上学交通。

到 20 世纪 70 年代末，师资投入又成为了重点。教师教育得到了改进和扩展。决策者认为，如果投入资金培养优秀的教师，就可以给地方学校更多自主权，来决定教什么、如何教，这是芬兰试图彻底改变压制性的集中系统所做出的应对。

这场赌注似乎已经有了回报。到 20 世纪 90 年代中期，芬兰已经结束了高度规定性的课程管理系统（旧课程指南中的规定超过了 700 页）。目前的国家核心课程是一个非常精简的文件（比如，所有的数学指南都不足 10 页），用来指导教师集体制定地方课程与评估。90 年代课程改革的重点是科学、技术和创新，强调教会学生如何创造性地思考和管理自己的学习。萨尔博格指出：

> 90 年代中期，创新型企业迅速出现，学校也引入了创造性解决问题和创新型跨课程项目与教学的方法。诺基亚等一些知名的芬兰公司提醒教育决策者必须保持教学和学习的创新性，乐于接受新想法，而不是通过国家测试将其固化为预定的标准和问责制。[19]

事实上，芬兰没有对学生或学校进行排名的外部标准化测试，大多数教师对学生的反馈是叙述性的，重点描述他们的学习进步和能力发展。[20]
类似于美国的国家教育进展评估，芬兰在 2 年级和 9 年级的学期末会对学
生进行全国抽样评估，以便为课程和学校投入提供信息。这些开放性评估
的重点不是实施制裁和惩罚，而是为支持学习和解决问题提供信息。

在芬兰，进入大学之前有一项考试，即由芬兰教育部任命的预科考试
委员会所组织和评估的预科考试。该委员会任命相关学科领域的教师制定
考试内容。虽然从高中毕业并不需要这项考试，但学生们通常还是会参加
这项由 4 门开放测试组成、强调问题解决及分析和写作能力的考试。[21]

多数大学会将考试分数作为录取决定的部分依据。考试语言为考生的
母语（芬兰语、瑞典语或萨米语），考生从多项考试中至少选择 3 门，包
括第二本国语、外语、数学，再加上科学和人文学科综合测试 2 选 1。考
试主要是笔试，还有口试和听力部分。由于考题题目复杂，需要展开论述，
所以每项测试只有 6 到 10 个题目。教师根据官方指南对预科考试进行本地
评分，再由预科考试委员会聘任的专业评估员对评分进行抽样审查。[22] 虽
然习惯于将外部测试作为问责手段的人会觉得这种做法反常，但是芬兰在
学校层面将以学生为中心的开放式问题嵌入课程的做法，常常被认为是该
国在国际考试中取得成功的重要原因。[23]

国家核心课程为教师提供了每个科目以及每学年末对学生进步予以整
体评估的建议分数评估标准。[24] 然后，地方学校和教师使用这些指南制定
详细的课程和学习目标，以及评估课程标准的方法。[25] 芬兰国家教育委员
会（2008 年 6 月）称，评估学生的主要目的是指导和鼓励学生展开自我反
思和评估。因此，来自教师的持续反馈非常重要。教师通过语言和叙述反
馈给学生提供形成性和总结性报告。

培养探究能力是芬兰的学习重点，评估采用开放式题目帮助学生解决
问题，以培养学生的主动学习技能。在芬兰的课堂上，很少见到老师站在
教室前面给学生授课 50 分钟。相反，学生可能在进行科学调查，测量、建
立或计算答案，为不同类型的受众和目的进行阅读和写作。在许多课堂上，
学生与教师协商决定每周在特定科目中的目标，并按照自己的节奏解决自
己选择的任务。学生可能穿梭于不同的工作坊，或者收集信息，向老师提

问，与其他学生展开小组合作。[26] 他们可能正在独立或集体完成科学或社会研究项目，为自己创办的杂志写文章。培养独立性和主动学习的能力可以让学生发展出有助于构建、处理和解决问题的元认知技能，评价和改进自己的工作，并富有成效地指导自身的学习过程。[27]

以充分实验、反思和改进为基础的个人学习和组织学习的动态循环，是学生在探究性课堂学习、教师进行专业问题解决与课程开发，以及学校推动持续进步的过程特征。萨尔博格指出："芬兰教学和学习的典型特征是在尊重学校教育经验的同时，鼓励教师和学生尝试新的想法和方法、学习创新，并通过创新学习在学校中培养创造力。"[28]

改进教学。加大教师教育方面的投入始于 20 世纪 70 年代，希望将教师教育从 3 年师范课程改为 4 到 5 年的学习课程。90 年代，芬兰再次对教师培养进行了改革，重点是在研究型硕士学位课程中学习如何教授不同学习者解决问题和批判性思维等高阶技能。韦斯特伯里（Westbury）及同事认为，[29] 培养教师从事研究型职业一直是芬兰教师教育发展的中心理念。

从大学毕业生中选拔准教师的竞争非常激烈，只有 15% 的申请者被录取，[30] 这些学生将接受 3 年的研究生教师培养课程，学费全免，还有生活补助。而在美国，个人要么举债完成教师培训，然后进入收入微薄的教师行业，要么接受少量培训，甚至根本未经培训便进入教师队伍。芬兰和其他斯堪的纳维亚半岛上的国家一样，决定投入资金招收顶尖学生供他们上学，从而建设一支统一的优质教学力量。获得教师培养课程的名额是非常让人羡慕的，教师不足的情况几乎闻所未闻。

教师培养包括广泛的教学课程，重点强调基于高水平实践展开研究，并在与大学合作的中小学进行至少一年的教学实践。建设示范学校的目的是开发和建立创新实践模式，促进学习与教学研究。用研究的方法培训教师"有助于提高教育系统解决问题的能力"[31]。

在示范学校中，师范生组成问题解决小组，这是芬兰学校的一个共同特征。问题解决小组不断地进行规划、行动和反思 / 评估，并通过教师教育予以强化，事实上，这也是教师为学生制定计划、希望他们在研究中使用类似研究和调查所用到的模式。实际上，整个系统旨在通过在课堂、学校、城市和国家层面不断地反思、评估和解决问题来改进教学。

教师学习如何创建具有挑战性的课程，以及如何开发和评估让学生定期参与研究和调查的地方表现评估。教师培养强调学习运用不同的方法开展教学，包括教授有特殊需求的学生。教师培养还特别强调"多元文化性"和"预防学习困难与排斥"，以及对学习、周全的评估和课程开发的理解。[32] 奉行平等主义的芬兰人认为，如果教师学会了帮助那些有学习困难的学生，就能够更有效地教授所有学生，真正做到不让一个孩子掉队。

目前大多数教师都拥有学科与教育双重硕士学位，他们接受了充分的培训，可以深入理解并教授不同类型的学习者，包括有特殊需要的学生。他们也能够定期使用形成性表现评估为其教学提供信息，从而满足学生的需求。[33] 教师在研究方法和教学实践方面都受过良好的培训，因此可以诊断复杂的学习问题，与同事合作设计出既达到学科要求、又满足学生需要的教学。

和其他高成绩国家一样，在芬兰，学校定期为教师提供合作解决教学问题的时间。教师每周至少有一天下午可以一起规划和开发课程，同时还鼓励同一城市中的学校进行合作、共享教学材料。另外，在教师工作周内还辟出专业发展的时间。[34] 与许多其他欧洲和亚洲国家一样，教师近一半的在校时间用于学校课程建设、集体备课，并为学生展开密切的家校合作。[35] 结果是：

> 芬兰教师是专业发展和在职培训服务的重要消费者。在过去 20 年中教学队伍的专业水平有所提高，同样，教师专业发展支持的质量也在提高。大多数强制性的传统在职培训已经消失。取而代之的是学校或城市提供的长期课程和专业发展机会。继续提升教师的教学专业性已经成为一种权利，而非义务。教师学习条件和风格的转变往往反映了为学生安排课堂学习的方式。由于学校专业水平的提高，教师和学校能够对自己的工作负责，也能解决大多数问题，无需将其移交到别处。今天，在芬兰，教学职业与其他专业职位地位相当；教师可以诊断课堂和学校中存在的问题，找出证据，采用替代解决方案，并评估和分析所用教学程序的影响。[36]

所有报告均称，芬兰组织教育制度的方法将重点放在教学和专业实践的发展上，使有效的教学方法在学校中更加普及。此外，让学校相互学习增强了学校间的"横向能力建设"，[37] 即在整个系统中广泛采用有效的实践和创新实验，"鼓励教师和学校继续扩展教学方法，实施个性化教学，满足所有学生的需要"[38]。

教育改革使芬兰摆脱了不公平、平庸的教育体系，跃至国际排名首位，一位芬兰官员指出了这场改革的关键经验：为教师行业赋权会产生良好的效果。专业教师应该有创新的空间，因为教师应该努力寻找提高学习的新方法。教师不应该被视为严格执行教学大纲的技术人员，而是知道如何帮助所有人提高学习的专业人员。教师最为重要，因为教育系统是通过教师来运转的。[39]

韩国突飞猛进，教育成就非凡

师资投入也是韩国从人口教育程度低下一跃成为世界上教育程度最高的国家之一的关键因素。韩国有一句谚语，"连老师的影子都不要踩"，儒家传统中的尊师重道由此可见一斑。1953 年，韩国还是一个文盲人口多、基本没有校舍的国家，[40] 但是在 2003 年的 PISA 评估中，韩国在解决问题能力方面排名第一，阅读排名第二，数学排名第三，科学排名第四。此外，尽管韩国人担心教育体系中存在不平等现象，但社会经济背景对学生成绩的影响却低于经合组织的平均水平，学校间的成绩差异也是如此。[41]

教育机会的增长速度快得让人难以置信。1945 年韩国从日本占领中解放出来，不久后便爆发了朝鲜战争，1950 年至 1953 年间超过 80% 的校舍被摧毁。[42] 尽管面临重重困难，刚刚建立的韩国却坚定地致力于教育。战争一结束，政府便努力落实韩国教育委员会 1948 年提出的计划。教育委员会阐述了"弘益人间"（*Hong Ik In Gan*）（字面意思是为人们造福的人）的教育理想，呼吁普及教育机会，使教育满足国家发展的需要，并与别国的教育制度相一致，以"适应全球教育实践的趋势"。[43] 韩国在 20 世纪 50 年代普及了小学教育，但需要通过考试才能进入初中和高中。由此产生的"考试地狱"让教育者感到必须着重强调死记硬背和填鸭式教学，为了应对这种情况，韩国 1968 年取消了初中入学考试，1974 年又取消了高中入学考试（"高中平均化政策"的部分内容）。[44] 超过 90% 的学生只需通过基本的资格标准就能接受中等学校教育。学生被随机分配到临近的几所高中，其中包括由政府补贴的私立学校。"考试地狱"随后移至高中，因为学生必须竞争上大学。1980 年，政府又大幅提高了大学入学率，同时禁止大学实行单独的入学考试和私人辅导，只留下类似于美国的全国学术成就测试（Scholastic Achievement Test，SAT）作为大学录取的信息依据。

　　教育的快速民主化在 30 年间迅速改变了韩国人口的教育程度。1970 年，只有 20% 的韩国年轻人上过高中，到 2005 年超过 90% 的人是高中毕业生。2006 年，小学升初中的比例为 99.9%，初中升高中的比例为 99.7%，高中升大学的比例为 82.1%，远远高于美国 [45]（见图 6.2）。韩国学生中大约有三分之二上高中，三分之一读职业高中。即使韩国职业高中学生的大学入学率（69%，学术高中的比例为 88%）[46] 也超过了美国的大学入学率，美国的高中毕业率只有大约 70% 到 75%，其中仅 60% 的学生升入大学，不足同年龄组人口的一半。

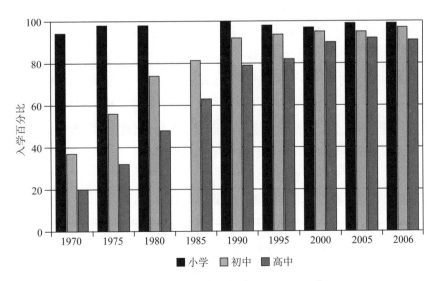

图 6.2　韩国中小学扩招（1970—2006）

来源：韩国教育发展研究所（2008）。

韩国决策者和教育工作者一致认为加速教育普及的做法重视数量多过质量，因此便大力改善教学，减少班级规模，特别是自 1990 年以来力度更大。1970 年平均每班有 60 名学生，到 2005 年减少至 30 多名。[47]快速扩大入学率并稳步缩小班级规模导致对教师的需求持续增长，这个问题是通过实施全面的教师招聘和留用政策加以解决的，下文将进行讨论。韩国没有像加州和美国其他州那样通过降低教师标准来增加供给，而是在扩大教师队伍的同时，通过有针对性的激励和支持措施，提高认证与培训标准。

1985 年 3 月，就像美国采取措施应对 1983 年《危机中的国家》报告一样，韩国教育改革委员会以"培养领导 21 世纪的韩国人"为目标提出了一系列创新措施，包括扩大教育投入，升级学校设施，保证优质教师，改进课程和教学方法，促进科学教育，改善大学入学体系和大学教育，建立终身教育制度。[48]在美国各种举措实施又废止，无视改革思想，而韩国的这些措施却在持续进行，很多已经基本实现了。

课程

课程的发展和完善在韩国是有正式程序的，每 5 至 10 年进行一次修订。韩国教育史学家指出，20 世纪五六十年代韩国知名教育家们对约翰·杜威进行了研究，课程思维受到杜威"以儿童为中心"思想的强烈影响，后来课程改进又受到了杰罗姆·布鲁纳（Jerome Bruner）的影响，布鲁纳认为在课程中进行发现与探究非常重要。[49]这些观念在课程中的反映就是，培养德、智、体、美、心全面发展的孩子，同时进行细致的学科教学。

课程实施。教育部对韩国教育目标的论述包括：

- 平衡身心发展，培养成熟的自我认同感；
- 具有识别和解决日常生活问题的能力，能够进行逻辑、批判和创造性思维，并能表达自己的感受和想法；
- 培养在全球语境中恰当欣赏传统文化的态度；
- 发展在多元世界工作所需要的知识和技能，培养爱邻、爱国，以及全球公民意识。[50]

　　有趣的是，美国学校在不断缩减阅读和数学以外科目的教学时间，而韩国课程却将大部分时间用于人文科目，每个年级都投入大量时间学习社会、科学、体育、音乐美术、道德教育、外语（英语）、实践艺术，以及一系列课外活动和选修课。[51] 所有科目都归入 3 个广泛的领域：守纪生活、智慧生活和愉快生活（见表 6.1）。

表 6.1　韩国中小学课程（年课时）

学校		小学						初中			高中		
年级		1	2	3	4	5	6	7	8	9	10	11	12
科目	语文	语文 210　328		238	204	204	204	170	136	136	136		
	道德教育	数学 120　136		34	34	34	34	68	68	34	34	韩国历史 68	
	社会学科			102	102	102	102	102	102	136	170		
	数学	守纪生活 60　68		136	136	136	136	136	136	102	136		
	科学			102	102	102	102	102	136	136	102		
	实践技能	智慧生活 90　102		.	.	68	68	家政技术（Technology home economics） 68　102　102　102				选举课	
	体育			102	102	102	102	102	102	68	68		
	音乐	快乐生活 180　204		68	68	68	68	68	34	34	34		
	美术			68	68	68	68	34	34	68	34		
	外语（英语）	我们是小学生了 80		34	34	68	68	102	102	136	136		
选修课		60	68	68	68	68	68	136	136	136	204		
课外活动		30	34	34	68	68	68	68	68	68	68	8 单元	
总计		830	850	986	986	1088	1068	1156	1156	1156	1224	144 单元	

来源：韩国课程与评估研究所（2008）。

国家制定指导课程的标准，但是由地区开发课程框架，学校教师设计实际课程材料和课节。教科书虽然由政府编写、委托或批准，但是家长和教师在教科书的选择中发挥着重要的作用。

课程质量通过定期改进的系统性课程评估程序进行监测。地区和地方教育局的督导员会定期到各学校检查课程计划和教学。韩国课程和评估研究所（Korea Institute of Curriculum and Evaluation，KICE）等国家研究机构也经常展开与课程实施和教学有关的研究。教育部还试行了学校对课程实施的自我评估法，类似于芬兰等国家使用的策略。目前高中毕业之前没有对学生个人进行的外部测试，但有一个和美国 NAEP 相似的抽样测试，对象是 1% 的 6 年级和 9 年级学生以及 3% 的 10 年级学生，作为韩语、数学、科学、社会学科和英语课程评估的基础。测试中的操作题目至少占到 30%。对学生成绩的评估由教师设计并在学校内部进行。除了笔试之外，学校评估已经开始包括表现评估，比如科学课要求在实验室中进行实验。20 世纪90 年代中期以来，教育部鼓励多使用论文和操作测试，来提高对批判性思维和解决问题能力的关注。

当前的改革。韩国非常重视联合国教科文组织在广为传播的《德洛尔报告》（Delors Report，1996）中提出的教育框架，以及教育应该培养个人多样性才能的理念。韩国的教育制度试图培养报告中提出的 4 个学习支柱：学习知识、学习做事、学习做人、学习共同生活。公布的教育目标包括知识和应用技能、情感技能和素质、创造性 / 审美品味、精神健康和自我认识，以及宽容、平和、尊重他人的态度。韩国对教育目的的整体认识和学校课程的宽度，比起许多美国学校，尤其是不太富裕学生所在的学校，要全面得多。

然而，韩国人却担心全国大学入学考试会使课程变窄。一位观察人士指出："大学入学考试是一场全民狂热。"[52] 考试影响了高中课程，引发了密集的校外补习。为了减少这种影响，目前已禁止大学将自己举办的笔试、高中的类别（学术高中或职业高中）或家长捐赠作为录取学生的依据。韩国官员认为 SAT 扭曲了其他课程，"过分依赖零散知识的记忆和回忆"，[53]为了进一步削弱 SAT 的影响，鼓励大学不要过分看重 SAT 分数，而是要注重学生高中时期的评价和在各个领域中的表现，包括他们提交的论文。

虽然教育部给予了各种劝告，但激烈的大学入学竞争还是导致韩国私人辅导行业全面兴起，过去 10 年中几乎每个政府报告都在对此进行批评。为了抵消富裕学生从私人辅导中获得的优势，韩国政府现在提供免费的课后学术课程、电视和互联网课程，并为低收入家庭学生提供特别奖学金项目。[54]1997 年以来，教育部一直坚定不移地改变追求进度和内容范围的授课模式，转向注重深入理解概念、培养高阶思维和问题解决能力。教育部对 7 年级全国课程的描述是：满足全球知识经济的需要，发展学生创新思考、创造新知识及有效向他人传达知识的能力。[55] 技术投入也是一个目标。2002 年时，韩国每所学校的教室都接入了高速互联网，每个科目使用信息通讯技术的比例达到 10% 以上。[56]

当前的课程改革旨在减少教学时间总量和学生每年需要学习的学科内容，尽量减少重复，留出时间增加深入学习的机会以及为培养学生自主学习、独立学习能力而进行的自选活动和其他创造性活动的比例。韩国教育发展研究所（Korean Educational Development Institute）前主任李宗宰（Chong Jae Lee）教授指出，目前的改革旨在更好地发展高阶思维、自我控制、责任感、独立性、创造力、自主学习能力和社会资本发展等核心能力。[57]

虽然韩国学生每年的在校时间为 220 天，但每年的课时总数（小学为 553 小时，高中为 1020 小时）通常要低于美国的 900 至 1080 小时。很难看出上课时间与学习成果的直接相关性，因为韩国学生进行大量的校外学习。无论美国还是韩国，规定的教学时间都比芬兰和日本等高成绩国家多（见表 6.2）。这说明教育部认为，提高教育不能单靠在校时间的长短，而是要看教育质量的差异以及学生的学习质量。

表 6.2　年教学总时长

	小学					初中				高中		
	1	2	3	4	5	6	7	8	9	10	11	12
韩国（实际）	553	567	657	657	725	725	867	867	867	1020	1020	1020
韩国（计划）	531	544	612	612	680	380	816	816	816	963	963	963
中国	769	798	855	855	855	855	965	965	965	1140	1110	1080

续表

	小学					初中				高中		
	1	2	3	4	5	6	7	8	9	10	11	12
日本	587	630	683	709	709	709	817	817	817	719	719	719
芬兰	542	542	656	656	684	684	855	855	855	713	713	713

来源：韩国课程与评估研究所（2008）。

教学

提高学习质量同样取决于课程改革与师资投入。韩国教师的素质很高：100%完成了教师教育，通过了书面和操作测试，获得了教师认证。韩国在国际数学评估中之所以表现优异，也是因为韩国中学数学教师中95%以上具有数学或数学教育学位及教师认证，而在美国只有约70%的数学教师拥有这些资质。

中小学准教师通常完成了4年本科教师教育课程，研究生教师培养课程也开始起步。有11所公立大学和两所私立大学开设教师教育专业。无论是哪所学校或哪个培养方案，都必须开设学科和教学法方面的标准课程。课程侧重于学科知识、一般和特定内容的教学方法、儿童发展和学习、课程和评估研究、技术在教育中的使用，以及如何教授特殊人群，比如有特殊需要的学生。师范生要想找到职位，必须完成培养课程并参加测试学科知识、一般教学法和特定教学法的资格考试。考试由两部分组成，不仅包括多项选择题、简答题和论述题，还包括面试和表现部分，比如课堂试讲，中学教师还要进行计算机水平评估。

教师在韩国特别受尊重，最近的一项民意测验显示，教师和牧师并列成为最被信赖的社会成员。儒家说的"君师父母，同等重要"就反映了这个观念。教师的薪水也很有吸引力，虽然低于医生，但比工程师高，在地方经济中的购买力比美国教师高出近250%。[58]教师薪水在全国范围内是统一的，由资历、学历和职位决定。

完成培养课程后，教师可以获得一个终身证书，这也增强了教师的职业意愿；然而，岗位竞争非常激烈，特别是在城市地区，比如，2008年首尔教师职位的招聘比例为20比1。一旦被聘用，教师便可获得永久职位，直到退休。分析人士康（Kang）和洪（Hong）认为，这一特征是韩国教师职位非常有吸引力的地方，"在韩国永久职位受到人们的尊重和重视"[59]。

韩国教育发展研究所注意到，中学教师供给过剩，师范生大约是现有职位的5倍。由于突然将教师退休年龄提前，又大力推行小班授课，因此对小学教师产生了小规模的临时需求，目前正在采取政策措施，通过招聘师范生到小学任教来快速缓解这一问题。

工作条件也非常理想。韩国与日本和新加坡相似，教师教学时间只占工作时间的35%左右，不到美国教师的一半，在美国教师约80%的工作时间用于教学，几乎所有的备课和批改都在放学以后进行。韩国的教育制度允许教师在工作日批改作业、做行政工作、与家长和学生会面，以及与同事一同备课、进行专业学习。教师没课的时候都在公共办公室，学生则在固定的教室上课，教师轮流去给他们教不同的科目。公共办公室有助于教师分享教学资源和想法，对新教师的帮助尤其大。[60]

新教师还可以得到6个月的入职培训计划支持，由校长、副校长和顾问教师管理，并提供课堂指导和监督。在职发展课程由教育部和地方教育办公室提供并全额支付。执教4年后，韩国教师每3年需要参加90小时的专业发展课程。此外，教学满3年就有资格参加由政府批准的5周（180小时）专业发展课程，以获得高级证书，用来提高工资并获得晋升副校长和校长的资格。

在线及学校网站上的专业学习机会也越来越多。韩国投入巨资想要建立世界上最大的电信中心之一，其中就包括一个学习信息交流中心——Edunet在线教学学习中心。截至2003年，80%的教师使用了这项服务。教育部目前正在创建一个Edunet数字图书馆支持系统。[61]

对参加专业学习以及在师资不足地区执教的教师，还给予广泛的奖励。通常，优秀的老教师会以校长职位为目标，晋升基于教学年限、绩效和研究成果，在贫困地区服务的教师可以获得晋升奖励积分。其他一些保证公平分配教师的奖励措施包括：缩小班级规模，减少教学时间，在薪水之外发放津贴；另外，最初在农村地区或社会经济地位低的城市学校任职的教师可以选择以后的任教地点。[62] 最终的结果是所有学校都有一支高素质、有经验的稳定教学力量，为学生的良好学习打下了基础。

新加坡如何成为"学习型国家"

支持专家教学、扩大教育范围和培养学生的创新与探究能力也是新加坡教育制度的主题。该国 1995 年、1999 年和 2003 年在国际数学和科学研究趋势（Trends in International Mathematics and Science Study，TIMSS）数学和科学评估中排名首位。这些排名以一个国家所有学生的成绩为依据，包括曾经成绩差距巨大、后来又迅速缩小的马来和泰米尔少数族裔。[63] 此后，政策分析家便对新加坡的教育制度产生了浓厚的兴趣。

大约 90% 的新加坡学生成绩高于 TIMSS 测试的国际中位数。考虑到只有不足半数的新加坡学生平时在家里说英语（测试语言），这项成就便更加了不起了。大多数学生说其他官方语言——普通话、马来语或泰米尔语，另外还有几十种其他语言或方言。

由于 1966 年国家采用了双语政策，所有教学都用英语进行，但是全体学生还必须通过"母语"（三种官方语言之一）补充教学，继续学习一种或多种其他语言。[64] 有些学生在家里并不说这些语言，可以在学校或社区组织提供的课程中学习他们在家中使用的中国或印度方言。因此，新加坡不仅建立了数学、科学和技术中心，而且流利地掌握了当前和新兴的世界与区域语言，为商业和贸易提供了便利。

30 年来密集的投入与改革彻底改变了新加坡的教育制度，建立起一个由独立、"自治"公立学校组成的复杂系统，同时扩大了教育范围，增加了公平性。有些学校是在殖民时期由少数族裔和教会开办的，现在都成为了国家教育体系的组成部分，由政府给予补贴。由于鼓励地方学校创新、寻找特色，学校的设置非常多样化，但是教学要求与得到的支持却是相同的。教育部建立或鼓励建立艺术、运动、数学和科学专门学校，培养学生不同的兴趣和才能。所有学校必须奉行国家的双语政策，并将国家教育纳入课程，以培养"新加坡精神和品格"。[65] 如果对这种在保证质量和公正的基础上创建、开办多元学校的"组合"方法感兴趣，新加坡倒是提供了很好的借鉴。

自 1997 年新加坡总理提出"思考型学校，学习型国家"的倡议以来，新加坡便将课程、评估和教学改革的重心明确为在学校中建立创造性和批判性思维文化，授课与评估也明确围绕这些技能，同时在教师中建立探究文化，支持教师进行教学行动研究，不断根据学习的内容修改教学策略。除了该项倡议之外，政府还努力将技术融入教育的方方面面（10 年后已经基本实现），大幅扩大学院和大学的录取率。这些话题后面还会论述，下面先来看新加坡为取得今天的成就付出了怎样的努力。

改革战略

新加坡是一个战略性贸易口岸，自然资源匮乏。1965 年摆脱了英国的殖民统治，成为独立共和国。当时，由于没有实行义务教育，很少有人上学读完高中，高度分级的精英体制只培养出极少数高中、大学毕业生和少量技术工人。相比之下，今天大约一半的年轻人在本地或国外读大学，比美国高出约 50%，其余学生也基本都获得了技术或职业专科文凭，可以在众多入驻新加坡的高科技跨国企业中寻找一份工作。

经过这些年的干预，教育制度发生了根本性的变化，政府经常将新加坡的人口看作唯一的自然资源，将教育制度看作主要的资源开发者。教育制度的目标是发展每个人的才能，使每个人都能为社会进步以及提高新加坡在国际市场上的生产力和竞争力做出贡献，目前在这个方面已经取得了实质性的进展，国家经济蓬勃发展。[66]

第一波改革浪潮始于 1979 年（结束殖民统治后 15 年），扩大了职业教育的范围，降低了辍学率，使学生毕业时具有市场技能，并创建了一批初级学院，在 10 年级中学结束后再增加两年的学术学习。（基本结构是 6 年制小学和 4 年制中学。）到 1987 年，约有 10% 的中学生进入职业学校；其余的升入学术高中。1989 年年底 15 所初级学院招收了同年龄组中"最有潜力"学生的 25%，学校配备了电脑、实验室和馆藏丰富的图书馆。虽然有殖民时期建立的精英私立学校，但 20 世纪 80 年代建立的学校都位于低收入人群居住的组屋住宅中心。

10 年后，政府设定了将教育支出从国内生产总值（Gross Domestic Product，GDP）的 4% 增加到 6% 的目标，达到日本和美国的水平。（2009 年，随着 GDP 的增长，教育支出的比例约为 5%。）20 世纪 90 年代加大投入的结果，改善了学校的条件与课程，增加了进入殖民时期建立的私立学校的机会，过去低收入学生是无法进入这些学校的。无论在哪所学校，小学教育现在都是免费的，任何学校（包括独立学校或自治学校）中如有学生负担不起，政府都会提供学费、教科书和校服资金。富裕家庭承担的高等教育费用要高一些。官员们认为这种公/私合作关系既可以用富人的资源支持教育，又能用政府资源扫除经济障碍，确保在任何环节都能为所有学生提供最好的机会。

高等教育也得到大量补贴，学费低，助学金多，以弥补家庭收入与学生学费之间的缺口。占人口约 15% 的马来土著一直到大学都享受免费教育。

如今在新加坡几乎人人都能接受高等教育。根据学生的兴趣、政府确定的人力需求、学生的年级成绩、O 水平考试成绩（O-level，相当于中考）和其他成就，学生在 10 年级中学毕业后会走上三条不同的道路：约 25% 的学生升入初级学院读两年，然后上大学，将来从事教学、科学、工程、医学、法律和公务员等职业；60% 的学生升入理工学院读三年，然后约一半人进入大学，另一半在技术和工程领域工作；剩下的 15% 在技术教育学院学习两年，然后有些人会继续上大学。理工技术学院拥有丰富的资源和适应当代劳动力市场需求的最先进设施，为职业流动提供了强大的路径。这三条道路几乎将所有学生都包含在内。另外，政府也鼓励并经常支持学生出国留学。为了满足不断增长的需求，新加坡目前正在与麻省理工学院（Massachusetts Institute of Technology，MIT）合作建立第 4 所重点大学。

新加坡与芬兰和韩国不同，后两个国家基本上是同质性社会，有一种主导语言（分别是芬兰语和朝鲜语），而新加坡是一个多民族、多语言社会，过去在殖民地时期教育被用作制造分化和不平等的工具。分析人士认为，新加坡实施的后殖民教育政策最为成功的一点，是成功地利用学校增强了不同群体（包括受教育程度低的少数族裔）之间的公平程度与社会凝聚力，加强了民众的忠诚度。学校还刻意通过课程和学校仪式强化对差异的接纳与欣赏，为所有社会成员创造公平的竞争环境。[67]

新加坡的历史告诉我们如何将平等主义精神、融合不同族裔群体的目标与精英、竞争文化巧妙地结合，创造出非凡的教育成果：

> 学校系统比任何其他社会机构都更清楚地反映了新加坡领导人的远见卓识，教育强调优秀、竞争、技术和国际标准，反对任何群体享有特权。各族裔、各阶层的新加坡人一起上学，教育制度对每个家庭都产生着深刻的影响。新加坡大多数国内政治问题，例如族裔群体之间的关系、竞争成为精英阶层、国家及人民的未来安全计划以及稀缺资源的分配等，在学校和教育政策中都有所体现……没有哪个机构能像学校这样，给多种族主义和新加坡身份等抽象价值观念赋予了具体的形式。[68]

从死记硬背到"思考型学校"

新加坡的学校系统一直是英国式的，只是做出了一些调整，中学生和英国中学生一样参加相同的考试。所进行的 GCE（General Certificate of Education，普通教育证书）O 级考试基于共同的课程教学大纲；考试要求学生从广泛的内容中选择性地进行或长或短的开放式论述。考试分数关乎大学录取，但不影响高中毕业，不过对高中课程也有着重要的影响。为了减少这种影响，教育部已开始实行在各级招生中除了考试分数，也参照广泛的学生能力与才华指标。[69]下文会讲到，新加坡最近正在改革课程与评估系统，更加重视创造力和独立解决问题的能力。

虽然新加坡的学校和许多其他亚洲国家的学校一样，给人死记硬背的印象（新加坡一直在旗帜鲜明地减少记忆和回忆式教学），但是这样概括传统教学的特征并不完全准确。研究人员哈罗德·史蒂文森（Harold Stevenson）近 20 年前的研究指出，采用这种定式的亚洲学校系统实际上往往比美国学校系统讲解的内容更加深入，使用操作与实践学习的频率更高，展开的协作式学习活动更多，运用知识解决的问题也更加复杂，而在美国，尤其是在资源匮乏的学区，课堂以学生做练习题为主，教师资质不足、疲惫不堪，学生作业也无人辅导。[70]

数学课和日本、中国一样，经常让学生两人或多人一组解决现实场景中的应用题，然后到黑板上解释答案，学生相互提问彼此的发现和猜想，创造出一套有助于理解的数学话语。学生常常在深入理解数学概念之后会总结公式，然后自己出文字题，进一步检验自己和同学的理解，这样就逐渐自己"掌握"了知识。[71]

课程转变。自 1997 年启动"思考型学校，学习型国家"计划以来，新加坡大力进行课程转变。新加坡国立教育学院（Singapore's National Institute of Education）的黄博智（Ng Pak Tee）解释说："大纲、考试和大学录取标准都改为鼓励开拓与冒险。学生现在参与更多的项目工作和高阶思维问题，就是为了鼓励创造力、独立学习与相互学习。"[72]

该举措的实施，伴随着向每所学校投入技术，并在整个教育系统中培养"创新和创业精神"，发展对知识的好奇心和集体能动性。1998 年国家大纲的内容削减了 10%—30%，让学生多进行项目工作和独立学习。[73] 李显龙总理在 2004 年国庆拉力赛上的演讲进一步强化了这一精神，他敦促说，"我们必须少教学生，他们才会多学"[74]。

看似矛盾的"少教多学"现在是新加坡广泛使用的口号，旨在摈弃之前在课程中涵盖大量内容的目标，转而提高教师质量，使课程能够进行更深入的学习，给老师和学生流出更多的"空白地带"。教育部长尚达曼（Tharman Shanmugaratnam）在回答议会提问时解释说，该目标是"给学生留出发挥主动性和自主学习的空间。学生必须成为学习过程中感兴趣、积极的参与者"[75]。他敦促改变教学的重心，

少依赖死记硬背、重复测试和"一刀切"的教学方法，多通过创

新、有效的教学方法与策略（和）整体学习观，实施参与学习、体验学习、差异化教学、学习终身技能，塑造良好性格，使学生能够超越狭义的学业优异，培养未来获得成功所必备的特性、思维、性格和价值观。[76]

有人可能会问，说得天花乱坠，实际情况怎么样呢？到新加坡的学校参观时，我感到很震惊，通过教育部及其重要的专业培训伙伴国家教育学院和实习学校的一致努力，这一教育愿景已经基本实现了。显而易见，在每所学校中都强调整体教育，发展全面的人。整个课程也在明显地从认知、美学、精神、道德和社会方面培养学生。除了几乎在每间教室中都能见到的项目工作，孩子们还广泛参与旨在培养创造力和创新精神的音乐、艺术、书法、体育、运动以及各种各样的俱乐部和自发活动。

行动创新。举个例子，走进位于淡滨尼（Tampines）住宅区（公共资助的住宅区之一）中心的义安（Ngee Ann）中学，能够看到一架学生们经常弹奏的大钢琴，室外展览着具有专业水准的学生作品。学校十分强调培养学生的自我激发与创新精神，而且体现在方方面面，比如给学生种子资金开始自己的小生意，挣到的钱再返还给学校。学生需要准备概念提案和商业计划。项目被选中的可以在过道两边的小摊位上出售商品，商品可以是自己制作、用来销售的烘焙食品，也可以是设计的电脑或视频游戏，什么都行。经营是要有许可证的，如果他们违反了法规，就会被罚关店一周，和现实生活中一模一样，这样学生就知道现实世界是怎样运行的了。

校长蔡和华（Chua Chor Huat）指出，"我们努力在一切工作中培养价值观和领导力"。除了资助学生领导小组之外，所有的课外活动，比如绿色行动（Green Movement）、辩论和机器人俱乐部，都有学生领袖。戏剧俱乐部刚刚参加了一场比赛，首演学生们创作的描述学生高科技生活的剧本《网瘾》（Internet Addiction）。

整个学校随处可见创新的主题。体育教学让学生们自编"创新游戏"，学生以小组为单位发明游戏，然后教给其他学生。"设计与技术"是一门为7年级和8年级学生开设的必修课，完成考试作品后可以在9年级和10年级继续选修，学生们在课堂上设计、制作各种物品。设计作业需要解析考试委员会布置的主题以及与之相关的各种设计和技术问题，包括设计新产品、分析各种选择和方案、制作草图、给出设计决定的理据，最后再完成作品，比如室外烧烤设施、手机架，或者任何符合设计挑战期望的物品。

科学课也支持探究与发明。比如，在生物课上，一组学生开展了一个制造100%天然安全、绿色环保、方便有效的驱虫剂的项目。他们发现常见的香料，如肉桂、丁香和八角茴香具有驱虫的作用，于是提取精油做成有效成分，加入纸、液体和固体当中。这组学生入围了一项比赛的决赛，类似的比赛在新加坡生活和学习的各个领域中都很常见。

在整个学校还能看到技术注入与协作学习的目标。在科学课上，学生两人一组，使用笔记本电脑绘制三种物质形态及属性的概念图。做完的学生继续制作动力学粒子理论（Kinetic Particle Theory，KPT）的特征图，教师会向各组提问并给予帮助。教师当天晚上会批改学生作业，找出学生误解和理解的地方作为第二天的备课基础。

有一个班的学生年纪更小，他们用转速表找出什么形状的刀片每分钟产生的转速最大，并分享各自的研究结果。他们在PPT上呈现的"行动研究"，问题与控制都很严谨，并且能够回答怎样加深研究以判断重量或形状是否为关键变量的问题。此外，他们还探讨了该研究在风力发电中的应用，从而产生更加环保的能源。他们的老师解释说："行动研究关注的是不断变化的情况，并不仅仅是做出解释……目的在于让学生了解世界运行的方式，以及如何改进。"

在谈及改变过去以正确答案为主导的文化时，这位老师还强调，她的目标是教会学生自己提出好的问题："当没有明确答案的时候，创造力和创新就会浮现出来，学生必须适应没有答案的问题。"

重新设计评估。作为改革的一部分，新加坡一直努力使评估更加开放，考察批判性思维和推理能力。高中考试与学校作业并行，比如进行研究项目和学生设计、实施的实验。科学测试还包括实验室研究。这些学校作业由教师根据具体情况设计，占考试成绩的20%，申请大学时可以选择部分项目作为提交材料。

综合课程学校的学生已免于参加"O"级考试，以减少考试对课程的影响，成绩好的学生甚至不必参加测试就能直接进入初级学院。目标是"释放更多的时间让学生体验更广泛和综合的课程，让他们学习批判性和创造性思维"[77]。

同时，2006 年初级学院（11 和 12 年级）新引入了"A"级课程和考试制度。这项由教育部、新加坡考试和评估委员会以及剑桥大学本地考试协会（Cambridge Local Examinations Syndicate）共同设计的新考试，旨在鼓励进行多学科学习，比如开设"知识和调查"等课程，要求学生"选择、汇集从不同学科领域学到的知识和技能，将其应用于解决陌生领域中的新问题"[78]。为了安抚紧张的父母，考试委员会手册上列出了英国和美国著名大学对新考试的评价。例如，耶鲁大学说（同时引用的还有哈佛、普林斯顿和伦敦经济学院）："耶鲁欢迎新的课程设计……新课程鼓励学生学习生活技能和价值观，获得广泛的知识基础和多学科视角……这些变化有望帮助这一代学生做好生活的准备，更好地服务于国家和世界。"[79]

在国家标准附带的课程和评估指南中，鼓励教师使用各种评估模式（如课堂观察、口头沟通、书面作业和测试以及实际调查任务）在课堂上进行持续评估。教育部为教师制定了一系列课程和评估支持。例如，主动与独立学习策略（Strategies for Active and Independent Learning，SAIL）的目的是加强以学习者为中心的课堂任务，并提供评估标准以阐明学习期望。所有学校都接受了使用这些工具的培训。

教育部 2004 年为小学和初中低年级制定的数学评估指南包含了帮助教师在课堂采用数学调查、日志写作、课堂观察、自我评价、组合评估等策略所需的资源、工具和想法。重点放在问题解决能力的评估和元认知上，这种自我调节学习的能力可以使学生将标准内化，成为独立的学习者。[80]

大力强调专业学习能够怎样促进新加坡的改革？教育学院提供了有效的示例，该学院举办各种支持学习新评估的讲习班，并将新策略纳入教师发展课程。数学教师协会组织了各种评估会议。一些中学数学部主任为数学教师编著了一本如何撰写数学课堂日志的书，使用广泛，其他教师也编写过常用的评估材料与示例。[81]变革是一项如火如荼的集体事业，需要强大的支持与共同的使命感。

投入教学与学校管理层

教师职前培训和在职培训也在有意识地强化新的课程重心。当我访问新加坡唯一的教师培训机构——国家教育学院时，几乎和我交谈的每一个人都提到了他们如何努力地培养教师使其能够教授关注批判性思维、探究和协作的课程，有时也会让教师自己参与探究学习。

教师教育是对整个职业生涯的认真投入。为了培养出最优秀的教师，规定每个高中毕业班排名在前三分之一的学生才能被录取到 4 年制本科教师教育课程（或者之后被录取到一至两年的研究生课程），学费全免并立即成为公职人员。在执教之初，他们的工资与从事民用服务的新手工程师、会计师、律师和医生不相上下，甚至更高，[82] 这就消除了教师短缺的问题。在教师培养的过程中，重点是学会基于问题的探究式学习，发展合作并处理课堂上的各类学习风格。

2001 年教师教育课程进行了改革，在内容培训的基础上增强教师的教学知识与技能。内容培训包括深入掌握一个内容领域，并培训教师必须教授的 4 个主要科目（英语语言、数学、科学和社会学科），小学教师也不例外。内容专家和教育专家身处同一院系，有助于加强二者之间的联系。实习培训的规模也在扩大，采用新的"学校伙伴关系"模式，使中小学更积极地为实习生提供支持。新加坡做出了大量努力使师范生参与探究和反思学习，也期望他们能够用这种方式让学生参与课堂，从而教会学生独立学习、开展综合项目工作和创新。[83]

师范生学习教学的方式，和将来他们进行教学的方式一致。每个学生都有一台笔记本电脑，整个校园都被无线网络覆盖。图书馆有意安排成圆桌加三四把椅子的组合，好让学生有地方分享知识、展开协作。还开辟了配有沙发和椅子的舒适区域，供教师和校长进行小组工作。每个小组区域的顶部是圆锥形的，完全隔音，这样若干个小组就可以同时在一个房间中工作。这里可以得到全面的技术支持，例如 DVD、与电脑连接的视频，以及用于投影的等离子屏幕。墙壁上是白板，可以记录想法。

　　在 4 年学习期间，师范生每年在课堂上都有以老师为优秀示范进行实践的机会，教育学院已经开始创造性地思考在现有教学之外，如何帮助教师设想新的实践模式。例如，国家教育学院建立了一个"未来教室"，让教育工作者了解在 21 世纪学习将会是什么样子。包括在不同地点使用手持电脑：在咖啡馆里，学生围着圆桌制作视频教育游戏；在图书馆中，学生与其他国家的学生进行电子交流，一起解决问题（例如，识别正在传播的病毒；收集数据；运行测试；通过因特网访问信息）；在地铁车厢里，学生们正在实时定位他们的朋友；在家中，使用交互技术与家人和朋友沟通；最后回到摆着圆桌和椅子的教室里，学生们进行更多的探究和问题解决。这些场合都可以用来学习新的教学策略。

　　和其他排名靠前的国家一样，在初步培养之后并不会对新手教师放任不管。国家教育学院培训的专家教师将作为导师，专门花时间帮助新手教师学习教学技巧。在这个有组织的专家指导学年中，新手教师还要参加由国家教育学院和教育部提供的课堂管理、咨询、反思实践与评估课程。此后，教师必须每周与其他教师合作 20 小时，互相听课学习教学，政府还每年为所有教师支付 100 小时的专业发展课程。目前，教师们正在接受在课堂上开展行动研究项目的培训，以便能够发现教学和学习问题，并找到解决方案分享给他人。

　　1998 年由教育部实施的"教师网络"，作为"思考型学校"计划的一部分，是新加坡在教师专业学习方面的众多投入之一。其作用是充当催化剂，支持教师通过分享、协作与反思实现主动发展。"教师网络"包括学习圈、教师主导的讲习班、会议和福利课程，以及一个分享知识的网站和出版系列。[84]

　　在"教师网络"学习圈中，4 至 10 名教师和一名辅助教师通过讨论和行动研究共同认识并解决参与教师所选择的常见问题。学习圈在 4 至 12 个月的时间内会进行 8 次两小时的学习。在国立大学的支持下，负责教师网络专业发展的官员开设了关于反思、对话和行动研究等关键过程的初级全校培训课程，以及更加广泛的将教师培养成该领域学习圈辅助教师和导师助手的课程。辅导教师的一个主要职责是鼓励教师成为共同的学习者和重要的朋友，这样他们才会有安全感，敢于分享自己的假设和个人理论，尝试新的想法和实践，分享成功与问题。在学习圈中讨论问题和可能的解决方案，增强了教师的合作意识，鼓励他们成为反思性教师。学习圈会让教师感觉他们是在生产知识，而不仅仅是在传播知识。

由教师主导的讲习班为教师提供了一个在合作氛围中展示想法、与同事合作的机会，每个人，包括展示者在内，都是共同的学习者和重要的朋友。每期讲习班都由教师与"教师网络"专业发展官员一起策划，确保每个人都是讲习班的共同学习者。展示者首先准备一份研讨大纲，然后专业发展官员帮助展示者将他们默认的知识和假设掩藏起来，并培训他们如何进行辅助学习，这样展示者就不是知道所有答案的专家，而是分享和讨论他们在课堂上遇到的挑战。这个过程很耗时，但几乎所有的展示教师都认为有助于他们的专业成长。[85]

在新加坡，每所学校都会指派专家教师来领导教师辅导与发展。[86] 教师在整个职业生涯中不断提高。在政府的帮助下，新加坡教师可以登上三段不同的职业阶梯，帮助他们成为课程专家、指导其他教师的导师、校长。这些机会可以带来认同感、额外的薪资与新的挑战，使教学成为令人振奋的事业。

领导培训也同样受到重视。所有的校长和部门主任在上岗之前都由政府出资接受全面的培训。目前还有一个领导者参加的广泛的行政管理培训课程。领导者是从有潜力的教师中发现、培养和聘用的。每年都会对教师的教学技能和领导技能进行多方面的能力过程评估，教育部会找出未来有领导潜力的人员，审查评估并定期与校长确定哪些教师已经做好了迎接更多挑战和学习机会的准备。在找到有校长潜力的人选之后，这些人就有机会承担新的责任、参加各类培训。能力最强的那批人会被送去参加校长培训课程，其中最优秀的人员才被任命为学校领导。

领导培训将大学课程与学校实习相结合，侧重于如何发展教学，并越来越重视如何将学校作为探究型学习组织进行管理。新加坡的人才发展系统紧密围绕着全国教育改革目标，为持续的教育进步增进了动力。

教育飞跃：进步斐然国家的共同做法

虽然芬兰、韩国和新加坡的文化与历史有很大的不同，但在过去 30 年里，这三个国家的教育制度均取得了惊人的进步。教育投入使学生成绩与教育成就的国际排名由几近垫底变为名列前茅，90% 以上的青年人从高中毕业，而且大多数进入到大学，比例远远高于更富裕的美国。三国实施的策略有很多共同点。三个国家都：

● 充分而公平地给学校拨款，并对在困难学校任教的教师予以奖励。三个国家教育制度的建立都体现了强烈的平等主义观念，明确面对和解决潜在的不平等源头。芬兰基本上完全是公共教育制度，韩国和新加坡也逐渐把私立学校（殖民时期由传教士和精英阶层所建立）纳入公共体系，给私立学校拨款，为付不起学费的学生支付学费和其他费用，从而努力让学生公平地获得教育系统的所有要素。

● 取消考试制度，之前用考试制度对中学生进行分级，限制高中入学率。芬兰和韩国现在没有外部考试，大学预科考试也是自愿参加。新加坡除了"O"级水平考试外，学生在小学结束时（6 年级）也会参加考试，用于计算对学习的增值贡献，作为中学信息系统的一部分。这些考试要求进行广泛的书面回答和问题解决，还包括由教师评分的课程嵌入项目与论文。

● 修订国家标准和课程，学习目标强调高阶思维、探究与创新，并将技术融合到全部课程中去。教师制定学校表现评估用以评价学生的学习，包括研究项目、科学调查和技术应用。学校越来越期望学生学会反思、评估和管理自己的学习。

● 制定全国教学政策，建立强大的教师教育课程，录取有能力的学生，全额资助他们参加广泛的培养方案，并为优秀学生提供津贴。不同学校的工资基本一样，且与其他职业相比具有竞争力，通常与工程师和其他重要专业人员的工资相当。教师被视为需要专业培养的人员，受人尊重，其工作条件会提供各种支持，包括让教师大量参与关于课程、教学、评估和专业发展的决策。

● 支持持续的教师学习，确保为新手教师指定指导教师，给老教师提供每周 15 至 25 小时用于合作备课，参与分析学生学习、课节研究、行动研究，并相互听课以不断改进教学。三个国家都希望教师参与实践研究并实施奖励措施，还与大学和其他学校合作资助广泛、持续的专业发展机会。

● 推行长期、一致的改革，制定扩大、均衡、改善教育制度的目标并稳步实施，对优秀教学队伍、学校课程和教学资源方面进行成熟的投入，为成功奠定基础。实施以上措施的部分基础在于，这些系统是由教育部进行专业管理的，基本上不受政治风向的影响。对学校和整个系统进行频繁的评估有助于指导改革。

这三个国家都是系统地改进教育要素，不像美国的许多社区，尤其是大城市那样，将资源一股脑儿投入到各种创新之中，每过几年便改弦更张。这三个小国（每个国家在面积上都相当于美国中等规模的州）均从国家层面展开工作，高分国家澳大利亚、新西兰和加拿大在州或省一级也采用了类似的战略，还有中国的香港和澳门，都取得了积极的成果。（这些国家和地区的努力在后面的章节中还会讨论。）这些国家的例子告诉我们如何建立教育系统，保证给学生授课的教师都训练有素，能够一起制定成熟、高质量的课程，并且使用恰当的材料与评估帮助学生、教师和学校不断学习。

第 7 章　聚焦最重要的事情：发展优秀的教学能力

（高绩效）学校体系的经验表明，有三件事情最为重要：1）寻找适当的教师人选；2）将他们培养为有效的教师；3）确保教育系统能够为每个孩子提供最好的教学。

——迈克尔·巴伯（Michael Barber）和
莫娜·莫西德（Mona Mourshed）[1]

由于机会平等越来越依赖于优质教学，如何提高教育工作者的专业能力就变得愈发重要。在当今背景下，保证机会平等意味着增强而非限制教学的专业性，所以过去实行的州政策就不再是最佳政策工具……我们需要新的方法来构建州扮演的角色和使用的策略。

——理查德·埃尔默（Richard Elmore）和
苏珊·弗尔曼（Susan Fuhrman）[2]

芬兰、韩国、新加坡等学生成绩大幅提高的国家，都将成功归于在教师培养和发展方面的重点投入。建立一个能够有效录取、培养教师并大规模支持成功教学的基础设施，却是美国最为落后的地方。虽然每个社区都有优秀的教师，全国各地也都有一些强大的专业培养与发展方案，但对优质教学的支持整体上看来就如同多孔的瑞士奶酪。有些州的漏洞较小，有些州的漏洞巨大，但都没有一个可以与高成绩国家相提并论的完善的教育支持体系。当然，如前文所述，教育系统最脆弱的地方便是贫困社区。

有人认为，解决美国教学薄弱的办法是消除从教"障碍"，例如取消对教师教育和资格证的要求，允许任何有志于教学的人走进教室，再将不能有效教学的人解雇。[3]这个想法通常伴随着绩效激励，包括与学生考试成绩挂钩的奖励薪酬。虽然关注教师的有效性重要而且必要，但这种方法并不能提供策略保证教师有机会学习成为有效教师所需的知识和技能，保证所有学校都有吸引和聘用最优秀教师的资源，也不能保证学生（几乎总是低收入少数族裔学校中的学生）免受未经培训的新手教师的危害，这类教师常常在证明了勇气、表现出无能之后便放弃了教学。

教师宽进宽出的规定忽略了如何发展广泛的教学能力、确保向所有学校供应大量优秀教师的问题。如果没有这样的供应，即使校长有聘用任何人的自由，也聘请不到优秀教师，而且有证据表明，校长不太可能解雇能力差的教师，因为他们担心找不到人替代，解雇了能力差的教师也不能保证教学质量就会提高。虽然有充分的理由表明应该加强解雇无能教师和辨别优秀教师的评估方法（本章后面会讨论到这个问题），但是仅靠"胡萝卜加大棒"的方式去解决教学问题，能否实现教学能力的发展全凭运气。

没有一个高成绩国家用这种方式解决教学问题。这些国家意识到，如果没有一个发展强大教学能力的综合框架，向教育系统投入新资源只能事倍功半：在教师和领导者缺乏执行能力的情况下，改革的效果会非常差；学区和学校往往无法大规模发展和维持全面的培训机会，而且教师的经常流动浪费了稀缺的专业发展资金。此外，如果一个行业不能将知识组织并提供给最需要的从业人员时，理论与实践的进步都会放缓。

虽然研究人员关于如何学习及如何有效教学的知识越来越广泛和丰富，[4]但是这些知识如果不能被需要的教师和管理者所接触、掌握，就无益于实践的改进。美国大学系统鼓励在研究期刊上发表文章，但教学人员却不会去阅读这些期刊，而且大学也很少利用研究成果来开发强大的专业培养方案，并让培训教学人员使用这些成果，完成从理论向实践转化的路径。

虽然在专业会议上经常听到"我们知道如何建立有效的学校和课堂"，但是知道有效策略的"我们"并不包括广大的一线教学人员。这种对话只是一小部分经过扎实培训的教师和其他精英（专家、顾问和研究人员）之间的自说自话。美国对教师培养投入不足的传统造成除了某些卓越的学区和康涅狄格州等地之外，学校内部和学校之间很少有共享的知识或技能。康涅狄格州在取缔聘用临时教师的同时，围绕共同的标准与学习对整个教育系统进行了投入（见第 5 章）。

如果教师、校长、学区负责人和其他专业人员不能分享有效教学的最新知识，教育就会陷入怪圈：课程和教学实践不一致，做出许多不明智的决策，成功者的努力不断遭到知识、技能不足者的破坏和抵制。美国教育中不乏有因为新来的学区负责人和学校董事会缺乏知识而导致原本成功的项目走向失败的例子。同样常见的是，实施了成功举措的教师和校长在被技能不足的人员取代后，成功的举措便难以为继。

优秀的教师单枪匹马很难荫及学生，而那些培训不足的教师采用的方法非但无效，甚至会带来危害。有些人追寻知识却不可得；另一些人把自己封闭起来，拒绝接受更好的想法。当教育工作者和学校董事会缺乏足够的学习、课程、教学和研究方面的共享知识，不能做出合理的课程与材料决策时，学校就容易受到各种教育万灵药的影响。由于教育系统不能向教育工作者提供所需的知识和工具，导致教学变得一团糟。

在教学成为和医学、建筑、会计、工程或法律一样的专业之前，上述适得其反的情况会一直存在。在以上专业中，每位从业人员都有机会和意愿掌握进行有效实践所需的知识和技能，并产生运用专业知识为客户做出最佳决定的道德责任。教学今天的处境就相当于 1910 年医学的处境，那一年亚伯拉罕·弗莱克斯纳（Abraham Flexner）开展了著名的医学教育研究，最终引发了医学教育的全面改革。当时，医生培养有两条截然不同的道路，一条是通过三周培训课程记住各种症状和相应的"治疗方法"，另一条是在约翰·霍普金斯大学（Johns Hopkins University）读完医学研究生课程，学习广泛的医学课程并在新发明的教学医院接受临床培训。

卡耐基教学进步基金会（Carnegie Foundation for the Advancement of Teaching）主席亨利·普里切特（Henry Pritchett）在《弗莱克斯纳报告》（*Flexner Report*）的引言中指出，尽管医学知识不断增长，但由于医学培训极不均衡，导致大多数医生无法获得这些知识。他注意到："在现有条件下，很少有病人得到了当下医学水平能够给予的最好救助……（因为）大量没有经过基础专业训练、没有足够看病经验的人员被准入到医学行业。"[5] 同样，很少有学生（特别是在最贫困的学校）可以接受今天能够提供的优质教育，这在很大程度上是因为他们的老师没有机会学习有效的教学知识。

1910 年，很多人认为学医的最佳途径是跟随一名医生坐着马车四处游荡，学习用水蛭降烧，卖号称治得了秃头、也治得了癌症的万灵药。《弗莱克斯纳报告》认为大学能够成功地传播疾病成因与治疗的新知识，并为医疗实践建立强大的临床培训，这种认识刺激了医学教育的改革。尽管面临培训基地薄弱的阻力，但在随后的 20 年中，在州、国家和认证机构的努力下，整个行业发生了转变，能够确保医生获得最好的培训。

在教育中创建强大的教师行业不是一项可以逐个学校或逐个学区解决的任务。没有强大的教师行业，就不可能实现所有学校都强大的目标。最后，非常有必要建设完善的州和国家基础设施，确保学校能够获得训练有素的教师和最佳教学实践知识。这样的基础设施将普遍缓解当前教育体系中教师流动率高、差距大所造成的高成本与反复低效问题，在更多的学校中以低廉的成本支持优质的教育。本章将讨论哪些支持类型能够带来大规模的优质教学，特别是为那些原本机会最少的学生提供优质教学。

全球对比

如前所述，只有少数几个州为招聘、培养和支持一支优质、公平分配的教学力量提供了系统性与持续性的支持。由于政府的支持不足而且零散，美国教师进入行业时通常：

- 知识与技能水平差别巨大，由培训最少的教师来教授成绩最差的孩子；
- 工资差别巨大，最贫困社区中的教师收入最少；
- 教学条件差别巨大，在最富裕社区执教的教师进行小班教学，拥有丰富的图书和其他材料、最新的电脑设备、专家和各种支持，而在最贫困的社区中班级人数多出 50%，没有课堂图书、电脑和其他用品；

● 在大多数社区中几乎没有指导教师、在职辅导教师或嵌入式专业学习机会。

然而，在世界各地，越来越多的人认识到，专家教师和领导是改善学生学习的关键资源，成绩最高的国家都对师资素质进行了大量投入。[6] 这些国家认为，如果相当一部分教师培训不足，在教授最贫困学生时又得不到任何支持，那么建立这样一个极不公平的教育制度便没有任何好处。排名位居前列的国家所采用的教学支持形式有：

● 完全由政府出资接受 3 至 4 年统一的高质量教师教育，包括广泛的课程和实习培训；

● 由专家教师为所有新手教师提供指导，同时减少教学负担，留出共同备课时间；

● 不断进行专业学习，每周提供 15 至 25 小时的在校备课与协作时间，并且每年还有 2 至 4 周的额外专业学习时间，用于参加研究所课程和研讨会、去其他学校和课堂听课、进行行动研究和课例研究，以及参与学校假期研修；

● 发展领导能力，让专家教师参与开发课程与评估、为他人提供指导与辅导、领导专业发展，并且提供路径使有能力的教师参加校长培训课程，成为教学领袖；

● 与其他专业人员相当的公平且有竞争力的工资，在招聘困难地区执教有时还给予额外津贴。

强大的教师培养

所有成绩最优秀的国家都对教师教育进行了彻底改革，强化教师培养方案，确保有才能的师范生能够承担得起接受充分培训的费用。例如，在芬兰、瑞典、挪威和荷兰，师范生要接受两到三年研究生水平的教学培养，学费完全由政府承担，另外还提供生活补助。通常，培养方案要求在与大学合作的中小学（比如芬兰的示范学校，见第6章）进行至少一整年的培训，类似于美国一些培养方案中建立的专业发展学校伙伴关系。培养方案还包括各种与特定内容教学相关的课程，并要求撰写一篇研究实习学校中教育问题的论文。

这也是新加坡和韩国等亚洲国家以及中国香港和中国台湾等地的做法，大多数教师需要接受四年制本科课程，研究生课程也越来越普遍。在美国个人要么举债完成教师培训，然后进入收入微薄的教师行业，要么接受少量培训，甚至根本未经培训便进入教师队伍；但这些国家和地区则不同，它们通过改革教师培养，录取最优秀的师范生并支付其学费，投入建设一支统一的优质教学力量。在这些地方得到教师培养方案的名额是非常让人羡慕的，极少出现教师不足的情况。

教师一经聘用，政府就会有针对性地向学校提供资源，支持对新教师的指导。新西兰教育部采用了类似一些亚洲国家使用的模式，给予新教师20%的自由时间，给予执教第二年的教师10%的自由时间来观摩其他教师上课，参加专业发展活动、准备课程、参加学习。[7]指导教师也有时间听新教师上课并给予指导。在新加坡等地，指导教师需要接受特殊培训和认证，指导新、老教师也会获得额外的报酬。[8]

英国、法国、以色列、挪威、新加坡和瑞士等国也要求对指导教师进行正式培训。[9]挪威的校长会为每位新教师分配一位经验丰富的高素质指导教师，然后由教师教育机构对指导教师进行培训，为在校指导提供支持。[10]英国通过全国读写与算术策略（National Literacy and Numeracy Strategies）培训指导教师，帮助新教师掌握有效的教学方法以及使用这些方法的技巧。[11]在瑞士的一些州中，每个学区的新教师每月参加两次反思实践小组，由经验丰富、受过培训的教师协助，讨论共同问题与教学实践。[12]

支持协作与探究

这些国家还不断改进教学与教师发展实践。例如，许多探讨芬兰成功

"秘密"的文章认为，原因在于 20 世纪 90 年代初以来芬兰对教师教育和教学工作进行了重大改革。实际上这只是芬兰在不断评估教学系统的基础上进行的部分系列改革，从培养方案到学校与课堂实践，整个过程都以教师为中心。政府在教师教育课程和教学与教师教育研究方面投入了大量资金，希望不断取得进步。[13]

所有的芬兰新教师都需完成一篇基于实践研究的硕士论文。硕士课程的目标是在教师深刻理解学习原则的基础上培养"完善的问题解决能力"，这种能力可以让他们建立"有效的学习环境"，并在学习参与"自我规划、行动和反思 / 评价的周期"中不断改善环境。[14]领导者都是从这些具备高度技巧和反思能力的教师中选拔的，他们会得到额外支持，思考如何从组织层面改进学校。整个教学和学校系统作为反思周期的一部分也被不断地评估。这就是萨尔博格所说的"智能问责"的关键因素，虽然很少实施外部学生测试，但对教学实践和学生学习进行分析却很常见。[15]

这些做法相当普遍。例如，经合组织报告说，比利时、丹麦、芬兰、匈牙利、爱尔兰、挪威、瑞典和瑞士有 85% 以上的学校每个工作日或每周为教师提供专业发展时间，[16]经常进行促进教学实践的行动研究。[17]在丹麦、芬兰、意大利和挪威，教师在职前培训和在职工作中都会参加与教育课题相关的合作研究。[18]同样，英格兰、匈牙利、安大略省（加拿大）和新加坡也为教师创造参与校级研究和发展的机会，给教师提供时间和支持来研究和评估自己的教学策略与学校课程，教师可以将研究成果与校内同事分享，并且参加会议，发表文章。[19]

教学实践探索在亚洲国家也很普遍，教师有很多时间与同事一起备课，参与研究和学习小组，互相听课，参加研讨会，到其他学校观摩。课例研究是很流行的做法，教师们先共同备课，然后由一位教师授课，其他教师听课，再研究学生的反应和学习效果，进一步完善课程。在课例研究中，一组教师互相听课，共同改进每一节课，使最佳教学实践能够快速在全校传播。[20]

以日本为例，研究课例是学习文化的重要部分。每位教师都定期与其他同事合作精心准备一堂课，并使用各种策略实现特定的目标（例如，让学生主动解决问题或鼓励学生向彼此学习）。上课时有一组教师听课，用录像、录音、记叙和 / 或观察列表等多种方式记录授课教师感兴趣的内容（例如，有多少学生主动表达自己的想法）。之后，教师们（有时还有外来教育人员）会讨论课程的优缺点，提出问题并给出改善课程的建议。有时，几天之后，会由另一位教师在改进的基础上重新授课，然后再举行听课和讨论。[21]

研究课例可以使教师完善教学策略，向其他教师请教，获得同事对课堂实践的观察，反思自己的教学，学习新的内容和方法，从而建立一个强调持续改进和协作的文化。有些教师还会上公开研究课，不仅可以使最佳教学实践在学校之间加速传播，也能让校长、学区官员和政策制定者了解教师是如何处理新的课程内容与目标的，并且识别优秀教师。[22]

这些经过精心打磨的研究课例被比作"抛光石"，是教师社群的共同财产。吉姆·斯蒂格勒（Jim Stigler）和哈罗德·史蒂文森在对日本、中国台湾和美国的数学教学与学习的研究中指出："亚洲的备课非常精细，（因为）可以系统地将积累的教学智慧一代一代地传给新教师，并通过为教师提供不断相互学习的机会，持续完善教学实践。"[23]

花时间改善教学

高成绩国家的教师将 40% 到 60% 的时间用于教学培训与学习，而大多数美国教师在校期间却没有时间与同事合作。他们通常每周只有 3 到 5 小时用来备课，课后有限的几个讲习班也是"临时性的"，几乎没有机会分享知识或改进教学实践。美国教师的教学时间比例要远远高于大多数国家，大约为 80%，而 31 个经合组织国家的中学教师教学时间比例平均为 60%。美国教师的净教学时间每年接近 1100 小时，比其他任何经合组织国家都多，经合组织国家小学教师每年平均授课 800 小时，高中教师授课 660 小时[24]（见图 7.1）。在韩国和日本等国家，中学教师的教学时间甚至更少，以给教师更多的时间和机会发展高水平教学实践（见图 7.2）。

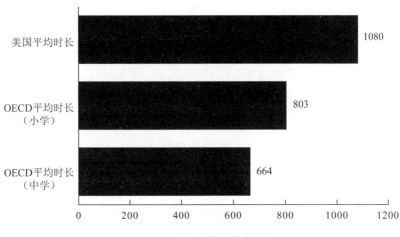

图 7.1　教师每年的教学时长

来源：OECD，教育一览（Education at a Glance，2007）。

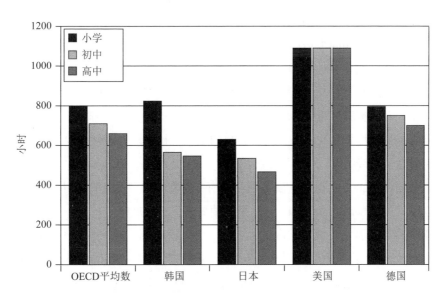

图 7.2　各国每年教学时间（按小时计算）

来源：韩国教育发展研究院（Korean Educational Development Institute，2006）。

正式的专业发展体系

除了支持校内的教学改进工作之外，新加坡和瑞典等许多高成绩国家还提供资金要求每名教师每年进行 100 小时的专业发展。

很多国家并不是在教师从不问津的研究期刊中发表文章，或者在专业发展课上介绍概念要点，而是组织密集、系统的专业发展，有效地传播成功的教学实践。

例如，英格兰制订了一个推广"最佳实践"教学策略的国家培训计划，结果在 3 年内达到读写目标标准的学生比例从 63% 增加到了 75%。[25] 该培训计划是国家读写战略和国家计算战略的一部分，这两项战略为支持实施国家课程框架提供资源，包括高质量的教材、资源文档和成功教学实践的录像。围绕这些资源还构建了一个"层级式"培训模式（类似于培训培训者的方法），帮助教师学习和使用有效的教学实践。

国家读写中心和国家计算中心负责领导和培训教师培训机构与顾问，由这些机构和顾问来培训学校领导、骨干数学教师和专家读写教师，他们再去支持和培训其他教师。[26] 随着更多的教师熟悉这些策略，地方学校就能逐渐掌握专业知识，由顾问和骨干教师为其他教师提供支持。[27] 2004 年，英格兰开始实施新的战略部分，通过资金支持向 6 所学校各提供 1500 台联网电脑进行协作探究和知识共享，目的是使学校和地方教育机构互相学习最佳教学实践。[28]

同样，2000 年以来，澳大利亚政府一直在资助"优秀教师计划"（the Quality Teacher Programme），这是一项更新优先区域教师技能、提高政府学校和非政府学校教学状况的大规模、多层次计划。澳洲教育（Teaching Australia）[原国家优质教学和学校领导研究所（National Institute for Quality Teaching and School Leadership）] 促进发展和实施全国统一的教学标准，开展研究并传播研究成果，促进和协调专业发展课程。澳洲教育制订出一套国家计划，目的在于找出并推广最佳教学实践，支持在优先领域开发并传播专业学习资源，为全国的教师和学校领导发展专业网络。州与地区项目（State and Territory Projects）拨款针对地方需求为教师和学校领导提供各种专业学习活动，包括基于学校的行动研究、会议、研讨会、在线和数字媒体资源，以及对培训员、学校项目负责人和团队领袖的培训。[29] 西澳省非常成功的"正确处理"（Getting It Right，GIR）战略为小学提供专家教学人员、专业发展和支持，以提高贫困学生，尤其是土著学生和其他边缘学生的读写与计算成绩。[30] 每所学校选出一位公认的对计算或读写有兴趣、有能力的教师作为专家教师（Specialist Teacher，ST），然后连续两年参加 7 轮为期 3 天的密集课程讲习班，接受培训。专家教师与本校教师"肩并肩"工作，每周和每位教师接触大约半天。专家教师监测、记录学生的学习，帮助教师分析学生的学习，形成教学策略，规划学习活动以满足学生的确切需要，协助开展以上活动，并提供各种资源分享专业知识，鼓励教师反思自己的教学实践。[31] 评估表明，这大大增强了教师对于学生如何学习阅读、写作和数学的认识，教学和评估技能知识，以及使用数据识别和诊断学生学习需求并规划明确的教学方法来满足这些需求的能力。[32]

美国教师的学习机会

美国有时也提供这种密集、集中的专业发展（参见第 4 章和第 5 章中新泽西州和康涅狄格州实施的读写项目），但国家数据显示，专业发展仍然非常罕见。虽然大多数教师每年都参加某种专业发展，但很少有学习任何方面教学知识超过一两天的机会。只有不到一半人参与了任何形式的指导、辅导或协作研究。[33] 尽管对新教师的指导越来越普遍，但只有半数新教师得到了本学科领域教师的指导，或者有时间与其他教师共同备课。[34]

美国教师最常见的学习机会是通常对教学实践没有影响的短期讲习班。例如，2004 年数学教师平均只有 8 小时的专业发展时间学习数学教学和 5 小时"深入研究"学科问题的时间。同年不足 10% 的教师进行了超过 24 小时的数学或教育学专业发展。60% 的教师接受了阅读教学的专业发展，但只有 20% 的人研修时间超过 2 天或以上。美国教师中只有不到三分之一接受了 8 小时的专业发展，学习教授残疾学生或英语学习者的教学策略，尽管教师们渴望在这些领域有更多的学习机会。[35]

这种专业发展大部分达不到对教学实践或学生学习产生强烈影响的门槛。

总结实验研究发现，14 小时或以下的短期专业发展经历似乎对教师的有效性没有影响，而如果教师在6 到12 个月的时间中平均参加49 小时各种精心设计、针对特定内容的学习机会，学生成绩就会大幅提高：这类教师教出来的学生，在用来评估学生学习的测试中成绩比其他学生高出大约 21 个百分点。[36]

同样，研究表明，教师的有效性和留在教师行业的时间均受到其最初培训的影响，可是我们不成体系的教育给进入教师行业的个人提供的高质量培训机会差别巨大。例如，有证据表明，从毕业生的培训感受、督导对毕业生有效性的评价，以及毕业生对学生学习成绩的贡献来看，一些培养方案比其他培养方案更加有效。[37] 例如，纽约市的一项研究评估了不同方案培养的小学教师对学生成绩增长的贡献，有些职前培训方案比其他传统方案或替代路径的效果要好得多[38]（图 7.3 显示了各方案培养的毕业生所教学生的成绩增长）。研究人员考察了这些培养方案的特点，发现除了师资强大之外，他们都：

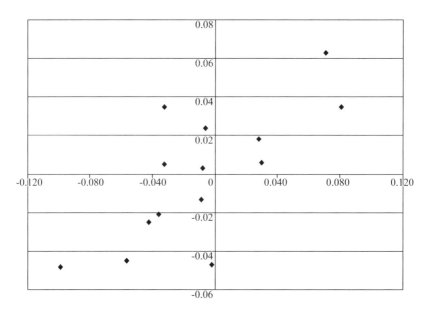

图 7.3 教师教育培养方案对学生数学（x 轴）和英语语言技能（y 轴）成绩的影响

来源：博伊德（Boyd）、格罗斯曼（Grossman）、兰克福德（Lankford）、洛布（Loeb）和怀科夫（Wycoff）（2009）。

注：第一年执教教师数量为 40 人或以上机构的学生成绩增值预测（2000—2001 学年至2005—2006 学年）。

- 开设更多的科目课程（例如数学和阅读）及教学课程；
- 认真选择与学生日后教学环境相匹配的教学实习，并督导学生进行教学体验；
- 重点帮助学生在教学中学习运用与课程密切相关的具体教学实践和工具；
- 提供学习和评估地区课程的机会；
- 实施顶点项目（capstone project）（通常是在课堂教学中完成的一系列任务）检验师范生的教学质量。

　　其他关于高效教师教育课程的研究也强化了同样的特征，并找出一些相关要素，比如在共同的优秀教学概念指导下将课程和实践相结合；强调理解课程、学习、评估以及教学方法；使用案例教学、行动研究和表现评估来发展反思教学与学习的技能。[39]

　　美国的问题并不在于我们不清楚该怎么改善教学与学习，而是没有进行系统的组织（少数几个州除外）。由于贫富学区之间的资金和能力严重不平等，越是聘用培训不足教师的学区，在教师入职后给予的学习和支持资源就越少。结果，在大多数情况下，学生和教师获得的学习机会是富者愈富，贫者更贫。

建立优质教学需要的基础设施

　　归根到底，如果美国想要建立一个有效、有竞争力的教育制度，就需要制定全国教师供给政策[40]，认识到教师市场不再是地方性的，需要运用国家政策将合格教师分配到需要的地方。我们还需要制定全国教师发展政策，包括重新思考教师职业，使教师变得更加高效，有充足的理由留在教育行业并将教学技能用于最需要的地方，不仅服务于最贫困社区的学生，也有能力对学校改革产生更广泛的影响。要系统地建立起强大的专业教师队伍，保证在最贫困的地区招到并留住教师，必须：

● 改革教师培养，使教师能够满足 21 世纪的学习需要并发展成熟的教学技能；

● 修正教师聘用和留任制度，使每间教室都有优秀教师并留住他们，从而建立一支稳定、有效的教学队伍；

● 发展、识别并分享教师知识与技能，创造用于改善学校的广泛专业知识。

联邦政府在教育领域中的重要作用是有据可考的。仅靠地方实施的一个个创新计划无法解决我们面临的问题。制定联邦战略在医学和教学领域都有先例。1944 年以来，联邦向医疗培训提供补助，以满足医疗不足人口的需求、弥补特定领域的人才短缺，并在高度贫困地区建立教学医院和培训计划。持续的努力造就了美国闻名于世的医疗培训和护理系统。20 世纪 60 年代到 70 年代初，联邦也采取了类似的方法支持教学，通过提供国防和教育奖学金（National Defense and Education scholarships）、新开设教学硕士课程（Master of Arts in Teaching，MAT）、实施城市教师队伍（Urban Teacher Corps initiatives）等举措，在 70 年代末之前消除了教师短缺现象，然而 1981 年联邦停止了对这些计划的支持。本章将介绍教师需要的培训以及重视和改进教学实践的表现评估。第 9 章将概述保证所有教师都能获得高质量学习机会、每所学校都能得到优秀教师的政策。

培养能够成功教授各类学生的教师

显然，如果期望学生达到 21 世纪的学习标准，我们就丝毫不能降低对教师和其他教育者的期望。然而，美国教师对有效教学知识的了解远远少于其他任何工业化国家。教师培养方案参差不齐，分化严重，各州的规范体系也很不均衡。另外，今天的学生具有多样性，学习标准比以往更具挑战性，教师需要掌握更多的教学知识，包括如何教授难度更大的学科内容和跨学科技能，以及如何教授特殊需求学习者、英语学习者和其他需要特殊教学形式的学生。

当前面临的问题。虽然我们有许多接受了充分培训与支持的教师，尤其是在具有前瞻性的州和富裕地区，但是在其他州仍有成千上万的教师受训不足，缺乏支持，特别是为低收入非白人人种学生服务的学校。这些政策问题带来了不良的后果，对城市学校的教学研究表明，教师技能不足，对学生缺乏信心，会导致教师一直使用低水平教学材料和没有启发性的死记硬背式教学方法。[41] 很多教师对非裔和拉丁裔学生的期望特别低，对待他们比对待其他学生更加粗暴，并且惩罚过度，阻碍了他们成绩的提高。[42]

虽然这些问题往往是由种族主义造成的，但基本上还是教师没有接受过培训或受训不足的结果。没有经过充分培训便进入教学队伍的教师往往不了解学生，对学生心生不满，怀有刻板印象，特别是在教师缺乏技能而导致学生成绩进一步下降的时候。即使教师为人正直有心做好工作，也可能由于缺乏知识和技能而丧失信心。

当新教师与培训不足的在职教师进行交流时，有时会被传递对学生的低期望值。以哥伦比亚大学教师学院的师范生钱德拉·约翰逊（Chandra Johnson）[43] 为例，她很快就要结束在纽约市华盛顿高地（Washington Heights）一所社区（该社区以多米尼加裔为主）学校中为期一年的教学实习。她谈起两位第一年从教的教师给予她的帮助建议。这两个人仅仅完成了几个星期的夏季培训课程便走进了课堂，整整一年都过得很痛苦，他们想与这个新手教师分享他们的工作经验。"你首先要明白，"这两个人告诉她，"你必须对这些学生大喊大叫，这是唯一让他们听话的方法。"他们一直忍受着煎熬，到了第二年都没再回来教学。

钱德拉并没有接受这个殷切的建议，因为她已经看到她采用的积极策略对学生们更有效，但她还是决定不在这所学校工作，这里的文化与她想要带给学生不同体验的目标格格不入。所以，丧失功能的学校每况愈下，因为有想法的教师不愿意与能力太差的同事合作。事实上，研究表明，教师选择学校的最大动力之一是有机会与优秀、尽职的同事一起工作，而且工作环境能够发挥他们的效能。[44] 在下一章中我们将看到，低收入社区也能够并且已经建立了这样的学校，吸引到优秀的教师。但是，解决这些问题不能采用以往的策略，只是向有问题的环境中派遣个别新教师，让他们在那里孤军奋战。

虽然培训不足的教师在进入教师行业后可以从经验中学习，但他们并不总是能够学到正确的东西。由于知识不足，无法做出正确的决定，对于为什么会出错、该如何处理等问题，容易得出错误的推论。珍妮弗·温特斯（Jennifer Winters）就曾只接受了 6 周培训便开始任教，一年之后她离开教学岗位进入到加州大学伯克利分校学习教师培养专业。她说自己也同样有过易迁怒于学生的经历：

> 我发现自己在跨文化教学上有问题，责怪孩子们在课堂捣乱、无法控制，责备家长，好像他们不关心自己的孩子。陷入这种境地让我非常沮丧……虽然在伯克利的教师培养专业只学习了 3/4 学期，但我学到了很多有助于解决那些问题的知识。

一位分析人员对一组培训不足的新手教师进行了一年的跟踪研究，发现在经历了最初的教学失败之后，他们都采用以记忆为主的授课方式，而且纪律严格，剥夺学生的休息和其他"特权"：

> 事情是这样开始……或者说结束的。你来上第一堂课，结果课堂完全失控，你发誓不会再让这样的事情发生。你必须学会怎样确保不再发生这样的事。你会认识到练习册的好处，虽然练习册非常枯燥，但是能让孩子们忙起来，他们忙起来了，就不会给你惹麻烦。[45]

降低教师准入标准而不是确保教师获得有效发挥作用所需要的知识，这种做法常常以教学是在教中学、正式的教师教育并没有多少作用为借口。但是研究却发现，强大的教师教育会显著增加教师使用促进高阶学习且适应学生经验、需要和学习方法策略的频率。[46]

举个例子，了解如何规划和管理课堂，能够使教师专注于发展高阶技能所需要的复杂教学。由于培养复杂问题解决能力的新任务比以"练习—评分"（drill and kill）为主的常规任务更难管理，缺乏课堂管理能力可能使教师为了易于控制学生作业而"降低"课程的难度。[47]这往往导致采用以做活页练习为主的教学方式，并不构成真正意义的学习。艾瑞克·库珀（Eric Cooper）和约翰·史瑞克（John Sherk）论述了这种教学方式如何注重多选测试表现的零散"技能"，阻碍了学生读写能力的进步：

> 每张活页练习都围绕一个细小的低级阅读技能，在学生完成了几百张练习之后，便被认为"掌握"了阅读技能。但是如果我们把阅读定义为找出文章的联系并加以理解的能力，孩子们大多仍然不能很好地阅读……（另外）教师被告知，活页练习的设计方式可以让学生通过练习实现自学。结果，大大减少了学生与教师之间以及学生与学生之间的口头交流……（然而）如果孩子要学习语言，阅读只是其中的一部分，他们必须互动、交流。他们必须有机会听到说话、提出问题、进行推测和假设。[48]

这些研究人员关于教师应该怎样支持儿童读写能力发展的讨论，印证了已知的有效教学理论。阅读专家多萝西·斯特里克兰德（Dorothy Strickland）指出，在早期读写教学中，教师必须能够适应各种认知方式和学习速度，扩大而非减少鼓励学生学习和回应的方式。如果教师学会创造积极的学习机会，让学生以多种不同的方式使用口头和书面语言，并以学生之前的知识和经验为基础激发学生使用高阶思维过程，包括假设、预测、评估、整合、综合及表达想法的能力，教学效果就会更好。[49]为此，教师必须学习课程与教学策略，了解语言发展、儿童发展与学习的专业知识，才能给儿童提供支持，引导他们发展提高。[50]

充分培训的作用。与很多传统观念不同，这种教学方式是可以通过系统、有效的培训来实现的，在高度贫困社区中也能做到。我们之前看过受训不足教师的痛苦经历，再来看看两位来自加州奥克兰困难城市学区、但参加了强大教师教育课程的年轻教师的评论：

> 5 年前的年中，我开始了第一份教学工作……在 1 年级的教室里，我发现只有 20 多本又旧又破的书，课程不完整，内容标准陈旧不全。

在我所在的学区，新教师都被安置在这样的环境中。我接受过应对这种情形的培训，后来能够在教师行业顺利发展，都是因为我在教师认证课程中接受过的培训。无论在教学第一年还是现在，米尔斯学院教给我的具体知识对我来说非常重要：开发适当的课程；接触广泛的学习理论；教授非英语语言学生和"边缘"儿童的训练……然而，让我成为专业人员并不断激励我成长的重要因素是：我明白从实践中学习并不断反思的重要性，我认识到培养合作关系的价值，我对儿童和公共教育事业的道德责任……这一切都来自于米尔斯学院给我的训练、教育和支持。

——一位奥克兰米尔斯学院教师教育专业毕业生

我比其他第一年执教的教师领先很多，今年还有另外 5 位新老师。我更有信心，对要做的事情都有规划，其他人很多时候无事可做……而我从一开始就知道我在做什么，为什么这么做。

——一位加州大学伯克利分校发展教师教育专业毕业生

上述第二位教师毕业于我与同事研究的 7 个有效教师教育培养方案之一。[51] 这些培养方案有本科课程也有研究生课程，规模有大有小，既有公立大学的也有私立大学的，之所以能从全国几十个培养方案中被选中，是因为他们有证据表明，他们培养的新教师从工作的第一天起就能非常成功地教授不同的学习者，创造帮助学生有效学习复杂技能的课堂。研究者乔恩·施耐德（Jon Snyder）说：[52]

玛丽亚·格雷格（Maria Gregg）在加州一个城市学区的威尔逊小学（Wilson Elementary School）教书，那里的教室都是活动板房。威尔逊小学有 850 名学生，大多数为语言少数群体，是该学区所有学校中一级贫困程度学生比例最高的一所。玛丽亚的教室比一般的活动板房还要小，天花板很低，风扇呼呼作响，里面摆着一张腰果形教师桌，还有 6 张学生用的方桌和 6 把椅子。玛丽亚班上有 32 名 1 年级学生（14

个女孩和18个男孩），没有助手。25个孩子是非白人人种，包括最近从东南亚来的移民，还有非裔和拉丁裔学生。

虽然教室很小，但玛丽亚和学生一起营造了积极的学习环境。从地板到天花板贴满了学生的作品：数学运算表、集体创作的故事、学生从绘本《把雨带到卡皮蒂平原》（*Bringing the Rain to Kapiti Plain*）中选材制作的拼贴画。天花板也可以作为学习区域。学生制作的科学活动装置及各种"我们知道的和我们想要知道的"图表悬挂在天花板上，成年人从教室走过，必须弯着腰。教室一角设有阅读区，铺着地毯，里面有很多书籍。

二月的一天中午，湾区开始起雾，玛丽亚和另外两位1年级教师在主楼的一间教室里一边吃午饭，一边讨论下午的科学活动。另外两位教师虽然不喜欢教材中事先规定的课程活动，但还是决定严格遵循。从发展教师教育专业毕业的玛丽亚描述了她将组织的活动——一个"沉下去还是浮上来"的活动，讲解的概念及使用的材料与课程规定相同，但是会让学生积极参与。与预先规定的课程不同，玛丽亚的课程设计让学生记录数据，并在数据基础上做出假设、进行检验。其他老师笑着问她是不是"做梦时想出来的"。"不，"她回答说，"这次是洗澡的时候想到的。"在返回教室的路上，她解释说，规定的打包课程简化了内容，"完全忽略了学生"。玛丽亚讲述了她为了让学生使用高阶技能和策略是如何改变语言技能课、调整数学课并创建新的科学课的。

在课堂上，她对不同语言和性别的学生进行混合分组，然后介绍了她设计的科学活动。教室里摆满了上课需要的材料。有几个装着杯子的大方盒，两个方盒里是盐水，两个方盒里是普通自来水，还有一些小箱子，里面装满了小塑料熊和各种瓷砖、石英石、岩石和回形针。这项活动就是观察往不同水杯中放入多少物体才会下沉的实验。

30名学生开始做实验，在黄色的便笺贴纸上记录放多少物体杯子会下沉，然后再将把便笺贴在玛丽亚制作的大图表纸上，图表上有各种标签，分为盐水和自来水两列。在活动开始之前，玛丽亚读取标签并要求学生跟读。她让学生指出有趣的语言和拼写特征。两个孩子兴奋地说，"这和我们今天上午看到的奇怪拼写一样"，玛丽亚在之前的活动中已经介绍了将要用到的词汇。分组时玛丽亚安排学生去指定的座位，然后坐在自己的手上。她说如果把手坐在身下，就不能放进水里了。这是她用来确保学生有机会参与实验的众多"管理技巧"之一。

学生一进入到科学活动似乎就失控了。当然会有学生拍水、往水里扔东西的现象，但分类图表上开始贴上黄色便笺了，慢慢地学生们能够自我约束了。没过多久，玛丽亚把学生聚在一起讨论记录的信息。学生们提出自己的假设，然后在老师的鼓励下用数据验证假设。当学生的语言过于抽象时，玛丽亚会让学生到教室前面使用大家都用过的材料来展示他们的想法。在加利福尼亚，这就是所谓的"特别设计的英语学术教学"（specially designed academic instruction in English, SDAIE）使用的手段之一，SDAIE 是一项让英语学习者明白教学内容的教学策略。玛丽亚在教学中用到的其他 SDAIE 手段包括熟练采用小组合作促进同伴教学；采用表现测试、项目、作业集和论文等形式的替代评估；开发产品与研究项目；广泛使用幻灯片、海报、录像带等视觉素材，并在教室中安放水族箱和饲养箱；在班级活动中融入学生的母语、文化和社群成员；完善各种活动技巧。

在贫困城市学校的课堂上，通常学生要么做大量的活页练习，要么根本不理会老师，而玛丽亚的学生却不是这样，他们按照富裕学校高年级学生应掌握的方法学习复杂概念。另外，玛丽亚创造了尊重每位学生、让他们积极有效参与学习的氛围。她不需要惩罚学生，而是去揣测正常忙碌的儿童会怎么做，想办法让学生集中注意力、遵守纪律、参与学习。她精心备课，让学生不必遭受惩罚、打击、冲突或失败就能成功完成复杂的任务。

在我们对全国其他优秀培养方案的研究中，[53] 我们在波士顿、夏洛茨维尔（弗吉尼亚州）、密尔沃基、纽约市、波特兰（缅因州）和圣安东尼奥等地也看到了像玛丽亚这样的新教师，他们一开始就做好了充分的教学准备，在职业生涯早期便表现出领导才能。和玛丽亚一样，他们对孩子的学习方式及如何构建任务、让学生能够成功地完成挑战性智力工作，有着深刻的理解。他们知道如何设计每堂课，最终形成实现中心学业目标的课程，知道如何使用评估获得每个孩子的诊断信息，从而有针对性地满足学生的个人需求。他们在学生中建立了行之有效的学习社群以及对彼此的责任感。

玛丽亚的教学阐释了学者对于有效教师教授非白人人种学生的看法：这些教师，无论种族／族裔背景如何，都能在课堂上营造社群和团队的氛围、实施合作学习策略，并让学生广泛参与。他们的教学方法积极而直接：展示、示范、讨论、组织参与任务、提供反馈、回顾总结、强调高阶技能。他们对技能的讲解明确又透彻，不用死记硬背，而是让学生用正在学习的知识去解决实际项目和问题。他们能够与学生建立并保持联系，请孩子们以各种方式分享他们是谁以及他们知道的事情。在开发课程时，还会用到与学生经验和身份相关的文化参照（文本、例子以及典型的人和事），尊重他们的家庭和社群，并传递出所有学生都在考虑范围的信息。[54]

成功的教师教育专业。我们研究的所有培养方案在培养新教师时都有经验丰富而且教学成熟的老教师保驾护航、传授技能，[55] 都着眼于强大的研究型优质教学，建立了一套紧密连贯的学习体验，既有课程设置，也有让师范生模仿、进行优秀教学的实习安排。

这些培养方案与芬兰的教师教育课程一样，注重发展教授各类学习者的教学策略和技能，如果不具备这样的能力，相信"所有儿童都具备学习能力"就会沦为一句空话。师范生会对学习理论、儿童发展、课程、评估、文化背景和特定科目的教学方法进行深入学习，同时参加精心安排的教学和实践体验，在至少一年的时间里观摩专家教师在多元化城市课堂中的优秀教学。随着师范生承担越来越多的教学责任，还会指导他们进行与教学体验相关的讨论和阅读，帮助他们理解自己的所见所学及行为。

跟随优秀教师实习，与医生的实习与住院实习经历一样，对学习有效教学至关重要，特别是在学生需求多样、需要教师具有高级教学技能的情况下。这样，准教师就可以在复杂的教学实践中打下基础，将来可以进行诊断性教学，而不是照本宣科或者只注重课本、不了解学生的学习状况。

他们学习在不断评估学生需求的基础上调整课程，结合不同学生的需求和不同情况下的不同目标，合理地使用之前习得的各种实践经验。

这种做法非常重要，因为通过看书，甚至定期指导，是学不会教学的。教师必须观摩专家教师教学，在专家的帮助下亲身实践。然而，有过这种经历的美国城市教师非常罕见，因为有些传统方案及替代方案并没有提供由教授贫困学生的专家教师直接指导学习的机会。教学实习通常没有专家示范或者课堂上没有贫困学生，因此学到的经验不能推广到其他学校。在替代方案中，实习往往压缩到几周或完全省略。如果我们想要培养一支充足的、能够走进城市或贫困农村开展有效教学、并有信心留在这些地区的教师队伍，就必须处理并解决这个根本问题。

仅有课堂实践经验，还不足以让教师学以致用。必须有效地指导教学实践，让教师在课堂上学习使用具体的工具，比如评估、具体的阅读策略、写作技巧、数学教具等。教师需要知道如何使用、增加课程材料和评估策略；需要技巧来组织有效的小组工作，规划结构合理的项目和探究；需要面对真实的学生练习使用具体学科工具的机会。这样教师才能合理地学习将理论与实践相结合，发展在日后具体教学中解决新问题的适应性能力。[56]

师范生学习教学技能还可以通过分析学生的作业与学习、教师的计划与任务、教师和学生的行为录像，以及教学与学习案例（与法律和医学类似），发现一般原则和具体情况之间的联系。[57] 在我们研究的强大培养方案中，师范生通过观察、访谈、考察学生的学习方法、进行数据分析等手段，针对个别学生（包括英语学习者、特殊教育学生等）以及具体教学方面、教学课程、家庭与社群进行案例研究。

成功的培养方案通过运用这些方法，对教学的支持不仅内容丰富，而且关注文化与个人，为教师提供了解学生生活与背景的具体工具〔利用路易斯·莫尔（Luis Moll）所说的存在于家庭和社群之中的"丰富知识"[58]〕，并将其转化为学习资源。其中包括学会与家长合作，因为父母更了解孩子的兴趣和需求，可以在家中协助支持学习。因此，成功的培养方案需要帮助教师建构学生和科目之间的互动，在学习发生的时候，二者必须像DNA

链上的双螺旋一样交织在一起。

发展"教学学校"的重要性。最后，我们研究的示范性培养方案都
·· ···· ·····
与当地中小学建立了牢固的关系，有些是与大学密切合作的正式专业发
展学校（Professional Development Schools，PDS）。有些学院甚至帮助开
办新学校作为教学示范。例如，国际知名的大型教师教育机构班克街学院
（Bank Street College）就和纽约市许多公立中小学保持着密切的联系，与
至少几十个新、老创新学校结成伙伴关系，在有的学校中几乎所有教师
都是该学院教学与领导专业的毕业生。这些学校服务于种族、族裔、语
言和经济状况多样化的学生群体，致力于体验式的项目学习。三一大学
（Trinity University）与圣安东尼奥的中小学，南缅因大学（University of
Southern Maine）与波特兰及周边社区中的中小学，阿尔韦诺学院（Alverno
College）与密尔沃基的中小学，全国还有许多其他大学与中小学之间也都
建立了类似的合作关系。

由于给低收入非白人人种学生提供的优质教育设施不多，如果要大规
模改变教学实践，就必须创造优质的环境。只是将师范生置于低收入或非
白人人种学生多而且问题典型的学校，让他们了解学生的多样性，实际上
"并不会激发准教师们去考察学生的特点，反而会强化他们对孩子的刻板印
象，最终损害教师的课堂有效性"[59]。因此，越来越多的大学，包括克拉克
大学、斯坦福大学、芝加哥大学、宾夕法尼亚大学等，都建立了新的城市
学校或者发展伙伴关系，支持和帮助现有学校采用最先进的做法，作为教
师培训基地。

这种合作关系，可以同时给中小学和教师培养带来变化，对长期改革
至关重要，因为不可能通过让教师凭空想象或建议他们采取与课堂所见
"相反的行为"来学会有效教学。如果教师培训只限于总结以往学校面临的
问题，就培养不出学校需要的教师，因为在孤立环境中培养出来的教师，
教学往往具有特殊性，缺乏诊断能力，而且很少用到有效教授各类学习者
的策略。无论学习多少课程，都不能替代塑造教师行为的强大体验式实习。

在高度发展的专业发展学校伙伴关系中，中小学教师和大学教师一起
教孩子和师范生、开发课程、改进教学、进行学校改革。和医学界的教学

医院一样，整个学校都成为所有成年人和学生进行学习与反馈的场所。[60]
许多这类中小学积极地追求公平，反对传统的实行分层教学、教学能力低
下、课程不完善且迟钝的学校体制。[61]这些学校鼓励师范生或实习生参与
学校运作的各个方面，从特殊教育和为学生提供的支持服务，到与家长会
面、家访和社群拓展，以及为追求持续改进而进行的教师讨论和研究项目。
这种参与有助于师范生了解更加宽泛的学习背景，并开始发展在职业生涯
中有效参与学校改进所需的技能。

对完善的专业发展学校的研究发现，从这些培养方案中毕业的新教师
教学准备更加充分，雇佣学校、督导和研究人员对他们的评价也高于其他
新教师。这类学校中的老教师认为专业发展、行动研究和专家指导给他们
的教学实践带来了变化。各项研究也证明了 PDS 实施的课程与教学干预对
学生成绩提高的影响。[62]支持持续专业学习的创新中心对于改变教师落后、
学生落后的学校状况非常重要。

教师驻校模式。在这些成功方法的基础上，有几个城市（包括芝加哥、
波士顿和丹佛）开发了城市教师派驻模式（Urban Teacher Residencies），招
聘优秀教师并将他们留在学区。这种高质量替代路径仔细选拔、招聘有志
在城市学区长期任教的大学毕业生，为他们提供为期一年的带薪专家指导
学习。在这一年中，他们在一位专家教师的课堂上学习教学，同时在与学
校密切合作的大学中学习精心构建的课程，将课程与实践经验相结合。对
这些人员的学习并不是采用没有教学示范、放任自流的模式，相反他们会
看到专家教师授课并在专家教师的指导下进行教学实践。他们在这一年中
有工资或津贴，年底还会获得硕士学位和教师认证，接下来的两年中还将
继续接受指导。作为条件他们必须保证在所在城市的学校中至少从教四年。

在芝加哥的培养方案中，准教师先参加 8 周夏季课程（一年的密集课
程都由国立路易斯大学和芝加哥伊利诺伊大学的教师授课），而后进入芝
加哥学校系统中城市学校领导学院（Academy for Urban School Leadership,
AUSL）管理的 6 所教学学院之一，跟随指导教师开始驻校学习。这些以低
收入非白人人种学生为主的学校本身就是创新的重要组成部分，旨在为城
市学校教育提供最佳教学示范，教学人员都是高效、经验丰富的芝加哥公

立学校教师，他们担任指导教师和领导将得到 20% 的额外工资。这些学校的目标是为孩子和专业培训人员提供最先进的教育。

师范生一边跟随成功的城市教师学习有效满足学生需求的教学实践，一边学习相关的理论与研究，第二年就开始独立任教。成为全职教师之后，还要继续接受两年的指导。他们是靠贷款完成硕士学位的，执教后贷款便予以免除。作为条件，他们必须在该学区至少任教 5 年，而 5 年后大多数教师已经非常热爱这份职业了。芝加哥方案甚至开始接手失败学校，重新招聘指导教师和驻校项目毕业生。转变后的学校成绩斐然，整个系统的教育质量也得到了提高。

驻校培养模式实施了严格的准入和毕业标准，选拔具备所需特征和技能、且能力突出的学员，并在他们做好了有效教学准备的时候才将他们推向教学岗位。以波士顿的驻校培养方案为例，53% 的学员是非白人人种，59% 的初、高中入选者具有数学或科学背景。经验表明，绝大多数人员都留了下来并在贫困学校成功地执教。芝加哥和波士顿方案的数据显示，前四届毕业生的教学留任率达到 90% 以上。[63] 这类培养方案可以同时解决多个问题：在创建城市教学和教师教育示范中心的同时，建立了向贫困学校输送尽职尽责、训练有素教师的通道。

对新教师的指导。无论从发展教师能力的角度还是减少损耗的角度，都不能忽视驻校培养的教师指导部分。其他高成绩国家进行了大量投入来帮助新教师融入结构："他们向学校拨款为专家导师提供自由时间，减少新教师的负担，并增加其他的学习机会，比如参加研讨会、去其他教师的课堂听课以及共同备课的时间。"

大约 30% 的新教师在 5 年内离开了（城市地区比例更高），如果不能给新教师更好的支持，教师流动的速度就不会放缓。如果新教师接受过良好的培训，并且在相同科目和 / 或年级上有指导教师，有与同科目教师共同备课的时间，能定期与其他教师合作，那么他留在教学队伍的几率就会高得多。[64] 当指导教师也接受正式培训，并有时间提供一对一的课堂观察和辅导、展示有效的教学方法并帮助他们解决实际问题时，新教师的教学实践就会进一步得到加强。[65]

评估有效的教学

大规模发展优质教学不仅需要为教师提供学习机会，还需要对有效的教师实践以及反映和发展教学实践的评估工具形成共同的观念。目前主流的建议是将学生在州或学区标准化考试中的增值测试分数作为衡量教师有效性的关键指标。增值的概念很重要，也符合逻辑，既考虑了学生的起点，又承认教师对学生进步的贡献。如前所述，我在本章中引用的研究认为，增值法（Value-Added Methods，VAM）对于研究受过良好培训或有过专业发展经历的教师群体是有价值的，可以看出他们的学生是否在总体上比其他教师的学生学得更好。

然而，技术和教育问题使得增值衡量手段本身，很难对个体教师的有效性进行推论，特别是用于人事决定等高风险目的时。首先大多数州和地区的测试系统不支持对多数年级和学科学生成绩的增值衡量，其次教师的有效性评级在不同测试、类别和年份之间缺乏高度稳定性，而且受到学生特点以及教师所在学校背景的影响。[66] 教育考试服务中心（Educational Testing Service）的亨利·布劳恩（Henry Braun）在对多项研究结果［包括兰德公司（RAND）最近的一项研究综述］进行总结之后，得出结论：

> 增值成绩不应作为对教师做出重要决定的唯一或主要依据。根据一般学区提供的数据类型来断定教师有效性的原因，这种做法存在许多陷阱。关于不同的技术问题会怎样严重威胁这类解释的有效性，我们仍缺乏足够的认识。[67]

因此，虽然增值模型有助于观察群体教师的效果，并且可以提供一种衡量教师有效性的方法（其他方法下文会进一步论述），但是将其作为评价个体教师的唯一或主要衡量手段是有问题的。

好在近年来开发了基于表现的教学评估，不仅能够检验与教师有效性显著相关的教学方面，还有助于提高教学效果。这种评估包括教师表现评估，如国家委员会认证及康涅狄格和加利福尼亚等州颁发新教师资格证使用的评估，还包括某些地区使用的基于标准的教师评估系统。这类评估既看与有效性相关的教学实践，通常也看促进学生学习的其他证据。

这些评估作为政策工具有很强的杠杆作用，可以决定谁能够进入并留在教学行业，谁应该被认定为专家、为其他教师提供指导和辅导并享受额外津贴。此外，已经发现无论对于接受评估的教师，还是被培训为评估员的教育工作者，参与评估都可以支持学习，从而增强教师队伍的能力，使教育者关注共同的教学实践。

各种资格、证书和认证的制定标准代表了"专业政策"，在知识不断增长、知识的恰当应用取决于众多因素的领域中可以替代政府规定。专业标准不是强制实施无法满足客户不同需求的标准化程序，而是让行业成员对发展共同专业知识以及适当运用知识负责。[68] 理查德·埃尔默和苏珊·弗尔曼指出：

> 由于机会平等越来越依赖于优质教学，如何提高教育工作者的专业能力就变得愈发重要。在当今背景下，保证机会平等意味着增强而非限制教学的专业性，所以过去实行的州政策就不再是最佳政策工具……我们需要新的方法来构建州扮演的角色和使用的策略。[69]

教师表现评估。基于标准评估教师的方法最初是由全国专业教学标准委员会制定的，该委员会成立于 1987 年，由专家教师和其他公众人员组成。委员会先制定了各主要学科的优秀教学标准，后来又开发了一套优秀教学评估，要求将反映教师实践与表现的材料做成作业集，包括教学录像、评论、教学计划和学生学习的证据。

这些材料由本学科领域经过培训的专家使用定义教学关键维度的标准进行打分，结果可靠。为了识别经验丰富的优秀教师，一些州和地区以国家委员会认证为依据，向教师发放奖金或给予其他形式的认可，比如选为指导教师或骨干教师。加州向在高度贫困学校执教的委员会认证教师提供两万美元奖金，分四年发放，这有助于将优秀教师更加公平地分配给贫困学生。

最近的一些研究发现，通过国家委员会认证评估过程的教师与没有获得认证的教师相比，能够更有效地提高学生成绩。[70] 同样重要的是，许多研究发现教师参与国家委员会认证的过程会支持他们的专业学习，激发教学实践的改变。教师们说，根据委员会标准分析自己与学生的作业过程增强了他们评估学生学习以及自身教学效果的能力。[71] 教师们报告说在每个评估领域教学表现都有显著改进：备课、设计、授课；课堂管理；对学生学习的诊断和评估；使用学科知识；参与学习社区。研究表明确实发生了以上变化。[72]

这些标准以及为评估这些标准而开发的表现评估，大大提高了对教师的期望。这些标准与评估对教学内容和方法有着深入的理解，深刻认识到文化和环境在儿童发展和学习中的作用，提倡持续评估和适应性教学，以促进所有学生的学习。新标准根据学生的学习来检验教学，将教学效果放在教学实践的中心，这标志着教学方法发生了转变，之前的行为主义教学法不顾教学效果，只是将教学视为固定程序的实施。

正因为如此，参加国家委员会认证的教师常常说，他们在评估过程中学到的知识比之前任何专业发展经验都多。[73] 戴维·海因斯（David Haynes）的话很有代表性：

> 完成通过青少年/通才认证的作业集，绝对是我职业生涯中最强大的专业发展经验。我从来没有这么深入地思考过我的教学，以及为什么这样教。我根据一套严格的高标准批判性地审视自己的教学。在日常工作中，我常常会重新思考自己的目标，改进课程，朝着新的方向努力。我现在的教学跟评估之前完全不同，而且我的经历似乎很典型。[74]

继国家委员会之后，由 30 多个州组成的联合体（州际新教师评估和支持联盟（Interstate New Teacher Assessment and Support Consortium, INTASC）在全国首席教育官理事会（Council of Chief State School Officers）的支持下，创建了新教师认证标准。大多数州已经将这些标准纳入其认证制度，全国教师教育认证委员会（National Council for Accreditation of Teacher Education，NCATE）也将这些标准纳入认证教师教育培养方案的新表现评估方法。

在之前提到的对示范性教师教育方案的研究中，我和同事目睹了这些标准对形成教学实践的重要性，这些标准被融入课程、表现性任务和评估工具，用于引导准教师发展强大的教学技能，教授比预期更广泛的学生。[75] 我们还看到了新的基于表现的认证标准如何推动大学的重要变化，给课程和实习工作带来的一致性与变化，并为监督和支持在职教师培训提供了更多的资源。

在一些具有开创精神的州中，将基于 INTASC 标准及国家委员会评估而形成的新教师表现性评估用于教师教育，作为颁发初始教师资格证（如加利福尼亚州）或教师入职的依据，以及结束试用期发放专业资格证（如康涅狄格州）的依据。

研究证明，基于表现的教学能力评估对于推动有效的培训和教学实践也至关重要。尽管过去 20 年中教学测试的数量激增，师范生经常必须通过 3 项或更多测试才能获得州认证，但多数测试都是关于基本技能或科目知识的多选题，无法衡量师范生学到的教师教育知识，也不能提供任何证据表明他们真的能够教学。

相比之下，表现评估要求教师记录一个教学单元的教案与授课，对课节进行录像和评判，收集并评估学生学习的材料。研究发现，与国家委员会评估一样，新教师在康涅狄格州评估（对通过评估、执教 3 年的教师授予专业资格证）中的评级对学生在州测试中的成绩增值有显著的预测作用。[76]

此类评估与教学指导相结合还有助于教师改进教学实践。康涅狄格州要求雇用新教师的学区为他们提供接受过州教学标准和评估体系培训的指导教师。康涅狄格州的研究报告说，评估反馈使教师教育和入职培训均有所改善；新教师与指导教师都认为评估帮助他们改进了教学实践，使他们对优秀教学及怎样发展教学有了更清楚的认识。因此，评估项目对教师培养与指导都有引导作用，提高了教师的有效性。一位参与评估的新教师谈到了评估过程的重要性，在评估过程中需要进行一个单元的备课与授课，每天反思当日课堂，考虑如何满足每位学生的需求，并应怎样改动第二天的教学计划。他说：

> 虽然我经常进行自我反思，但是这项评估让我反思得更为深刻。我不得不说，我和以前不太一样了。与参加一次课、表态该怎么做相比，评估对我的教学产生了更大的影响，让我受益更多……这个过程让人反思自己的教学，我认为对我成为一名有效教师非常必要。[77]

加州教师教育方案中也使用了类似的加州教师表现评估（Performance Assessment for California Teachers，PACT），研究发现也具有同样的学习效果。该评估由加州大学多个校区与斯坦福大学、米尔斯学院、圣荷西州立大学和圣地亚哥州立大学共同创建，目前被 32 所大学采用，要求师范生或实习教师按照州标准进行一周教学单元的备课与授课；每天反思当日的授课情况，并修改第二天的计划；分析、评论自己的教学录像；收集并分析学生的学习结果；反思课堂好与不好的地方，并分析原因；说明日后要做出的改进。申请人在教案中必须体现对学生先前知识和经验的考虑，包括适应英语学习者和有特殊需要的学生。分析学生的学习成果也是教学评估的一部分。

大学教师、教学督导、指导教师和合作教师在接受培训后使用标准化量表对作业集进行评分，此外还有一项校正标准的审核程序。大学教师使用 PACT 的结果来修订课程。新教师和评分员都认为这些经历改进了他们的教学实践。例如：

> 对我来说，最有价值的部分是上课的流程，先教学，再评估孩子们学到了什么，没有学到什么，然后在下一堂课中反映出来……这种"教学—评估—教学—评估—教学—评估"的过程。所以你不停地在做改变，你可能有一个计划或框架，但是得知道这是很灵活的，必须根据孩子们当天的学习情况灵活处理。

——一位准教师

这段（评分的）经历……迫使我重新思考在教师评估中真正重要的问题，这反过来意味着需要重新思考在教师培养中真正重要的问题。

——一位从事教师教育专业的大学教师

（评分过程）让你必须了解"优秀的教学"是什么样的，以及是怎样讲课的。它让你用新的视角批判地看待自己的教学。

——一位参加合作的教师

作为教师入职培训的协调人，我非常清楚持有教师资格证的新教师会给我们带来什么，以及对他们的要求。我们可以在这个基础上展开工作。

——一位教师入职培训协调人[78]

这些评估除了可以选拔真正能够从事教学的教师之外，还有助于教师学习如何更加有效地教学，提高教师培养方案的质量，制定广泛的行业标准与规范，这样优质教学便不再是偶然发生的奇迹了。

基于标准的教学评估。同样，也有些地区使用基于标准的评估来评价教师，帮助他们改进教学实践。与上述的表现评估一样，这些用于观察教师课堂实践的系统以教学和学习研究中的专业教学标准为基础，预测教师在促进学生学习成长方面的有效性。[79]他们使用系统的观察工具来考察课堂管理、内容教学和学生评估等教学维度。

这种评估系统被用于评估新教师是否可以留任和续聘，找出表现欠佳的教师，给他们提供额外帮助，也可能予以解雇。实施时间最长、最为成功的系统是同行协助和审查方案（Peer Assistance and Review Programs），给予专家指导教师自由时间来进行评估，向有需要的新、老教师提供帮助。正常的流程和审查制度还会让教师和管理人员小组以指导教师和校长评估为依据，对人事决定提出建议。对纽约州的罗切斯特市，俄亥俄州的辛辛那提市、哥伦布市、托利多市，以及华盛顿州的西雅图市所采用的系统进行研究发现，这些系统均提供了成功的教师辅导，并大大提高了教师行业的留任和续聘标准。[80]

在这些系统中，新教师由于接受了指导，留教比例更高，离开的人（通常在 5% 以下）并非因为沮丧而辞职，而是学区不再续聘。被认为需要帮助和审查的老教师（通常占教师人数的 1%—3%），大约有一半人在密集的指导干预结束后教学状况得到了大幅改善，而另一半人则主动离职或被学区解聘。由于教师协会与学区合作、密切参与这些方案的设计和管理，所以当教师被解聘时工会并不会表现出不满。

罗切斯特市和辛辛那提市已经形成了职业阶梯，通过更高级别的教学实践评估选拔出来的优秀教师，可以担任新教师的指导教师及其他领导工作。这些评估既取决于地方评估和 / 或国家委员会认证对教学的标准评估，在罗切斯特市，也取决于教师作业集中积累的各种学生学习的证据。

还有些系统将基于标准的衡量作为教师评估系统的一部分，包括职业阶梯计划中使用的标准评估。比如，教师晋升计划（Teacher Advancement Program，TAP）就是一个完善的高度结构化的教师评估系统，该系统的基础是国家委员会和 INTASC 的标准，以及康涅狄格州和纽约州罗切斯特市开发的评估标准。[81] 在"注重教学的问责制"TAP 系统中，每位教师每年要接受 4 至 6 次评估，实施评估的专家 / 指导教师或校长也需要经过培训，获得评估员资质，考察教学设计与规划、学习环境、课堂教学和教师责任。评估员培训为期 4 天，非常严格，根据能否准确可靠地评估教学能力予以认证。教师也要研究标准量表及其对教学和学习的意义，使用量表来评价教学录像，并参与实践评估。每次观摩之后，评估员和教师会一起讨论评估结果并制定持续的发展计划。

与其他完善的职业阶梯系统一样，TAP 也提供持续的专业发展、教师指导和课堂支持，帮助教师达到这些标准。此外，TAP 还重组学校，为协作备课和学习提供固定时间。实施 TAP 学校中的教师报告说，这些机会以及所提供的密集专业发展，是多所 TAP 学校教学实践改进和学生成绩提高的主要原因。[82] 从广泛的教师评估与发展系统中得到的数据，结合全校学生和个体教师所教学生的成绩依据，决定了教师在职业阶梯中的位置。

有趣的是，最近的一项评估发现，TAP 学校中 70% 的教师非常支持该方案鼓励的协作水平，60% 的教师对专业发展感到非常满意，57% 的教师强烈支持基于标准的评估系统。对教师的这些支持比该计划中提供的多项职业路径（得到大约 31% 的教师强烈支持）和基于表现的薪酬（仅有 18% 的教师强烈支持）更加重要。[83] 这印证了许多其他研究的结论，说明教师欢迎能帮助他们改进教学的完善支持与评估，这些因素比给予报酬更能激励他们。这种情况也不是完全意想不到，他们选择教师行业的主要原因是想要帮助孩子，而不是赚大钱。（如果以赚钱为动机，他们会选择其他职业！）教师职业的利他与平等主义精神非常强调合作、共事和持续学习，这是成功的职业发展系统的重要组成部分。

好几个成功的职业阶梯计划也将类似的评估流程与标准量表作为制度的一部分。丹佛的公立学校教师专业薪酬制度（Public Schools' Professional Compensation System for Teachers，Procomp）也将基于标准的评价方案作为内容之一，包括描述不同教师表现水平的完善量表；评分员之间的信度分析；秋季至春季的评价周期；以及同伴评估和自我评估的部分。[84] 在 Procomp 制度中，除了对教学实践的观察外，教师每年与校长一起设定两个目标，并使用学区、学校、教师做出的评估记录学生在这两方面的进步。

亚利桑那州的职业阶梯计划鼓励地方学区各自规划制度，要求既有基于标准的教学实践评估，也有说明教师有效性的学生评估。针对亚利桑那州职业阶梯计划的一项研究发现，参与教师表现出来的能力逐渐增强，能够建立地方评估工具用以评估学生的课堂学习收获；开发测试前和测试后评估；在艺术、音乐、体育等"难以量化的科目"中定义可衡量的结果；监测学生的学习进步。教师还越来越认识到健全课程开发的重要性，应使课程更加符合地区目标，更加注重提高内容、技能和教学策略的质量。[85] 因此，开发和使用基于标准的实践评估，并让教师提供学生学习的证据，似乎能够促进教学实践的改进。

帮助教师理解和制定专业实践标准的评估，能够使教师在初期培训和以后的职业生涯中更加有效。此外，当教师和管理人员参与使用基于标准的工具评估其他教师时，也能提高自身对教学的理解，这样就能推广优秀的教学实践，增加教学一致性。

这些结果使得一位分析人员得出结论，将教师的晋升和薪酬与教师的知识和技能挂钩，并使用有助于培养这些技能的评估系统，最终可能比直接依据学生的考试成绩来评估教师更能带来积极的教学变化。[86] 了解能带来学生学习进步的教学行为，当然比只看分数升降、却不知道哪些教学实践会导致这些变化更有价值。当个别教师、教师合作小组和学校教学制度考察教学实践与学生学习的关系时，他们就可以制定战略，改善整个行业的教学。

帮助教师不断改进

一个强大的教师学习系统不仅必须为进入教师行业打下坚实的知识基础，还必须提供教师在整个职业生涯中持续学习的机会。在过去 20 年中，从影响教师教学实践和学生学习结果的方法研究中已经出现了新的专业发展范式。与数量众多却通常无效的一次性讲习班不同，有效的专业发展是长期、持续的，以内容为中心，并在专业学习社群中进行，由教师与同科目或本校其他教师一起对教学实践展开长期研究。[87] 而且，侧重于"教学、评估、观察和反思等具体任务"，[88] 不重视抽象的教学讨论，而是研究学生如何在特定情境下学习具体内容。同样重要的是，有效的专业发展关注学生学习，帮助教师分析学生应该掌握的技能与理解，以及他们实际上学到的知识。[89]

设计有效的专业学习机会。研究发现，教师更喜欢真实环境中的课堂示范。教师认为能够提供建立学术知识和教学知识的"实践"机会并考虑当地背景（包括当地学校的具体资源、课程指南、问责制，等等）的专业发展是最有价值的。[90] 同样重要的是，专业发展可以让教师准确定义他们希望学生学习的概念和技能，并找出学生可能最难掌握的内容，从而改进教师的教学实践和学生的学习结果。[91] 为此，通常让教师也学习打算教给学生的内容，这对教师的帮助很大，成功的国家写作项目和其他一些有效的专业发展计划就是这样做的。

这种专业发展是怎么进行的？在一项关注小学科学教师的著名研究中，

教师们参加了一个 100 小时的夏季课程，期间他们积极地参与标准的科学"学习周期"，先探索一种现象，再提出理论解释发生的现象，并将理论应用于新的环境。接着，教师们各自准备一个单元，互相上课，然后才进入到课堂教学。后来，研究人员在这些课堂中随机挑选学生进行测试，发现他们的科学推理能力显著高于由没有这种经历的教师教授的对照组学生。[92]

同样，戴维·科恩（David Cohen）和海瑟·希尔（Heather Hill）研究了加州长达十年的数学教学改革，区分了成功与不成功的专业发展方法。[93]新课程要求小学教师和学生理解复杂的数学概念，而不是仅仅记住计算公式。在众多支持改革的专业发展机会中，只有两个促进了教师实践的改变和学生成绩的提高。

第一种成功的方法是围绕新的教学标准组织新的课程单元。在举办的一系列讲习班中，教师先运用期望学生掌握的数学学习策略，然后制定教学策略、进行授课，再与其他教师交流经验、解决问题，准备下一单元的授课。渐渐地，这些教师在课堂上能够实施更多的改革实践，所在的学校成绩也大幅提高。

第二种有效的方法是教师采用与改革课程直接相关的评估手段来评价学生的作业。学生作业能反映学生解决问题的策略和推理能力，教师在评价的时候能够看出学生面临的概念性障碍，知道如何预测这些误解并在课堂上加以解决，学生成绩最终也得到了提高。

在另一项对数学教师的研究中，研究人员发现，教师通过综合数学评估（Integrated Mathematics Assessment，IMA）计划检验学生的作业与学习，学生在概念理解方面取得了巨大的进步。这些教师参加了为期五天的夏季研究课程，然后再每两周参加一次，全年进行 13 次学习。在讲习班中教师们观看学生的作业样例或解决问题的录像；学习评估学生的动机、兴趣、目标和能力认识；制定具体的教学方法，包括如何引导全班讨论、依据标准量表评估学生作业、使用作业集。教师们一起讨论教学实践并解决问题。最终，他们建立并尝试使用自己的评估工具，然后公开分享自己的工作。这推动了教学实践的广泛变化，大幅提高了学生的学习成绩。同时，研究人员发现，如果教师参加传统讲习班或不强调课程内容和学生学习的专业社群，学生成绩就不会有任何提高。[94]

许多研究发现，教师集体分析和讨论学生的表现数据与课程作业样本（科学项目、论文、数学测试等），对于确定学生最常见的错误和误解，形成学生怎样掌握一个概念或技能的共识，找出哪些教学策略有效或无效以及对谁有效或无效，都有好处。[95]值得注意的是，对高成绩学校或成绩大幅提高的学校的研究发现，教师普遍参考多项信息评估学生的表现，包括学生的作业样本、课堂表现观察及测试分数，并用这些数据讨论改进教学的方法。[96]

开展有效专业学习的环境。当专业发展成为学校整体努力的一个有机部分，而不是举办用作"每月调剂"的传统讲习班时，效果会更好。[97]如果学到的知识与学校的其他期望不一致，教师就不可能学以致用。课程、评估和专业学习机会必须无缝对接，才能避免教师在专业发展中学习的内容与课堂和学校的要求之间存在距离。

当学校让不同学部、不同年级内部或之间一起协作、建立富有成效的工作关系时，教学会更加一致，教师会更愿意分享教学实践、尝试新的教学方法，更好地解决实践中的问题。[98]例如，一项针对1500所改革学校的5年综合研究发现，在教师形成了积极的专业学习社群的学校，数学、科学、历史和阅读成绩显著提高。学生的旷课率和辍学率也有所下降。教师专业社群的特定方面，包括共同的学习目的以及对学生学习的集体责任感，可以使中、低收入家庭学生的数学和科学成绩差距收窄。[99]一些大规模研究已经发现了专业社群建设深化教师知识、增强教师技能和改进教学的具体方法。[100]

也许打破行业孤立状态最简单的方法（但大多数学校没有实现）就是让教师互相听课并给出建设性反馈。对12所实施重要朋友小组（Critical Friends Groups）（教师用一组共同的协议观察课堂并向同事提供反馈）的学校进行评估发现，教师不再只顾进度，而是开始注重学生的学习。这些学校的教师还说他们有更多的学习机会，和没有参加该小组的教师相比，继续提高有效教学的意愿更加强烈。[101]

研究人员发现，在规模较小的学校、教学投入更多的学校（教学人员比例高、专业和管理人员少），教师参与教育决策多的学校，特别是那些定期安排大段时间让教师开会、集体备课的学校，教师更容易形成富有成效的专业社群，[102] 这些做法与其他国家颇为相似。下一章将讨论全国各地的城市是怎样组织这类学校，让学生受益的。

综合法。有些城市学区展现了如何通过创建系统性方法以从根本上提高城市教学的质量。纽约市第二社区学区就建立了一个改进教学的全面新范式。该学区是一个高度多样化、多语言的学区，有 22000 名学生，移民比例高（总共使用 100 多种语言），超过 70% 的学生是非白人人种，大多数来自低收入家庭。[103] 从 1987 年到 1997 年在托尼·阿尔瓦拉多（Tony Alvarado）任教育负责人的 10 年间，虽然该区人口多样化更加明显，但阅读和数学成绩却大幅提高，高于纽约市平均水平和纽约州的规范。接下来的 10 年，阿尔瓦拉多的副手伊莱恩·芬克（Elaine Fink）和在该区成功担任过校长的雪莉·哈韦恩（Shelly Harwayne）先后继任，该区依然保持了强劲的表现。

20 世纪 90 年代后期，阿尔瓦拉多和芬克调任圣地亚哥市（该城市有大量低收入非白人人种学生，大部分是来自中南美洲的移民），在 1998 至 2004 年期间将之前改革的重要方面复制到该市，使学生成绩也取得了重大、积极的进步。[104] 同时，其他几个学区（如纽约第三、第十、第十五社区学区，以及合并后的第一区域）也采取了类似的策略，许多做法还被推广到波士顿等地。在推行重大改革的教育厅长汤姆·佩赞特（Tom Payzant）的出色领导下，波士顿的教学质量和学生成绩得到了实质性的提高。[105]

这些地区认为学生的学习将随着教育者知识的增长而提高，因此将教师和领导的认真选拔和密集培训作为管理的重中之重以及学校改进的核心战略。[106] 这些地区开展专业发展并不是举办一系列孤立的讲习班，而是将其作为学区最重要的工作，拨出最多的预算，使其成为每位领导和教师工作的重要部分。

例如，第二学区在合并分类资金并将其集中用于连贯的专业学习方案之后，又将大部分学区中心办公室人员安置回学校，专注于教学实践的改进。阿尔瓦拉多在纽约和圣地亚哥两地均积极地从实力最强的教师培养方案招聘教学知识丰富的教师和校长，并在需要的地方与大学合作创建新的培养渠道。他还围绕着深化教学实践，对教师和校长提出很高的期望并为他们提供专业发展机会（首先是读写，然后是数学），通过退休、"劝退"或解聘替换掉了能力不足又不能或不愿发展自身实践的校长和教师。校长和教师都应该学习最佳读写和数学教学实践，学校领导必须保证自己和同事的教学技能不断提高，对学校的教学质量负责、招聘受过充分培训的新教师，同时将没有能力的教师从该区解聘。

员工发展的目的是在一个关注有效教学细节的连贯教学系统中提供持续的支持。既有关注读写和数学核心教学策略的强化暑期研修班，也有帮助教师学以致用的现场辅导。该区给教师和校长时间互相听课、观摩，发展学习小组，参与同伴网络，一起研究具体的教学实践问题。创新策略，如纽约大学创建的"专业发展实验室"，允许来访教师跟随专家驻校教师上 3 周课，学习他们想要学习的教学实践，而由其他专业教师（通常是高水平的退休老教师）代替他们用同样的方法给学生上课。这项活动的目标是发展共同的专业知识，这是一个行业的重要基础。埃尔默和伯尼（Burney）解释说：

> 在第二学区，共享专业知识有多种形式。学区官员会定期到学校见校长，去课堂听课，这既可能作为正式评估过程的一部分，也可能是非正式的观摩，并提出建议。在学校内，校长和教师定期参加同年级和跨年级课程与教学会议。在学校之间，校长和教师会定期走访彼此的学校和教室。在学区层面，发展顾问会经常深入教师课堂。教师经常与其他学校的教师合作，开展长期指导教学。校长和教师团队定期处理全区课程和员工发展问题。校长们定期参观彼此的学校，观察教学。校长和教师还会定期造访学区内外的学校和课堂。校长定期一起解决学校教学改进的共同问题。所有这些互动形式背后的理念是，共享专业知识比孤立工作更有可能产生变化。[107]

　　为了在学校内部实现共享专业知识，阿尔瓦拉多给教师时间走出教室观摩其他教师上课，并给出共同备课和学习的时间。为了重新思考学校教育，他还新创立了一批"选择"学校，鼓励重新设计其他学校。这些学校采用分组的做法，通常让教师教授学生一年以上，让教师在工作日协作备课，进行专业发展，对学生的学习进行持续的诊断性表现评估，支持实行更加连贯的智力挑战型课程。在重新设计学校的同时，有意识地实行专业发展策略，以提高教师的专业知识及学校支持深入教学和学习的能力。

　　该学区除了特别关注提高全系统教学实践质量的策略之外，还对初期不成功的学生进行有针对性的辅导。范围不断扩大的重建阅读能力（Reading Recovery）教师培训奠定了教师培训计划的初步基础。该项培训除了为有特殊阅读需求的学生提供一对一辅导之外，还用于提高教师向全体学生教授阅读的知识。与新泽西州和康涅狄格州（第 4 章和第 5 章）实施的读写策略一样，课堂教学侧重于阅读与写作综合教学法，让学生围绕分级读物进行大量阅读和讨论，并就文章和自己的想法进行广泛的写作。教师通过使用阅读能力记录、错误分析和学生作业样本分析等工具，来评估个别学生的阅读技能和策略，使教学有的放矢。在学区工作人员、顾问和校长们利用当地大学的支持（如教师学院的写作研究所、雷曼大学学院读写研究所及学区专业知识），通过读写计划学习怎样改变教学实践时，阿尔瓦拉多依赖班克街教育学院培训的数学辅导教师，开始在数学教育中使用类似的模式。

　　重建阅读能力对阅读困难的学生非常有效，减少了不必要的特殊教育任务。除此之外，该学区还投入资金，对教授英语学习者和残疾学生的教师进行培训，改变了给特殊教育学生分配未经训练的辅助专业人员的常规做法，聘用受过良好培训的特殊教育工作者，他们在教学的同时也与其他教师分享专业知识，增强了"正常"教育教师的专业性。阿尔瓦拉多没有让落后的学生大量留级，而是给予他们密集的辅导，并给最低分数的学生配备最专业的教师。而通常的做法却是让经验最少、培训不足的教师来教授这些学生。

　　校长的专业发展与教师一样重要。校长要成为有效的教学领导者，必须了解教学。因为持有这种观点，阿尔瓦拉多在纽约和圣地亚哥为校长创造了密切交织的学习机会与支持网络。在较大的圣地亚哥学区，该市的175名校长被分为7个"学习社区"，每个学区由一名"教学领袖"（Instructional Leader，IL）领导，取代了传统的学区教育负责人（教学负责人是行政职位，没有教学职能）。每位教学领袖都曾担任过校长，表现出教学领袖所具备的高级理解能力和技巧。这些领袖每月组织校长会议讨论教学问题和持续的支持网络；和校长一起去听课，帮助校长通过每个课堂上的教学"演练"和每位教师的教学实践情况汇报，学习如何看待教学；举行校长及教师参加的专业发展会议；安排解决教学问题的资源，比如指导教师、制定个性化专业发展计划的顾问。在某种意义上，教学领袖是校长们的校长，该地区的校长培养方案成为改变校长性质、重点强调教学的关键渠道（见图7.4）。

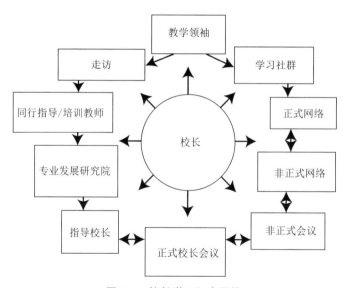

图7.4　校长学习机会网络

来源：达令－哈蒙德、迈耶森（Meyerson）、拉普安特（LaPointe）和奥尔（Orr）（即将出版）。

　　一位校长解释说，她的教学领袖支持她学习读写与数学教学以及如何实施新的教学策略：

　　学习更多知识的机会（非常有价值），这样校长有一个可以寻求支持的对象，从学区的高度帮助你操作学校系统……采取措施……绝对可以解决教学问题，帮助我总能看到学校的教学下一步可以提高到什么水平。[108]

　　以上例子说明了学区如何调动资源，支持教学实践的持续改进及学生学习的实质性提高。当各州认真制定有力的培训方案、教师指导系统和指导专业学习的表现评估时，就可以使课堂上的所有教育者都有机会成为专家，所有儿童都有机会得到高质量的教学。在接下来的两章中，我将描述创建支持师生进行强效学习的学校组织和州系统所需的步骤。

第8章　组织成功的学校：从不平等到优质教学

> 学校不应该大规模生产。学校应该给予关爱和亲密联系，这才是孩子们需要的。你得爱学习。
>
> ——一名纽约市范加尔德（Vanguard）高中的学生[1]

> 小班教学意味着我可以和本市成绩最差的20%孩子举行文学研讨。原来不会阅读的孩子们现在阅读《简·爱》（*Jane Eyre*）之类的书来写文章。我们可以在午餐时间和他们一起学习。你知道谁不会阅读、打字。这些孩子坐在教室后面、躲在厕所里、上课故意溜号。我知道在规模大的学校里尽职尽责的教师们要教授150个孩子，他们就没法这样做。
>
> ——一位纽约市范加尔德中学的教师

如前所述，大规模培养专家教师是可能的，许多国家以及美国的一些州和地区就是这样做的。然而拥有高水平教师只是解决这项难题的部分因素。要想使教师充分发挥作用，学校必须能够组织成功的教学，使教师了解、接触学生，制定有价值的学习目标，使用行之有效的工具和材料，并不断改进教学实践。

除了确保教师具有教授各类学生所需的知识和技能之外，越来越多的城市学校放弃了一个世纪前提出的工厂模式假设，并重新设计了学校结构，支持更加密集的学生和教师学习，产生了更好的学习效果。很多服务于低收入非白人人种学生和新移民的学校表明，他们可以让 80% 以上的学生毕业（其中大多数学生如果上传统学校则很难毕业），而且毕业生进入大学的比例也超过了 80%。[2]

这些学校包括纽约市几百所新模式高中（其学生毕业率是淘汰掉的工厂模式学校的两倍[3]），还包括芝加哥、奥克兰、洛杉矶和圣地亚哥等城市在 20 世纪 90 年代实施新式学校举措中建立的一系列成功的新式公立学校。有些学校，如加州建立的一系列新技术高中（New Tech High）和高科技高中（High Tech High），围绕研究项目、技术支持组织课程。其他学校，比如纽约开创的一系列国际高中（International High Schools），为英语学习者开设基于活动的课程，帮助新移民成功进入大学。全国各地的职业学院与当地企业合作，创建实践课程，为学生做好升学或就业的准备。与大学合作开展的大学预科高中（Early College High Schools）让学生在高中阶段能够学习大学课程。

社区学校模式，比如芝加哥、纽约、波特兰等地那些由儿童援助协会（Children's Aid Society）管理的学校，提供高质量的 K—12 学校教育以及医疗保健、学前教育、课前和课后托管等重要服务。杰佛瑞·加纳达（Geoffrey Canada）建立的哈莱姆儿童区（Harlem Children's Zone）在一项社区计划中大规模实施这一理念。由科默学校发展计划（Comer School Development Program）、基础学校计划（Basic Schools Program）和核心知识基金会（Core Knowledge Foundation）等组织支持的其他小学模式，也有助于为促进学生学习创建更加一致的课程、提供更为有效的支持系统。

在反反复复的课程之争中，极端的倡导者们一直在争论是该重内容还是重技能，重基础还是重深入理解，新模式学校却证明了课程之争的愚蠢，因为教知识与教技能完全可以结合起来。这些学校的例子生动地说明，强大的学科（和跨学科）学习与所谓的 21 世纪技能发展（如解决问题能力、批判性和创造性思维、独立学习能力、反思与沟通能力）之间并不矛盾。事实上，丹妮·里威奇（Diane Ravitch）早已正确地指出，除了新技术的使用之外，大多数这些技能作为定义受过良好教育的人具备的核心技能，已经存在了好几个世纪，只是在今天的经济中需求更高罢了。[4]

举个例子，纽约布鲁克林的核心知识学校（Core Knowledge School）是依据 E. D. 赫施（E. D. Hirsch）的理论建立的，采用基于项目的学习方法和表现评估，学生学习的课程连贯而有序，有英语、历史与地理、数学与科学、各种文明艺术、视觉艺术和音乐。既强调有组织地习得中心概念，也重视提供培养思维和表现技能的机会。赫施在参观该校每年一度的核心知识展（Core Knowledge Fair）时说：

> 一天的庆祝活动从六年级合唱贝多芬的《欢乐颂》开始，然后是艾灵顿公爵的经典乐曲《搭乘 A 线列车》……两个阳光的六年级孩子朗读了玛雅·安吉卢（Maya Angelou）为克林顿总统就职典礼创作的诗歌《伴随着清晨的脉动》。20 名一年级学生用小提琴演奏了莫扎特的《一闪一闪小星星》。五年级学生表演了《独立宣言》的创作过程，并强调它在当今世界的重要性，另一组五年级学生则批判了历史上有悖于杰斐逊这篇伟大作品精神的不公正事件。三年级学生进行了话剧表演，内容是朱利叶斯·凯撒被朋友和罗马暴民背叛的悲剧……学校的墙壁上贴满了古希腊、古罗马、美国历史、科学原则和非裔美国人成就等学生做的项目。[5]

同样，在许多我参观和研究过的成功城市学校，大多数学生学习的共同核心课程既为升入大学做准备，也培养他们在重思考和发明的世界中工作所需要的能力。学生需要达到毕业要求的高标准，完成科学调查、历史和社会科学研究论文、数学问题和模型、论文和文学批评以及口头答辩，但大多数学校却认为学生缺乏能力，根本无法完成这些工作。

一部分成功学校是不受州和地区规定限制的特许学校，表现更佳。大多数由学区管理、由创新教师和领袖创建，这些教师早在 20 世纪 70 年代就开始设计新学校，并在此期间指导新学校模式的建立。他们采用的策略往往包括创建小型学校和"两年一贯教学制"（looping）教学结构，让教师带学生两年或更长时间，采用合作式、基于项目的学习方式，保证教学团队了解学生，而且教师有机会一起工作。许多成功的城市高中还教授大学预科课程，采用表现评估使学生能够应用所学到的知识，并为改善教学和学习提供丰富的信息。学校为有需要的学生提供有针对性的支持和服务，也不断创造机会发展教师、管理人员、家长和社区成员的共享知识，增强他们的责任心。[6]

本章将讨论以低收入学生为主的城市学校怎样通过重新设计学校组织、课程、教学与评估等手段来设置高标准、提供强力支持，为学生和教师进行高质量的学习创造条件。

进行大规模重新设计的必要性

今天人们对学校的期望是，使所有学生，而不仅仅是一小部分学生能够学习高水平的挑战性技能，这给学校带来了全新的使命。学校不仅要"完成课程进度"或"讲完课本"，还要大力丰富他们提供知识的机会，同时满足不同兴趣、学习风格、文化、倾向、语言背景、家庭情况，并对自己和学校对其的意义有不同认识的学生们的多样性需求。这不仅需要更加纯熟的教学技巧，而且需要建立能够充分了解学生的环境，让学生能够体验连贯的课程，用发展强大思维技能的方式学习基本概念。

要实现这一目标需要对学校组织及其所在的系统进行重大变革。不幸的是，建立于 20 世纪初的官僚体系学校，目的并不是满足智力发展或个人反应能力的需要。今天的大多数学校在建立之初教育目标不是教育所有的学生，而是为了高效地对大量学生进行批量处理，只选拔和支持少数人从事"思考性工作"。为此制定了对学生进行排序和分层教学的策略，来分配专家教师和丰富课程等稀缺资源，并证明教学任务和程序标准化的合理性。

教学工作的设计千篇一律，几乎不考虑专业技能和判断的需要，也没有内在结构来发展这些能力。建立的官僚体系并不直接投入教学知识，而是规定、管理和控制教师的工作，使资金从课堂转向养活各级管理人员和大量非教学人员。教材和测试设计也是为了支持和监测事实知识和基本技能的传递，很少要求复杂的知识应用。事实上，为满足 20 世纪早期教育目标而发展出来的死记硬背式学习，今天仍然在许多学校中占据主导地位，尤其是贫困儿童多的学校，而且对教学实践、课程脚本包、强调低认知技能的标准化测试的自上而下规定，加上教师知识投入持续不足，使这种学习方式进一步得到了强化。

商业世界有一句格言："每个组织结构对于获得的结果来说都是完美的。"要取得截然不同的结果，必然需要重新设计组织结构，而非仅在传统框架中激励员工加倍努力。美国商业得出的这条教训使其避免在20世纪80年代走向灭亡，当时他们意识到需要打破旧的官僚体系流水线模式，重组创建新的质量管理制度，强调建立问题解决团队而非规定性等级制度。然而，在教育方面，大多数举措都努力使沿袭自20世纪初的教育制度发挥更高的效率，而不是从根本上重新思考怎么设计学校、系统该如何运作、如何进行教学和学习，以及追求什么学校教育目标。帮助公司重组的施乐（Xerox）首席执行官戴维·卡恩斯（David Kearns）说：

> 步调一致、缺乏远见的管理仍然是今日美国教育的规范，和当年美国商业面临的情形一样……我们的整个思维方式都需要改变。今天的高科技公司十分精简：剥离了中间管理层。公司将权力下放，依靠员工的专业知识和专业性来解决问题。在人事安排方面也进行了创新，不再限制工作分类。公司投入大量资金进行员工教育和培训。研究投入也十分巨大。[7]

无论是在商业领域还是在教育领域，创造学习型组织都要用不僵化、适应性强、更能适应多样性且不断发明创新的新组织设计来替代在20世纪占主导地位的官僚体系组织形式。建立21世纪的组织往往需要：

- 使用促进合作而非强制的激励手段和结构；
- 建立牢固的关系和规范，而不仅仅依赖行为管理规定；
- 围绕整个产品或服务来提高质量，而不是做局部零散的工作（具体到学校，应组织能为儿童整体成功负责的团队，而不是只让学生上课、进行流水线管理）；

● 创建信息丰富的环境，支持员工开展广泛学习与自我评估，而不是依赖对工作程序进行逐级监督。

这些组织的目标在于激发更多的思想和创造力，而非关注对预定程序的执行情况。[8] 学校成功与否取决于能否为教师和学校学习创造新的机会、新的责任模式，以及用于不断改进和解决问题的新激励手段。

安全度过重大经济变革的企业都曾被迫为大幅提高业绩而进行重组，同样，特别成功的学校也改组了人员配备模式，更新了使用时间的观念，并重新分配资金，重新设计课程、教学与评估。这些改变不仅为教师学习和合作提供了更多时间，而且为教师更有成效地教学、学生追求更高的学习目标营造了环境。

需要做出的变化类型并不神秘。大量研究发现，在同等条件下，学校的教学单位越小，越具个性化，使教师能够围绕共同的学生和课程进行备课与合作，成绩水平就会越高。[9] 除了众多对成功学校的案例研究之外，国家教育纵向研究（National Education Longitudinal Study，NELS）对 820 所高中的研究发现，已经重组实施个性化教育并开发协作式学习结构的学校，成绩显著高于其他学校，而且成绩分布更加公平。[10] 学校采取的措施包括：

● 在学校内创建小规模教学单位；

● 让学生们在同一班级学习数年；

● 组建教学团队，教授共同的学生并一起备课；

● 确保教师有共同的备课时间；

● 让教师参与解决全校性问题；

● 让家长参与孩子的教育；

● 发展合作式学习。

研究人员发现，在这样的"社群主义"学校里，教师更了解学生，会形成用更为集体的视角看待教学的目的与策略。[11]

智力内容也很重要。例如，一项对 23 所重组学校中 2000 多名学生的研究发现，接受了研究人员称之为"真实教学法"（authentic pedagogy）的学生［即教学、课程和评估要求学生将学到的知识应用到真实的场景之中，考虑替代方案，像学科专家一样使用知识（例如，进行科学探究、历史研究、文学分析或写作过程），并与除个体教师之外的受众进行有效的沟通］，在智力挑战性任务中的分数更高。[12] NELS 的研究也发现，在实行高水平真实教学（教学专注于主动学习，要求高阶思维、扩展写作并模仿校外世界使用知识创造作品）的学校中，学生的成绩更好。[13]

这类学校什么样子？他们怎样创造更好的学生成绩，尤其是在高贫困社区？下一节将描述许多这类学校使用的共同策略，特别关注城市中学，因为城市中学一般是我们教育系统中最不成功的部分，对低收入和少数族裔学生的危害最大。高中的传统使命是对学生进行选拔和排序，而不是提供支持和发展，再加上不恰当地将最需要关心和建立联系的学生放入仓库式环境，结果导致学校允许甚至鼓励学习有困难的学生辍学。为了改变这些状况，成功的学校不得不将设计注重教学与学习的有效环境作为首要原则。

设计学校教学和学习

爱德华多·罗德里格斯（Eduardo Rodriguez）在学校的生活一直很痛苦。作为一名特殊教育学生，他虽然进入到高中，但阅读只有 5 年级的水平，并在相当长一段时间内不会拼写自己的姓名。10 年级的时候，他进入到一所管理混乱的学校，根本无法满足他的需求，"他不学习，也不阅读"，他母亲说，并说他经常被戏弄，参与打架。压倒骆驼的最后一根稻草是爱德华多为了保护一名将要遭到攻击的学生差点被刺伤。他的母亲当天就决定让他退学。她当时认为："他不是在学校被人杀死，就是会蹲进监狱。学校对他没有任何期望。"

罗德里格斯太太想让他进入私立学校，但他达不到入学要求。2004 年她发现了萨克拉门托的新科技高中，学生的彬彬有礼和表达能力让她印象深刻。虽然离家有 45 分钟车程，她还是让儿子进入了新科技高中。罗德里格斯夫人跟校长和辅导员说，她儿子不太可能会要求帮助或与老师说话。然而，爱德华多很快就与老师和辅导员建立起了亲密的关系，他会定期打电话，放假休息期间也不例外。他母亲说，他的阅读水平已经提高了 6 个年级，现在几乎与所在年级的水平相当，他热情地创作作品、进行写作，与其他同学也建立了亲密的朋友关系。她对这些变化感到惊讶：

> 从他 5 岁起，这么多年我已经习惯了对他没有任何期望。在这里，他简直换了一个人……我从来没想过会有这种可能。我愿意花钱送我儿子来这里学习，看看他学到了什么，真是太不可思议了。老师希望他去表现。不是"让我们看看你能不能做得到"，而是"你可以做到的，你会做到的"。所以他现在也这样认为。[14]

在新技术高中，所有课程都模拟高科技公司对员工的期望，爱德华多和同学们运用技术完成课程中的复杂项目。每间教室都为每位学生配备了一台电脑用于协作项目，每个项目都代表了一个现实世界的问题，需要调动多个领域的技能加以解决。例如，在一节数学与物理组合课上，学生被分成几个小组处理汽车相撞的后续问题。学生们扮演双方司机及其律师，找出导致汽车相撞的原因、是哪位司机的责任，并思考如何为客户辩护。和其他项目一样，这个项目要求学生用物理和数学知识来评估物理撞击、估算损失，还要求学生有分析、书面和口头表达、个人演示、协作、规划和跟进实施的能力。

由于定期参与这类项目，新技术高中的学生在自信心和表达工作目的及相关性方面的能力非常突出。2007 年，在我们对该校进行研究之时，州数据显示该校的毕业率为 96%，[15] 少数族裔、低收入群体学生 100% 进入两年制或四年制大学，比全州的比例高出一倍以上。[16] 学生在高中期间，除了学习高中课程，还要在地方社区学院完成至少 12 个大学学分和 40 小时社区服务时间，这有助于培养他们的独立性和责任感。

在我与斯坦福大学和司法事务研究所的同事们进行的一项研究中，

2007 年有 5 所以低收入非白人人种学生为主体的加州高中毕业率超过了 85%，而且 80% 到 100% 的毕业生进入了大学，新技术高中就是其中之一。还有两所是最近在校区内开办的新型小规模学校：斯坦利·约旦建筑技术学院（Stanley E. Jordan Construction Tech Academy）和旧金山的朱恩·约旦公平学校（June Jordan School for Equity），前者是在圣地亚哥市前科尼高中（Kearney High School）校园里建立的众多小型学校之一。另外两所是独立特许学校：英格伍德（洛杉矶）的阿尼默领袖高中（Amino Leadership High School）和旧金山的领袖高中（Leadership High School）。新技术高中是一所附属特许学校，隶属于萨克拉门托学区，由教师工会的正规学区教师执教，但在预算、课程和招聘方面拥有自主权。

这些学校虽然管理安排、学生人数和所在地点各不相同，但在设计特点上有许多共同之处，下文将进行论述。事实上，这些学校都是从十几年前全国其他地方建立的学校（其学校设计被不断地模仿）演变而来的。我和同事发现 20 世纪 90 年代纽约市建立的一系列独特的新高中具有非常类似的特点，学校中占多数的低收入少数族裔学生和新移民学生上大学的比例也达到了 80% 至 100%，高中毕业率显著高于该市平均水平。[17]

自从乔·费尔南德斯议长（Chancellor Joe Fernandez）1989 年首次发起建立新型学校的倡议（Request for Proposals）以来，在后来 6 位不同议长的任期中创建了几百所新型示范学校。事实上，纽约市对大型学校的重新思考标志着该市 21 世纪学校设计的诞生（近一个世纪前的工厂模式学校也是在这座城市中出现的）。这些成功的学校设计后来在芝加哥、密尔沃基、费城、圣地亚哥、波士顿和其他大城市也落地生根了。

这些学校由了解学校该如何更好地支持高质量教学和学习的教师和校长建立，还经常与社区组织合作，其中大部分隶属于常规学区，而不是作为特许学校或私立学校。许多学校建立在早期成功的示范学校基础之上，比如由学校改革派黛博拉·梅尔（Deborah Meier）创建的中央公园东中小学（Central Park East Elementary and Secondary Schools），梅尔不仅亲自建立、管理了一系列学校，还帮助其他人创建了 50 所纽约市安纳伯格挑战基金（New York City Annenberg Challenge）资助的学校，后来又帮助波士顿试点学校（Pilot Schools）项目建立了几十所学校。这些早期学校及许多其他学校，包括安·库克（Ann Cook）和赫伯·麦克（Herb Mack）为高中辍学生提供复读机会而建立的城市学院（Urban Academy）高中以及埃里克·纳德斯特恩（Eric Nadelstern）为新移民学生建立的国际高中（International High School），都受替代学校监督局（Alternative Schools Superintendency）的保护，不受学区规定和政治变动的影响，该监督局是 20 世纪 80 年代初纽约市中小学内部设立的专门负责和支持非传统学校的部门。

这些"老"学校在 20 世纪 90 年代初指导了 50 所新学校的建立，为许多学校提供设计和骨干工作人员，创造了成功教育就读于纽约传统高中会失败的学生的记录，每年学生毕业的比例达到 90%，并且 90% 或以上的毕业生进入到大学。[18] 第一个诞生的项目是校园联盟学校（Coalition Campus Schools），该项目通过不招新生并在其他地点培育新学校的方式，关闭了该市两所非常混乱的大型高中——学生人数均在 3000 名左右的曼哈顿区的茱莉亚·里奇曼高中（Julia Richman High School）和布朗克斯区的詹姆斯·门罗高中（James Monroe High School）。后来，一些新学校搬进了原来的建筑，里面还有其他小型学校和社会服务机构，周边还有其他新学校，服务于原招生地区的学生。

1992 年，纽约有 20 所大型社区高中，大多数学业失败率很高。同年，茱莉亚·里奇曼高中的毕业率为 36.9%，门罗高中的毕业率仅为 26.9%。[19] 1998 年我和同事研究了为茱莉亚·里奇曼高中的学生建立的一系列新型学校，尽管这些学校低收入少数族裔学生、英语水平有限的学生、接受资源教室服务的特殊教育学生以及 3 年级超龄学生的比例高于该市整体水平，但同类学生的 4 年毕业率上升到 73%，毕业生的大学入学率达到 91%，远远高于城市平均水平。这些学校还为需要更多学习时间的学生提供支持，到 2000 年，学校的 6 年毕业率达到了 85%。[20]

校园联盟学校项目不仅开办了一系列新学校，还将茱莉亚·里奇曼校园转变为一个安全、充满活力的综合社区学校，这里曾经充满暴力、到处是涂鸦，虽有警察巡逻，每天仍会发生破坏事件。新的茱莉亚·里奇曼教育综合区（Julia Richman Education Complex，JREC）现在包括四所高中，其中两所是校园联盟学校（范加尔德和曼哈顿国际高中）、一所是原来的学校（城市学院高中）、一所为自闭症初中学生提供特殊教育计划的行为技能项目［人才无限（Talent Unlimited）高中］；还有一所艾拉·贝克小学（Ella Baker Elementary School）。JREC 还包括一个日托中心和一个青少年教育中心，一个社区教学医院建立的保健中心，以及一个与大学和教师联合会合作、为全市教师举办研讨会的专业发展研究所。该项目还在附近的建筑中开办了其他学校，共同为之前在朱莉娅·里奇曼高中就读的学生服务。

这种多代互动的方法让青少年每天接触儿童和婴儿，给他们机会为年纪小的孩子树立好的榜样，他们也感到有责任做好。高中的学生要给小学和托儿所的孩子们读书、辅导，照顾他们，作为社区服务和实习的一部分。每个学校有自己的楼层，大家共用礼堂、艺术和舞蹈教室、自助餐厅以及JREC 联合运动队使用的体育馆。教学楼里气氛轻松、人来人往，却几乎没有涂鸦或破坏行为；这里不是一个综合大楼，而是一个社区。

除了两所所谓的校园联盟学校以外，其余的学校都是借鉴了中央公园东中学（Central Park East Secondary School，CPESS）的模式进行设计改造的，CPESS 是黛博拉·梅尔 1985 年在东哈莱姆建立的高中，有 450 名学生。在大多数新型学校（范加尔德、兰德马克、曼哈顿村和社会变革联盟学校）中，同一年级的教师进行跨学科教学，负责 40 至 80 名学生，教授大学预科核心课程，培养"思维习惯"框架。学校要求学生权衡材料，处理多种视角，建立联系，考虑替代方案，并评估他们研究想法的价值。在一些学校，教师采用"两年一贯制教学"，带学生两年。每节课的时长通常在 70 分钟或以上，以便进行深入的学习和研究。在 11 和 12 年级，CPESS 和城市学院中学让学生制作作业集，在每个核心科目中进行表现评估，作为毕业的依据，其他各学校在此基础上又做了各种改变。

另一所学校——曼哈顿国际学校，是为新移民学生开办的，遵循了其指导学校、1985 年创办于纽约皇后区的国际高中的模式。由于全部都是英语能力有限的学生，国际高中采取的协作式、以活动为基础的教学在支持学生学习英语的同时，还让学生参与学术学习，现在纽约和加州的所有国际高中都使用这种教学方法。说不同母语的学生被放在一个合作小组中，需要用英语进行沟通，完成教师给出的表现性任务。在 70 分钟的课堂时间中，学生展开密集的项目工作，然后通过表现评估和展示予以评价。核心学科的教师团队共同为大约 75 名学生备课，教授他们一门专题性的跨学科课程。教师不断地解决课程问题，满足学生的需求。每个学生小组都配备一名辅导员，提供从个人需求到大学咨询等一切支持。在有些学校，教师团队带学生两年，既增强了教师的责任心，也能促进学生的成功。

这些学校非常成功。国际高中集团（纽约市八所学生母语超过 100 种语言的学校）只接受在英语语言能力测试中成绩位于后四分之一的新移民学生，纽约市从 1998 年开始对这些学生进行了 7 年的跟踪，发现 2005 年毕业率达到 89%，而全市英语学习者的毕业率只有 31%。当然，毕业的学生英语都达到熟练水平，其中 92% 的毕业生被大学录取。[21]

此后，纽约放弃了大部分由盖茨和卡耐基等基金会支持、受继任议长影响巨大的社区"划片"高中，并用茱莉亚·里奇曼的模式取而代之。到 2009 年，纽约市有 300 多所新型小规模学校，都是在过去 20 年中建立的，其他城市也有数十所新型学校。在波士顿、芝加哥、费城等地的研究也发现，最成功的学校模式都具有类似的设计特征，在低收入非白人人种学生的毕业率和大学入学率方面也十分相似。[22] 这些小学和中学都具备的特征包括：

1. 学校规模小或学校内有小规模学习社群；
2. 建立个性化和牢固关系的结构；
3. 进行智力挑战性相关教学；
4. 采用表现评估；
5. 教师素质高，共同备课和解决问题。

下面将对这些特征进行讨论，并以前面提到的 5 所纽约市高中和 5 所加州城市高中为例说明这些特征是如何起作用的。[23]

小规模学校单位

这些学校通常有大约300到450名学生（有几所可能位于大型建筑中），所有学校的教师、学生和家长都强调规模小对学校成功的重要性。他们的评论集中于安全性和对学生的了解，这并不奇怪，小规模城市学校的首要改善指标之一就是，成年人了解学校中的所有学生，使安全性大幅提高，事故率急剧下降。[24] 一名兰德马克的学生评论说：

> 和较大规模的学校相比，暴力事件较少。这里的每个人都相互认识……大规模学校嘈杂又疯狂。在这里没人会找你麻烦。

范加尔德高中的一位人文学科教师说有"家的感觉"：

> 在这里你不会遭到忽视。你是一个很重要的个体。第一次，（学生）被视为学校系统中的重要个体。这与我在大型学校的经验形成鲜明对比，那里一个班35名学生，孩子们经常遭到忽视。

新科技高中的一位学生家长说：

> 孩子们有非常多的机会被看到、被倾听、被关注，可以参加任何他们愿意参加的活动。

这些经验印证了几十年来积累的证据，表明总体而言，小型高中能带来更高的安全性，学生对学校的态度更积极，学生的参与率和出勤率提高，辍学率降低，而且成绩有所上升（还取决于下面将要讨论的其他设计特征）。[25] 研究发现，不同规模的学校都可能产生这些好处，取决于环境和学生人数。然而，学生规模超过1200名左右的学校通常效果比较差，300到500人的学校对最低收入和传统上成绩最差的学生是最有效的。当学校让学生与关心他们的成年人建立了密切的关系、提供共同课程和个性化的学习支持时，效果尤其好。[26]

在分析学校和学区成绩时，发现小规模学校降低了贫困因素对学校和学区表现的影响，"打破了社会经济地位与学生成绩之间通常存在的负相关关系"。[27]例如，一项研究发现，当至少 30% 的学生来自低收入家庭时，规模学校与成绩之间存在显著相关关系，而且随着贫困生比例的增加，二者的相关性也更加显著。[28]最贫困社区中 9 年级的班级规模增加一个标准差（约 260 名学生）会导致成绩减少超过 0.5 个标准差，相当于大约半年的学习时间，而在最富有的社区中则没有发现这种效应，那里的学生不需要多少高度的个性化支持就能获得成功。

鉴于还有许多失败的、规模在 2000 人或以上的城市学校仍然在投入大量精力、花费巨资打造以控制而非教学为主的类似监狱的校园环境，以上发现就特别值得注意。这些学校投入资金购买金属探测器，聘用保安人员、逃学监管员和数十名行政人员来管理学生，学生每天见七八名不同的教师（一名教师每天最多见 200 名学生），想在 50 分钟的课堂上与教师建立联系根本做不到。就算在郊区学校，也常常由于在大型、没有人情味的学校环境中教师不了解学生，学生与教师和同伴关系孤立，而引发暴力事件，比如 1999 年的某一天哥伦拜恩高中（Columbine High School）发生的枪击事件，有两名学生开枪射击了 15 人，此后许多其他初、高中也发生过枪击案。[29]

然而，小规模学校本身并不能提高教育质量，只是创造了条件，如果使用得当，便可以促进发展亲密的关系和积极的行为。学校规模对学生成绩产生的任何影响也同时取决于为学生提供学习机会的其他环境特征，比如课程与教学质量，以及学业支持。[30]

个性化结构

这些成功学校具备的一个关键特征是其个性化程度，与传统的城市高中形成了非常鲜明的对比。学校了解学生的努力包括创建小规模学习社群；建立成人与学生之间的持续、长期联系；提供系统的咨询、学业支持和家校联系；实行小班教学，减少教师负担的学生数量，从而能够有效地关照学生。

咨询系统。在这些高成绩学校中，教师将 15 至 25 名学生编为一个咨询小组，每周与他们见几次面，在大多数情况下，与他们相处 2 至 4 年。咨询顾问与学生、家长和其他教师密切合作，确保学生能够接触获得成功所需要的学术与个人支持。顾问每年与学生家长或家人见面若干次，回顾学生的学习情况，如果学生缺席或遇到困难会给家人打电话，在学生取得成功的时候也会打电话表示祝贺，家长也可以与顾问讨论家庭与学生遇到的问题和需要。一位教师指出："我们给孩子提供所有课程的咨询。我们的谈话是非正式的，但如果他们偏离了轨道，我们会帮助他们回到轨道中来。"

学生不必等到掉队以后才能得到所需的帮助。积极地提供支持是学校的核心工作。例如，兰德马克中学的咨询小组为 13 名学生配备一名成人，每周见面 5 次提供学业与个人支持。一位教师对顾问工作的说明非常有代表性："我们每天谈话，了解他们的情况。我们与家长联络，承担着重大的责任。我们也可以（向校长）求助，但学校层面不管孩子的表现，由我们负责。"

一位与旧金山朱恩·约旦公平学校（June Jordan School for Equity）的工作人员密切合作的社群组织者，也表现出同样的责任感："在孩子们滑倒时，教师会抓住他们，不会放手。"这一点经过了充分的验证。朱恩·约旦学校是一些教师、家长与社区组织者说服学区为不及格率高的低收入非白人人种学生开办的一所小规模学校。该校位于旧金山东南部贫困程度最高的社区附近，为当地社区提供了第一个上大学的途径，而该市其余的大学预科高中都位于城市另一端的富裕社区。

大多数学生，如詹姆斯·威廉姆斯（James Williams），入校时基本技能落后好几个年级，居住的社区犯罪与杀人案件频发。咨询系统对詹姆斯最终在朱恩·约旦公平学校获得成功起到了非常重要的作用。詹姆斯在贫困中长大，从一个低收入社区搬到另一个低收入社区，遇到了许多困难，这些困难导致许多处于类似状况的黑人青年辍学。詹姆斯的母亲由于健康原因已经有好几年不能工作了，一个人养家很困难，经常让詹姆斯照顾他的妹妹。詹姆斯说，虽然成长的环境中"到处是毒品和酒精，但我从来没有被卷入帮派暴力或街头生活，我一直都知道自己想要上大学"。

虽然詹姆斯的母亲希望他读一所"好高中，然后上大学"，但是他却无法进入旧金山任何一所大学预科高中，所以朱恩·约旦高中刚一成立，就把他送到这里来了。这所学校以社会正义为理念组织大学预备课程，提供高度个性化的教学和强大的咨询系统。詹姆斯说所有这些支持对他的成功都很重要："在朱恩·约旦的这几年，我与我的所有导师都建立了亲密的联系。这让我更信任别人，有那么多人帮助我，保证我能够表现良好。"他的母亲还有另外两个年幼的孩子需要照顾，很难来参加家长会，因此朱恩·约旦的教师就到家里跟她见面，保证建立强大的家校联系。詹姆斯的导师向他提供了情感、学业和经济支持，帮助他在家里遇到困难的时候渡过难关。

由于学校给予不断的支持，并强调广泛的写作和探究，詹姆斯最终决定选择加州大学圣克鲁斯分校，目前正考虑学习文学或写作专业。他刚进入大学时提到已经为下一阶段的生活做好了充分的准备：

> 今天，我们听了有关核心课程的介绍；他们告诉我们，只有10周时间写完所有的文章。我觉得我对写作很有信心。我很享受写作。朱恩·约旦让我做好了读四年制大学的准备，老师们帮助我们变得独立。在朱恩·约旦我们得到了很多帮助，很多人支持我们，但是也确保在必要的时候我们能够自己照顾自己。

詹姆斯的成功并不是孤立的个案。2007年从朱恩·约旦毕业的首批学生中，95% 升入了大学，其中73% 读的是四年制大学，既包括加州大学和加州公立大学，也包括克拉克亚特兰大大学、达特茅斯大学、史密斯大学和耶鲁大学等私立大学。

与对公立学校模式的研究结果一样[31]，我们发现学生和教师之间的牢固关系是学生认为他们取得成功的核心原因。学生通常将学校比作家庭，并将自己的成绩看作亲密师生关系的结果。正如本章开头引述的范加尔德高中的一位学生所说：

> 学校不应该大规模生产。学校应该给予关爱和亲密联系，这才是孩子们需要的。你得爱学习。

另一名本应放在限制最多的特殊教育环境的学生，提起他在范加尔德的经历：

> 我从小学到初中一直表现不好。我本来会被学校抛弃，不能毕业，半路退学。我需要有人对我表示关心，给我动力。

阿尼默－英格伍德（Animo-Inglewood）的校长描述了家校联系会给学生带来怎样的动力：

> 我们在学生、学生家长和学校工作人员之间建立了非常亲密的家校联系。学生们不想让家人失望，会努力学习。

圣地亚哥建筑技术学院高中的一名 3 年级学生这样说：

> 你与（老师）相处的时间很长，你可以与老师进行更多的交流，了解他们……当你向朋友，而不是随便什么人学习时，学习就会容易得多。

减少教师负担的学生数量。为了实施个性化教学，这些学校重新设计了教师配备与时间安排，增加了课堂教学人员，延长了每节课的时间，从而实现了较小的班级规模并减少了教师负担的学生数量，通常英语和历史/社会学科的文科教师教授 40 或 50 名学生，单科教师教授 80 至 100 人，大约是大多数城市学校教师教授人数的一半，后者每天可能要接触 150 至 200 名学生。课程通常设置为跨学科课程，重新安排的课程时间让教师在更长的时间（70 至 120 分钟）内教授较少的学生，显著降低了教师承担的学生负荷。学生一次的课程量由 6 或 7 堂减少为 4 堂。这种精简的课程组合与"购物中心式高中"采用的方法[32] 截然不同，后者提供各种令人眼花缭乱的课程和结构，却并不专注于核心课程。

学校将资源配置给核心教学功能，这样的结构使教师可以有效地照顾学生。[33] 教师充分了解学生，就能更好地按照学生的优势、需求、经验和发展兴趣因材施教。学生和教师都说这种结构能够让教师支持智力挑战性学习，对学生表现实行更高的标准。一位有着 22 年教龄、从大型学校转到范加尔德的教师说：

> 小班教学意味着我可以和本市成绩最差的 20% 孩子举行文学研讨。原来不会阅读的孩子们现在阅读《简·爱》（*Jane Eyre*）之类的书来写文章。我们可以在午餐时间和他们一起学习。你知道谁不会阅读、打字。这些孩子坐在教师后面、躲在厕所里、上课故意溜号。我知道在规模大的学校里尽职的教师们要教授 150 个孩子，他们就没法这样做。

曼哈顿村学院（Manhattan Village Academy）高中的一名学生也强调了这一点：

> 这所学校能够让最差的学生学习。教师也和其他高中不同，那里有（太多）孩子了。问题孩子需要更多关注，在这里他们可以得到关注。孩子们能够看到像他们一样的孩子都在学习。

上课数量减少带来的一个意想不到的好处是，学生可以更有效地集中注意力。一位兰德马克的学生评论说：

> 我真地很高兴只有四门课；在原来的学校，每个科目都得学一点，脑子里要同时想八门课。

在这种情况下，教师可以关注学生的学习，而不是每天进行流水线操作。社会变革联盟学校（Coalition School for Social Change，CSSC）的一名学生表达了学生的感受："因为学校很小，老师有更多时间帮助我们。他们不会特别忙乱，我们学得也更好。"学校中的另一名学生说："这里的老师关心你和你的学习。他们了解你的潜力，不断鼓励你努力学习。"曼哈顿国际中学的一位学生解释说："如果我们遇上了个人问题，比如抑郁，我们可以与老师谈谈……老师们非常了解我们，因为我们总是一对一地解决问题。"曼哈顿村学院的一名学生说："我去年怀孕了，老师真地给了我很多支持。我还在上学，而且学习也不错。这里的老师会鼓励你。他们想要让你毕业。"

智力挑战性相关教学

上述结构有助于学校更有效地关心学生。同样重要的是学校如何促进智力发展。每所学校都设计了高难度、连贯的教学计划，帮助学生克服通常由于种族、贫困、语言或学业技能差而构成的障碍。为了弥补学生之前在条件差的学校造成的大量技能缺失，学校必须根据学生的水平帮助他们取得长足进步。

为了解决这个问题，每所学校都对学生抱有很高的期望，提供共同、不分级的大学预科课程与全面的学业支持，确保在严格的课程作业背景下明确地教授智力与研究技能。这些学校努力的结果与研究发现相一致，通用课程多而学术课程范围较窄的学校，全体学生的成绩水平往往更高，在上课、毕业和升学方面也更加平等。[34] 课程既包括职业导向学习，也包括大学预科学习，重点是通过项目、社区服务和实习在现实场景中应用知识。

挑战性参与课程。学校的课程重点是帮助学生达到大学的要求。教师通过认真构建、有序安排各年级的教学单元，制定连贯的课程教授核心学科概念，有时也采用跨学科的方法。大多数任务需要分析性工作——研究论文和项目、演示和讨论问题、为回答开放式问题进行实验和数据收集。很少布置活页练习和填空题。所有学术课程都要进行广泛的阅读和写作。许多课程要求进行大型结课项目，包括完成大量的书面文件、通常还要做口头演示和答辩。

曼哈顿村学院的校长玛丽·布茨（Mary Butz）描述了如何以项目为背景来明确地教授阅读、写作和数据收集技能：

> 我们要做很多工作。9 年级的学生要写自传，主要强调写作技能。10 年级有一个跨文化项目教他们研究技能。他们必须使用三个资料来源，回答具体问题并进行比较。作为这项工作的一部分，我们还要教学生做研究的惯例，如编写参考书目、使用多种形式的文档和格式撰写报告。

教师使用成熟的学习方法以及与学生需求和经验相联系的文化教学法，并根据同行、外部专家以及自己的反馈，给学生不断修改作业的机会。教师和学生都说，修改是一种生活方式。教师认为学生的学习途径是处理大量任务、得到依据标准的反馈、而后再进行改进。大量研究也证明了这种想法，研究表明学生接受形成性评估和反馈，不断有机会修订和改进作业，成绩就会大幅提高。[35]

一位有 27 年教龄、在范加尔德教学 5 年的老教师，解释了该校灵活的课时安排与较轻的学生负担是如何对教学形成支持的：

> 我可以使用纵深分析的方法布置大学水平的研究项目。连续两个月每天上午教学生研究技巧和论文写作技能，这样他们就能写出一篇至少 20 页的历史研究论文。我让学生进行自我激励，应对挑战。他们自己选择话题，大家再一起讨论。学生会对话题的不同方面感兴趣。学生们受到激励，有内在的学习动机，因为这是他们想要学习的内容。我带他们去唐奈尔图书馆（Donnell Library）……他们浏览各种书籍、记笔记，并把自己的想法整理成大纲……然后，孩子们会倾听老师和同学对他们工作的意见，进行修改。他们还必须引用参考文献并给出证据证明自己的论点。

这些项目通常需要把图书文献研究、当代社区调查和文学或艺术研究结合起来。CSSC的一位人文学科教师描述了最近的一个项目是如何在历史、小说和当代生活之间建立起课程连接的：

> 去年，我们对拉丁美洲进行了一项研究，重点是多米尼加共和国。我们阅读了茱莉亚·阿尔瓦雷兹（Julia Alvarez）的《蝴蝶时代》（*In the Time of the Butterflies*）中描写的极端独裁统治。然后，我们去了华盛顿高地，采访了经历过那个时代的老人。这些采访对我们的学生来说是很重要的学习经验。

虽然教师努力将课程与学生的生活和兴趣联系起来，但学生的研究并不限于眼前的事物。作业经常将经典研究与多元文化内容相结合。在我们对学生作业的抽样调查中发现，学生研究的作品包括阿连德（Allende）、布莱希特（Brecht）、易卜生（Ibsen）、契诃夫（Chekhov）、莫泊桑（de Maupassant）、马奎兹（Marquez）、阿瑟·米勒（Arthur Miller）、托妮·莫里森（Toni Morrison）、爱伦·坡（Allen Poe）、桑切斯（Sanchez）、莎士比亚（Shakespeare）、R. L. 斯蒂文森（R. L. Stevenson）、托尔金（Tolkien）、理查德·莱特（Richard Wright）等人的著作。在社会学科中，学生研究的主题有美国宪法、移民、政治犯和最高法院案件等。有些学校开设了美国社会历史项目之类的课程，从多个视角看待历史。在科学方面，学生研究生物学、化学、物理学以及航空航天和环境。艺术既有单独教授的，也有融入到其他学科的。

所有学校还通过安排学生学习当地大学的课程，为学生接受高等教育做准备。这些经历让学生能够亲身了解大学的要求。比如，一名学生在纽约城市大学（City University of New York，CUNY）系统中的一所学院学习现代美国历史课程，他对这段经历的描述很有代表性：

> 一开始我都准备放弃了，因为我觉得我还没有做好准备。但是在跟老师交谈的过程中，他们给了我关于学习习惯的建议，如何更好地

管理时间，特别是我既要做学校里的学业，又做要大学的作业。我花了更多的时间读书。如果有不明白的地方，这里的老师会对内容进行解释。他们还给了我别的书。我参加了期中考试而且通过了。这次经历让我了解到真正的大学是什么样子。

明确的学术技能教学。这些学校的一个关键教学内容是为学习复杂技能提供支持。许多高中的课程假定学生已经掌握了阅读、写作和研究的技能，但是这些学校不同，他们的课程建构明确地教授学生如何学习、如何处理学术任务、运用什么标准，以及如何评价自己和他人的作业。

兰德马克高中的第一任校长西尔维亚·拉宾纳（Sylvia Rabiner）描述了该校从学生进入学校的第一天便在课程中融入了学术技能教学：

> 学生 9 年级进入兰德马克时，会立刻教他们图书馆的工作方式，教他们怎么写研究论文，向他们介绍思维习惯，以及每个年级和最终毕业的作业评估标准，教他们如何做展示，这样到毕业对作业集进行答辩时，他们就有好几年的口头展示经验了。

所有学校都为阅读和写作教学提供了结构化支持，既可以作为 9 年级和 10 年级的部分课程，也可以作为面向需要支持的学生而设置的特殊课程。

灵活的支持。挑战性课程不会自动转化为学生的成功。学校努力将高标准与各种支持相结合，以帮助学生达到要求。学校给学生（包括进入高中但达不到年级相应水平的新英语学习者或特殊教育学生）提供综合的课内与课外支持。几乎所有学校都在课前或课后给学生留出补习时间。有些学校实行同伴辅导课程和 / 或星期六课程。

因为大家一起努力帮助学生达到标准，学生通常将这些额外的学习机会看作特权而非惩罚。例如，新科技高中把星期六学校作为一种支持形式，一位家长解释说：

（星期六学校）不是惩罚，而是帮助。（对于）没交作业或需要改进作业的孩子，这相当于是第二次机会。（我的儿子）上过几次。上一次是因为学期快结束了，他知道自己有些地方必须得提高。他其实不必去，但是他说，"我要去星期六学校，可以做作业"。那是圣诞节前的最后一个星期六，他选择去学习，因为他知道自己需要提高。

许多学校开设面向所有学生的不分级大学预备课程，以及侧重于缩小阅读、数学或英语语言发展差距的额外技能课。英语学习者和特殊教育学生也在正常班上课，但通常会提供额外的课程或资源教室等支持，帮助他们完成和其他学生一样的任务。

阿尼默－英格伍德在如何提供全面支持方面做出了很好的示范。该校对学生抱有的高期望，是在创始校长克里斯蒂娜·德·杰西（Cristina de Jesus）和其继任者安妮特·冈萨雷斯（Annette Gonzalez）担任教学领导时形成的，杰西后来在建立了阿尼默高中的宪章管理组织绿点（Green Dot）中继续领导专业发展。两位女性都是取得了国家委员会认证的高级教师。从较富裕的圣莫尼卡／马里布学区转入的冈萨雷斯决心对她在阿尼默－英格伍德的学生提出与之前对圣莫尼卡学生一样的期望，并为学生提供同样的资源。她对学生说："我们对你们抱有非常高的期望；我们相信你们会考上大学；我们知道你们能够做到。我们会非常、非常、非常努力地推动你们，支持你们一步一步走进大学。"

落后的学生需要参加教师的课后支持课，教师会与家长谈话帮助找出支持每个学生的有效策略。为学生学习提供的其他支持包括教师在工作时间给予的辅导；由当地大学生进行免费课后辅导的家庭作业咖啡厅；准备SAT考试与技巧的技能课程。将期望与支持相结合，在阿尼默的代数及其他入门课程中也有所体现。所有9年级学生，不论分数排名如何，以前上过什么课程，都要上代数课。为了确保所有学生都能成功，即将升入9年级的学生需要参加为期5周的夏季过渡课程，帮助掌握基本的数学技能并引入高阶数学概念。绿点系统的骨干数学教师，也是阿尼默中学的数学部主任，被分配到9年级教代数。代数与其他课程一样，采用A/B板块式课程表，每堂课 95 分钟，这样教师可以深入地讲解概念，并给学生探索概念的机会。如果学生学习代数有困难，还可以去上由同一位教师每周授课 3 次的数学技能课。

由于实施了这些策略，2007 年我们对该校进行研究时，发现该校在州标准测试代数 I 中成绩优秀的比例远远超过了州整体水平，而且阿尼默高中非裔和拉丁裔学生的优秀率是州其他地区非裔和拉丁裔学生的 3 倍。

实施多种主动学习策略。心理学家罗伯特·格拉泽（Robert Glaser）认为，学校必须从选拔模式向适应模式转变，"选择模式"的特点是学习条件的变化很小，"教学选择范围窄，获得成功的方法非常有限"，而在适应模式下，"教育环境可以提供各种成功的机会。教学模式会根据个人的背景、才能、兴趣和以往表现进行调整"。[36]

在所有这些学校中，教师们有意识地使用多种教学策略，让学生找到所学内容的不同切入点。直接的上课形式包括偶尔的课堂授课、常规讨论，以及指导性探究、小组工作，对独立研究、项目和实验进行辅导。大多数课程都要求学生采用各种学习策略，完成长期项目和短期作业。一名范加尔德的学生说："教师会针对孩子们的学习差异来帮助他们完成项目。"另一名学生说："你需要创建 3D 模型、做研究和展示，还要做项目。你自己来确定主题和问题。你要找出问题，进行回答。你要写有主题、情节和人物的文章。你要做视觉效果。（老师们）不想让课堂无聊。"管理恰当的小组合作非常普遍。虽然我们观察的小组工作是让学生在自己的学习中发挥积极作用，但这项工作通常需要高度结构化的活动引导，教师要预测学生的问题，有意识地给予辅导。教师很清楚想要学生掌握哪些内容，会仔细地选择文本和其他材料，并为学生学习的主题内容和具体技能制定明确的目标。CSSC 的一位人文学科教师描述了如何利用不同的学习和表现模式组织小组工作，增强学生的独立性：

> 我们希望学生既能独立工作，也能进行小组合作。我们让他们开始独立工作。教师在各组之间走动……例如，在最近进行的一个项目中，学生自己选择分组，然后做研究、进行文本细读、每个人完成写

作任务，最后进行展示。每个展示小组都要教全班同学他们学到的内容。

与现实世界建立联系。课程经常包含在现实生活中的应用，这有助于保持学生的兴趣，参与困难的任务。CSSC的一位教师说明了科学课上如何模拟环境咨询公司的工作：

> 他们找出问题、制定研究计划、进行实地考察，最后得出结论。另一个班与中央公园的护林员合作了一个项目，护林员都是短期工作人员，学生们帮助他们辨认树木样本。这是一项在真实世界中有意义的工作。

曼哈顿村学院的一位教师描述了教师如何将学业内容和学生生活联系起来：

> 我们试图将历史问题与当今世界相联系，让学生发表意见。在发生书包被偷案件时，我们用《第四修正案》规定的权利来看待柜子搜查。我们讨论个人的责任及希望政府承担的责任。我们进行讨论和辩论，使学生的思考更加深入。

社区服务和实习。所有学校都安排学生在正常上学日进行实习和社区服务等外部学习，同时举行研讨会，帮助学生处理他们对职场的看法。实习安排会考虑学生的兴趣，可能在医院、医学研究实验室、非营利组织、社会服务机构、企业和学校。实践经历是所有学生核心课程的一部分，而不是分开进行的。实践旨在帮助青少年承担责任，学习如何参与家庭和学校之外的世界，了解不同类型组织的运作方式，探索自己的兴趣。

学生们报告说，即使他们发现不喜欢自己选择的工作或环境，或者在工作中遇到了冲突，他们也觉得实习经历让他们更有能力、也更有责任感和信心去解决问题，在学校以外的世界中取得成功。许多人说，他们在实习环境中形成的责任感，激励他们在学校中努力、坚持。圣地亚哥建筑技术学院（San Diego's Construction Tech Academy，CTA）一位 12 年级的学生说："实习让上学变得容易……我们学习课本，把学到的知识应用于现实生活中的项目，这些项目我们在课堂上也做过，然后就会看到课本作业与现实的联系。"

虽然大多数学校都把实习作为课程的一部分，但建筑技术学院在这方面走得更远。学校的指导思想是希望打造"浸入现实世界"的真实课程。CTA 的股东认为，关注知识在工作领域中的使用会增加课程的相关性，提高学生的出勤率、参与度和保留率，特别是对于那些经常旷课的学生。CTA 专注于建筑施工行业，包括建筑、施工和工程，超过 80% 的学生将进入大学，剩余的学生则在高中之后通过学徒成为技术工人。

学校通过让学生在不同团队中工作、完成需要多种技能和能力的复杂项目，努力模仿真实的工作场景。来自工程、建筑和施工领域的专业人员与学生合作开展项目并审查学生的工作。所有学生都要学习大学预备课程和全套职业课程。教师担任辅导员支持学生展开探究、项目和小组协作，并提供一对一的帮助。

CTA 的"现实世界"概念基于两个中心假设。第一个假设是"专业知识"不只是课本知识，而是学习和"动手"应用的结合。校长格兰·希利加斯（Glenn Hillegas）解释说："大学先修课程非常严谨，但应用性很差。对于我来说，最好的教育是严谨的学习再加上应用。孩子们在应用知识的时候，理解得最为深刻。"

第二个假设是，学生需要学习如何指导自己的学习和在不同团队中的工作，因为这是"现实世界"中的工作方式。CTA 最好的教师担任辅导员和指导教师，提供一对一的帮助，支持学生进行探究。学校还为每个学生制定了个人学习计划，并每两个月在"工资发放日"往学生家里发送报告，跟踪学生的学业进展。

在"真实世界"的应用中，有时会有业内专业人士走进教室为进行项目的学生和教师提供支持，并在项目完成后帮助审查和评估。例如，9 年级的学生会在闭园后去附近的乐高乐园，这样就可以看到游乐园的"内部运作"，并进行一次工程之旅。然后他们组成小组，每组有一名组长，设计自己的游乐园，包括乐园的平面装置布置图和比例模型。学生把完成的计划交给业内专业人士，接受他们的评价。

现实世界的应用还包括在 11 和 12 年级进行工作观察与实习。毕业班的学生被要求在作业集中准备一份简历、填写大学申请表，准备一份大学费用预算，并采访一位他们感兴趣领域中的专业人员。CTA 还支持各种实地考察，帮助学生思考专业人士在设计或建造房屋时所做的实际权衡。例如，当建筑、施工和工程（ACE）课后俱乐部的学生表示春季项目想要设计机场时，学校会安排一次实地考察，让他们到圣地亚哥机场"在后台"观察机场到底是怎样运作的。用校长的话来说就是："从外部推动学校的严谨与相关性。这会带给孩子们不一样的工作水平。"

基于表现的评估

所有学校都让学生完成复杂的项目和各种调查，其中大部分要求完成毕业作业集，包括每门主要科目中的高质量学科探究。这些作业通常要展示给由教师、家长、学生和校外评审组成的评估团。评估系统设定了公众对表现的期望，会产生一定的压力。朱恩·约旦的一位教师说：

> 我们实行作业集制度，真正有效地保证所有孩子都努力。我们有对他们的毕业要求……如果他们的评分没有通过，就必须重新展示。这是一个很好的方法，确保学生不只是走过场。

参加建筑技术学院展示会的一位圣地亚哥学区官员说：

> 有业内（人士）参加学生作业展示会，这种方式比只有教师参与更加严谨。我认为站在一群专业人士面前为自己的作业答辩，这种真实性非常重要。我记得在第一次参加展示会时，一位学生没有做好准备，他自己也承认这一点，然后委员会说："好吧，孩子，下回要怎么做呢？"他要为没有完成这项作业负责。他不得不深入剖析自己，想

清楚为什么自己没有按时完成作业。那名学生后来在建筑技术学院非常成功，他已经毕业了并继续深造。

学生们明白这个过程会加深他们的学习。旧金山领袖高中的一名学生这样说：

> 在其他高中，只是说"你通过了"。学生们并不知道从高中学到了什么。而这里的学生很清楚自己学到了什么。

我们研究的所有纽约学校都要求学生完成一套至少 7 个的毕业表现任务，作为其整体作业集的一部分。这些表现任务分别对应每个学科领域，需要写研究论文，包括社会科学调查和科学实验、文学批评、艺术作品或分析、数学模型或项目，以及对学生某次实习经历的分析。通常，学生要完成自传和毕业计划，展望自己的未来。作业集有时也包括传统测试。各个学校对毕业作业集的内容和结构要求各不相同。然而，所有的评估系统都包括：

1. 需要深入研究的书面构建作品或操作产品；
2. 学生向由教师与学生组成的委员会进行口头展示，委员会对作品质量做出评估并进行提问以检验其理解；
3. 体现学生表现标准的评估准则；
4. 评价学生作品和口头演示的评分量表。

一个学生要想毕业，委员会必须通过其全部作业集。评估过程的严谨以及学生入学时的不同技能水平意味着，在所有的学校都有 4 年以上才能毕业的学生。有些学校采用的内容和表现标准符合纽约州的课程标准，就可以不参加州标准化考试（Regents Examinations）中除英语语言技能之外的其他科目测试。

作业集不仅是评估工具，也是学习经验，让学生获得弗雷德·纽曼（Fred Newmann）及同事所说的"真正的成就"。[37] 这些任务要求学生组织信息、展开学科调查与分析、进行口头和书面沟通、解决问题，并在观众面前做出令人信服的演示。学生经常说制作作业集加深了他们的理解。常见的评论包括：

> 在制作作业集的时候，大部分的思考要自己完成。你必须详细解释如何做某事，为什么某事是重要的，这样不了解的人才能够理解。

> 参加考试的时候，考完了才会觉得需要学习知识。制作作业集会让你坚持学习。

> 你必须管理好自己上学前、放学后以及在校的时间，去完成作业集。

一名新来的英语学习者指出：

> 作业集可以发展写作能力。更有意义的是，我们必须口头演示作业、口头回答问题，展示我们的英语学习水平。

我们的研究团队观摩了学生面对由教师与学生组成的委员会所进行的作业集答辩。在展示会上既看到过被评为边缘等级、需要修改的作业，也见过优秀等级的作业。即使有的作业不太成熟，需要多次修改，但是学校仍然让所有学生都能够完成这些研究论文和多成分组成的项目，并且在这个过程中提高了他们的技能以及组织和坚持完成复杂任务的能力。

在范加尔德高中，当一名学生展示历史作业集、阐释日本在二战中扮演的角色，分析该地区的地理和日本帝国主义的政治时，根本区分不出他是特殊教育学生，还是正常教育学生。在兰德马克高中，一名学生以自己写的具体文章为参照，分析了在校四年自己写作与阅读能力的发展。他使用一组小标题，加上引用和图表，将当前的有知与之前的无知进行了比较和对比，听众可以从他平行放置的早期文章和后期文章中看出变化。他还用类似的方法展示了自己的文学分析能力与文学偏好的变化。这名学生在40 分钟的时间里清楚、紧凑地阐述了自己阅读与写作能力的进步。

委员会会对所有展示者提问，根据共同的评估准则对展示打分，并向学生们出示评估结果。提问过程会追问学生的推理，要求给出支持关键论点的证据，并参照学校中学到的思维习惯（比如，与其他概念的联系、使用证据、理解观点、清晰地展示并适当使用约定俗成的惯例）。在这个过程中，对于个人给予支持的态度，但评估却是批判性的。有些学生的论文或演示没有达到作业集的标准，就必须进行修改和重新演示。有些学生虽然通过了最低标准，但还是决定修改，以提高作业质量，争取更高的评级。还有的人达到标准之后感到很满意，就去完成其他的作业集。

所有学生都感觉从展示经历中获得了成就感，而且毕业前需要进行好几次展示，使得他们越来越有信心。毕业之后，学生把这些研究论文和展示看作自己能够在大学取得成功的一个关键原因。和许多被动学习教科书的同龄人不同，这些学生能够自如地定义、研究问题，使用图书馆和实验室，制定框架，并口头和书面证明自己的想法，规划时间去完成大量需要规划和坚持的任务。

专业学习与协作

这些学校之所以取得了成功，一部分原因在于他们有能力招聘和发展非常强大的教师队伍和领袖，使用许多国外很常见、但美国却很少使用的教师学习策略。

在纽约市，许多我们研究的中小学都参与了当地大学为推广先进教学实践而提供的职前课程和在职课程，如班克街学院、城市学院、纽约大学、新校学院和哥伦比亚大学教师学院。朱恩·约旦与旧金山州立大学和斯坦福大学也建立了类似的关系，斯坦福大学为湾区许多小型或重新设计的区管学校和特许学校输送教师。这些中小学又为师范生提供实习场所，并通过以上网络参与协作学习。虽然新型学校必须克服潜在的资源匮乏问题，但他们建立起来的完善的教师输送管道、合作的环境以及与学生之间的密切关系，意味着大多数学校能够招聘到充足的教师，而一般学区都难以填补所有的教师空缺。

学校能够招聘到使用先进教学方法的教师。20世纪90年代，纽约市新型学校就进行集体谈判并最终改变了协议，允许学校通过同行评议过程（由现有工作人员评估申请者的教学和协作技能）自己选择教师。在加州的学校中，特许学校自己选择教师，区管学校也经过谈判能够自主选择所有或大多数教师。

协作式专业学习。许多研究人员发现与专业教师团体进行合作是学校成功的关键因素。[38] 弗雷德·纽曼及同事在多项研究中发现，专业团体是学校提高学生学习水平的三个共同特征之一。[39]（另外两个共同特征是关注高质量的学生学习和真实教学法，前面已经讨论过。）他们的研究和其他人的研究都表明，小规模学校为教师提供更多的协作专业环境，对改善学校和学生学习承担着更多的集体责任。[40]

我们研究的成功学校始终将提高教学质量作为专业学习的重点，教学质量不断得到提高。部分的努力包括为教师提供大量时间进行合作、设计课程与教学，以及相互学习。学校组织广泛的夏季学习机会和假期班，查看学生的学习证据，并计划和组织教学、咨询实践和学生支持。虽然教师也参与外部专业发展，但大多数专业发展是学校内部的。总体而言，学校每年安排7至15天的共同专业学习时间。

学校鼓励教师向同事学习教学实践，每周安排大量时间（通常除了教师的个人备课时间，还安排5到10小时）让教师围绕学生和科目一起备课和解决问题。各年级组的教师定期举行会议，学校建立的结构有助于检验学生的进步、创建连贯课程并允许教师相互学习。同一科目的教师也定期一起备课，制定课程和评估，确保学生能够达到全校的共同水平。教师利用这些合作机会检验学生的进步、商量如何调整教学，并帮助新教师适应学校的教学方法。萨克拉门托学区的一位官员注意到在新科技学校中这些方法的力量，欣赏地说："这都是共同备课、共同教学和分析的结果，从正常的教学日中拿出时间来进行这些分析。"

曼哈顿国际学校校长威廉·林（William Ling）解释了在教师团队中进行协作是如何增强教师责任感的：

每个人都要求彼此为满足（学校）目标负责。大家一起制定年度目标。一起备课，一起讨论学生，互相观摩，支持彼此的进步。

同样，兰德马克的校长西尔维亚·拉宾纳（Sylvia Rabiner）也指出：

教师们在团队会议中进行正式分享。他们一起备课、分享自己的教学。还有全校分享会议和夏季学院，给我们更多的时间进行反思。这里比大型学校更具连贯性，在大规模学校中教师都是独立工作的。

在朱恩·约旦中学，教师还在开学前参加专业学习假期班，并每月参加两次专业学习会议。教师每周还举行学科会议与年级会议，在共同备课时间中合作制定课程和单元项目，讨论学生的需求。不管是专业发展会议，还是教师会议或团队备课会议，教师都需要反思他们在课堂上的实践与经验。一位老师说：

很容易学到别人的优秀教学实践。我们形成了这样的文化……共同备课时间真正能够让我们更好地为学生服务，思考支持他们的方法。

为新、老教师提供指导和辅导的系统进一步强化了对教师学习的结构性支持，包括重点研究工作会议上提出的实践问题，学习在教师集体评估学生作业集、项目和展示时学生的思维、评估标准和课程。

基于学校的探究。这些学校都根据学生的需要和学校的愿景，成功地保持了教学重点的一致，关键原因在于每所学校都能组织自己的专业学习时间。大多数学校每年夏天检验学生的作业和其他资料，以确定来年的教学重点。学校还会对课程、学校组织或教学方面需要注意的地方进行详细的结构性探究。领袖高中的一名辅导员说：

领袖高中有非常完善的专业学习模式。这里所有事情都是精心安排的。在我工作的其他地方，都是"我们试试这个，我们试试那个"。在这里，我们看研究、看数据，再决定对策。一切都有理有据。

领袖高中的模式采用价值导向的方法，注重平等，专业学习以数据为指导。实行广泛的以数据为基础的探究过程，同时每周定期举行备课会议。学科指导教师（Department Coaches，DC）都是优秀、具有公平意识的教师，在接受了一段时间的额外培训后，为其他教师提供一线支持、给予指导和一对一帮助并领导探究过程。DC 除了每月与校长会面之外，还要每周开会讨论最佳的指导方法，以及如何利用探究方法建立教师深入反思教学实践的能力。DC 全年有 7 天自由时间，考察成绩数据（例如年级、考试分数、毕业评估）和学生体验数据（例如休学率、出勤率、学生满意度测评），作为指导全体教师探究与专业发展的基础。该校校长说：

> 一直以来，我们特别注意高分和不及格的表现形式，以便我们能更公平地服务于所有学生，缩小我校长期存在的可预见性成绩差距。

经过探究过程确定的全校工作重点，在暑期末尾召开的为期 6 天的专业发展暑期班上向工作人员通报。根据假期研修的内容，工作人员找出全年重点解决的核心问题。作为工作重点的延伸，每个人还要将其运用到自己的工作中，创造指导个人、专业和协作目标的个人目标。所有工作人员都参加，包括保安人员和辅导员。校长伊丽莎白·罗德（Elizabeth Rood）说："我们正努力在学校中建立指导文化和行动研究文化，不断进行探究与反思。"

每学期全体工作人员会举行为期 3 天的全天专业学习会议，贯彻年度重点，此外，会议还关注个体学生并继续开展基于数据的探究过程。例如，今年年初，工作人员专门花了半天时间讨论一组特定的学生，每个学生大约 45 分钟，并使用协议方案来识别哪些支持对学生有效或无效。

在每周的专业学习会议中，与会者遵循协议轮流担任主持人、计时员等，使所有教师都适应各种领导角色。会议还轮流在每位教师的课堂上举行，使每位教师都能明白全校的工作。校长说专业学习时间"意图明确……不是工作人员会议（或）散漫的协作时间……这个时间很重要，对于每位工作人员来说，都很神圣"。会议主题包括相互教学、支持、学生话语和文化能力。所有讨论都涉及公平问题。例如，当工作人员开会讨论家长会时，会想到家长可能因为自己或孩子之前在学校中的负面经历而在学校感到不适。教师们会考虑家长可能会有些紧张、焦虑或担忧，计划怎样使家长会具有建设性。

在学校认真主导专业发展的地方，通常将学习作为共同领导的手段。所有学校都让教师承担各种领导角色，参与民主决策。共同管理也常常有学生、家长、社区成员，甚至业内领袖的参与，广泛支持、服务于学校的愿景和使命。无论学生，还是教职工和家长，一旦认同学校的理念，就会更加努力。这些学校的例子说明，有意识地向学生、老师和家庭提供支持，就会使许多在其他学校掉队的年轻人获得成功。

建立成功学校的体系

建立为低收入非白人人种学生服务的学校并非不可能。自 30 多年前朗·爱德蒙斯（Ron Edmonds）进行的突破性研究以来，[41] 许多研究都记录了行之有效的学校实践，并发现了那些让历来处于弱势的学生获得成功的学校所具备的相似特征。[42] 但是，要大规模建立这样的学校，必须建构新的政策环境，鼓励这类学校持续发展。

支持成功的创新

美国人非常喜欢创建新学校，进行革新。20 世纪初，约翰·杜威、艾拉·弗莱格·扬（Ella Flagg Young）、露西·史别格·密契尔（Lucy Sprague Mitchell）等人在芝加哥、纽约和其他北方城市建立学校，安娜·茱利亚·库珀（Anna Julia Cooper）、露西·兰尼（Lucy Laney）和玛莉·麦克里欧德·贝颂（Mary McLeod Bethune）等非裔美国教育家在南方建立学校，引发了设计有效新学校的改革浪潮。三四十年代新学校设计的浪潮席卷全国，进步教育协会（Progressive Education Association）帮助重新设计和研究了 30 所"实验"高中，著名的八年研究（Eight-Year Study）发现，这 30 所高中比传统学校更能培养出成绩好、喜欢智力冒险、富有社会负责感的年轻人，他们在大学和日后的生活中也更容易获得成功。[43] 20世纪六七十年代出现的城市学校改革运动，建成了一批学校，如费城的公园林荫道计划（Parkway Program）和纽约的中央公园东小学，90 年代革新运动再次兴起，创建了本章开头提到的那批学校。

这些创新学校尽管比大多数传统学校更加成功，成绩也更为公平，但是很少能够长期维持下去。教育工作者无论工作了多长时间，也无论成功与否，实际上进行的都是西雅图教师工会前领导人罗杰·厄斯金（Roger Erskine）所说的"随机创新行为"[44]，而且反反复复、并不持久。一般来说，这是因为城市地区经常像堤岸田鼠和狼蛛一样会将年轻人吞噬。教育厅长和学校委员会的变动会带来政策上的波动（包括教学标准化努力）、使一切"回归基础"，并让创新者停下脚步。即使他们取得了更好的结果，独特的学校模式也会遭到长期存在的传统、标准操作程序和期望的挑战，有些人甚至希望传统上失败的学生继续失败下去，这样优势阶层就可以继续保持自己的特权地位。事实上，20 世纪早期安娜·茱莉娅·库珀在华盛顿特区隔离地带开办了具有进步意义的 M 街学校（M Street School），为黑人学生提供"思维课程"，该校虽然比该市 3 所白人高中里的两所表现都好，但仍然遭到攻击，就是因为上述两个原因。[45]

有时，成功的学校和计划却因专项基金或政府拨款耗尽、地区缺乏远见或没有资源保住成果而走向失败。还有些时候，因为很难补充到能够创建成功学校的有能力、有活力的教师和领导，导致模式难以为继。历史学家劳伦斯·克雷姆认为，进步教育改革的成功之所以没有大面积推广，就是因为这种做法需要"非常有能力的教师"，然而却从来没有培养出大量教师，来维持这些复杂的教学和学校教育形式。[46]

纽约市不同寻常的复兴得益于以替代学校管理局的形式建立的创新措施，该管理局缓冲了许多法规对学校的限制，创造了解决旧官僚体系问题的新方法；同时，也得益于各种支持改革的专业资源（包括创建学习和支持网络的专家从业者）、大量提供专业知识和智力资源的公立和私立大学，以及为此提供额外专业和政治支持的慈善家和研究人员。教师联合会（United Federation of Teachers，UFT）设有自己的教师中心，许多在这里积极投入专业发展的教师参与了建立新学校的举措。慢慢地，UFT 将对改革型学校的支持纳入合同（先是通过放权，后来又通过集体谈判对协议进行变动），在某些情况下，甚至为进一步改革提供部分保护。即使领导层的频繁变化可能导致新学校举措的中断，但这些力量仍然能维持改革的势头。

专业教育能让教师和学校领导获取进行复杂实践所需的知识，然而，在大多数地方，缺乏专业教育投入却是一个持续的问题。另一个经常出现的问题是缺少鼓励学校成长的政策发展，没有这些政策，创新学校只能是例外、依靠授权建立、处于边缘地位。正如保罗·希尔（Paul Hill）所说：

> 今天的公立学校体系只允许小规模地实施新想法，主要是为了减少进行广泛变革带来的压力。目前的体系也希望推进个人、社区和国家的目标，但基本上还是为了追求稳定。通常来说，这是一件好事。我们希望学校准时开课，教师们每天有工作，家长们知道他们的孩子有学可上。然而，仅仅追求稳定在复杂、快速变化的现代经济中却是一个错误的目标。学生，尤其是弱势学生，需要学校为他们提供在当今社会取得成功所需要的知识，需要学校灵活地尝试各种教学方法，最终成功地实现这些目标。[47]

在当前的环境中，包括希尔在内的一些人认为，主要由学校委员会授权采用特定模式或方法的特许学校、合同学校或表现学校可能为激发创新、摆脱地区政治和政策变化的影响提供了一种方法。这项策略可能会使学校内的教育方向与教育哲学具有连续性（毋庸置疑，学校政策的连贯性是最为重要的），使学校对教育结果负责，而不是顺从于官僚体系。

当然，一些重要的新学校模式是通过特许学校来实施的。加州政府将开办特许学校作为支持创新的主要杠杆，在我们研究的 5 所高中里，3 所

（阿尼默、领袖和新科技）是特许学校。学校可以制定具体的教育方法，坚持实施，而不受地区意见变化的影响，或者被课程、测试和管理命令所干扰。虽然工业时代形成的集体谈判协议往往给许多地区造成麻烦和约束，但是现在开始出现新的谈判方法，在上述特许学校中其中两所都聘用了工会教师。

通过地区规定或特许组织形式给予学校自主权，已经建立和扩大了许多成功的小规模学校模式：有些学校，比如愿景学校（Envision Schools）、亚洲社会（Asia Society）、高科技高中和杰出学校（Uncommon Schools）等，引进了大量新教育方法，包括表现评估、学习展示、侧重于了解全球的课程、咨询系统等。在许多地区，如果没有正式的保护，学校的创新很可能因为学校委员会或教育厅要求使用标准化新课程或测试系统，逼迫学校扩大规模、恢复工厂式设计，或者要求雇用不适合该模式的教师或领导而夭折。（地区集中派遣和要求工作调动的集体谈判协议都会造成这个问题。）即使地方学区有意支持创新，也要受到法律、法规、先例和标准操作程序的限制，这些问题很难解决，最终会扼杀变革的努力。

基于种种原因，希尔建议学区不应作为学校的运营者，而是要扮演一个全新的角色，充当一系列拥有相对自主权的学校的管理者：

> 今天，教育委员会监管的集权官僚体系，拥有并运营一个地区的所有学校。是时候淘汰这种"命令和控制"系统，用新的组合管理模式取而代之了。在新的系统中，学校委员会将管理多样化的学校，有些学校由学区管理，另一些学校则由独立的组织管理，以满足学生不同的需求。就像投资者拥有多样化的股票和债券投资组合一样，学校委员会将密切管理其社区的教育服务组合，剥离生产率低下的学校，增加更有前途的学校。如果现有学校不能很好地服务于学生，委员会就会尝试使用新方法来寻找有效的学校。

这种学校组合的概念也是盖茨基金会所倡导的，具有许多潜在的优点。在教育管理中，提供选择当然要好于强制。学生和家长可以寻找更适应他们兴趣和理念的学校，在所选择的学校中更加投入地学习。提供选择也可以使学校更加负责，更注意学生的需要。设计成功的学校应该获得更多的自主权，以改善和保持其良好的工作成果。有效的组合策略应该"确保提供反映社区需求、利益和资产的优质学校选项……并（确保）每个学生都可以获得高质量的学校教育，为进一步学习、工作和成为公民做好准备"[48]。

学校组合结构在纽约市基本上是在自然地区结构内部出现的（现在分为几个学区和学校集团），但在波士顿的规模较小，后者建立了一系列试点学校，这种替代方案提供的各种教育选择所具有的共同特征本章前面已经论述过，这些学校的成功速度远远高于服务于类似学生的许多其他学校。[49]

然而，仅仅提供选择或开办特许学校并不是一剂万能药。不是所有的创新都有用。虽然有些公立选择学校获得了成功，但也有些学校并没有什么变化。以"芝加哥 2010 复兴计划"为例，该计划用企业家和地区管理的特许学校及其他自主选择学校来替代表现差的学校，然而最近的一项评估将新学校的学生成绩与被抛弃的旧学校进行了配对比较，却发现二者没有什么不同，表现都很差。[50]

特许学校在全国的实施结果也良莠不齐。回顾文献就会发现在有些地方产生了积极的影响，但在另一些地方却产生了消极的影响。[51]

一项针对 16 个州、涵盖了 70% 全部特许学校的研究发现，只有 17% 的特许学校学业成绩明显高于服务于类似人口的传统公立学校，37% 表现不如传统公立学校，46% 与区管公立学校没有差别。[52] 各州产生了不同的结果，这表明监管和拨款的方法可能很重要。例如，俄亥俄州采用不受监管的市场策略，在几乎没有公共保障的情况下，引入了大量营利性质和非营利性质的办学者，研究发现特许学校学生的成绩一贯低于学生结构类似的公立学校。研究还发现，在华盛顿特区和亚利桑那州特许学校管理混乱，给予学校 15 年授权，却很少要求实施学生保障措施，结果学生的平均成绩也低于公立学校。[53]

最近对明尼阿波利斯市特许学校的一项研究发现，尽管个别学校取得了成功，但是总体而言，平均成绩显著低于服务于类似学生的地区公立学校。[54] 事实上，只是对参加了跨区择校计划、离开原来学区进入到郊区公立学校的学生的成绩，才产生了显著的积极效应。另一方面，在威斯康星州，法律只批准了少量办学者（密尔沃基市除外，那里适用不同的法规），对学术和财务进行了更多监管并明确注重创新，研究发现大多数地区特许学校学生的成绩略好于人口结构类似的公立学校。[55]

密尔沃基市实施组合方法的时间最长，20 世纪 80 年代末推行教育券，后来又开办了各种各样的特许学校和其他选择学校，研究发现 15 年来，各类学校的成绩几乎没有什么提高。对教育券计划的研究结果不太一致，有的研究发现对使用教育券学生的成绩没有任何影响，有的研究则发现对某个学科的成绩产生了细微的影响。[56] 传统学校体系的表现总体不佳，面对竞争基本没有进步，分数在短期提高之后通常很快就出现了下降。到 2006 年，密尔沃基公立学校系统 10 年级学生有 39% 阅读成绩优秀，全州的比例是 74%，密尔沃基 10 年级学生中仅有 29% 数学成绩优秀，而威斯康星州 10 年级学生的这一比例是 70%。[57]

成绩提高最显著的时期是 2006 年至 2009 年，密尔沃基市教育局长比尔·安德烈科普洛斯（Bill Andrekopoulos）在全区开展了打造教学能力的计划，制定了一套带有示范教学的教学标准，并建立了新的专业评估系统以及为教师和校长提供辅导支持的专业发展。[58]

有趣的是，安德烈科普洛斯的路线与托尼·阿尔瓦拉多（Tony Alvarado）颇为相似，后者先在纽约市第四学区启动了一个选择计划，产生了一批优秀学校，包括黛博拉·梅尔在东哈莱姆建成的第一所中央公园东小学。然而，阿尔瓦拉多认为，"让学校遍地开花"的结果常常是只有少数学校获得成功，所以需要同时加强整个学区所有学校的教学能力，在他调动到第二学区以后，便采用了更加系统的改革方法。（见第 7 章）

最后，迫于最近实行的问责制要求提高测试成绩的压力，人们越来越担心，一些新型学校（特许学校及其他学校）会想方设法，采用结构性录取的方式让低成绩学生和有特殊教育或其他需要的学生不大可能被录取，或者创造条件促使这些学生离开，将最难教的学生排除在外。例如，对纽约市 2000 年后建立的新型学校的研究发现，与之前建立的学校不同，这些学校招收的学业能力较强的学生人数比淘汰掉的大型综合学校更多，而英语学习者或残疾学生则较少，使得这些学校的教育成果看起来更好。[59]

因此，单靠管理机制或给予自主权并不能确保学校获得成功。在新型学校模式和重新设计学校做得很好、没有忽视或赶走落后学生的地方，都很注重激发新的教育可能性和建立学校良好的教学能力，消除不必要的限制，为学生创造适当的保障。

持续变革

终极目标不是仅仅建立一批独特的先锋学校，而是使所有学校都能采用让全体学生更加成功的教学实践。为了实现这一目标，各地区必须找到促进创新和回应的方法，同时又不损害学校的平等、普及和公共性质，为公民做好生活、工作、参与共同民主社会的准备。这就需要重新设计学区和学校，重新思考法规和集体谈判，并以更明智、更公平的方式建设教学能力、进行资源分配。

重新设计学区。为了使成功的学校成为常态，各学区就不能只是破例改变学区的运作和政策，实施一系列特别举措。在整个 20 世纪，大多数城市地区管理学校的方法越来越官僚。他们制定了广泛的规则来管理学校生活的每一个方面，从课程、教学、测试到招聘、采购和设施，同时采用复杂的部门化结构来管理这些规则和程序。官僚们的任务不是找出支持成功教学的方法来管理质量，他们对程序的管理往往妨碍了教师的教学工作。要创造一个新的范式，学区的职责必须：

- 从执行程序向建立学校教学能力过渡；
- 从合规向改进过渡；
- 从奖励服从命令、"做事正确"的员工向奖励"教学有道"、教学成绩良好的员工过渡；
- 从分配教育机会向扩大成功的课程过渡；
- 从忽视（和加剧）最弱势学生所在学校的失败，向重新分配确保成功的资源过渡。

在很大程度上，这些变化代表了从官僚责任向专业责任的转变，前者是传递决策的官僚体制，无论有效与否都让员工遵守，后者则是知识系统，帮助学校建设有效的教学能力，并让人们使用能够使学生取得成功的专业教学实践。

在新的范式中，学区办公室也应该从一个很少相互交流的孤岛转变为以综合提高教学能力为目标，整合人员、专业发展、课程、教学及评估等领域的团队结构。教学支持还应包括：

● 招聘一批训练有素的教师和领导，建立起便于教师培训与上岗的输送管道；

● 组织提供高质量、持续的专业发展和资源，包括优秀的教学指导教师和辅导员，帮助学校诊断问题并支持落后学校的改进；

● 确保提供高质量的教学资源，如课程材料、书籍、电脑和教科书；

● 如果学校选择从学区获得采购和设施维护等服务，学区应向学校提供有效且高效的服务。

如果学区实施择校策略，就必须确保所有学校都值得选择，所有学生都有机会进入优质学校。这意味着学区必须不断评估学校的工作，想办法学习成功学校的经验，并通过保障强有力的领导和优秀教师，采用成功的课程策略，来支持落后学校的改进。学区自身必须成为学习型组织，为了使策略行之有效，发展对创新进行调查与学习的能力及支持成功变革的能力。在优质学校和课程供不应求的地方，学区应该学习如何对良好模式进行推广而非分配；对于失败学校，则需要学习如何诊断、解决问题并投入资源进行改善。无论是否采用择校策略，这些都是所有教育系统需要的能力。

如果教育是为公共利益服务，那么防止制度私有化便至关重要，在私有化制度下，学校的差别在于学校选择学生的能力，而非学生和家长选择学校的能力。选择制度要想起作用，各学区还必须向家长提供信息和交通，处理好家长和学校的选择，以便学校招收和录取学生时不考虑种族、阶层或之前的学业成绩，这样既能保持建立融合、共同学校的可能性，又能确保不会使一些学校成为特权阶层的聚集地，而另一些学校沦为"垃圾"倾卸场。在择校安排得当的剑桥、马萨诸塞和（某些时期的）纽约市等地已经制定了择校策略，允许家长填报几个意向学校，并要求学校从各个成绩范围录取多样化的学生群体。而且，这些地区还认识到，策略的实施需要不断监管，策略本身并不能保证所有学生都进入优质学校。特别是在没有正确支持和激励的前提下，许多学校会想方设法录取最有优势的学生，把最弱势的学生挡在或推出校门。下文将要看到，激励措施与有效服务学生的能力水平、资源和问责措施有关。

建立专业能力。正如我在第7章中所述，建立专业能力最终需要投入，为学校领导、教师和其他工作人员提供有效的培养、聘用、指导、评估和专业发展。此外，系统需要制定策略，在学校之间分享优秀的教学实践，包括广泛传播研究成果，建立促进发展与实践分享的由学校、教师和校长组成的网络；制度各种策略，比如允许教师彼此观摩教学实践、获得有助于成长的反馈的学校质量审查。

单靠复制策略、由外部力量将一所学校的课程或计划移植到另一所学校中去，是不可能培育出成功的新型学校或改进现有学校的。以往的复制经验并不成功，主要是因为很快便面临着教师知识与能力、资源及接收学校背景等方面的差异。除非给予长期、密集的专业发展支持，否则学校很少能够注意到让新策略长期发挥作用所能带来的好处与意义。当据称有效的技巧不能立刻生效，特别是对于难教的学生没有效果时，教职员工往往会重拾旧方法，并/或依据以往的知识和支持资源去关注那些最容易教的学生。

在我们研究的校园联盟学校中还发现了另外一种对低成绩学生非常有效的、一致且成熟的实践。遵照所谓的生产、培育策略，许多新型学校的"创始人"都曾经在成功的老学校中任教。他们由专家校长和教师指导，同时也组成网络，持续分享教学实践并支持解决问题。

人们越来越认识到网络策略在共享实践知识方面具有的强大作用。教师与教师结成的网络，比如国家写作项目，能够帮助教师发展有效的教学实践；校长网络努力支持强大的教学领导，创造共同解决问题的机会，在许多地区发挥着至关重要的作用；在美国和其他国家（见第6章和第7章），学校网络使教育工作者能够通过集体专业发展、观摩访问和汇集智力资源等手段，分享部门和全校的教学实践。

管理和分配资源。学校要想使全体学生取得成功，必须拥有充足的资源。如前所述，各州、各地区和各学校之间的拨款差距，往往使最贫困的学生获得最少的资源。各州可以逐渐改变这种状况，先计算出让所有学生毕业所需要的教育资源成本，然后执行州规定的标准，并考虑地区生活成本和学生需求进行调整，公平地将资源分配到每个学生头上。这种学生加权公式法得到了许多学校财务改革者的拥护，一些城市也采用这种方法实现区域内的拨款平等，其目的是为残疾学生、新英语学习者和低收入学生提供额外的资助，具体金额要通过估算教育这些学生达到州标准所需要的成本来确定。贫困学生比例高的学校也将获得额外资金，提供大多数学生所需要的服务。

学校和地区也需要灵活、优化地使用资金。成功的、重新设计的学校具有的独特特征是，使用人力和时间资源的方法不同于传统学校体系，而是更接近于其他国家的学校，以便建立更加密切的成人与学生联系，确保教师有合作备课与学习的时间。如前所述，美国教育预算用于课堂教学和教师的比例只有50%多，远远低于其他国家的70%至80%，[60]削弱了美国的教学能力。

在某种程度上，这是因为美国在州与学校之间设有多层官僚机构，导致支出增加，而官僚机构的设置也有一定的必要性，因为政府不信任学校能做好资源决定，因此要求学校管理令人眼花缭乱的联邦和州分类项目。这些分类项目造成支出效率低下，不仅需要行政关注和审计跟踪，而且分散了项目和学校的精力，给教育带来危害。通常，这些项目及其他法规规定了人员配备模式和其他资源的使用，弱化了教学重点与有效性。

此外，美国将更多的人事预算用于聘用各类行政人员和教学助手，而不是直接用于教师身上；采用过时的模式，增加外围服务以弥补失败的工厂模型系统，而不是投入教学核心，给专家教师时间让他们熟悉学生、有效发挥作用。因此，在大多数亚洲和欧洲国家从事教学的全职教师约占教育雇员的 70%—80%，而美国的比例只有一半。[61] 以 2003 年为例，美国学区雇员中只有 51% 是一线教师，而日本学校中全职教师的比例为 89%。如果把日本学校中大量的医生、牙医和药剂师也包括在内，比例也达到 72%（见图 8.1）。[62] 事实上，日本学校的确有相当多的医生，和美国学校的教学助手人数相当，但也只占行政人员的三分之一。

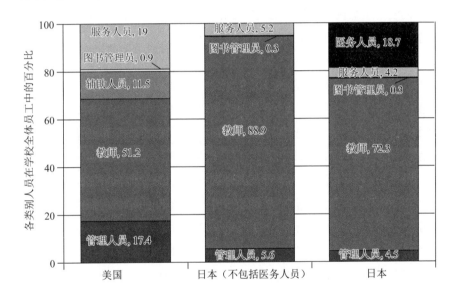

图 8.1　美国和日本中小学的人员构成，2003

来源：日本教育部（Japanese Ministry of Education，2005）和全国教育统计中心（National Center for Education Statistics，2005）。

成功的、重新设计的学校通常都将更多的资源投入给课堂教师，组织教师团队在更长的时间中教授同一批学生，以创造更多的共享知识，强调对学生需求和成功的责任。他们确保将资源用于提供强大的共同核心课程和关键支持，不会牺牲学校的中心目标，将精力或资金浪费在外围因素上。在人员配置、资源分配以及教师和学生的时间使用方面对以下学校具有尤其明显的启示作用：安排学生进行校外延伸实习的学校，如 Met 及其学校网络；高中期间给学生上大学课程的学校；使用技术方法进行项目学习的学校，如新技术学校网络。

各州、各地区还需要鼓励更加合理、更加创造性地利用资源，对人员配置、时间和资金的使用不做过时的工厂式要求，支持学校领导学习如何设计组织，从而使利用资源的方式能够带来预期的结果。

放松管制的策略。如前所述，想要扩大有效的学校设计，面临的挑战是已经塑造了大多数学校的百年旧式学校组织模式，而现在这一模式又被通常无法带来最优教育形式的规定强化了。大多数州对学校的规定框架尚未做出转变，不能适应或鼓励新学校模式提出的设计选择。

通过放松法规而实现的创新难以推广，除非也同样放松系统中其他部分的规定。很少有州去研究如何在保持核心公共价值观的同时，在策略上放松对公立学校的管制，使学校更好地聚焦教学、获得成功。近年来，虽然建立了特许学校和其他相对自主的学校，使部分教育系统具有一定的灵活性，但是在系统的其余部分管理却往往更加严格。

波士顿试点学校和纽约市的替代学校证明，大型公共组织可以创建组织防火墙，为成功的创新留出空间。但是，也必须始终意识到政策对学校教学实践的影响，并逐渐允许创新者帮助改变规则、避免规则。应该将保证教育普及和公平分配资源的规定作为新设计系统的基础，同时用专业标准和对专业能力的投入（能够让教育工作者获得信任）取代对教学与学校设计的微观管理。

改变合同。工厂模型的许多特征已经慢慢地被工会和学校委员会纳入集体谈判协议。需要进行学校改革的最大方面是对时间和工作安排的限制，以及教师招聘和分配程序，在教育的流水线时代，该程序假设教师是可以互换的零件。

学校能否成功奉行一套教育原则，取决于他们是否能招聘到信奉这些原则并有实施能力的教师。因此，无论是初次聘任还是工作调动（教师可能会转到与之技能和理念不匹配的学校），教师的集中分配都可能造成问题。有些地区已经开始改变这些传统，承担起建立大型合格教师人才库的责任，学校可以从人才库中招聘教师，并且将有转校意愿的教师放入人才库，而不是把他们安排进特定的学校，只是在出现空缺职位时，他们享有优先面试的权利。

例如，在纽约新的学校发展过程触发了重要的制度改革，包括教师选拔这样的关键领域。美国教师联合会（UFT）、CCS 项目与教育委员会共同商定了工作人员选择流程，由教师委员会审查简历、进行面试（经常观察面试者合作讲课或备课），选择最适合职位的人员。在教师具有同等资格的情况下，资历是决定性的变量。UFT 代表曾进入过招聘委员会，对招聘结果非常满意，所以工会便将这一流程引入合同谈判并建议广泛采用。合同现在包括所有非传统学校教师的同行选择流程，诠释了如何将创新用作改变系统政策的杠杆。

此外，在任何一所纽约学校，如果 55% 的教师都投票赞成，学校便可以启动学校选择（School-Based Option）方案，从而不受很多合同的限制，并用新的安排进行替代。许多创新型学校自己与教师签订合同，例如，教师承担较小的学生负荷，拥有更大的自主权，作为交换，需要担任咨询教师，每天、每周花时间做其他的事情。

重新思考问责。最后，政策制定者必须学习新方法，一方面促进创新，另一方面让学校对公共教育的其他目的（公平、普及、发展公民意识和学习进步）负责。州职责的一个关键方面是保证学生获得充分的教育，使之成为有生产力的社会公民。近年来，美国的问责制在很大程度上意味着用越来越有限的手段跟踪测试分数，而不是确保提供充分而公平的学习机会，取得更广泛的成果。如前所述，基于高风险测试对学校实施制裁，会使学校没有动力接纳和留住最贫困的学生。

内布拉斯加和罗得岛等州允许学校开发和实施更广泛、要求更高的学生学习评估，这些评估得到了州的批准，与其他学生成绩记录一起用作问责目的。在纽约，表现标准联盟（Performance Standards Consortium）管理的 31 所学校（包括我们研究过的许多学校）制定了包括挑战性研究论文和展示在内的毕业作业集评估。作业集中既要求有学术成果，也包含公民和社会责任，后者体现在社区服务和对学校的贡献上，作业集已被批准用于代替一些纽约州标准化考试，希望中小学也了解大学的录取与学习。

从长远来看，激励高质量、公平学校教育的问责制需要通过一系列高质量的措施来检验学生的成长和学校的进步，而不是只看一项限制性措施（如学生的学习机会及其结果）在某个时间点上的状态，并且需要执行专业教学标准，让家长们知道他们的孩子将接受良好的教育，而不仅仅是良好的测试。

结论

越来越多的学校打破现状，为低收入非白人人种学生提供成为具有批判思维的未来领导者的机会。然而，除非政策制度发生变化，否则这些学校仍然只是异类，不代表未来的趋势。创建一个支持所有学生学习的系统并非不可能。但必须明确目标，采取有目的的一致性行动，才能创造一个互相支持、相辅相成的网络系统。尤其是，要消除造成种族、社会经济和语言成绩差距的制度化不平等，就必须在重新设计学校、发展教师和校长、扩展课程与评估观念、重新思考拨款策略和重新认识问责制方面进行实质性的政策改革。想要创建一个使上述学校类型成为常规而非例外、让所有学生（不分种族、收入或居住地）都有学习权利的环境，需要进行哪些政策变动呢？下一章将讨论这个问题。

第9章 质量与公平并重的政策：
实施真正的学校改革

最优秀、最明智的家长对孩子的期望，必须成为社会对所有孩子的期望。除此之外的任何学校理想都是狭隘、错误的；践行这样的理想就会破坏我们的民主。

——约翰·杜威（John Dewey）[1]

这都是我们的孩子，他们的成败与我们的未来休戚相关。

——詹姆斯·鲍德温（James Baldwin）[2]

1989 年，时任总统乔治·H.W. 布什（George H.W. Bush）与各州州长制定了 2000 年之前要完成的 6 个国家目标，包括确保所有学生入学时身体健康并做好了学习的准备，高中毕业率至少增加到 90%，所有学生在科学、外语、公民学、艺术、历史、地理、数学和英语等学业科目中成绩合格，学习如何成为负责任的公民，在 2000 年之前要实现美国的"数学和科学成绩居世界首位"。[3]

这些目标不仅一个都没有实现，而且整个国家在大多数方面比 20 年前表现得更差。虽然美国有些儿童得到了良好的学习支持，有些学校也是世界上最好的，但是自目标公布以来的 20 年中，有太多的学生遭到了忽视。显然，要动员大家建立一个更加成功的教育体系，我们需要的不仅是一套新的国家目标，也不仅是进行小规模的试点项目、示范、创新和其他部分解决方案。我们需要像对待富人教育那样认真对待贫困儿童的教育，创建保证所有儿童都能获得全部常规教育投入元素的系统。这就意味着需要创建面向 21 世纪学习方式、平等分配关键教育资源的课程与评估系统，包括向所有社区稳定供应接受过良好培训与支持的教师，建立所有学校模式均能支持认真教学和学习的教育系统。

该如何实现呢？必须建立国家和州教育政策新范式，同时致力于两件事：一是支持学生、教师和学校进行有意义的学习；二是平等分配教育机会，让所有学生都能从富有成效的学校中获益。在像美国这样的联邦政体中，良好的教学和学习系统是什么样子？我认为和成绩水平高且公平的国家一样，这样的系统必须具备五个关键要素：

1. 有意义的学习目标，包括认真思考在 21 世纪获得成功所需要掌握的内容和技能，并支持制定合理的共同学习期望。学习期望由专业协会和课程专家制定，用以指导各州建立高质量的标准、课程和学生学习评估。课程与评估管理尽管在研究、开发和专家资源方面也得到了联邦的支持，但仍然应该在州级进行，原因有二：第一，联邦制度在为优质教学打下充分基础的前提下具备的一个优势是，可以借鉴多种方法（如果它成立的话）实现创新与改进，但不能解决低层次的共同问题；第二，课程与评估管理需要尽量接近学校和教师层面，以支持教育工作者参与发展、评估和持续改进。如下文所述，这对于传达和改进教学和学习，确保评估（像高成绩国家一样）包括评价真实能力、支持公平课程的表现成分，都至关重要。

2. 相互性智能问责系统关注保证学生拥有优秀教学与充分学习的机会（这是政府应该对儿童承担的责任），提供评估和持续改进课程、教学和学校能力的手段。除了学习标准之外，这样的问责制还包括学习保证足够、适当资源标准的机会及支持良好教学和正确对待儿童的专业实践标准。支持性问责策略通过研究、传播成功案例，诊断失败根源，以资源和专业知识促进进步，从而建立一种提高良好教学实践概率、减少不良教学发生率的学习系统。这种策略通过对学生学习、学校实践与学校表现进行多重衡量，来评估进步，确定学校、地区和州所需要的投入和干预措施。

3. 公平、充足的资源，为所有学生提供一个公平的竞争环境，以及达到学习标准的充足机会。建立这样的公平竞争环境需要联邦政府不仅关注评估学习进展，进一步均衡各州之间的联邦拨款，还要关注学习机会的标准。另外，需要建立州拨款制度，在考虑生活成本和学生需要的差异后，为每名学生划拨大致相当的资金，同时提供物质奖励和信息，有效地引导支出，最大限度提高学生成功的可能性。最后，一个资源公平且充分的教育体系还需要处理合格教师供给的问题，这是所有资源当中最基本的要素。为此，必须建立一个确保所有教育工作者能够接受高质量培训、所有社区的全体学生能够受教于合格教师的基础设施。

4. 为所有教育工作者提供强大的专业标准与支持，包括贯穿整个职业生涯的全额资助的高质量培养、指导和专业发展，并向服务于高需求学生的教师和校长提供奖励和支持。这种支持在培养方案、教师认证、招聘和职业发展中应该遵循严格的、基于表现的准则，实行与教师和领导有效性挂钩的绩效评估。积极的招聘系统应该发现人才并培养人才担任教学和领导职位。职业发展系统应支持持续的评估和学习，识别优秀的教学实践及有助于学生学习和学校改进的各种方法，给予教师担任导师、专家教师、课程专家和学校领导的机会，这样教师的专业知识才会有助于改善课堂内外的教育。

5. 围绕学生和教师学习来组织学校，旨在让专业团队创建一个注重关键内容与技能的连贯课程，通过共同的规范和思维习惯强化课程，并以反映现实世界中知识使用方式的真实表现评估予以展现。应该定期给教师一起备课和学习的时间，并通过持续的探究过程在课堂和学校层面展开评估，为教学和学习提供指导与信息。21 世纪的学校应该整合新的学习技术，建立支持学生的个性化结构。

当然，建立这样的系统离不开环境的支持，需要提供安全的校舍、食物、医疗及高质量的早期儿童教育，好让儿童在入学时就做好了学习的准备。越来越多被大学录取的学生上不起学，如果能像 20 世纪六七十年代那样由各州投入建立起强大的公共高等教育系统，联邦的财政援助也能覆盖上大学的费用，这些学生就能完成高等教育了。下文将针对以上关键因素进行详细的一一探讨。

有意义的学习目标

首先，将教学与学习重点放在正确的目标上非常重要。如前所述，这是标准改革的基本思想。克林顿总统制定的《2000 年目标》(*Goals 2000*) 成功地让所有州都依据学科（数学、科学、阅读、语言技能、历史和社会学科、世界语言、艺术等）专业协会制定的国家标准，建立了学生学习的内容标准，明确学生应该了解和操作的内容。在许多州，标准更加注重学校的努力、确定核心内容，并强调关键内容和高阶思维技能，甚至根据财政投入、教学标准、专业发展、课程材料和用以改善教学的周全评估来调整本州的学习目标。[4]

然而，如前所述，并非每个地方都在推行这种全面改善教育的方法。在一些州，标准和"问责制"成了学生测试的同义词，与涉及教学质量、资源分配或教育性质的政策割裂开来。标准成了政治文件而非课程指南，层出不穷的目标创造了宽泛却又肤浅的课程与测试，对学习的看法往往表面而又浅薄。以测试问责制为主的州和地区，凭借狭义测试对学生和学校进行惩罚，产生了一种贫乏的教育模式，使最弱势学生更加失败，难以获得成功。

证据表明，这种类似测试的教学主要面向低阶技巧，如记忆信息、基于公式或规则进行简单操作、完成简短回答和多项选择练习题，在以低收入学生为主的城市学校，尤其是强调高风险测试的州中，这种教学最为普遍。[5]有些学校围绕常见测试所考察的低阶学习来组织教学，当学生日后进入大学和工作需要进行各类写作、批判性思维和问题解决时，就会表现得非常差。

安东尼奥·科特斯（Antonio Cortese）和丹妮·里威奇（Diane Ravitch）称：

> 我们认为，培养学生能在全球经济中生存和成功非常重要。掌握基本技能并不足以实现这一目标。我们需要的是一个教授深层知识、重视创造力与独创性，以及思维技能的教育系统。不幸的是，我们现

在走的并不是这条路。[6]

　　我认为，对标准改革的中途修正应该从认真思考在 21 世纪获得成功所需要掌握的内容与技能开始，这体现在对合理的全国标准（由全国专业协会更新 20 世纪 90 年代初形成的学习标准）的完善上，用于各州制定高质量标准、课程和学生学习评估。此外，这样做不应以惩罚学生与学校为目的，而是为持续改进课程和教学提供信息。在有些州，只需要完善现有的精心设计，而在另一些州则意味着需要进行重大改革。本节将描述这一过程的目标，包括支持强大学习的各种标准、课程指导和评估，以及我认为在这一过程中州和地方必须采用高成绩国家使用的表现评估的原因。表现评估能够鼓励和支持更加公平和更高难度的学习。

评估如何影响学习

　　许多州此前已经将表现评估引入了教育系统，如康涅狄格州、特拉华州、肯塔基州、缅因州、马里兰州、内布拉斯加州、新罕布什尔州、纽约州、俄勒冈州、罗得岛州、佛蒙特州和怀俄明州。和所有新驾驶员都要接受路考一样，表现评估不是衡量学生识别或猜测选项的能力，而是衡量学生实际上可以做什么。康涅狄格州学生通过完成该州设计的任务，证明他们能够设计并进行科学实验来回答具体问题、评估结果数据。佛蒙特州和肯塔基州的学生通过完成一系列共同评分的书面作业（有些是分析伟大的文学作品），表明他们可以用多种文体进行有效写作。新罕布什尔州的学生通过完成技术作业集来说明他们的成就，证明他们可以用计算机做不同的事情。正如驾驶考试能够衡量并帮助提高准驾驶员的技能，表现评估也能制定每个人必须达到的标准。任务和标准不能遮遮掩掩，一切都是透明的，所以学生知道自己需要发展什么技能，也知道如何展示这些技能。

　　研究发现，使用此类评估可以改善教学质量，提高学生成绩，特别是在需要复杂推理和问题解决能力的领域。[7]然而，表现评估难以维持，尤其是近年来《不让一个孩子落后》（NCLB）法案规定每年进行测试，布什政府又不愿批准让地方学校参与管理表现任务的州系统，而写作任务、科学调查、数据分析或探究等表现任务在两三小时的测试时间中是无法完成的。

第 1 章中已经讨论论过，NCLB 没能提高美国在 PISA 等国际评估中的表现，PISA 衡量的是高阶思维能力和运用知识应解决新问题的能力。在 NCLB 实施后的几年中，美国在国际评估中的分数和排名均有所下降。2000 年到 2006 年，美国的 PISA 科学排名在 30 个经合组织国家中从第 13 位降至第 21 位（分数从 500 下降至 489），2003 年到 2006 年数学排名从第 24 位降至第 26 位，也表现出同样的趋势（分数从 483 下降到 474）。[8] 在所有测试领域中，美国学生在问题解决方面的得分最低。由于编辑的问题，2006 年美国的 PISA 读写测试无法进行正常评分，但 2001 年至 2006 年美国在国际 PIRLS 阅读评估中的排名，从 28 个地区中的第 9 位下降到第 18 位（分数从 542 下降至 540）。[9] 同时，NCLB 实施后美国国家教育进展评估（NAEP）衡量的年度进步大幅放缓，8 年级的阅读成绩几乎停滞不前 [10]（见图 9.1 和图 9.2）。

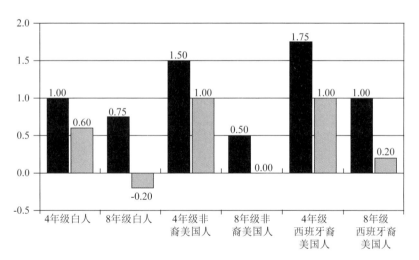

图 9.1　NCLB 实施之前和之后 4 年级和 8 年级阅读成绩年增长率

来源：教育与民主论坛（Forum on Education and Democracy，2008）。

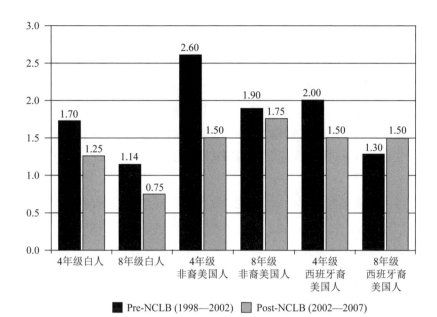

图 9.2　NCLB 实施之前和之后 4 年级和 8 年级阅读成绩年增长率

来源：教育与民主论坛（2008）。

　　在 NCLB 要求的州测试中分数在上升，而在国际评估中分数却在下降，这是怎么回事？有几个可能的原因。首先，如前所述，高风险测试通常会导致学校将重点放在测试材料与形式上，从而缩小课程范围，不会扩展至其他场景或知识类型。第二，国际 PISA 评估与美国 NAEP 和大多数州测试明显不同，不只要求回忆或识别零散信息，而是侧重于分析，将知识运用于新的情景。这种分析更接近于在学校之外的世界中使用知识与技能的方式。最后，将知识从一种情景向另一种情景迁移是以学生理解中心原则、找出联系和区别，以及破解问题和分析信息的能力为基础的。这正是运用多项选择基础技能测试来驱动课程的学校比较薄弱的地方。[11] 因此，我们越努力提高在美国目前使用的狭义测试工具中的分数，就越有可能在世界各地广泛用来评估教育的复杂测试中落后。

国际标准、课程与评估

联邦政府目前的政策讨论常常提到这些国际排名，强调需要创造更多的"具有国际竞争力的"标准。通常，这意味着考察各个国家不同年级所教授的主题。分析显示，高成绩国家的标准更加精简；每年教授的主题较少，但更为深入；更注重探究、推理技能和知识的应用，而不是只追求进度；以学科内和跨学科的发展学习进展为基础，制定更周全、更循序渐进的期望。[12]

较小的国家通常有一个全国标准体系，有时进行全国评估，在高中之前抽样评估一个或两个年级的学生表现。这些评估通常包括开放性题目和由地方教师评估的表现任务。大多数评估是依据课程框架或与标准相关的大纲进行本地管理的。较大的国家，如加拿大、澳大利亚和中国，设置了州级或省级标准，评估系统通常是州评估与地方评估相结合。下面，我将详细介绍这些系统是如何运作的，为美国能够建立更加有效的教育系统抛砖引玉。

标准和课程。美国经常要求教师在每个年级的每个学科完成几十个甚至上百个教学目标，教师需要赶进度讲授多达 30 个教科书章节，而高成绩国家的标准只规定了某一学年在某一水平上完成少数重要概念或主题。例如，日本 6 年级的数学课程，要求学生重点学习比率和比例的 4 个主要方面，包括分数的乘、除法，使用比例关系进行测量，对称图形和比例尺作图，以及基于这些概念的立体图形体积和表面积。[13] 前文也提到，芬兰和日本一样，整套数学标准大约只有 10 页。

制定全国或州级标准和课程是一个协商性的过程，需要课程与学习专家（包括业内人士）经过多年努力，根据学习和发展研究的结果以及教育范围内各类学生的成绩，设置一系列的期望。这些期望再被转化为课程框架和课程大纲，用来指导学校开发更广泛的课程、课堂材料及评估。之所以没有使用高度规定性的课程，部分原因在于这些系统认为教师通过与同事合作开发课程计划，为特定学生设计并不断改进"精心打磨的"课节，可以发展深入理解标准和学生学习以及将二者联系起来的能力。

评估。设置标准和课程的目的在于支持具有教育作用的评估。学生学习得到大幅提高的欧洲和亚洲国家明确地创建了围绕核心知识展开的课程指导与评估，并且注重高阶技能：寻找和组织信息解决问题的能力；建立框架、进行调查的能力；分析、综合数据的能力；运用学到的知识处理新情况的能力；自我监测和提高自我学习与表现的能力；用多种形式进行沟通的能力；团队合作能力和独立学习的能力。

评估任务的性质。美国现在每年对每个孩子进行测试，而且测试的主要形式是评价回忆和识别能力的多项选择题，但是大多数高成绩国家在高中之前很少使用外部评估，通常只在一个或两个年级水平进行外部评估，且在很大程度上使用要求学生进行分析和知识应用的开放式任务。

例如，瑞典小学高年级（5 年级，高中之前唯一进行外部测试的年级）的母语测试任务通常要求使用大量材料进行自由发挥。比如，一个以旅行为主题的任务，给学生提供了不同作者的当代诗歌、散文和诗歌片段，一篇如何做旅行计划的应用文，以及用文本、图表和统计表呈现的旅行数据。这些材料提前一周发给学生，然后要求他们在 5 小时内从给出的题目中选取一个，写一篇文章。教师会依据课程大纲强调的具体标准进行评估，评估的技能包括在特定场景中使用恰当的语言、理解语言的不同功能、说服机制、呈现信息、创造性自我表达、词语选择和语法。[14]

5 年级数学题要求学生解决自己生活中可能遇到的问题，评估的内容包括计算、推理和反思决策。

> 卡尔 4 点钟从学校骑自行车回家，大约需要 15 分钟。晚上他要回学校参加派对，派对 6 点开始，之前卡尔还要吃晚饭。他到家时，住在附近的奶奶打来电话，希望他参加派对之前能帮她取个包裹，还想让他去遛狗，再到家里聊会天。在聚会开始之前卡尔有时间做哪些事？写出你的答案并进行推理。[15]

中学高年级的数学测试也围绕现实世界中的具体主题和形式给出问题。学生在近 4 个小时的测试中回答 15 个问题。前 10 个问题要求简答，后 5

个问题要求学生写出思考过程、展开论述。有一道论述题是这样的：

> 一家企业每年年初向养老基金存入 15000 克朗。基金的年增长率为 10%。第一笔付款发生在 1987 年，最后一笔在 2010 年。养老基金将继续存到 2015 年。如果企业仍支付同样的金额，而基金增长率为 15%，那么到 2015 年初该企业的基金账户将增加多少？[16]

下文将提到，除了这种教师给学生打分的外部测试题目之外，正式评估系统还包括更广泛的学校任务和教师观察。由教师根据课程文件和教学大纲指南进行的校级评估，是评估学生、提供学生和学校进展信息的主要工具。在高中阶段，事关大学录取的科目考试通常是在教育部的主持下由高中教师和大学教师共同出题。在课程结束时进行的应变式测试，主要采用开放式题目（论述题和问题解决扩展题），另外在课程中也会布置一系列广泛的学校任务（习题集、实验室、调查、研究论文和其他成果），占最终考试分数的 20% 至 50%。

在英国和许多其他国家高中结束时实施的 GCE 测试 O 级和 A 级评估中，每门评估科目都采用课堂任务与外部考试相结合。学生根据自己的兴趣和知识，选择将要参加的考试科目。大多数题目都是开放式回答和写作。数学考试包括要求学生写出答案背后推理过程的题目，外语考试要求进行口头展示。世界各地 11 和 12 级使用的国际中学毕业会考（International Baccalaureate，IB）项目，也基于类似的设计。比如，在 IB 英语结课测试中，学生需要选择回答与他们读过的文学作品有关的问题。下面就是一道常见的论述题：

> 作家常常以获取物质财富或抵挡物质诱惑为基础发展有趣的情节。选取你学过的两到三部作品，比较作家是如何发展该动机的。[17]

典型的数学论述题要求学生展示思考过程，并对答案进行支持和解释。还要求学生在图形计算器上绘制他们创建的图形。评分时既看学生给出的答案，也要看使用的方法及推理。同样，中国香港物理考试也常有这样的问题——给出一个电路的各种信息，要求计算在特定电容、电感、电阻和能源的配置中产生的电流，并在这些变量发生变化的情况下，回答多道开放式问题，给出思考和推理。最后要求学生展示如何修改电路以达到特定的结果，以此表明他们可以灵活地运用知识来解决新问题。

在英格兰、瑞典、中国香港和澳大利亚等地，地方评估作为最终考试成绩的一部分，遵循科目标准或大纲，并涵盖关键技能、主题和概念。地方评估被列入课程指南，有时也统一出题，但是由地方根据共同规范和评估标准进行管理和评分。无论是地方出题还是统一出题，何时实施测试则是由授课教师决定的，因此经常是在学生学习过程中的适当时候进行测试，教师可以获得信息并在需要时提供反馈，这一点是传统的标准化测试做不到的。此外，教师使用这些任务进行评估，对标准和学生学习的需求会有更多的了解。因此，这个过程可以改善教学和学习的质量。

澳大利亚维多利亚州就给出了这类系统如何运行的例子，该州将学校评估与统一测试相结合。在高中阶段，维多利亚课程与评估局（Victoria Curriculum and Assessment Authority，VCAA）通过广泛的研究建立课程，组织高中教师和大学教师一起合作开发外部考试，并确保学校评估的质量。11 和 12 年级进行的内容考试包括由课堂教师评分的书面、口头和表现部分。VCAA 将评估看作"评价学习""促进学习""等同于学习"的手段。所有前一年的评估都是公开的，尽量使评估标准和手段透明化。在对学生实施外部考试之前，教师和学者也要像学生一样，亲自参加考试。

考试总分数至少有 50% 来自于整个学年进行的课堂任务。这些必做的课堂任务（围绕中心主题的实验室实验和调查以及研究论文和演示）是由教师根据大纲期望设计的。这些任务确保学生获得为日后评估做好准备的学习机会，保证学生得到需要改进的反馈，并且为测试以及需要复杂知识运用的大学和日后生活做好成功的准备。

从维多利亚州生物测试的一个题目与课堂任务之间的相互关系中，可以看出这种混合评估系统是如何进行的。有一道开放式题目描述了一种特定的病毒及其机能，然后要求学生设计一种药物来杀死病毒，并解释药物的工作原理；学生可以在空白页写出包括示意图的书面答案。下一个问题则要求学生设计和描述一个测试药物的实验。为了准备该应变测试，学生在一学期的生物课中要接受涵盖具体大纲目标的 6 项评估。例如，他们要完成"实践任务"，比如使用显微镜研究植物和动物细胞、制备细胞载玻片、染色，并用各种方式进行比较，最后给出带有视觉图片的书面报告。他们还要完成并提交一份关于病原生物特性和生物体防御疾病机制的研究报告。这些任务虽然与外部考试对学生的期望直接相关，但可以更好地衡量学生对知识的运用，这是考试无法做到的。

对任务的评分是按照大纲中的标准进行的。教师布置的任务质量、学生的完成情况，评分的适当性和给学生的反馈，都由一个审核系统进行审核，并将所有结果反馈给学校。此外，VCAA 使用统计调整确保对全校学生使用相同的评估标准。外部考试作为调节的基础，使每所学校学生评估的水平与分布，与学生在共同外部测试中的分数和分布一致。这样，不仅可以产生考察学生学习的比较手段，而且可以为学生提供更加丰富和公平的课程（因为所有学生都有实验室工作、做实验和研究项目的经历）。同时，随着教师对标准以及如何有效实施标准的了解，教师参与评估也可以改善教学。

对学校评估的管理。如前所述，高成绩国家实施的大多数评估都是在学校层面展开的，而不是由外部设计和管理的。例如，排名第一的芬兰就使用教师制定的地方评估来评价全国标准，只在两个年级实行自愿、抽样全国测试（如 NAEP）。瑞典、英国的威尔士、爱尔兰、澳大利亚的昆士兰和首都直辖区（Australian Capital Territory，A.C.T）以及中国香港都采用类似的系统，广泛依赖强调探究、知识运用、广泛写作、开发问题解决方案和作品的地方评估。评估都来自于共同的课程框架或教学大纲，由教师制定和评分，但会提供各种支持保证评分的一致性。

例如，昆士兰州已经 40 年没有学校外部的评估系统了。20 世纪 70 年代初之前，曾经存在一个控制课程的传统"后殖民"考试制度，后来遭到淘汰，该州几乎与芬兰和瑞典同步，将所有评估都变成了学校评估。（如第 6 章所述，芬兰也是如此。）学校评估由教师根据国家课程指南和州教学大纲（也由教师制定）制定、管理和评分，并由外校教师和大学教授组成的小组进行调整。

教学大纲列出了每门课程中需要学习的少量关键概念和技能，以及学生应该参与的项目或活动（包括评估）。每所学校设计适应各自学生需求和经验的培养方案，选择具体的文本和主题。在学年末，教师收集每个学生的作业集（其中包括具体的评估任务），按照 5 分制进行评分。为了校准评分，教师们从每个年级选择一些作业集（5 个分数水平各选一个，再加上临界案例），提交给地区专家小组进行审核。由五名教师组成的小组对作业集进行重新评分，并就分数的有效性进行协商，确定每个分数对应的范围。州级小组还会考察各个学校的作业集。根据审核程序，学校会按照指示调整成绩，使评分与其他学校具有可比性。和维多利亚州一样，与学校密切合作的州级管理评估被证明是一种重要的方式，能够让教师积极参与，通过审核、保证评分具有一致性，来确保高质量的地方评估。

在英国，高中毕业前的所有评估几乎都是由资格和课程管理局（Qualifications and Curriculum Authority，QCA）提供各种支持、由教师进行管理的。QCA 为学习进度及在评估学生进步（Assessing Pupils' Progress）计划中如何评估和评价提供了广泛的指导，包括诊断性评估材料、评估标准，以及支持校准评分所需的校内审核过程。在两个关键阶段（7 岁和 11 岁），教师会选择全国开发的题目及本地开发的评估，基于学生作业样本和平时的观察，建立多维度的学生作业评分制。例如，在第一个关键阶段，评分的 13 个维度包括个人、社会和情感发展的指标；沟通、语言和读写（如语言使用、声音与文字的联系、阅读和写作）；问题解决、推理和计算（如数字概念、计算、形状、空间和测量）；认识世界、理解世界；身体发展；创造性发展。通过制定详细的指标建立整体的能力认识，而共享这些"标准文件"既为教学提供了信息，又能确保评分的一致性。

在亚洲国家，越来越强调以项目为基础、以探究为导向的学习，因此由教师管理的学校任务就越来越重要。以中国香港为例，评估制度正从高度集中的考试制度演变为越来越强调在学校层面展开的形成性评估，要求学生分析问题、解决问题。自 1978 年以来学校评估就已成为香港考试制度的一部分，但是随着新改革将取消大部分学生在 5 年制中学结束时参加的香港教育证书考试（Hong Kong Certificate of Education Examinations），并新增了加大课堂工作和项目比重的香港中学文凭考试（Hong Kong Diploma of Secondary Education），学校评估将会变得越来越重要。

此外，采用书面、口头和操作形式来评估 3 年级、6 年级和 9 年级学生汉语、英语和数学表现的香港特别行政区全面系统评估（Hong Kong Territory-wide System Assessment，TSA），现正开发网上评估试题库，帮助学校按照自己的时间表评估学生，接受表现反馈。正如香港"学会学习"改革计划所述，改革的目标是围绕批判性思维、解决问题、自我管理技能和合作打造课程和教学。特别注重发展元认知思维技能，这样学生可以确定自己的优势以及需要进行额外努力的方面。[18] 香港教育考试局（Hong Kong Education Examinations Authority）解释了增加学校评估（school-based assessments，SBA）的理由：

> 教师知道，实行 SBA，让学生进行口头演示、完成作业集、开展实地调查、进行研究、从事实验室实践或完成设计项目，可以帮助学生收获重要的技能、知识和工作习惯，这些能力是无法通过纸笔测试就能轻易评估或促进的。这些成果不仅对于学科学习至关重要，而且也是高校和雇主所重视的。此外，学生也觉得这些活动既有意义也很有趣。[19]

与目前的高中评估一样，新评估由高中教师和大学教师共同开发，由经过培训的评估员教师进行评分。试卷随机分配给评分员，每道论述题通常由两位评分员独立给分。[20] 新的学校评估结果还会进行统计调整，以确保在省内具有可比性。通过评估学生样本文章，将评估结果与其他国家进行比较，可以确定国际评估标准。许多新评估还实现了网络评分，香港考试局（Examinations Authority）注意到，目前英国及中国大陆 20 个省份已经将网络评分当作惯例。

为了指导评估改革的进程，香港教育局（Education Bureau）实施了学校发展与问责框架（School Development and Accountability Framework），

使用的一套表现指标强调学校的自我评估及外部同行评估。教育局鼓励学校采用项目、作业集、观察和考试等多种形式的评估，并在学校评估中使用多样化的表现指标。[21] 例如，表现指标有这样的问题："学校是否能够采用各种评估模式，有效评估学生在知识、技能和态度方面的表现？""学校如何利用课程评估数据来指导课程规划？"[22] 澳大利亚和英国也采用通过审查或同行评审的方式来检查学校实践和评估质量，将标准作为分享知识和反思实践的工具，用来改进教学。

评估的使用。最后，这些国家的考试制度通常不用于对学校进行排名或惩罚，也不用于扣发学生的文凭。撒切尔政府曾经以测试为依据给学校排名，导致课程范围缩小，学生大面积失学，[23] 之后有几个国家进行立法，禁止将测试结果用于学校排名。小学评估只用于指导学习、诊断学生的需要并为教学提供信息，在某些情况下也被算进教师的评分。高中考试则用于为高等教育、职业培训和就业提供信息，学生经常自己选择测试科目，作为证明能力的手段。

广泛的学校评估系统既用于评估学生进步，也用来帮助改善教学。这种评估的用途和好处在评估学生进步（Assessing Pupils' Progress，APP）中得到了充分的阐述。APP 是英格兰最近建立的一种结构化的学校评估方法，用以取代外部管理的全国考试。儿童、学校和家庭部（Department for Children，Schools，and Families）指出，APP "使教师能够对学生的成绩做出判断，使其符合全国标准；发展和改进教师对所授科目进度的理解；提供诊断个别学生和群体学生的优势和弱点的信息；使教师能够长期跟踪学生的进步；为课程规划提供信息；便于制定有意义的课程目标，并与学生和家长分享；促进符合学生需要的教学"[24]。

如果系统侧重于提供信息和支持改进而非实施制裁，政府就可以制定更高的标准，并与学校合作实现这些目标，不再注重使制度退步的低水平测试，将精力放在制裁学校而非推动学校进步上。

建立正确的标准、课程和评估

要创建周全的标准、有用的课程指导和生成性评估，需要对美国当前的做法进行一些改变。首先，要创造有用的标准，必须结束课程之争，这种争论使美国学校在各种极端主张之间摇摆不定，给教学和评估带来危害。第二，制定严格的学科标准至关重要，即在学科中精心选择数量有限、但具有代表性的核心概念和探究模式。第三，制定有用的课程指导很重要，美国在从标准转向测试和问责制中大多缺少这一环节。最后，发展重视知识质量以及知识对教学和学习推动作用的评估系统，减少测试数量及使用测试推动超出其支持能力的决策。此类评估系统应包括完善的学校措施，既能改进实践、为实践提供信息，又能创造更加公平的机会。

结束课程之争。我之前讨论了许多破坏教学和学习，尤其是给贫困学校带来危害的课程之争。不幸的是，最近在一场新的"内容与技能"课程之争中，美国企业研究所（American Enterprise Institute）等智库密集地发起了面向"21世纪技能"的倡议。

"内容"的支持者担心主张"技能"的人会丢弃学科中的所有知识概念，让学生参与空洞的沟通和协作，在没有知识基础和目的的小组合作中互相聊天，或者在没有明确课程目的的情况下用黏土和牙签来制作项目（21世纪用计算机）。丹妮·里威奇转述了一位教师对这个问题的担心：以21世纪合作技能（Partnership for 21st Century Skills）开发的材料为指导，就是要求学生在课堂阅读一篇文学作品后制作一个黏土动画视频，而不是进行作品讨论或写作分析以加深理解。[25]

支持使用21世纪技能的人则担心，在知识的传播中，"内容"派主要通过没有知识应用的授课来鼓励学生"学习"大量不连贯的事实，评估形式则采用目前问责制日益依赖的多项选择测试。他们批评主张教授核心知识的E.D.赫施只是一味强调事实，跟不上不断变化的科学和技术知识步伐，忽视非白人人种和非西方国家对文化的贡献，学习方法靠死记硬背，不能深入理解知识的衔接与叠加，也不涉及解决问题和表达想法。

事实上，虽然由于执行不力导致双方的担忧进一步被强化，但两方观点既各有缺陷，目标也各有合理之处。内容和技能需要同时考虑，教授和练习基本技能（单词拼读和数学运算）必须与学生在现实世界中探究和运用学到的知识相结合。为此，教师需要掌握知识和技能，能够用复杂的方式进行教学，支持学生的教育，而不是沦为课程之争中的棋子及各派观点的争取对象。

波士顿教师利兹·麦克唐纳（Liz MacDonald），[26] 凭借出色的教学被授予驻校教师奖（Resident Teacher Award），她解释了这种思想斗争对于教学的破坏作用，而且嵌入在教学要求中的思想斗争，有许多是彼此矛盾的，全都不能满足学生的需要。她指出，当她采用学区要求的课堂实践时，教学是最没有效果的，学生的问题也最大，"并不是因为我认为这种教学方式最适合学生，而是我被要求这么做"。麦克唐纳说，她更喜欢"以儿童为中心、以探究为导向的教学"，学区最近要求使用教育厅长汤姆·佩赞特（Tom Payzant）引入的读写工作坊（Readers and Writers Workshop）和TERC 数学（TERC Mathematics）就体现了这一教学理念，与之前的要求相比是很大的进步，给学生提供了更多联系生活、参与有趣且复杂的思考和创作的机会。

但是，麦克唐纳也有困惑的时候，一方面，写作工作坊缺少课程指南和课程材料，"让我有点不确定什么时候教什么"，另一方面，学区制定的TERC 课程进度指南又太详细，"列出了整个学区每个年级每天要进行的教学研究（课节）"。麦克唐纳说：

> 像许多同事一样，我发现很难跟上进度指南的时间表。学区中的其他教师也和我一样，每天遇到的学生在概念理解和基本数学技能方面程度有限，每一项研究都需要花费更多的时间。例如，一道研究题目可能要求学生解决复杂的乘法文字题。在学生解题时，我经常发现他们不仅乘法不熟练，而且对乘法概念本身理解得也不到位。在这种时候，我很清楚学生需要更多的时间学习乘法，但是进度指南让我们很难找出时间为落后的学生补课。遇到这样的情况，我通常只能遵循进度指南，不能深入讲解内容，部分原因是学生每 4 到 6 个星期就要进行一次测试。我知道，当我做出跟随进度指南的决定时，学生的学习反而变得更加困难，他们的学习水平也最低……
>
> 像许多老师一样，我确实非常认真地实施学区课程，遵守改革规

定。我总在寻找新的资源整合进全年的课程，其中有些资源和读写工作坊的方法差别比较大。例如，我发现了解一些系统的自然拼读法会给我提供更多的教学方法，可以帮助读、写有困难的学生。我认识到读写之争有许多方面，选择一方反对另一方的做法有悖于我的初衷，我想保持开放包容的心态，学习不同改革派倡导的各种教学方法。

我想采用什么样的教学实践呢？除了读写工作坊和 TERC 倡导的作为学生知识建构的协助者之外，我还想利用各种方法，和学生分享我自己对继续学习的热情以及我对文学和数学的热爱。我觉得在使用读写工作坊时需要讲解更多的结构，我想要覆盖孩子们需要的所有阅读技巧。我想让孩子们掌握多种认识数学问题的方法，但我也想让他们进行一些数学记忆，这样在参加州测试时就可以在很短的时间内回忆出乘法表的内容。我喜欢让孩子们独立思考、小组合作，但我也认为这些活动需要辅以精心设计的教师指导，以确保孩子们具备支撑扩展学习活动的新知识。[27]

和其他优秀教师一样，利兹·麦克唐纳的直觉告诉她，学生既需要有策略的直接授课，也需要有探究的机会；他们需要掌握用来解决复杂问题、自己获取知识、制作作品的高阶技能，同时也要掌握单词拼读和乘法等基本技能。课程之争中的对立思维通常对教师没有用处。麦克唐纳也承认课程指南对她有一定的帮助，包括学生怎样通过学习重要内容和掌握技能来取得进步的专业知识，但是课程指南也存在一定的问题，它对课程进度的严格规定实际上是假设学生之前的知识水平和学习策略都是标准化的，这和真实课堂中真实学生的表现和需求是不一样的。

课程之争的双方都会要求严格执行进度指南和其他过于详细的教学规定，因为他们想确保自己的学习假设可以由教师在课堂上严格执行，而且他们认为教师没有做出合理使用教材决定的能力。这些规定通常都与强调基本技能的课程相关，比如敞院出版公司（Open Court）的阅读计划，就是主要由教师讲课，学生只读规定的段落，然后回答规定的问题。讽刺的是，在利兹·麦克唐纳的举例中，进度指南居然用于以建构主义视角理解儿童数学学习的探究式课程。尽管课程以认知科学为基础，但是该区对 TERC 课程进度的规定却忽略了学生是基于不同的先前知识进行建构学习的事实，教师需要时间来处理学生在知识和理解上的差距，这样学生才能利用今后的其他经验。在孩子们搬家频繁、移民多的城市地区，情况尤其如此。这里有很多人常年接受低水平教学，基本技能留下很多必须弥补的空白，如果忽略这些学生，假设他们已经具备了必要的知识和能力，一味追求规定的课程进度，这些学生必然会走向失败。

需要的标准和课程指导。这并不意味着课程指导就没有作用。按顺序、有意义地组织知识的课程指导和材料，以及发展技能的合理专业策略，对教师都很有用。标准应该在理解自由教育需要什么和在当代社会取得成功需要什么的基础上简洁地提出期望。根据标准制定精简、有序的课程目标，应该以理论和经验知识为基础，了解儿童在各科目中是如何取得学习进展、扩大专业知识的，即他们在得到适当、长期支持的情况下是如何学会有效阅读和写作，进行数学推理、科学探究，学习音乐、绘画，以及理解和分析历史、地理和周围世界中的社会现象的。

虽然标准列出了一般性期望，但有效教学的要求意味着应当建立课程指导，以便教师可以很好地判断何时引入以及如何引入特定的概念和技能。课程资料应该给教师足够的空间，满足真实课堂中各类学习者的特定需求。有效教学的要求也意味着应该以合理的学习进程建构课程，帮助教师理解学习发展过程，这样就可以帮助任何水平的学生开始学习。在英格兰、新西兰等国家和澳大利亚的一些州，标准和课程目标都体现在对学生在不同阶段应该理解什么、做到什么的表述之中，评估工具可以让教师了解学生所处的发展阶段，协助教师进行课程规划。这些材料虽然明确了在学习内容方面的共同学习进度和年级目标，但不应该规定每节课的内容和进度。

最后，有效教学要求课程指导是严谨的：它应该从学科的核心思想和探究模式出发，而且本身也应该是严谨的，在一个领域中建立起简洁而周全的知识基础图式，条理清楚地安排重要思想和理解，而不是没有章法地罗列一堆没有意义、无法理解的事实或活动。另外，还应该让学生在学习核心思想内容时，运用该领域的重要探究模式，如科学调查、数学推理、社会科学探究、文学分析，使学生不仅是在回忆知识，而且能通过分析、整合、理解和迁移的方式应用知识。

多项国际研究，特别是数学研究，已经清楚地说明了让学生深入学习核心概念的重要性，不能赶进度对课程"浅尝辄止"，一个概念没讲完就匆匆开始讲下一个概念，[28]数学课尤其如此。在高成绩国家，教师会花几个月的时间保证学生从多个角度深入学习某个概念，让学生透彻地理解概念并打下坚实的基础。相比之下，美国一学年要赶完几十个课本主题（迫于许多州目前的考试要求，情况变得更加糟糕），这意味着学生从3年级到8年级几乎每年都在"学习"分数和小数等主题，但是许多人到了高中仍然无法运用这些概念轻易地解决现实问题。

最近一项关于科学学习的研究强化了同样的观点：在随机选择的4年制大学中找出8310名学习生物学、化学或物理学入门课程的学生，发现高中时至少花一个月深入学习一个重要主题的学生，其大学科学成绩要好于高中时在同样时间段中学习多个主题的学生。研究者指出，旨在衡量整个学科知识广度的标准化考试可能无法衡量学生对科学概念的掌握程度，而进行"应试教学"的教师也无法保证学生在大学中获得成功。[29]

需要的评估类型。显然，我们不仅需要更加精简、严谨的标准和更成熟的课程指导，还需要更实用的评估手段。新的国家教育政策应从帮助各州制定世界级标准、课程和评估，并用以改善教学而非惩罚学校开始。

联邦政府应提供支持，使各州能够开发系统、纳入由专业科目专家和协会制定的重点标准，这些标准是开发成熟课程指导和实用评估的基础。目前由州教育主管协会（Council for Chief State School Officers）管理的一个共同美国标准项目，正在努力制定一套简化的英语语言技能和数学标准，这套标准符合国际基准，体现了学生在这些科目中的学习进程。如果进行得当，这项由专业协会和其他课程专家参与的活动，可以为各国重新评估和完善目前的标准、制定促进教学和评估的课程指导提供信息。

州级和地方评估应包括衡量学生学习的多种手段，既包括由中小学教师和大学教师参与的外部测试，也包括在学校层面展开的、对两三个小时的测试无法衡量的标准中更复杂的方面进行的评估。测试不能是黑匣子，应该接受公众的审查，衡量测试质量的标准应该是看它们能否为成熟的教学和学习提供有用的支持和信息。

定期的高质量外部评估应包括开放性题目，如要求学生评估、分析信息，沟通，为自己的想法进行辩护的论述和问题解决题目。这些参考测试为课程规划和学校监测提供信息，但并不需要让每个孩子每年都参与，如果能像高成绩国家和各州在《不让一个孩子掉队》法案实施之前那样，降低测试频率或进行抽样测试，测试的质量会更高。无论多么频繁地使用评估，重要的是不能用廉价的机器评分来代替评估的重要作用，评估可以用来分析学生思考、沟通、解释想法的能力，并促进高要求的智力教学。这对教学至关重要，例如，纽约要求学生考察第一手历史文献撰写评论历史问题的文章，康涅狄格州和马萨诸塞州要求对数学和科学现象做出延伸性书面解释。

教师参与评估开发和评分也很重要。如前所述，高成绩地区通常让教师参与外部评估的开发和评分，是其促进课程和教学改进的特征之一。他们还辅以广泛的、基于课程目标的学校评估（各学校的很多目标都是相同的），教师可以系统、密切地关注学生的学习。这些评估要求学生展开与标准相关的挑战性活动，并且对教师培训和评估审核进行投入，因而能够创造公平、丰富的课程机会，关注学生学习，使评估具有可比性。

这些系统与肯塔基、佛蒙特等州在标准改革运动之初创建的系统并无不同，后者在实施的过程中大幅提高了学生的成绩。这些州定期实施英语语言技能和数学参考测试，同时辅以写作和包括多种任务的数学作业集，由教师根据共同标准、并经过审核调节给予评分。佛蒙特州和康涅狄格州要求在学校中完成州设计的任务，比如科学调查。缅因州、明尼苏达州、内布拉斯加州和怀俄明州与中小学合作，根据各科目标准创建和使用一系列当地学校任务，建立学生的表现档案。

为了鼓励和更好地评估知识应用与高阶技能，学校评估应包含这些任务，并持续诊断、观察和记录学生的技能发展，比如数学理解能力以及英语和其他语言的听、说、读、写能力。与其他国家一样，美国学校使用发展性阅读评估（Developmental Reading Assessment）、定性阅读清单（Qualitative Reading Inventory）和小学学习记录（Primary Learning Record）

等工具记录学生的学习成果，这些工具可以让教师记录学生的学习，系统地评估和支持读写能力的发展。[30]

在高中阶段，评估就业和上大学准备的学科内与跨学科表现任务应包括研究论文和展示、文学分析、科学实验、复杂数学问题的解决与模型的建立、技术的使用、艺术学习展示、社区服务和实习。与其他国家一样，这些评估应该由教师通过共同的标准和审核调整过程来评分，为不断改进教学和学习提供信息，同时证明学生在各个领域的成绩。如果采用许多高成绩国家使用的评估方式，学生就可以自己选择展示知识的领域，而且学生的表现不会用作高中毕业的依据，但是会为就业或升学提供额外、丰富的信息。

学科作业集目前被纽约的表现标准联盟学校、波士顿试点学校、国际高中集团、愿景学校、亚洲社会学校和罗得岛等州用作毕业的条件，研究发现这种做法可以促进学生在大学和工作中的表现。[31] 毕业生们称，原因在于这些要求有助于学生计划和完成重大任务，深入了解知识领域，坚持面对挑战和不确定性，建立框架解决问题，找到并综合信息，分析数据，评估和修改作业，有效写作与表达，并在众人面前维护自己的观点。所有这些都是在学校以外的非多项选择世界中取得成功所需的能力。

如果同时对教师知识和技能进行充分投入，这些评估系统就可以提高美国学校教学与学习的整体质量，促进学生成绩的提高，否则学生只能学习由非诊断性教学造成的更加贫乏的低级课程。努力为所有学生创造"思维性课程"对个人的未来和国家的福祉都至关重要。但是，除非对测试使用方式和问责制设计做出重大改变，否则这些努力就不可能产生效果，而新的标准和评估则能够为更加成熟、更具适应性的教学提供信息，从而使所有学生的学习更加成功。

相互性智能问责制

如果没有保障所有学校的学生都能达到标准的方法，制定学生学习的标准便毫无意义。因此，确保学生学习机会的政策与制定学生表现标准一样，都是负责任教育制度的重要组成部分。

在美国目前的主流范式中，责任主要被定义为管理测试并对低分测试者实施制裁。从儿童和家长的角度来看，这种方法既不能保证高质量的教学，也不能确保学生获得课程、书籍、材料、支持服务和学习所需要的其他资源。在这种模式中，责任并非是双向的：虽然学生和学校的测试成绩向州负责，但是州政府却不承担向儿童或学校提供充足教育资源的责任。

此外，如前所述，基于测试的问责制有时会损害最弱势学生的教育，比如缩小课程范围，或者为了提高分数而采用措施将低成绩学生排除在外。事实上，虽然测试可以提供问责制系统所需要的一些信息，但是测试不能替代系统。真正的问责制应该提高所有学生获得优秀教学的概率，减少有害教学的可能性，并确保系统中具有支持持续改进的自我纠正机制——反馈、评估和激励。

如果教育是为了改进，系统又是对学生负责的，那么问责制就应该注重确保教师和领导的能力、教学质量、资源充足性以及系统触发改进的能力。除了学生的学习标准（标准可将系统的工作重点放在有意义的目标上）之外，还要有能够在课堂、学校和系统层面指导专业培训、发展、教学和管理的实践标准，以及确保有适当资源实现预期成果的学习机会标准。

问责制除了提供有关个体学生学习与学校服务的有效和有用信息外，还应包括学校系统如何聘用、评估和支持工作人员，如何做出决策，如何确保获得和使用现有的最佳知识，如何评价自身功能，以及如何为学生福利提供保障。

这一更加完整的概念类似于芬兰使用的"相互性智能问责制"策略：

> ……学校对学习结果负有更大的责任，教育局要负责帮助学校实现预期的成果。芬兰教育中实施的智能问责制在问责过程中保持并加强了教师、学生、学校领导和教育局之间的信任关系，并让他们参与问责过程，使他们产生强烈的专业责任感和主动性。这对教学，乃至学生学习都有重大的积极影响。[32]

如果新标准想要促进学生学习，而不是使学生更加失败，问责政策就需要确保教师和其他教育工作者掌握按照新标准有效教学所需具备的知识和技能，帮助学校评估、重塑教学实践，为不合格学校中的学生提供保障。

实践标准：确保专业问责制

如果希望学生达到更高的标准，教育工作者自然也必须达到更高的标准。教师必须清楚如何教学，让学生能够掌握具有挑战性的内容，满足不同学习者的特殊需求。高度严谨的教学标准是重视学生学习的专业问责制的基石。专业问责制承认，确保学生受到良好教育的唯一方法是保证有知识丰富而又敬业的教师。李·舒尔曼（Lee Shulman）称：

> 教师仍然是最关键的因素。如果教学的主要实施者不能很好地履行职责，探讨有效学校的文献便没有用处，教育政策辩论也毫无意义。任何微型电脑都不能取代教师，任何电视系统也不能复制、分配教师，任何脚本课程都不能指挥、控制教师，任何教育券系统也不能绕过教师。[33]

专业问责制的目标是通过严谨的培养、认证、选拔和从业人员评估，以及持续的专业学习和同行教学评审，来确保教育者的教学能力。这不仅要求教育工作者依据最佳专业知识做出决定，还要求教师首先服务于客户的利益。因此，专业问责制不鼓励以程序为导向、以规则为基础的教学，而是努力建立以客户为导向、以知识为基础的教学。专业问责制努力确保所有教育工作者都能获得最佳的专业教学知识，而不是让他们自己在工作中摸索；确保教师恪守职业道德，以最有利于学生的方式展开教学；并确保教师与同事一起不断探索新的知识和更有效的教学实践。

为了实现这一目标，必须重新设计目前针对教师和校长录取、培养、认证、招聘和持续专业发展实施的专门方法，以便所有学生都能获得可以承担专业责任的教师和学校领导。如下所述，这就要求对培养和许可标准进行严肃的全面改革，以反映教学的关键知识和技能，并且需要通过高质量表现评估来证明准教师确实能够实施有效教学。还要求对教师和领导教育课程进行大量投入，让其承担更大的责任，并通过评估和其他措施对毕业生的表现进行评估。此外，还要求在学校中建立更有效的评估和专业学习系统，凭借表现出来的能力获得任期，并根据持续的教学实践与成果评估来指导对专业发展的期望和支持。

学校的标准：发展组织责任

优质教学不仅取决于教师的知识和技能，还取决于他们工作的环境。学校需要提供连贯的课程，注重在各科目、各年级培养高阶思维与表现，给教师与学生密切合作、完成挑战性目标的时间，给教师提供一起备课、互相学习的机会，并定期对教师的教学成果进行评估。如果学校想要变得更加负责、反应更加灵敏，就必须像其他专业组织一样，将评价与评估作为日常工作的一部分。医院中设有常务委员会，定期举行会议审查评估数据、讨论每方面工作的有效性（这种做法被认证要求进一步加强），同样，学校也必须定期举行会议，检查教学实践及其有效性。

理查德·罗斯坦（Richard Rothstein）和同事在《教育评级：实行正确的问责制》（*Grading Education: Getting Accountability Right*）[34] 一书中说，督导可以为学校承担的责任提供支持，这种做法在许多其他国家也很常见。学校督导都是经过培训的专家，大多数是受人尊重的前教学人员。他们在评估学校时，除了查看测试分数、毕业率等客观数据之外，还要花几天时间深入课堂，检查随机抽取的学生作业，访谈学生以了解他们的理解与经验。有时，校长会陪同督导一起走进教室，并按要求给出自己对课堂的评价，这样，督导就能对校长的教学和指导能力做出判断。如前所述，督导还可以在确保学校评估的质量和可比性方面（如英国和澳大利亚），以及在学校内部实施评价与评估的过程中（如中国香港）发挥作用。

在大多数国家的督导制度中，对学校评级的标准有教学、其他服务和支持的质量，以及学生在各个维度上的表现与进步，内容包括但不限于学术领域，比如课外课程、个人与社会责任、工作技能的学习，以及鼓励学生采取安全措施和健康生活方式的努力。根据是否通过了审查，学校被评定为需要适度改进或需要重大干预，并会收到基于督导观察和推荐的广泛反馈，这些报告都是公开发布的。需要干预的学校将获得更多的专家关注和支持，并且安排更频繁的入校访问。总是不能通过审查的学校可能会由地方政府接管，如果仍然没有改善就会遭到关闭。

美国版的督导制度是由前英国督导员与美国教育者共同设计的，已经在纽约、罗得岛和芝加哥等几个州和城市进行了试点。[35] 督导制度已经被证明是非常有效的策略，能够让学校客观地看待自己的实践，创建实现广泛教育目标和补充测试信息的信息基础，并提供取得重大进步所必需的诊断和建议。当一线教育工作者也作为督导团队的成员时，可以直接学习其他同事的教学实践及评估教育的方式，并将其带回学校，这样就能在全州建立起学习系统。建立的方法既可以在这些基础上进行努力，也可以重塑现有的学校认证理念，更直接地强调教学和学习，由经过培训的全职专家领导来指导志愿团队参与者的工作，使教学团队更加一致和有效。

系统的标准：为学生创建保护措施

一个能够诊断不及格学校的根源并进行补救的有效干预系统，是服务于学生的问责制的重要组成部分。如果要改进教学和学习，联邦和州级问责制必须包括增加学校学习与专业发展机会的结构，还应保证为不及格学校落实合格教师、课程材料等必要的资源。

还有一点很重要，州和联邦识别成功、补救失败的工作应该基于周全、可靠的教育手段。我们已经看到，如果只是凭借学校平均考试分数这样简单的测量指标给予奖励，就可能出现损害学生利益的有害激励手段。测量指标需要以学校中所有学生的成长和成功，以及对学校实践的可靠教育评估为基础。激励结构必须奖励那些教育质量高、愿意接纳教育最弱势学生，并支持向其他学校传播成功教学实践的学校。

一个真正负责任的制度会认识到，学校问题的产生既可能源于地区和州的政策，包括资金不平等、不合格教师的聘用和分配，以及效率低下的课程政策，也可能是由学校内部的条件造成的。因此，二者都应承担纠正学校问题的责任。当学校的教学实践与结果存在严重缺陷时，各州应当组织专家团队评估学校失败的根本原因，包括人员资格、课程资源的性质、学生获得高质量教学的机会、行政策略、组织结构和学生在校体验的其他重要方面，并且与学区和学校一起制定计划、予以纠正。

如果需要改变政策实施补救措施，或者确保学校经历的问题不会经常发生（在同一所学校或其他学校），那么州和地方学区也应承担起制定新政策、为学校的成功提供更多支持并保证学生有权获得高质量教育的责任。学校应该得到专家的专业援助，以支持学校的变革。然而，如果有了充足的资源与帮助，学校仍然不能获得成功，就应该重新设计或者予以关闭，在原来的校舍中实施教育者创建的能带来更大成功的新学校模式。

在共同责任制中，各州负责提供充足的资源，确保人员具有资质，并制定学生学习的标准。学区负责公平分配学校资源，雇用和支持合格教师与行政人员（并解雇那些不能胜任的人员），鼓励支持高质量教学和学习的实践。学校负责创造有利的学习环境，评估教学实践的有效性，帮助教职人员和家长彼此交流和相互学习。教师和其他工作人员负责确定和满足个体学生的需要，并达到专业教学标准。教师和同事一起不断评估和修订教学策略，以更好地满足学生的需求。

修改《不让一个孩子掉队》法案

2010 年将考虑对《不让一个孩子掉队》（NCLB）法案的重新授权，这与全国各州实行的问责制策略有很大关系。NCLB 虽然在实施过程中存在一些问题，但却是一项有历史意义的立法，成功地关注了提高学习标准和教育成果公平性的问题。该法案通过表现不同种族、阶层学生的表现差异，突出了长期存在的不平等现象，引发人们关注学校中被忽视学生的需求。该法案还坚持主张所有学生都有资格获得合格教师，并促使有些州在教师招聘和留任方面进行了重大的努力。在这些州教授低收入"少数族裔"学生的都是缺乏经验、未经培训的教师，而且流动性很高。

《不让一个孩子掉队》法案的目标是正确的，但是，如前所述，该法案的设计和实施缩小了课程范围，使学校放弃了一些成功的课程方案，并建立起将低成绩学生拒之校外的刺激手段。此外，表现出"适当年度进步"的复杂规则（要求学校每年满足 30 多项独立的测试目标）将许多成功和进步中的学校标记为失败学校，同时又没有给予真正的失败学校足够的关注。由于问责制中存在很多相互矛盾的规定，全国超过 80% 的学校在 2014 年前无法取得"适当的年度进步"，即使学校的成绩很高或正在迅速改善。

目前已有数百个调整 NCLB 的建议，但是如果全国教育系统想要支持所有学生进行有效的学习，就必须进行实质性的范式转换。由 100 多个教育和民权组织〔包括国家城市联盟（National Urban League）、全国非白人人种协进会（National Association for the Advancement of Colored People, NAACP）、阿斯比拉（Aspira）、拉丁美洲公民联盟（League of United Latin American Citizens），以及各类教师、行政人员和校董协会〕组成的教育与问责制论坛（Forum on Education and Accountability）认为："该法案的重心需要从制裁未能提高考试成绩者向由州和地方对实施系统改革、提高学生成绩负责转变。"[36]

法案应该包括鼓励对学生表现进行周全的评估，以支持我们在学校中需要的学习类型，并制定更好的办法促进特许学校的发展。虽然现行法案要求采取多种衡量手段并评估高阶思维技能，但是仍然缺乏促进评估发展的激励手段。为了解决这些问题，国会应该：

● 资助密集的开发工作，使各州与联邦实验室、中心和大学合作，开发、通过并测试高质量的行为评估，培训从业人员（新一代州级和地方课程与评估专家、教师和领导）参与评估的开发和管理，并进行有效、可靠的评分。联邦政府还应资助围绕效度、信度、教学成果和评估的公平性展开高质量的研究。

● 鼓励改进州级和地方评估实践。为了模仿高质量评估项目并更好地衡量标准，联邦政府应使国家教育实践评估（National Assessment of Educational Practice）更注重表现评估，就像 20 世纪 50 年代刚刚开始实行时那样，评估学生解决问题、解释和为自己的想法辩护的能力。新的《中小学教育法》应给予各州激励和资金改进州级评估，引入相关的高质量本地管理的表现评估，评估批判性思维和应用技能。还应支持各州通过教师专业发展、评估员培训和审核调整系统使评估具有信度、效度和可行性。

    •确保对特殊教育学生和英语学习者进行更加适当的评估，努力开发、通过并传播更适应这些学生的内容评估，制定法律法规鼓励根据针对这些群体的专业测试标准进行评估。[37]这包括帮助开发并使用以英语学习者能够理解的语言进行的测试、适合特殊教育学生的测试，并对学生成绩进行跟踪评估。

    建立一套评估学校进步的新测量手段也非常重要。目前，NCLB 要求各州在 2014 年之前让学生 100% 通过"水平测试"，而且每年为种族、民族、社会经济地位、语言背景和特殊教育状况等亚群体单独设置目标，有一项未达标的学校就被标记为没有取得"适当的年度进步"。使用目前的度量标准无法区分在任何测试中分数几乎都没有提高的学校和所有群体分数都显著提高、但在某个科目的测试参与率为 94%（要求达到的参与率是95%）的学校。

    此外，根据现行规则，所有为英语学习者提供服务的学校最终都会被宣布为失败学校，因为法案中有一条矛盾的规定要求该群体 100% 达到熟练程度，而达到熟练程度后学生就被移出该群组，导致目标无法实现。根据这项要求，常年有母语为非英语的新移民流入的学校，无论从长期来看多么成功地帮助了学生学习英语，都无法取得适当的年度进步。而且，前文已经指出，仅仅关注测试分数的提高，会激发学校为了提高分数将低分学生拒之校外，特别是有特殊需要的学生和英语学习者。学校的激励措施应该认识到把学生留在学校上课和改善学习一样具有价值。

    为了解决这些问题，国会应该取消目前用于衡量学校进步的"状态模式"，转而采用持续进步指数（Continuous Progress Index），用包括学生学习、学校进展和毕业率等在内的衡量指数评估学校的进步。这种指数评估学生在整个成绩链条上的长期提高，从而关注所有学生的学习进步，而非只关注那些在"精通泡沫"（proficiency bubble）中失败的学生。这就意味着将承认分数远低于和远高于单一分数线学生的进步，鼓励学校适当地纳入特殊教育学生和英语学习者。该指数更加适合考察复杂探究和解决问题技能的州级和地区学生学习评估，还可以将阅读和数学之外的其他科目评估包含进来，比如写作、科学和历史，这些评估本身就很重要，而且在运用到具体内容时有助于发展学生的知识和读写能力。

持续进步指数只给学校设置了一个每年每个学生群体的增长目标（而非30或40个独立目标），虽有一定的挑战性但是比较现实，而且越是落后的群体，设置的目标增长幅度越大，这样就激励学校在注重提高成绩的同时，也注重缩小成就差距。这将鼓励学校关注所有学生的学习，并允许用多种重要证据来评估学校的进步。运用该指数也更加容易识别真正意义上的失败学校，以便各州将资源集中到最需要的地方，使用上述学校质量审查程序来诊断学校的需求并支持更有成效的干预措施。

修改后的《中小学教育法》没有将所有改革责任置于个体学校的肩膀上，而是认识到，失败学校的许多问题并非特殊现象，其源头是结构性和系统性的，许多州中失败的公立学校严重缺乏资金和人员。在有些情况下，由于州和地区实施短视、不负责任的教师认证和招聘制度，导致大多数教师未经培训、缺乏经验。这些公立学校就成了系统中失败学生的聚集地。学校不能正常发挥作用，一方面是因为他们服务的是没有权势的少数族裔和没有影响力的学区，另一方面是因为教育系统劫贫济富。解决这些问题的关键并不在于学校本身，而是要对整个系统内部进行重大的结构变革。完成这种变革需要诚实、勇敢地面对全国性的教育沉疴，采取前瞻性政策，认真解决教育公平、专业问责和全系统重组的问题。接下来将谈及这些问题。

公平、充分的资源

NCLB 要求个体学校来承担提高考试成绩的责任。然而，该法案并没有解决困扰国家的深刻的教育不平等问题。尽管大多数州高支出学校与低支出学校的支出比例达到 3：1，且各州之间的不平等差距进一步加大，但是 NCLB 和其他联邦教育政策都没有要求各州在提供充足资金或公平学习机会方面取得进展。此外，联邦 1 号（Title I）基金给高支出州提供更多的资金，不但没能缩小反而加剧了各州之间的资源不平等。[38] 因此，贫困人口比例高的密西西比州虽然有更多资金需求，但每位学生获得的联邦拨款却少于富裕得多的纽约。

联邦的角色

为了国家的生存与社会的繁荣，我们必须抛弃顽固的教育不平等行径，为所有孩子提供充分而又高级的学习机会。虽然教育是州承担的责任，但新的联邦政策必须最终解决绑架国家未来的深刻而顽固的教育债务问题，采取强有力的措施确保每个儿童都能获得充足的学校资源、设施和优质教师。联邦对各州的教育拨款应使各州获得平等的教育资源。此外，学生的成绩不只是学校的责任，这一明显的事实应该推动人们重视提供充分的医保和营养、安全的校舍以及健康的儿童社区。国会除了为所有低收入儿童投入全民医保和高质量学前教育之外，还应该：

● 向各州平等分配《中小学教育法》中规定的资源，使贫困程度高的州获得更大的份额。分配公式应该使用学生需要指标，同时用生活成本差别进行调节，而不是以不利于贫困州的学生支出为依据。

● 实施可比性规定，确保同等资格教师任教于为不同学生群体服务的学校。NCLB 已经要求各州制定政策和激励措施，平衡强势学校和弱势学校之间的教师资质，但由于执行不力，反而导致差距日益扩大。

● 要求各州报告机会指标及每所学校的学业进展报告，可以反映出是否具有合格的教师，强大的课程机会，书籍、材料和设备（如科学实验室和电脑），以及充足的设施。州级法律应该包括依法在计划和评估中使用机会指标评估进展，并且要求各州帮助失败学校达到学习机会标准。作为接受联邦拨款的条件，各州都应在申请中提交一份报告，说明该州已经在充分、公平地分配教育资源方面有所行动以及下一步将要进行的计划。

学习机会标准

努力确保更加公平的教育，关键在于创造学习机会（opportunity-to-learn, OTL) 标准，以应对机会差距和成绩差距。国家教育标准和测试委员会 1992 年在标准改革运动伊始发表了一份报告，认为州和地方在评估、报告学生成绩的同时，也应该系统地报告学生的学习机会，[39] 此后，呼吁建立 OTL 标准的声音便不绝于耳。OTL 标准在各州提案和立法中有不同的定义，比如州标准评估的课程学习机会、获得课程成功所需的资源（如合格的授课教师、适当的课程材料、技术和支持服务），以及获得在学校和生活中取得成功所需要的其他资源。

在最狭义的观点看来，如果州课程框架与评估概述了科学学习的标准，需要实验室工作和电脑、某些类型的课程作业、有效教授科学的知识，那么州和地区就负责设计政策、确保提供课程、材料和合格教师来满足这些具体的标准。[40] 广义的观点，比如肖特基金会（Schott Foundation）最近在其"学习机会"（Opportunity to Learn）运动中提出的观点，认为应该对儿童平等地获得学前教育、大学预备课程、有效教师和教学资源进行监测，因为这些资源都是全球性适当教育的要素。[41] 无论包括怎样的内容，这些标准以及用于衡量这些标准的指标，都应描述全国不同学校、地区和州的学生获得教学和学习机会的性质，并且应当激励各州和学区制定分配关键资源的政策。

资源均等战略

在平衡资源的过程中，需要注意各层面（各州之间、各地区之间、地区内各学校之间）的不平等，而且不同课堂、课程和分层中的学生之间，学习机会的差别也十分巨大。决策者该如何处理这样一个多层面的问题呢？过去的策略一直是提供州援助以抵消与社区财富挂钩的地方教育拨款所带来的不平等现象，并增加各种类别的方案，给地方学区提供特殊用途的额外资金，但通常会附加各种限制。这些策略并不能弥补资源差距，而且分类拨款数目激增，导致低财富学区必须管理数十笔甚至几百笔小额临时资金，这些资金往往不够支付基本的费用，却使学校的工作和精力碎片化，需要安排大量行政人员进行管理和报告，而且资金不能用于学校的核心工作——聘任、支持优秀教师和领导，专注于完善学校、改进学生学习。

　　除了用于为英语学习者提供特殊教育服务等一些直接关注特定学生需求的大型重点资金之外，分类援助策略不仅效果差、效率低下，并且分散了学校的精力，对改善学生学习的用处不大。州拨款应该摒弃这种方法，将资金平均分配给每位学生，并根据特定学生的需要（如贫困、有限的英语水平和特殊教育状况等）进行调整或加权。建立人均学生拨款基数，可出算出提供达到标准的适当教育所需要的实际成本，并确定权重，使其准确反映满足不同学生需求的成本，这对于有效拨款非常重要。加权的学生公式分配还应该根据州生活成本的差异进行调整，并且补充资金解决不可避免的可变成本，比如在地广人稀的农村地区交通费高昂，另外建筑年龄与招生结构等学校情况也有所不同。

　　计算这样一个公平、可靠的拨款基数非常重要，这样各区就能够维持优质教育的基本要素，并就如何分配资源、实现结果做出适当的地方战略决策。将可靠的资金集中用于核心教育工作，应该减少混乱的项目启动和结项所造成的浪费。这些项目往往是为了解决系统的漏洞，因为系统没有对强大的教学和可以防止学生掉队的个性化环境进行足够的投入。

　　各州合理分配资源还应力求使投入产生最大的结果。加利福尼亚公共政策研究所（Public Policy Institute of California，PPIC）指出：

　　　　平衡政策不应该局限于改变总预算水平的增长。我们认为平衡政策应该针对最不平等的领域：教师培养……传统的再分配政策旨在减少各学区学生人均投入的差异，不可能平衡各学校之间的学生成绩……资源不平等主要在于教师培训和课程的不平等，因此再分配必须聚焦于学校的这些具体特征，而不是仅仅关注人均学生投入。[42]

　　同样，罗恩·弗格森（Ron Ferguson）发现教师专业知识对于学生成绩非常重要，因此建议教育投入应侧重于提高学区聘用高质量教师的能力。弗格森的结论是，投入合格教师比其他任何投入更能促进学生成绩的提高。他建议各州直接拨款增加在最贫困地区任教的合格教师的工资：

同等薪水不会让不同学区吸引到同等资格的教师：薪水一定的情况下，教师喜欢选择社会经济地位较高的学区，在判断某一地区教学职位吸引力的时候，会与其他的教学机会做比较。这说明，如果每个学区都要获得适当比例的优秀教师，实行薪资差异化的州政策……是很必要的。[43]

PPIC 的研究还认为，通过调整各学区之间的教育成本，可以缓解受影响最严重地区的教师短缺问题。[44]

这种战略类似于其他国家在不同学区实行相同工资，但给在招聘困难学区任教的教师增加津贴的做法。在充足的拨款基数上采用加权学生公式法将给困难学区提供额外资金，使他们能够支持弗格森和 PPIC 报告中呼吁的差别薪酬，而目前这类学校通常提供的薪水都较低。然而，这并不能保证学区用这笔资金就可以招聘到更多合格的教师，或者有充足的合格教师可以聘任。这就要求各州强化教师质量标准，建设强大、稳定的有效从业者队伍，这项工作超出了学区的力量，即使有了更加稳定和公平分配的地方资源也无法实现。

PPIC 的分析和弗格森都强调了康涅狄格州（见第 5 章）所施策略的重要性，该州通过平衡优秀教师的分配，弥补了教师缺口，提高了学生成绩。康涅狄格州平等地向各学区的完全认证教师提供薪金补助，使各学区将最低工资提高到州建议的水平，从而使州内完全认证教师的薪资水平高于其他教师。同时，这些资源和激励措施得到了该州实施的其他重要活动的支持，比如强化教师培养和认证标准、资助指导教师制度和基于表现的入职制度，加强对教师和学校领导的评价，以及开展广泛的专业发展。康州打造专业而优质的基础设施的策略，使得增加的投入运用合理并带来了很高的收益。该举措是建立低成本、高收益有效教育系统的关键，不会将钱浪费在无用的系统上。

强大的专业实践

人们逐渐认识到专家教师可能是改善学生学习的最重要资源（也是分配最不公平的资源），因此美国必须制定录取、培养和留住优秀教师（特别是在贫困程度高的学校）的政策。不幸的是，与高成绩国家不同，美国缺少培养和分配专家教师和学校领导或借助优秀教师的技能改善学校的系统方法。

各州和联邦政府应发挥核心作用，为发展良好的教学和强大的学校领导能力奠定基础。正如第 7 章中所述，和从前相比我们更加了解如何建立有效的教师培养、引入和专业发展计划，也更加清楚如何使用表现教学评估来改善教师发展与实践。另外，还出现了新的薪酬与职业发展途径。并且大量的证据告诉我们哪些激励措施可以将教师留在行业、鼓励教师到贫困程度高的学校任教，并激励他们成为专家教师。而我们所缺少的是有效推广这些做法的政策制度。

虽然《不让一个孩子掉队》法案中有关"高素质教师"的要求减少了一些州招聘完全未经培训的教师的现象，但是并没有包括支持贫困社区获得合格教师和领导的内容。制定一项类似于医学领域的全国供应政策是非常有必要的，[45] 另外还需重新思考教师职业，使教师变得高效，有充分的从业依据，并在最需要的地方发挥技能，既能执教于最弱势学生所在的社区，也有能力影响整个学校的改革。可以效仿联邦对医学的有效投入措施。1944 年以来，联邦政府补贴医疗培训以填补医生缺口，并在贫困地区建立教学医院和培养方案，这项工作对美国如今拥有世界闻名的医疗培训和护理系统做出了重大贡献。明智、有针对性的激励措施可以确保所有学生都能获得真正高素质的教师。实施积极的马歇尔计划（Marshall Plan）将快速解决教师短缺的问题，并大幅提升所有社区的教学质量，而每年的花费仅为 50 亿美元，远不到伊拉克战争成本的 1%。这样的计划将：

1. 解决教师招聘与留任问题，让每间教室中都有合格的教师。首先，和医学领域一样，联邦政府应该继续实行大额度、持续的服务奖学金计划

（service scholarships），向有能力并且准备去贫困地区任教或教授数学、科学、特殊教育、各国语言或英语作为新语言等科目的师范生全额支付本科或研究生水平的高质量课程培训费用。在北卡罗来纳州成功实施的教员计划（见第 5 章）中，获得培养奖学金者必须从教至少 4 年或以上，4 年之后大多数教师都能有效发挥作用并愿意留在教师行业。由于经过充分培训的新教师留在教师队伍中的意愿是未经培训教师的两倍以上，因此如果学区聘请合格教师，便可快速缓解教师短缺的问题。而且辞职率降低了，每年需要新招聘的人数也会急剧下降。事实上，如果每年提供 4 万份 25000 美元的服务奖学金，所有目前由临时教师填补的空缺都可以由合格教师来替代。这笔投入虽然相当可观，但只是高成绩国家投入的一小部分，高成绩国家承担了所有师范生接受高质量教师培养的全部费用。

也可以使用激励措施将专家、经验丰富的教师吸引并留在贫困程度高的学校。作为更广泛的职业阶梯计划（下文会提及）的一部分，联邦向州和学区提供配套补助金鼓励采用创新方法，通过对教学成绩和教师承担的额外责任（比如提供指导和辅导、改善工作条件、改革学校增强有效性）予以薪资补偿，从而吸引和留住低收入学校中的优秀教师。例如，每年拿出 5 亿美元，通过创新补偿制度，依据国家委员会认证、地方标准评估和促进学生学习的综合证据等机制认定的教师专业技能，向 50000 名高贫困程度学校中的专家教师发放 10000 美元的额外薪资。下面将进一步描述采用综合方法改善学校环境、支持学习并认可成功教学实践的重要性。

研究表明，为所有新教师提供指导，将大大减少教师的流失数量，提高教师的教学能力。各州应建立高质量的指导项目，资助向所有新教师提供的常规课堂辅导。联邦配套补助金计划也可以支持这类项目，确保向全国每位新教师提供支持。根据加州新教师支持和评估计划（Beginning Teacher Support and Assessment Program）中使用的资助模式，联邦向每位新教师拨款 3000 美元，并由州或地方学区进行资金补充，就可以让每位新教师在从教第一年每周接受课堂辅导。每年新增加 125000 名教师，[46] 投入 5 亿美元便能确保每位新教师都可以由训练有素、在相关教学领域具有专业知识的优秀指导教师进行辅导。现在新从教的教师离职率很高，如果他们可以留在教师队伍，那么全国每年将节约 10 亿美元的教师替换费用。[47]

如果联邦资助州和地区创建强大指导计划的激励措施，能够伴随着像加利福尼亚州和康涅狄格州采用的新教师表现评估，就更加理想了，表现评估可以指导教师学习，改进教师指导和培养，有助于在持续的职业发展过程中发展复杂的教学实践（见第 7 章和下文的讨论）。这些评估可以发挥杠杆作用，帮助教师尽早形成高级教学技能，并改变教师培养与指导的方向，使其专注于促进学生和教师成功的技能，而不是只给出一些杂乱的建议或者成为一个社交系统。

2. 重塑教师培养和专业发展，使教师能够满足 21 世纪的学习需要并形成高级教学技能。要转变教师培养和专业发展，既需要强大的压力，也要提供有力的支持。为了使专家教师成为常规而非例外，州和地方政策需要依据最近制定的指导教师培养与认证、入职引导、持续的专业发展和高级认证等标准，为教师创建连续的专业学习机会。

关键的第一步是，各州要建立以表现为基础的教师教育，要求所有培养方案（无论是由大学、学区还是其他机构提供的方案）都满足专业认证标准使教师能够进行有效教学，取缔不达标的培养方案。两大教师教育认证机构（目前即将合并）在很大程度上是依据毕业生的表现、有效性和留教情况来做出决定的。

为新教师制定高质量、全国性的教师表现评估，衡量学科领域的实际教学技能，将有助于大幅度提高教师的培养质量。在已经使用该教师评估的州，评估已经成为改进教师培养与指导、确定教师能力的有力杠杆。

研究发现表现评估不仅能衡量与效果相关的教学特征，而且无论对于被评估者还是参与指导和评估的人员来说都能促进教学效果（见第 7 章）。评估要求教师学习有效教授不同学生的有效实践，比如，在为英语学习者和残疾学生规划和教授课程单元时，需要进行内容调整并采用形成性评估，每天反思学生的学习情况以修改第二天的计划，并以调整授课、保证所有学生进步为目标跟踪学生的学习进展。[48] 因此，这些方法特别值得进行政策投入，因为在衡量教师促进学生学习方式的同时，提供了整个行业教学质量发展的动力。

联邦支持制定全国性表现评估认证，不仅将为问责制和教学改进提供重要工具，还可以改变教师测试与认证各自为政（全国有 50 个独立系统）的现状，统一评估认证，促进各州间的教师流动。这将有助于让教师更容易地从教师充足的州向教师紧缺的州流动，并能确保教师在培训方面的一致性。这个目标是可以实现的：除了已经在认证过程中纳入表现评估的州之外，另有 10 个州最近也在努力开发共同的表现评估认证。

和医学领域一样，联邦政府也可以提供激励措施，开发成功的培养模式，重点放在如何为包括残疾学生和英语学习者在内的多元学习者提供基于标准的内容。第 7 章中提到的成功培养方案，其毕业生从一开始就具有高度的能力，而且所教学生的成绩大幅提高，因此这类培养方案应该进一步推广，将其特点纳入促使大学改革现行做法的应对挑战补助。这些特征也应作为教师认证审查的重点内容，从而创造一个力争上游的教师教育，而我们目前的状况却似乎是在力争下游。

在目前研究的强大培养方案中有一点很明确，即在专家的指导下于实践中学习教学，这对于成为能满足学生广泛需求的优秀老师至关重要。为了改善教师培养，各州和认证机构应该要求准教师进行一整年的实习培训，最好是到类似教学医院的专业发展学校（PDS）在专家教师的指导下进行一年的驻校实习。这些 PDS 学校开发了最先进的教学实践，在专家教师的课堂中训练新手教师，同时让他们完成有助于有效教授各种学习者的课程。这些学校还为老教师提供深入的专业学习，并可能成为所在学区的专业发展中心。目前的 1000 多所 PDS 学校有很多位于城市学区，创造了一条向这些学区输送优秀教师的管道。现在已经发现了可以提高教师有效性、提高学生成绩的高度完善的模型。[49]联邦政府曾经在为教学医院提供经济支持、加强医疗培训方面发挥了重要的作用，同样也可以与各州合作实施战略计划，将这种成功的教育创新模式从边缘推向主流。

最重要的模式能够同时提高教师能力和留任率，满足招聘困难的城乡地区紧迫的供应需求。联邦可以通过资助教师驻校计划提供支持，将严格挑选的人员安置到专业发展学校进行带薪实习，这些人员要跟随专家导师实习一年，并在地方合作大学中完成课程、教学和学习等方面的认证课程。

准教师在成为教师后还要接受两年指导。作为接受高质量教师培养的交换条件，他们需要保证在该学区的学校中至少任教 4 年。这种模式已经表明，芝加哥、波士顿和丹佛的毕业生 5 年后的留教率超过了 90%。（见第 7 章）

资助发展驻校培养方案早已经被纳入奥巴马总统的一揽子经济计划，并且逐渐增加到每年至少 5 亿美元，以支持最先进的教师培训，在招聘困难地区实现稳定的教师供应。这样的方案可以同时解决多个问题：在发展城乡教学和教师教育模式示范基地的同时，建立一个为贫困学校儿童提供敬业而又训练有素教师的渠道。

3. 鼓励、奖励教师和学校领导学习知识与技能，留住专家教师并改善学校。各州的第一要务是建设高质量专业发展基础设施，资助专业发展时间并组织来自大学、学区和非营利组织的多种资源确保发展专业知识与能力，改善内容教学，满足学生的需求，比如对英语学习者和有学习障碍学生的支持。在一些州，教师和领导学院（Teacher and Leadership Academies）可以在这方面发挥关键作用，帮助组织密集的机构和网络，支持领导学习与内容教学，培训校长和教师成为支持学区其他教师的导师，并提供在学校层面开展专业学习的材料和专业知识。学区应该为同伴指导和协作学习创造时间和机会，让学校能够利用这些外部资源和学校内部重要的高级教师资源。

职业阶梯模式可以通过识别、发展和奖励教师专业知识以及对优秀教师委派差异化职责这类直接促进学校改进的措施，为这项工作提供重要的支持。现有的教学薪酬制度将课堂教学置于职业路径的底层，教师在制定关键教育决策方面鲜有影响力，如果想要承担更大的责任或得到更高的工资，教师就得离开课堂。这清楚地反映了教学人员地位最低、非教学人员地位反而最高的状况。

新的职业发展路径将教学放在首位，并创造了一个支持教师逐步成为专家的职业发展模式。就像大学中从助教到教授，或者律师事务所中从初级律师到合作人的发展路径一样，新的职业途径应该看重技能和成就，使专业人员能够发挥分享知识、促进全行业技能发展和专业知识的作用。

虽然有迹象表明各州、各学区和教师协会准备探讨改变单一的薪资制度，打破认为教师只是标准化"小部件"的工厂模型，[50] 但是必须看到改变教师薪酬的努力已经失败过很多次。20 世纪 20 年代和 50 年代曾经短期实行过绩效薪酬计划，最近的一次失败发生在 80 年代，当时有 47 个州引入了绩效薪酬制度，但是在 90 年代初又全部废除了。失败的原因包括错误的评价系统、对偏见和歧视的担忧、选拔个别教师但削弱合作的策略、挫伤士气、缺乏取得积极效果的证据、缺少持续增加教师工资的公众意愿。最近的一些努力也失败了，比如佛罗里达州州长杰布·布什（Jeb Bush）引入的将教师工资与学生考试成绩挂钩的绩效工资制。该制度与一项不受欢迎的考试相关，对贫困学校中的教师很不公平，一些教师甚至公开烧毁了绩效工资单。由于引起了教师的广泛不满，该制度在 2007 年被废除了。[51]

绩效工资制给个别教师发放年度奖金的做法尤其受到诟病：这种临时薪酬对长期薪水或聘任没有任何作用，而且对大多数教师来说（无论是没有获得过奖金的教师，还是获得过一次但第二年没有获得奖金的教师），都会挫伤积极性。许多教师报告说，这种教师似乎是收了贿赂才肯努力教学的想法让他们感觉受到了侮辱。实施个别绩效奖金鼓励竞争而非合作，对改善教师集体知识和技能没有什么作用，甚至有可能会阻碍分享想法、课节和材料而减少学习的机会。《华盛顿邮报》作家杰伊·马修斯（Jay Mathews）指出，有效学校的领导应警惕这种观念，因为"教学要靠团队合作才能蓬勃发展。所有人都需要分享课节计划、交换想法、加强学科来帮助每个孩子"。他们担心，只是大幅提高少数工作人员的工资会破坏协作和团队意识。[52]

这些发现与私营企业研究人员的发现不谋而合：对于激励员工而言，薪酬通常不如创造合作氛围、学习机会，使员工在工作中变得有效等内在奖励来得重要。虽然私有企业有时也使用奖金，但是绩效工资"在整体薪酬中只占很小的份额，而且通常不会明确地与简单的产出测评挂钩"[53]。

在教育方面，持续了若干年的创新计划允许教师获得和分享专业知识，更好地适应教学社群文化，同时也让教师承担更大的责任，拿到更高的薪酬。这些计划会嵌入合作学习，允许教师通过指导同事、开发课程和领导学校改进来促进改善，并能确保新教师得到支持和指导，使所有教师都有专业学习的机会，而且有成功表现的教师可以升职加薪，不受人为指标的限制。

这些计划包括丹佛、辛辛那提和罗切斯特等城市的职业阶梯计划、亚利桑那和新墨西哥等州实行的州计划，以及教师晋升计划（Teacher Advancement Program）等国家模式，它们往往具有一些共同的特征。所有这些计划都将专业学习与晋升机会和以专业教学标准为依据的定期、深入评估相结合。通常，从教师最初取得教师资格开始，到在导师指导下成为新教师或驻校教师，再到成功通过教学技能评估被评为专业教师，在几个节点上都会对教师的能力进行严格评判，并伴随着大幅的薪酬增长。是否授予终身教职是在对教师从教头几年的表现进行严格评估之后（包括管理者评估和专家同事的同行评估）进行的一项重要而严肃的决定。可以通过国家专业教学标准委员会的高级认证或通过标准评估系统对表现情况的评估（包括对学生学习的贡献），来确定领导或高级教师资格，并给予额外薪酬和差异化职位。

使用多种手段对教学和学生成果进行评估，包括系统收集关于教师备课与教学、与家长和学生合作以及对学校贡献的证据；使用国家委员会或地方标准工具评估教学表现；课堂评估对学生学习的贡献，记录学生表现、成长与成就，并适当地使用标准化测试证据。评估为教师设定了持续的工作目标，带来具体的专业发展支持和指导，以及对教师的认可和补偿。良好的系统设计不会让教授弱势学生的教师受到惩罚，而是明确地实施激励措施，认可并奖励教授具有挑战性学生的教师。

基于专业实践标准的职业发展，还必须将接受帮助后仍无法达到专业标准的个人从行业中剔除。在有些学区，职业途径包括同行评审以及骨干教师对新教师和有困难的老教师提供的强化支持。事实证明，通过教师协会与学校董事会之间的合作将正当程序嵌入系统，比传统评估系统能够更有效地改进学校，解聘教师也不会招致教师协会的不满。（见第 7 章）

最理想的系统会创造高质量的专业学习机会，包括在工作日为教师提供一起工作和学习的时间。创新方法还包括遴选优秀教师到贫困学校担任导师和专家教师，并给予额外的物质奖励；教师甚至可以进行小组作业，重新设计和组织失败的学校，使其发挥作用。

将激励措施与教师学习和学校改进相结合

将专业学习、支持和激励措施相结合对于提高学校表现至关重要。事实证明，让优秀教师与领导重组贫困学校，在强有力的领导和辅导支持下从内部提高能力，比给教师发放奖金鼓励他们到不能正常发挥作用、结构不变的失败学校任教更加有效。最近的一份文献摘要指出：

> 有些学区尝试向贫困学校提供额外薪酬，但是即便奖励额度较高，也没有产生多少积极的效果。2004 年，佛罗里达州的棕榈滩（Palm Beach）由于接受的教师太少而取消了 7500 美元的贫困学校任教津贴。达拉斯州向到挑战性学校任教的优秀教师多提供 6000 美元，也没有引起多大的兴趣……10 年前，南卡罗来纳州开始招聘"教师专家"到该州最薄弱的学校工作，提供 18000 美元的奖金，想要招收 500 名教师，但在计划实施的第 1 年仅招收到 20% 的教师，3 年后也只招收到目标名额的 40%。[54]

虽然金钱奖励可以起到一些作用，但吸引教师的主要因素还是有优秀的教学领导，有志同道合的同事为共同的目标奋斗，有现成的教学材料，以及有提高教师有效性的学习支持。公共议程基金会（Public Agenda Foundation）最近的一项调查发现，将近 80% 的教师选择在有管理者提供支持的学校中任教，只有 20% 的教师会选择薪水显著更高的学校。[55]一名全国委员会认证教师在讨论怎样才会把他吸引到贫困学校时指出：

> 我可以去（一所表现欠佳的学校），但我想在那里看到为家长和孩子提供的社会服务，优秀的领导，充足的资源和设施，以及灵活性、自由和时间……促使学校成功的最重要因素之一是校长的领导。有效的管理者才能吸引优秀的教师。此外，让我感到惊讶的是，人们关注

招聘困难学校的教学质量，却不去解决有时令人沮丧的工作条件，教师被迫工作，学生被迫学习……最后，作为一名优秀教师，我最大的担心是被分配到一所招聘困难学校，没有时间和灵活性做出我认为对提高学生成绩非常必要的改变。[56]

转变学校使其能够招聘到优秀教师、支持强大的学习，就需要关注所有这些因素以及更多的其他因素。田纳西州查塔努加市汉密尔顿县学区中9 所该州表现最差学校的转变，就是一个很好的例子，这些学校在改革之初，3 年级学生能够达到该年级阅读标准的平均比例只有 12%。在本·伍德基金会（Benwood Foundation）和公共教育基金会（Public Education Foundation）的帮助下，该学区制定了一项始于但不限于物质激励的全面策略。

学区提供 5000 元奖金希望这 9 所学校能够招到可以提高学生成绩的教师。虽然有些教师愿意调任，但数量远远不够。对于调任的教师来说，更大的吸引力往往是与有远见的校长合作，以及参与合作专业学习社群的机会。学区撤换了许多原来的校长，为教师创建了领导课程，资助教师成为辅导教师，同时将专业发展从一次性研讨会转变为由教师领导的工作嵌入式活动。还支持教师攻读城市教育专业的硕士学位。

得益于学区的综合性支持，2005 年 3 年级学生达到阅读标准的比例提高到 74%，五年级的比例达到 80%。在数学方面出现了类似的进步。这件事最终说明，学生的巨大进步不是由高薪引进教师带来的，而是因为增强了现有教师的有效性。教育部门报告的结论是："本·伍德计划不仅包括薪酬激励和重组计划；该地区投入大量资金实施教师培训计划、增加人员支持课程和教学，并在学校层面加强协作领导。"[57]

同样，凤凰城的米切尔小学从失败到成功的转变也是依赖于使用学习支持等激励手段而非奖金。所采用的策略是通过积极准备国家委员会认证的过程，从内部提高教师的专业知识。有了国家委员会的认证，教师既能获得更高的薪酬，也能强化教学技能。在这个低收入的拉丁裔社区，大多数学生是英语学习者，超过 60% 的教师（大多数来自本社区且人口结构与学生类似）获得了或正在准备国家委员会认证。该校不仅成绩大幅度提高，而且也不存在教师流失的问题。[58] 米切尔小学的教师称，准备国家委员会认证的过程使学校发生了转变，因为教师会共同努力深入理解教学，关注有特殊需要学生的教学等关键领域，而这直接影响了学生的成绩。学区助理负责人苏珊娜·岑特纳（Suzanne Zentner）指出："我们相信准备国家委员会认证的过程是提高学生成绩、缩小成绩差距的替代方法。"[59]

米切尔小学和其他进步学校的经验印证了 W. 爱德华兹·戴明（W. Edwards Deming）和皮特·圣吉（Peter Senge）等组织专家的理论：组织学习的途径是通过在员工中间广泛发展并分享关于工作性质及结果的知识；发展有效协作、收集和使用决策信息的团队；开展持续的学习过程，以便更好地诊断和响应客户及不断变化的需求。[60]

发展领导力

教育领导者是否懂得为学生、教师和组织建立有效而公平的学习，是这种由内而外进行的学校改进的关键因素。事实上，学校领导的素质及具体管理实践对学生成绩的预测能力仅次于教师因素。[61] 学校领导可以提高教师的有效性，因为学生的成功不仅靠教师的知识，更依赖于教师在高功能组织中运用知识的能力。如前所述，决定教师在一所学校去留的首要因素是该校行政支持的质量。

尽管学校领导的作用非常重要而且人才短缺（特别是在城市地区），[62] 但是只有少数州和地区建立了选拔活跃的教师骨干进入高质量校长培训课程的途径。虽然有的举措在改变领导素质和学校表现方面取得了极大的成功，[63] 但仍然缺少稳定的政策支持来确保有能力领导者的供给，特别是在人才短缺的社区。此外，学校领导需要了解如何设计和创造未来的学校，而不仅仅是管理过去的学校。这是领导培养的新使命，需要对过去的实践进行重大变革，过去的培养方案经常缺少智力挑战，与学校的实际改革工作相脱节，而且任何人都可以参加认证课程。

要想大规模培养有远见、有效果的领导人员，国家和地方职业阶梯计划就应该像新加坡等国家（见第 6 章）那样，让一部分专家教师接受高质量培训，担任校长、指导教师和课程骨干等角色。另外，联邦政府还应向各州提供配套资金拨款和技术援助，建立有竞争力的服务奖学金计划［如北卡罗来纳州校长课程（North Carolina Principal Fellows）（见第 5 章）］和高质量培养课程模式，积极录取既有教学专业知识和领导潜能、又愿意在贫困社区工作的学员。准校长将跟随成功进行了贫困社区学校改革的专家校长进行为期一年的实习，还要在与学校密切相关的高质量培养课程中学习教学领导、组织改进和变革管理。作为在公立学校至少担任四年领导的交换，这项计划将承担学员全年的实习费用。

和教学一样，这些培养方案与认证决策都应该通过严格的表现评估予以指导，例如康涅狄格州（见第 5 章）的评估就要求校长了解如何评估教学、组织专业发展和管理学校改进。联邦政府应支持制定一个全国性管理人员表现评估，设定基本知识和技能的高标准，建立优秀校长的全国性市场，并促进培养方案的重大改进。

要想培养一支懂得在不同社区发展优质教学和学校教育的专家领导队伍并发展知识、制定标准，联邦政府应该与私人慈善机构携手建立培养教育领袖的西点军校（West Point）——一所国家领导学院（National Leadership Academy），将全国最有才华的教育工作者培养成为能够领导最贫困社区进行改革的领导者，让他们去扭转落后的学校和系统，并辅导和培养下一代校长和学区负责人。

联邦挑战补助金还应用于创建和加强每个州的州领导学院（State Leadership Academies）。大学、州机构或非营利组织中的这些领导学院可以作为各州高级教育领导者一起分享实践、帮助创建和协调州内专业发展设施的中心。与现有的成功院校一样，领导学院可以发展研究所、提供辅导和指导支持、建立校长和学区负责人网络，来解决各类学校领导人遇到的独特挑战。联邦政府还应该发起一系列关于各种领导力发展方法的有效性研究，发现那些可以促进领导者发展高绩效学校组织的能力，以便指导未来的投入。

围绕学生和教师学习来组织学校

最后，领导者需要有远见、有能力，并得到政策支持，来创造更有成效的学校。学校必须是支持良好教学的地方，要求学生和教师做的事情必须有意义。如前所述，和美国工厂模式学校提供的孤立蛋箱式课堂（egg-crate classrooms）不同，大多数其他高成绩国家的中小学都确保教师有时间展开合作、集体备课、课节研究、同伴辅导、课程开发与评估，以及共同批改学生作业。除了增强有效性的团队合作之外，高成绩国家的教师通常与学生相处的时间更长，可以充分地了解学习者。他们还参与教学和评估，要求并促使学生构建和组织知识、考虑替代方案、应用学到的知识、使用新技术、提出并维护自己的想法，在全校范围内支持、强化有效的学习。

如第 8 章所述，围绕这些原则进行重新设计的美国学校更加成功，特别是对于贫困学生，如果他们要取得成功，在学校中获得的个性化、智力挑战性且有意义的经验至关重要。这些学校也更有能力招聘和留住合格教师，因为这里是学习和工作的理想之所。教师和学生最希望变得有效，因此提供支持性教学和学习条件对于留住师生、提高其有效性非常重要。

在贫困社区，重新设计学校还应该使学校能够应对为学生和家庭服务所面临的挑战。[64] 开办哈莱姆儿童区等举措不仅为低收入社区的学生提供了新的学校模式，也将儿童早期教育、家长教育、社会服务和医疗保健融为一体。[65] 由儿童援助协会建立的社区学校和纽约市茉莉亚·里奇曼教育中心（见第 8 章）等新创办的学校，都成功地在许多社区建立了提供全方位服务的强大学校。在俄亥俄州，知识工作基金会（Knowledge Works Foundation）与 8 个最大城市学区的负责人和教师工会主席合作，力求创建全方位服务学校，或者"创造一个高度一致的 P-20 教育系统，从产妇护理到准父母课堂，从早期教育到大学和就业发展，为社区中的每个人提供终身学习的机会"[66]。

推广优质教育实践所面临的挑战[67]一方面在于发展广泛的教育领导和专家教学，另一方面在于鼓励在系统范围内设计有效的组织。除了上述的人力资本投入之外，至少还需要三个重要杠杆：

第一，各州、各地区应鼓励将更有效率的学校设计当作常规而非例外，并消除变革面临的障碍。目前高度制度化的学校组织源自 20 世纪 20 年代的泰勒管理模式，职责分散且高度专业化，设有多层等级，工作人员各自为战，大量资源并没用于改善课堂教学这一核心工作，而是浪费在非教学人员身上或者用来执行或支持各种项目。扭转这一局面需要对实践和政策进行双重变革。各州需要废除维持现有设计的法规，并系统地消除新方法面临的障碍，比如分类项目以及其他关于人员配置模式和具体教学方法的规定、卡耐基学分和坐班时间要求、维持蛋箱式课堂和流水线模型的具体设施与职责规定。

为了创造更加个性化的学校环境，使学生不会掉队，而且教师有足够的时间建立强大的教学能力，各州、各地区还必须简化行政等级，重新安排时间和人员配备，使每所学校中的教师都有固定时间一起合作，每周至少进行 10 小时的共同备课和协作学习（这是美国大多数教师目前所花时间的两到三倍，但只有大多数国外教师时间的一半）。这就需要加强对教师的投入：大多数高成绩国家将其人力资源的 70% 或以上用于教师。我们也应该争取不低于这一比例。此外，还要扩展每位教师和儿童使用各种资源和工具的能力，并在新的评估系统中重视学生使用工具解决现实问题的能力。

第二，联邦和州政府可以资助研究并实施激励措施，以发展和传播有效的学校设计，发展更加有效的学区组织方式，给学校提供支持。像缅因州的创新教育补助（Innovative Educational Grants）、爱荷华州的学校改进计划（School Improvement Program）和俄亥俄州的风险投资基金（Venture Capital Fund）等举措已经引发了改革，支持以明确变革系统为目标的教师学习。成功的激励措施会自上而下地清除监管障碍，提供专业发展资源，给教师提供资金来评估他们所在的机构，并考察其他地方的成功模式。政府还可以向成功的学校发放奖励，促进其进一步发展、记录并分享他们的实践经验。

还有一点很重要，只有学习新举措的机构拥有自由和实施新实践的能力，有效的策略才能得以传播。许多创新性举措注定会被边缘化，因为这些举措只是在受保护的豁免区域（如许多宪章和替代学校）实施，而对系统其余部分的管理却越来越严格，加紧束缚使学校不能采用在其他地方行之有效的做法。因此，决策者需要承担起责任，创造一个能够在整个系统中采用成功实践的环境。

第三，要想转变系统，必须将激励措施结构化，以促进不同组织之间的合作和知识共享，而非竞争。无论发展学习机构还是学习型教育系统，都需要这样做。这也是帮助芬兰取得进步的首要策略，芬兰鼓励在课堂上、不同课堂之间、区域内的合作学校之间以及整个教育系统内进行持续的评估和实践探究（参见第 6 章）。

建立教师、领导、学校和学区相互学习的网络（如第 7 章和第 8 章所述），也十分重要。安迪·哈里夫斯（Andy Hargreaves）描述了英格兰实施的一项举措，将 300 所表现欠佳的学校结成网络，由指导学校提供技术帮助和支持，并给予一小笔可以自由支配的预算。另外，还向学校提供一份由教师制定的，可以带来短期、中期和长期进展的教学策略。研究人员指出，这些"特别有活力"的学校中"没有"此前英格兰改革制定的命令和规定，超过三分之二在接下来的两年中进步速度是全国平均水平的两倍。[68] 加拿大安大略省的一项举措也使用了类似的学校网络策略，并找出积极的范例让其他学校可以亲眼看到成功的改革是什么样子。哈里夫斯指出："将学校之间的横向支持与积极的同伴压力相结合，可以使学校互相促进、不断推高表现标准。"[69]

虽然认为仅靠建立学校网络就能带来大规模改变的想法有些幼稚，但是事实证明在实现学校转变方面学习系统比强制命令更为有效。米尔布雷·麦克劳林（Milbrey McLaughlin）指出，最重要的事情是无法用政府命令实现的。[70] 同样也不能通过逼迫的手段使一个组织实现卓越。我们需要将自上而下的支持和自下而上的改革有机地结合起来，通过为学生学习提供资源并利用真正的问责制来建立能力。

结论

　　想要创建使所有儿童都能够学习的学校，必须开发使所有教育者和学校都能够学习的系统。从本质上说，这是一个能力建构的过程，需要制定明确、有意义的学习目标和智能的相互问责制，保证在设计完善、资源充足的学校中为所有学习者提供优质教学。美国不仅可能而且必须通过解决无法保障基本权利的巨大机会差距问题，缩小孩子们之间的成绩差距。鉴于在我们身处的平面世界里教育对个人和社会成功的重要性，美国已经背负不起教育不平等的旧传统了。如果不想使"不让一个孩子掉队"沦为空洞的修辞，我们就需要制定一项政策策略，为所有学生创造一个面向 21 世纪的课程，提供周全的评估，保证学生可以受教于知识渊博、得到良好支持的教师并获得平等的学校资源。

　　美国要在长期存在的不平等问题上取得进展，人们就必须明白，没有谁能从别人的无知中而受益，而且作为一个社会，所有人都会从他人的能力发展中获益。正如马丁·路德·金（Martin Luther King）1968 年所说：

　　　　我对我的孩子们说："我要去工作，尽我所能让你们获得良好的教育。但我想让你们记住，还有许许多多上帝的孩子得不到、也无法得到良好的教育，我不希望你们觉得自己比他们优越。因为只有他们实现了自我，你们才能成就最好的自己。"[71]

　　今天，提供高质量全民教育已经成为一项公共福利，对于维护公众利益至关重要。从长远来看，明智、公平的投入省下的钱将大大超过成本。节约的成本包括每年由于辍学造成的超过 2000 亿美元的工资、税收和社会成本损失；由缺乏读写能力和学校失败导致的 500 亿美元工资损失和监狱成本；每年因改革失败、政策转向、不必要的教师流动、可避免的特殊教育设置、补习教育、留级、暑期学校、生产效率低下和工作岗位移至海外等而带来的数百亿美元的浪费。[72]

　　随着个人命运与国家命运的依存度越来越高，保证全民获得公平的赋权教育已经成为美国举国上下面临的一个关键问题。作为一个国家，我们能够而且必须进入一个新的时代。在技术、知识经济时代没有哪个社会可以通过剥夺大部分人口的学习权利来实现繁荣。我们共同的福祉建立在教育机会之上。创造我们共同的未来的关键是要认识到，我们的生存和发展能力最终取决于能否确保人人享有无可争议的权利——与生俱来、内涵丰富的学习权利。

注　释

第 1 章

1. Drucker（1994）；Wagner（2008）。
2. 美国劳工部（U.S. Department of Labor，2006）。
3. Gunderson, Jones, & Scanland（2004）。
4. Douglas（2006）；经合组织（OECD，2008）。
5. 美国人口普查局（U.S. Census Bureau，2008）。
6. 监狱国度（2008）。
7. Darling-Hammond & Schnur（2008）。
8. Friedman（2005）。
9. Karmarkar & Apte（2007）和 Apte, Karmarkar, & Nath（2008），转引自"培养 21 世纪所需技能的伙伴关系"（Partnership for 21st Century Skills，2008），第 2 页。
10. Varian & Lyman（2003）。
11. Tyack（1974）。
12. 芬兰国家教育委员会（Finnish National Board of Education，2007 年 11 月 12 日）；Lavonen（2008）。
13. Sahlberg（2009）。
14. 经合组织（OECD，2006）。
15. Borja（2004）。
16. http://nces.ed.gov/timss/TIMSS03Tables.asp?Quest=3&Figure=5。
17. 新加坡教育部（Singapore Ministry of Education，2007）。
18. 南侨小学（Nan Chiau Primary School，2007）。
19. 威廉姆斯诉加州案（Williams *et al.* v. State of California，2000），第 22—23 页。
20. 经济合作与发展组织（Organisation for Economic Cooperation and Development，2007）。
21. Stage（2005）。
22. Stage（2005）。
23. 经合组织（2007）。第 1 卷，第 180—191 页；图表第 2 卷第 184 页，第 123—124 页；美国情况简介，2008 年 3 月 31 日摘录自 http://www.oecd.org/dataoecd/16/28/39722597.pdf。
24. ETS（1991）；Kozol（2005）。
25. 想要了解近期对于数学教学研究的综述，可参见 Schoenfeld（2008）。
26. Stigler & Hiebert（1999）；Stevenson，1992。
27. Schmidt, Wang, & McKnight（2005）。
28. Stigler & Hiebert（1999）；可参见 Tsuneyoshi（2005）。
29. Mullis *et al.*（2007）。

30. 例如，马里兰州要求教师接受阅读教学培训，而 Kate Walsh（2001）则认为这阻碍了替代认证人员进入教师队伍。

31. Gamse *et al.*（2008）。

32. 经济合作与发展组织（2008）。

33. Barton（2005）。

34. Douglass（2006）。

35. 经济合作与发展组织（2008）。

36. Douglass（2006）；美国人口普查局（2005）；KEDI（2006）。

37. 美国人口普查局，同上。

38. Orfield（2001）。

39. Kozol（2005）。

40. 经济合作与发展组织（2007）。

41. 经合组织（2005）。

42. "提高佩尔奖学金的价值"（Boost value of Pell grants，2006）。

43. 国家科学基金会（National Science Foundation，2008）。

44. Krieger（2008），第 15A 页。

45. Oakes（2004）。

46. 美国人口普查局（2006）。

47. 国家教育统计中心（National Center for Education Statistics，2004）。

48. Kozol（1991），第 63—65 页。

49. Metz（1990）；Orfield & Lee（2005）；Rothstein（2004）。

50. Kozol（2005），第 321—324 页。

51. ETS（1991）；Kozol（2005）。

52. Darling–Hammond（2004a）。

53. Oakes（2004）。

54. Kozol（1991），第 104 页。

55. Kozol（1991），第 104 页。

56. 美国劳工统计局（Bureau of Labor Statistics，2009），表 6。

57. Barton & Coley。

58. Gemignani（1994）。

59. Bonstingl（2004）。

60. 美国人口普查局（1996），表格序号：281 和 354，第 181 和 221 页。

61. 皮尤州务中心（Pew Center on the States，2008）。

62. Western，Schiraldi & Ziedenberg（2003）。

63. 皮尤州务中心（2008），第 15—16 页。

64. Schweinhard *et al.*（2005）。

65. 皮尤州务中心（2008），第 16 页。

66. Rumberger（2007）估计拥有约 10% 全国人口的加州，辍学成本为 468 亿美元。Belfield & Levin（2007，第 194 页）将损失的工资和税收，以及犯罪和福利计算在内，估计成本为 1470 亿美元。Levin 个人认为总经济成本高达 2000 亿美元。

第 2 章

1. Jefferson（1786；1817）。

2. DuBois（[1949]，1970），第 230—231 页。

3. Darling-Hammond，Williamson & Hyler（2007）。

4. Ladson-Billings（2006）。

5. Cremin（1970），第 411—412 页。

6. Tyack（1974），第 109—125 页；Kluger（1976）；Meier，Stewart & England（1989）；Schofield（1992）。

7. Tyack（1974），第 110 页。

8. Tyack（1974），第 119 页。

9. Conant（1961）。

10. Kozol（1991），第 225 页。

11. 新美国基金会（New America Foundation，2008）。数据来自美国人口普查局政府拨款年度调查：2003—2004 学年。

12. Liu（2003）。

13. 可参见 Herrnstein & Murray（1994）。

14. DeNavas-Walt, Proctor & Lee（2005）；美国人口普查局（2006）。

15. Bell, Bernstein & Greenberg（2008）；Corak（2005）。

16. 美国农业部（U.S. Department of Agriculture，2004）。

17. Neault, Cook, Morris & Frank（2005）。

18. 儿童定点营养评估方案（Children's Sentinel Nutrition Assessment Program，C-SNAP）（2004 年 7 月）。

19. 美国市长会议（U.S. Conference of Mayors，2004）。

20. 人口普查局（2006），第 25 页。

21. 联合国儿童基金会（UNICEF，2001），第 3 页。

22. Zigler, Gilliam and Jones（2006），第 23 页。

23. 可参见 Hart & Risley，1995。

24. Denton & West（2002）。

25. Heckman（2008），第 49 页。

26. Heckman（2008），第 52、53 页。

27. Reynolds & Temple（2006），第 50 页。

28. Bueno, Darling-Hammond & Gonzales（2009）。

29. 儿童基金会（Children's Defense Fund）的计算，基于美国人口普查局提供的数据（2001 年 6 月）。

30. 儿童基金会的计算，基于美国人口普查局提供的数据（2001）。

31. Heckman（2008），第 52 页。

32. Rumberger & Palardy（2005）。

33. Schofield（1995），第 336 页。

34. Orfield, Monfort & Aaron（1989），转引自 Schofield（1995），第 336 页。

35. Clotfelter, Ladd & Vigdor（2005）。

36. 参与社区学校诉西雅图第一学区的家长（Parents Involved in Community Schools v. Seattle School District No. 1）和梅雷迪思诉杰斐逊县教育委员会案（Meredith v. Jefferson County Board of Education）（2007）。

37. 美国教育研究协会（American Educational Research Association，2006）。

38. Orfield（2001）。

39. James Coleman *et al.*（1966），第 325 页。想要了解最新的证据综述，可参见 Richard Kahlenberg（2001）。

40. 国家教育统计中心（2003），第 11 页。

41. Rumberger & Palardy，2005。

42. Schofield（1995）；Anyon（1997）；Dawkins & Braddock（1994）；Natriello & McDill（1990）。

43. Lee（2004）；Horn（2002）。

44. Garofano, Sable & Hoffman（2008）。

45. Silard & Goldstein（1974），第 324 页。

46. Kaufman & Rosenbaum（1992）。

47. Roza & Hill（2004）。

48. Education Trust-West（2005）。

49. 新美国基金会（2008b）。

50. Kozol，2005，第 142—145 页。

51. Mont & Rees（1996）；Loeb, Darling-Hammond & Luczak（2005）。

52. 罗德里格斯等人诉洛杉矶联合学区案（*Rodriguez et al. v. Los Angeles Unified School District*，1992）。

53. Shields *et al.*（2001）。

54. Merrow（1999）。

55. Darling-Hammond（2004）。

56. 教师分布数据分析由本书作者完成。

57. NCES（1997）；Lankford, Loeb & Wyckoff（2002）。

58. Oakes（1990）。

59. Haycock（2000），第 11 页。

60. 可参考 Betts, Reuben & Dannenberg（2000）；Boyd *et al.*（2006）；Clotfelter, Ladd & Vigdor（2007）；Darling-Hammond（2000）；Darling-Hammond, Holtzman, Gatlin & Heilig（2005）；Ferguson（1991）；Felter（1999）；Goe（2002）；Hawk, Coble & Swanson（1985）；Goldhaber & Brewer（2000）；Monk（1994）；Strauss & Sawyer（1986）。

61. Motoko Akiba, Gerald LeTendre & Jay Scribner（2007）。

62. Clotfelter, Ladd & Vigdor（2007）。

63. Boys, Lankford, Loeb, Rockoff & Wyckoff（2008）。

64. 可参见全国教学和美国未来委员会（National Commission on Teaching and America's Future，1996）等。

65. NCTAF（1996）。

66. Constantine *et al.*（2009）。

67. Darling-Hammond（2009）。

68. Boyd, Grossman, Lankford, Loeb & Wyckoff（2006）；Darling-Hammond, Holtzman, Gatlin & Heilig（2005）；Kane, Rockoff & Staiger（2006）。

69. Laczko-Kerr & Berliner（2002）；Darling-Hammond *et al.*（2005）。

70. Henke *et al.*（2000）。

71. 美国未来教学国家委员会（National Commission on Teaching for America's Future，2003）。

72. 谁将成为美国教师？（Who will teach for America?）Shapiro, M.（1993）。

73. Hegarty（2001）。

74. Darling-Hammond（2003），第 128 页。

75. Sanders and Rivers（1996）。

76. Betts, Reuben, & Dannenberg（2000）；Darling-Hammond（2000）；Fetler（1999）；Fuller（1998, 2000）；Goe（2002）；Strauss & Sawyer（1986）。

77. Shields *et al.*（2001）。

78. Dreeben（1987），第 34 页。

79. College Board（1985）；Pelavin & Kane（1990）；Oakes（2005）。

80. Oakes *et al.*（2006）。

81. 加州高等教育委员会（California Postsecondary Education Commission，2007）。

82. Oakes（1992）。

83. Pelavin & Kane（1990）。

84. 韩国课程与评估研究所（Korea Institute of Curriculum & Evaluation，2006）；Stevenson & Lee（1998）；Eckstein & Noah（1993）。

85. Cubberley（1909），第 15—16, 18—19 页。

86. Terman *et al.*（1922），第 27—28 页。

87. Pillsbury（1921），第 71 页。

88. McKnight *et al.*（1987）；Usem（1990）；Wheelock（1992）。

89. Wagner（2008），第 8 页。

90. Alexander & McDill（1976）；
Gamoran（1990）；Gamoran &
Berends（1987）；Gamoran &
Hannigan（2000）；Gamoran & Mare
（1989）；Oakes（1985，1990）。

91. Peterson(1989)，转引自 Levin(1992)。

92. Oakes，2005，第 236—238 页；可参
见 Hallinan & Kubitschek（1999）。

93. Resnick（1987）；Braddock &
McPartland（1993）；Garcia（1993）；
Wenglinsky（2002）。

94. Eckstrom & Villegas（1991）；Oakes
（2005）。

95. Good & Brophy（1987）。

96. Oakes(2005)；Cooper & Sherk(1989)。

97. Oakes（2005），第 80—83 页。

98. Oakes（2005），第 86—89 页。

99. Haycock（2000），第 1 页。

100. Kozol（1991），第 97 页。

101. Fine（2002）。

102. Gamoran（1992）；Oakes（1992）；
Useem（1990）；Mickelson（2001）。

103. Oakes（1993）。

104. Oakes（2005）；Hoffer（1992）；
Kulik & Kulik(1982)；Slavin(1990)。

105. Oakes（1986）；Finley（1984）；

Talbert（1990）；NCTAF（1996）。

106. Olsen（1997），第 156—157 页。

107. Olsen（1997），第 167 页。

108. Dewey（1916），第 87 页。

109. Dewey（1916），第 84 页。

110. Darling-Hammond（1997）。

111. Carrajat（1996）。

112. Poplin & Weeres（1992），第 11 页。

113. Poplin & Weeres（1992），第 23 页。

114. Poplin & Weeres（1992），第 21—
22 页。

115. 综述详见 Darling–Hammond, Ross
& Milliken（2007）。

116. Darling-Hammond, Ancess & Ort
（2002）；Fine（1994）；Fine,
Stoudt & Futch（2005）；Howley
& Harmon（2000）；Wasley *et
al.*（2000）。

117. Darling-Hammond, Ross & Milliken
（2007）。

118. Irvine（1990）。

119. Fine（1991）；Nieto（1992）；
Carter & Goodwin（1994）。

120. Fordham（1988）；Spring（1997）。

121. Blackwell, Trzesniewski & Dweck
（2007）。

122. Steele, Spencer & Aronson（2003）。

第 3 章

1. Wolfe（1987，第 130–131 页），转引
自 Madaus, Russell & Higgins（2009）。

2. Vasquez Heilig & Darling–Hammond
（2008）。

3. Wald & Losen（2003）。

4. O'Day & Smith（1993）。

5. DeBard & Kubow（2002）；
Ladd & Zelli（2002）；Woody *et
al.*（2004）。

6. Herman *et al.*（2000），综述可参见
Linn（2000）；Shepard（2000）。

7. 想要了解个别州采取的措施，请参见

Darling-Hammond（2000；2004a）。

8. 综述请参见 Darling-Hammond & Rustique–Forrester（2005）。

9. 可参见 Darling–Hammond & Ancess（1994）；Falk & Ort（1997）；Goldberg & Rosewell（2000）；Murnane & Levy（1996）。

10. 可参见 Madaus et al.（1992）。

11. Newmann，Marks，& Gamoran（1995）。

12. Lee，Smith & Croninger（1995）。

13. Darling-Hammond，Barron et al.（2008）。

14. Darling-Hammond（2000）。

15. Baron（1999）；国家教育目标小组（National Education Goals Panel，1999）；可参见 Wilson，Darling–Hammond & Berry（2001）。

16. Bransford，Cocking & Brown，《人们是如何学习的》（How people learn，1999）。

17. Herman（2002）注释。

18. Darling-Hammond（2004）。

19. Klein et al.（2000）；Koretz & Barron（1998）；Koretz，Barron et al.（1996）；Koretz et al.（1991）；Linn（2000）；Linn，Graue & Sanders（1990）；Stecher et al.（2000）。

20. Brown（1992）；Haney（2000）；Jones et al.（1999）；Jones & Egley（2004）；Popham（1999）；Smith（1991）。

21. 教育政策重心（Center on Education Policy，2007）。

22. 《教育周刊》（Education Week，2001）。

23. Hoffman，Assaf & Paris，2001。

24. Pedulla et al.（2003）。

25. Russell & Abrams（2004）。

26. Pedulla et al.（2003）。

27. 东南教学质量中心（Southeast Center for Teaching Quality，2003），第 15 页。

28. McKnight et al.（1987）。

29. Amrein & Berliner（2002）；Klein，Hamilton，McCaffrey & Stecher（2000）。

30. Haney（2000），第 6 部分，第 10 页。

31. Koretz，Mitchell，Barron & Keith（1996）；Stecher et al.（1998）。

32. Pedulla et al.（2003）。

33. Corbett & Wilson（1991）；Firestone & Mayrowetz（2000）；Anagnostopoulous（2003）。

34. Jennifer O'Day（2002），第 5 页。

35. NCEST（1992），第 E12—E13 页。

36. Wald & Losen（2003）。

37. Griffin & Heidorn（1996）；Orfield & Ashkinaze（1991）；Haney（2000）；Vasquez Heilig & Darling-Hammond（2008）；Jacob（2002）。

38. 教育政策中心（Center on Education Policy，2004）。

39. Carnoy and Loeb（2002）。

40. Hanushek & Raymond（2003）。

41. Lee & Wong（2004）

42. Amrein & Berliner（2002，2003）。

43. Lilliard & DeCicca（2001）；Clarke，Haney & Madaus（2000）；Roderick（1999）；Wheelock（2003）。

44. Jacobs（2001）。

45. Roderick，Bryk，Jacob，Easton & Allensworth（1999）。

46. Roderick *et al.*（1999），第 55—56 页。

47. Roderick *et al.*（1999），第 57 页。

48. 纽约市评估与问责局（New York City Division of Assessment and Accountability，2001）。

49. Wasserman（1999）。

50. 纽约市评估与问责局（2001），第 1 页。

51. 儿童权益维护组织（Advocates for Children），2002。

52. Arenson（2004）。

53. 1997—1998 学年高中毕业率指最大的 100 个学区中 1994—1995 学年 7 到 9 年级平均在校人数百分比。国家教育统计中心（1998）。

54. Orfield and Ashkinaze（1991），第 139 页。

55. Heubert & Hauser（1999）。更多综述请参见 Baenen（1988）；Holmes & Matthews（1984）；伊利诺斯州公平学校联盟（Illinois Fair Schools Coalition，1985）；Labaree（1984）；Meisels（1992）；Oakes & Lipton（1990）；Ostrowski（1987）；Shephard & Smith（1986）。

56. Rumberger & Larson（1998）；可参见 Jimerson，Anderson & Whipple（2002）；Hess（1986）；Hess，Ells，Prindle，Liffman & Kaplan（1987）；Safer（1986）；Smith & Shepard（1987）。

57. Hauser（1999），第 3 页。

58. Smith & Shepard（1987）。

59. 国家教育统计中心（NCES，2003）。2001 年起，NCES 改变了计算毕业率的方法，因此 2002 和 2003 年的数据无法和之前的年份直接比较。

60. Becker & Watters（2007）。

61. Kozol（2005），第 282 页。

62. Noguera（2008），第 175—176 页。

63. Noguera（2008），第 176 页。

64. DeVise（1999）；Fischer（1999）。

65. Clotfelter，Ladd，Vigdor & Diaz（2004）。

66. Clotfleter，Ladd & Vigdor（2007）。

67. Darling-Hammond（2000）。

68. Clotfelter，Ladd，Vigdor & Diaz（2004），第 272 页。

69. DeBray，Parson，& Woodworth（2001）；Diamond & Spillane（2004）；Mintrop（2003）；Rustique-Forrester（2005）。

70. Rustique-Forrester（2005）。

71. Haney（2000）；Gordon & Reese（1997）；Hoffman *et al.*（2001）；Klein *et al.*（2000）；Stotsky（1998）。

72. Klein *et al.*（2000）。兰德公司后来的一项研究也发现国家教育进展评估（NAEP）比得克萨斯州学业技能评估（TAAS）中的成绩差距大得多。参见 McCombs *et al.*（2005）。

73. Haney（2000）；跨文化发展研究协会（Intercultural Development Research Association，1996）。

74. Vasquez Heilig & Darling-Hammond（2008）。参与访谈的同事有斯坦福大学的 Elle Rustique-Forrester，莱斯大学的 Eileen Coppola，Linda McNeil 和 Judy Radigan。

75. 该部分所有教师和学生的引言均出自 Vasquez Heilig & Darling-Hammond（2008），第 97—99 页。

76. 得克萨斯州教育认证委员会（Texas

State Board of Educator Certification）数据，分析由 Ed Fuller 提供。

77. Wheelock（2003）。

78. Noguera（2008），第 177 页。

79. Bernstein（2004）。

80. 斯普林菲尔德教育协会（Springfield Education Association，2006）。

81. 汉考克诉德里斯科尔中学（Hancock v. Driscoll，2002），第 172—173 页。

第 4 章

1. Hanushek（2003），第 4 页。

2. Edgewood v. Kirby，转引自 Wise & Gendler（1989），第 16 页。

3. Downes & Pogue（1994）；Duncombe, Ruggiero & Yinger（1996）。

4. Coleman *et al.*（1966）；转引自 Ferguson（1991），第 467 页。

5. 可参见 MacPhail–Wilcox & King（1986）。

6. 可参见 Darling-Hammond, Ross & Milliken（2007）；Ferguson（1991）；Greenwald, Hedges & Laine（1996）；Grissmer *et al.*（2000）；Krueger（2000）。

7. 《华尔街日报》（*Wall Street Journal*），1989 年 6 月 27 日，转引自 Kozol（1991），第 133 页。

8. Hanushek（2003），第 4 页。

9. 对方法论的批评请参见 Greenwald, Hedges & Lain（1996b）；Hedges, Laine & Greenwald（1994）；Kruger（2003）；Rebell（2007）；Taylor（1997）。另外，法院也表现出关注。比如，在阿拉巴马财政拨款是否充足一案中，法院批评哈努舍克（Hanushek）没有控制"诸如种族、社会经济地位、父母教育水平等影响学生分数的变量"，并且使用平均分而非实际分数进行分析。《法官意见》（*Opinion of*

the Justices，624 So. 2d 107，140，阿拉斯加，1993）。使用实际分数重新分析哈努舍克的数据，发现财政支出与学生成绩之间存在具有统计学意义的显著正相关关系。*Id.* at 140 n. 34。

10. NCES（2000），第 15 页。

11. NCES（2000），第 17 页。

12. Wise（1979）。

13. Wise（1965）。

14. 圣安东尼奥独立学区诉罗德里格斯案（San Antonion Independent School District v. Rodriguez），411 U.S. 1 1973。

15. Taylor & Piche（1991），第 67 页。

16. Taylor & Piche（1991），第 xi—xii 页。

17. McUsic（1991），第 307 页。

18. Nelson & Weinbaum（2006），第 67 页。

19. 参见"班奈特抨击削减教育开支"（Bennett Assailed on Education Cuts），《纽约时报》（*New York Times*，1987 年 1 月 15 日）。

20. Ferguson（1991）。

21. Ferguson（1991），第 490 页。

22. Glass *et al.*（1982）；Walberg（1982）；Centra & Potter（1980）；教育研究服务（Education Research Service，1980）。

23. Mosteller（1995）；Krueger（2003）。

24. Greenwald, Hedges & Laine（1996a）；Darling-Hammond（2000）。

25. Greenwald, Hedges & Laine（1996a）。

26. Strauss 和 Sawyer（1986），第 47 页。

27. Levin（2007）预计每位辍学学生带来的工资和税收损失为209000美元，此外还有医疗和社会服务成本。目前每年至少有 100 万人辍学，损失达到 2090 亿美元，还有超过 500 亿美元的收监成本。Capriccioso（2005）称，由于高中毕业生缺乏基本技能，每年学生和学院用于补习以及企业因生产率低下而蒙受的损失高达 160 亿美元。

28. Milanowski & Odden（2007）；Benner（2000）。

29. Rivkin, Hanushek & Kain（2000）；Kain & Singleton（1996）。

30. Benner（2000），第 2 页。

31. Vasudeva, Darling-Hammond, Newton & Montgomery（2009）。

32. Fullan（2007）；Smith（2008）。

33. Luczak（2004）；NCTAF（1996）。

34. Baugh & Stone（1982）；Brewer（1996）；Mont & Rees（1996）；Murnane *et al.*（1989）；Theobald（1990）；Theobald *et al.*（1996）；Hanushek *et al.*（1999）；Gritz & Theobald（1996）。

35. Murnane & Olsen（1990）。

36. Loeb, Darling-Hammond & Luczak（2005）。

37. Leithwood, Seashore-Louis, Anderson & Wahlstrom（2004）；Darling-Hammond, Meyerson, LaPointe & Orr（即将出版）。

38. 全国资源获得网络（National Access Network，2009）。

39. Card & Payne（2002）.

40. Goertz & Weiss（2007）；Guryan（2001）。

41. Deke（2003）。

42. 哈里·布里格斯请愿书（Petition of Harry Briggs，1949）。

43. 阿贝维尔县学区诉南卡罗来纳州（Abbeville County School District v. State），515 S.E.2d 535（S.C. 1999）。

44. http://www/corridorofshame.com/reflections.php。

45. 获得优质教育（Access Quality Education，2008）。

46. Guryan（2001），第 1 页。

47. Berger & McLynch（2006）.

48. 里奇兰县诉坎贝尔（Richland County v. Campbell），364 S.E.2d 470（S.C. 1888）。

49. 阿贝维尔县学区诉南卡罗来纳州（Abbeville County School District v. State），515 S.E.2d 535（S.C. 1999）。

50. 获得优质教育（2008）。

51. 在南卡罗来纳州，非裔美国学生占非白人学生的绝大多数，因此我们将"占非裔学生的百分比"设为变量。在马萨诸塞州，西班牙裔和亚裔美国学生的比例相对较高，他们和美国原住民学生都被归为"少数族裔"学生。在马萨诸塞州，由于某些地区有大量母语为非英语的学生，我们也添加了母语为非英语学生的比例这一变量。

52. 马萨诸塞州的学校资源数据比南卡罗来纳州少得多。如果数据更完整，预测力会大大提高。

53. 非标准资格证教师包括持有各类证书但缺乏学科背景和教师培训、没有获得完全标准资格的教师。这一变量与学生成绩在州测试中不达标之间呈很强的正相关关系。有教师资格证、但教"其他科目"的教师也属于非标准资格证教师。他们达到了某一学科（不是所有学科）的教师培训要求，比其他持有非标准资格证的教师素质高。这个变量的负相关系数说明，学区将非标准资格证发放给持有资格证教师的比例越高，分数差的学生比例就越低。

54. 弗洛雷斯起诉亚利桑那州案（Flores v. Arizona），Pet. A 第 108a 页。教育政策学者 2009 年 2 月 26 日提交的支持请愿者的独立法庭纪要（Amici Curiae），第 3 页。

55. 在霍恩诉弗洛雷斯案（Horne v. Flores）中教育政策学者支持请愿者的独立法庭纪要，于 2009 年 2 月 26 日提交给美国最高法院（U.S. Supreme Court）。

56. 30 位著名教育研究领袖的独立法庭纪要不支持任何一方，于 2009 年 3 月 25 日提交给美国最高法院。

57. *Horne v. Flores*（2009）。

58. NCES（undated）。

59. NCES（2007b）。

60. NCES（2007a）。

61. Anyon（1997），第 136 页；

62. 《明星纪事报》（*Star Ledger*），1976 年 4 月 2 日。

63. Anyon（1997），第 136 页。

64. ETS（1991），第 9 页。

65. 阿伯特诉伯克案（Abbott v. Burke），1990 年，第 376 页。

66. 阿伯特诉伯克案，1990 年，第 364 页。

67. 新泽西州教育厅（New Jersey State Department of Education，1994b），第 43—44，66 页。转引自 Jean Anyon（1997），第 144—145 页。

68. 教育信托基金会（Education Trust 1996），第 143 页。转引自 Jean Anyon，第 146 页。

69. Burns（2003）。

70. 阿伯特诉伯克案，748 A.2d 82（2000）（*Abbott VI*）。

71. MacInnes（2009），第 58 页。

72. MacInnes（2009），第 61—62 页。

73. Doolan & Peters（2007）；可参见 MacInnes（2009）。

74. Bueno，Darling-Hammond & Gonzales（即将出版）；MacInnes（2009），第 47 页。

75. Frede *et al.*（2007）。

76. MacInnes（2009），第 48 页。

77. Ryan & Ackerman（2004）。

78. MacInnes，第 68 页。

79. MacInnes，第 78 页。

80. 新泽西州教育厅（2006）。

第 5 章

1. 例如，在 1992—2000 年间，马萨诸塞州黑人学生在 NAEP 中的成绩增速是白人学生的两倍（4 年级分别为 18 分和 8 分，8 年级为 15 分和 7 分），然而在 2003—2007 年间，黑人学生的分数只有 4 年级保持了增速，8 年级大幅落后（黑人学生 4 分，而白人学生为 13 分）。NAEP 数据一览（NAEP Data Explorer），摘自 http://nces.ed.gov/nationsreportcard/nde/viewresults.asp。

2. 1999 年秋，康涅狄格州 30% 的学生为非白人，其中西班牙裔学生人数居全国第 12 位，2002 年，全州 36% 的学生就读于 Title I 学校（《中小学教育法案》第一条规定资助的低收入学校）。同期，北卡罗来纳州 38% 的学生为非白人，非裔美国学生的数量居全国第 8 位，38% 的学生就读于 Title I 学校（NCES，2001，表 42；NAEP 各州数据（NAEP State Data），2002，摘自 http://nces.ed.gov/nationsreportcard/statedata）。2007 年，康涅狄格州 34% 的学生是少数族裔，北卡罗来纳州的比例为 43%。NAEP 各州数据，2009 年 4 月 1 日摘自 http://nces.ed.gov/nationsreportcard/states/。

3. 国家教育目标小组（1999）。

4. NEGP（1999）。

5. Baron（1999）。

6. 霍顿诉麦斯基尔（Horton v. Meskill），376 A.2d 359（1977）。

7. 谢夫诉奥尼尔（Sheff v. O'Neill），678 A.2d 1267（1996）。

8. Baron（1999）。

9. 康涅狄格州教育厅（Connecticut State Department of Education，1990）。

10. 康涅狄格州教育委员会（Connecticut State Board of Education，1992），第 3 页。

11. 国家教育目标小组（1998）。

12. NAEP 分析（2001）。

13. Darling-Hammond，Meyerson，LaPointe & Orr（即将出版）。

14. Darling-Hammond，Meyerson，LaPointe & Orr（即将出版）。

15. Baron（1999）。

16. Baron（1999）。

17. 私下交流，1995.

18. NCTAF（1996）。

19. 国家教育目标小组（1998）。

20. 可参见 Bond，Smith，Baker & Hattie（2000）；Cavaluzzo，L.（2004）；Goldhaber & Anthony（2005）；Smith，Gordon，Colby & Wang（2005）；Vandevoort，Amrein-Beardsley & Berliner（2004）。

21. 可参见 Haynes（1995）；Bradley（1994）；Areglado（1999）；Buday & Kelly（1996）。

22. Clotfelter，Ladd & Vigdor（2007）。

23. Darling-Hammond，Meyerson，LaPointe & Orr（即将出版）。

24. Darling-Hammond，Meyerson，LaPointe & Orr（即将出版）。

25. Bryant，Maxwell，Taylor，Poe，Peisner-Feinberg & Bernier（2003）。

26. NAEP 分析（2001）。

27. NAEP 数据趋势，各州情况（Data trends，State profiles）。引自 2009 年 4 月 4 日 http://nces.ed.gov/nationsreportcard/states/。

28. Clotfelter，Ladd，Vigdor & Diaz（2004）。

29. Clotfelter，Ladd & Vigdor（2007）。

30. 霍克郡诉北卡罗来纳州（Hoke

County v. North Carolina，2004），95 CVS 1158，第 109—110 页。

31. 全国资源获得网络，北卡罗来纳州的诉讼（National Access Network，North Carolina litigation）。引自 2009 年 4 月 4 日 http://www.schoolfunding.info/states/nc/lit_nc.php3。

32. Sonstelie *et al.*（2000）。

33. Merrow（2004）。

34. Ed Source（2001），第 3、4、6 页。

35. 在本书中，"不合格教师"指缺少本教学领域初级证书或有效证书的教师，加州将这类标准证书看作完全达到新手教师或老教师标准的标志。

36. EdSource（2001）。

37. Loeb，Grissom & Strunk（2007）。

38. 这些数字均引自 2003 年 4 月 29 日从 Ed Data 网站上下载的学区财政报告。http://www.ed-data.k12.ca.us/Navigation/fsTwoPanel.asp?bottom=%2Fprofile %2Easp %3Flevel%3D06%26reportNumber%3D16。

39. Loeb，Darling-Hammond & Luczak（2005）。

40. Pogodzinski（2000）。

41. Shields *et al.*（2001），第 37 页。

42. Shields *et al.*（2001）。

43. Schrag（1999）。

44. Sonstelie *et al.*（2000），第 131—137 页；Carroll *et al.*（2000）。

45. PACE（2000）。

46. Rogers（2007）。

47. Eddin，Macallair & Schiraldi（1999）。

48. Strupp（2009）。

49. 加州监狱之灾（The California prison disaster，2008）。

50. Baldassare & Hanak（2005），第 14 页。

51. Oakes（2003），第 13—14 页。

52. Oakes（2003）。

53. Fine（2002），第 20 页。

54. Fine（2002），第 29 页。

55. Raymond（2003），第 2 页。

56. Hanushek（2003），第 17 页。

57. Oakes（2003）。

58. Betts *et al.*（2000）；Fetler（1999）；Goe（2002）洛杉矶县教育办公室（Los Angeles County Office of Education，1999）。

59. Betts，Rueben & Dannenberg（2000），第 xxii 页。

60. Gloria Ladson-Billings（2006）在讨论新奥尔良州和其他美国城市的非裔美国人教育时曾使用过极度忽视一词。

61. 分析来自 Susanna Loeb，引用于 L. Darling-Hammond（2003b）。

62. 该州通过提供 Cal-T 奖学金、州长奖学金和 APLE 贷款，使师范生能够负担得起培训费用，并向在贫困学校任教的教师给予奖励，大幅缩小了教师不足的缺口。

63. 教师为先方案（Teachers as a Priority）提供了一系列激励手段，以提高低收入学校合格教师的比例。

64. 未来教学与学习中心（Center for the Future of Teaching and Learning，CFTL）（2006）。

65. Darling-Hammond（2003a）；CFTL（2006）。

66. Bohrnstedt & Stecher（2002）。

67. Bohrnstedt & Stecher（2002）。

68. Darling-Hammond（2003a）。

69. Oakes（2003），第 41 页。

70. 阅读课程之争可参见 Pearson（2004）和 Moustaffa & Land（2002）；数学课程之争参见 Schoenfeld（2004）；科学课程之争参见 Woolf（2005）。

71. 科学教育基金会（Sciences Education Foundation，2004）。

72. 写给加利福尼亚州教育委员会的一封信（Letter to the California State Board of Education，2004）。

73. NAEP（2007a），第 16、32 页。

74. NAEP（2007b），第 16、34 页，全国成绩单：阅读（The Nation's Report Card：Reading），2007。

75. NCES（2006），第 16、28 页。

76. Oakes（2003），第 47—49 页。

77. 小胡佛委员会（Little Hoover Commission，2000），第 vi 页。

78. 州长否决立法（Governor's veto message to the legislature），1999 年 10 月 10 日。

79. Oakes（2003），第 53 页。

80. 可参见 Darling-Hammond & Bransford（2005）。

81. Gamoran & Berends（1987）；Oakes（2005）。

第 6 章

1. 芬兰教育部（2009）。

2. Kim（2002），第 30 页。

3. Hean（2001）。

4. 经合组织（2007）。

5. Sahlberg（2009），第 2 页。

6. 芬兰统计局（Statistics Finland，2007）。

7. 经合组织（2007a）。

8. Sahlberg（2009）；经合组织（2001，2005，2007b）。

9. Sahlberg（2007），第 49 页。

10. 外国人在芬兰（Foreigners in Finland，2009）。

11. Sahlberg（2007），第 148 页。

12. Sahlberg（2007），第 148 页。

13. Sahlberg（2009），第 7 页。

14. Laukkanen（2008），第 319 页。可参见 Buchberger & Buchberger（2003），第 222—237 页。

15. Sahlberg（2009），第 22 页。

16. Sahlberg，第 10 页。

17. Sahlberg（2007）。

18. Eckstein & Noah（1993），第 84 页。

19. Sahlberg（2009），第 20 页。

20. Sahlberg（2007）。

21. 芬兰高考（The Finnish Matriculation Examination，2008）。

22. Kaftandjieva & Takala（2002）。

23. Lavonen（2008）；芬兰国家教育委员会（Finnish National Board of Education，2007）。

24. 芬兰国家教育委员会（2008 年 6 月）。

25. 芬兰国家教育委员会（2008 年 6 月）。

26. Korpela（2004）。

27. Lavonen（2008）。

28. Sahlberg（2007），第 152 页。

29. Westbury et al.（2005）。

30. Buchberger & Buchberger，第 9 页。

31. Buchberger & Buchberger，第 10 页。

32. Buchberger & Buchberger，第 16 页。

33. R. Laukkanen（2008），第 319 页。可参见 Buchberger & Buchberger（2003）。

34. 经合组织（2004）。

35. Gonnie van Amelsvoort & Scheerens（1996）。

36. Sahlberg（2007），第 155 页。

37. Fullan（2005）。

38. Sahlberg（2007），第 167 页。

39. Laukkanen（2008）。

40. 韩国教育发展研究所（Korean Educational Development Institute, KEDI）（2007a）。

41. Lee（2005），第 30—31 页，引自经合组织 PISA 2003 数据库，表 4.3a。

42. Lee（2005）。

43. 韩国教育发展研究所（KEDI）（2007b）。

44. Lee（2005），第 25—26 页。

45. KEDI（2006）。

46. Huh（2007），第 15 页。

47. KEDI（2004）给出的班级规模为：小学 32.9 人，初中 35.1 人，高中 33.8 人，职业高中 30.2 人。

48. Huh（2007），第 15 页。

49. Huh（2007）。

50. Huh（2007），第 41—44 页。

51. Huh（2007），第 46 页。

52. Seth（2005），第 9 页。

53. Hwang（2000），第 396 页。可参见 Huh（2007），第 80 页。

54. Kan & Hong（2008）。

55. Y. Kim & Lee（2002）。

56. Y. Kim & Lee（2002）。

57. Lee（2005），第 35 页。

58. Kang & Hong（2008），第 202 页。

59. Kang & Hong（2008），第 203 页。

60. Kang & Hong（2008）。

61. 韩国教育和研究信息服务（Korea Education and Research Information Service）。

62. Kang & Hong（2008），第 203 页。

63. Dixon（2005）。

64. Dixon（2005）。

65. 教育部（2007 年 6 月）。

66. Lepoer（1989）。

67. Gopinathan（2007）；Goh & Gopinathan（2008）；Lepoer（1989）。

68. Lepoer（1989）。

69. 教育部（2007 年 6 月）。

70. Stevenson（1992）。

71. 可参见 Tsuneyoshi（2005）。

72. Ng（2008），第 6 页。

73. Tsuneyoshi（2005）

74. Lee（2004）。

75. Tharman（2005a）。

76. Thurman（2005b），转引自 Ng（2008），第 7 页。

77. Tsuneyoshi（2005），第 46 页。

78. 新加坡考试与评估局（Singapore Examinations and Assessment Board, 2006），第 2 页。

79. 新加坡考试与评估局（2006），第 9 页。

80. Kaur（2005）。

81. Kaur（2005）。

82. Goh & Gopinathan（2008）。

83. Chuan, G. K. & Gopinathan, S.（2005）.

84. Tripp（2004）；Salleh（2006）。

85. Tripp（2004）。

86. Barber & Mourshed（2007）。

第 7 章

1. Barber & Mourshed（2007）。

2. Elmore & Fuhrman（1993），第 86 页。

3. Ballou & Podgursky（1997）；Walsh（2001）；Walsh & Podgursky（2001）；USDOE（2002）；Thomas B. Fordham Foundation（1999）。

4. 参见全国研究委员会（National Research Council）关于学习的报告（Bransford，Brown & Cocking，1999）和国家教育研究院（National Academy of Education）关于教学的报告（Darling-Hammond & Bransford，2005）。

5. Flexner & Pritchett（1910），第 × 页。

6. 本部分参考了 Darling-Hammond（2005）和 Wei，Andree & Darling-Hammond（2009）。

7. Britton（2006）；Clement（2000）。

8. Barber & Mourshed（2007）。

9. 经合组织（2005）。

10. 经合组织（2005）。

11. Barber & Mourshed（2007）。

12. Stansbury & Zimmerman（2000）。

13. Mikkola（2001）。

14. Buchberger & Buchberger（2004），第 10 页。

15. Sahlberg（2009）。

16. 经合组织（2004）。

17. Cochran-Smith & Lytle（1993）。

18. 经合组织（2004）。

19. 经合组织（2005）。

20. Barber & Mourshed（2007）。

21. Fernandez（2002）；Pang（2006）；Barber & Mourshed（2007）。

22. Fernandez（2002）。

23. Stigler & Stevenson（1991），第 46 页。

24. 经合组织（2007）。

25. Barber & Mourshed（2007）。

26. Fullan（2007）；Earl et al.（2002）。

27. Earl et al.（2002）。

28. Fullan（2007）。

29. Skilbeck & Connell（2003）；阿特利尔学习解决方案（Atelier Learning Solutions，2005）。

30. Meiers，Ingvarson，Beavis，Hogan & Kleinhenz（2006）。

31. Meiers，Ingvarson，Beavis，Hogan & Kleinhenz（2006）；Ingvarson（2005）。

32. Meiers，Ingvarson，Beavis，Hogan & Kleinhenz（2006）。

33. Darling-Hammond，Wei，Richardson，Andree & Orphanos（2009）。

34. Darling-Hammond，Wei，Richardson，Andree & Orphanos（2009）。

35. Darling-Hammond，Wei，Richardson，Andree & Orphanos（2009）。

36. Yoon et al.（2007）。

37. Boyd，Grossman，Lankford，Loeb & Wyckoff（2008）；Darling-Hammond（2006）。

38. Boyd，Grossman et al.（2006）发现，在学生和学校特征不变的情况下，平均来看，完成了大学师范课程的新教师所教授的学生，成绩高于通过替代方案进入教师队伍或持有临时资格证的教师所教授的学生。2008 年，该研究团队考察了师范毕业生对学生成绩的贡献，并找出了毕业生对学生成绩增值贡献最大的培养方案的特征。

39. Darling-Hammond & Bransford（2005）；Darling-Hammond（2006）。

40. 想要详细了解全国教师供给政策，请参见 Darling-Hammond & Sykes（2003）。

41. Anyon（1997）；Cooper & Sherk（1989）。

42. Fine（1991）；Nieto（1992）；Carter & Goodwin（1994）；Irvine（1990）。

43. 本章中教师的名字均为虚构。

44. Futernick（2005）。

45. Shapiro（1993），第 89 页。

46. Darling-Hammond & Bransford（2005）。

47. Carter & Doyle（1987）；Doyle（1986）。

48. Cooper & Sherk（1989），第 318 页。

49. Cooper & Sherk（1989）；可参见 Resnick（1987）；Bowman（1993）；Braddock & McPartland（1993）；Garcia（1993）。

50. Strickland（1985）。

51. 这 7 个学院包括：威斯康星州密尔沃基市的阿尔韦诺学院（Alverno College）；纽约市班克街学院（Bank Street College）；得克萨斯州圣安东尼奥市的三一学院（Trinity College）；加州大学伯克利分校（University of California at Berkeley）；南缅因州大学（University of Southern Maine）；弗吉尼亚大学（University of Virginia）；马萨诸塞州波士顿的惠洛克学院（Wheelock

College）。参见 Darling-Hammond（2006）。

52. Adapted from Snyder（2000），第 101—105 页。

53. Darling-Hammond（2006）。

54. Irvine（1992），Ladson-Billings（1992），Eugene Garcia（1993）；Nieto & Rolon（1996）；Strickland（1995）。

55. Darling-Hammond（2006）。

56. 适应能力的概念及习得详见 Darling-Hammond & Bransford（2005）。

57. Ball & Cohen（1999）；Hammerness，Darling-Hammond, & Shulman（2002）。

58. Moll，Amanti，Neff & Gonzalez，1992。

59. Gallego（2001），第 314 页。

60. Abdal-Haqq（1998），第 13—14 页；Darling-Hammond（2005）；Trachtman（1996）。

61. 参见 Darling-Hammond（2005）；Guadarrama，Ramsey & Nath（2002）等。

62. 了解概况请参见 Darling-Hammond & Bransford（2005），第 415—416 页。

63. Keller（2006）。

64. Ingersoll & Kralik（2004）；Cheng & Brown（1992）；Odell & Ferraro（1992）；Spuhler & Zetler（1995）；Fuller（2003）。

65. Bartell（1995）；Smith & Ingersoll（2004）；Olebe（2001）；Wang，Odell & Schwille（2008）。

66. 这些问题的研究综述详见 Braun（2005）；Darling-Hammond（2007）。

67. Braun（2005），第 17 页。

68. Darling-Hammond，Wise & Klein

（1999）；Thompson & Zeuli（1999）。

69. Elmore & Fuhrman（1993），第 86 页。

70. 参见 Bond，Smith，Baker & Hattie
（2000）；Cavaluzzo（2004）；
Goldhaber & Anthony（2005）；
Smith，Gordon，Colby & Wang（2005）；
Vandevoort，Amrein-Beardsley &
Berliner（2004）等。

71. Athanases（1994）。

72. Chittenden & Jones（1997）；Sato
（2000）；Sato，Wei & Darling-
Hammond（2008）。

73. Areglado，N.（1999）；Bradley（1994）；
Buday，M. & Kelly，J.（1996）；
Haynes（1995）。

74. Haynes，第 60 页。

75. Darling-Hammond *et al.*（2006）。

76. Wilson，M. & Hallum，P. J.（2006）.《将
学生成绩 / 测试分数作为衡量教师素
质的外部效度指标：康涅狄格州新教
师支持与培训项目》（Using Student
Achievement Test Scores as Evidence
of External Validity for Indicators
of Teacher Quality：Connecticut's
*Beginning Educator Support and
Training* Program）。加州伯克利：
加州大学伯克利分校。

77. Darling-Hammond（2007），第 8 页。

78. Darling-Hammond（2006），第 326—
327 页。

79. Milanowski，Kimball & White（2004）。

80. 参见 NCTAF（1996）；Van Lier（2008）。

81. 教师责任标准是根据一些现行教师
问责制度制定的，包括：罗切斯特
（纽约）职业教学计划（Rochester
Career in Teaching Program）、道格

拉斯县（科罗拉多州）教师绩效薪
酬计划（Douglas County *Teacher's
Performance Pay Plan*）、沃恩下世
纪特许学校（洛杉矶）绩效薪酬计划
（Vaughn Next Century Charter School
Performance Pay Plan）和罗拉（密
苏里州）学区专业教师评估（Rolla
School District Professional Based
Teacher Evaluation）。

82. Solomon，White，Cohen & Woo
（2007）。

83. Agam，Reifsneider & Wardell（2006）。

84. 详细信息请参看丹佛的公立学校教
师专业薪酬制度（Denver Procomp
system），http：// denverprocomp.
org。

85. Packard & Dereshiwsky（1991）。

86. Hassell（2002）。

87. Darling-Hammond，Wei，Richardson，
Andree & Orphanos（2009）。

88. Darling-Hammond & McLaughlin
（1995），第 598 页。

89. Carpenter *et al.*（1989）；Cohen &
Hill（2001）；Lieberman & Wood
（2002）；Merek & Methven（1991）；
Saxe，Gearhart & Nasir（2001）；
Wenglinsky（2000）。

90. Garet *et al.*（2001）；Snow-Renner
& Lauer（2005）；Carpenter *et al.*
（1989）；Cohen & Hill（2001）；
Garet *et al.*（2001）；Desimone *et
al.*（2002）；Penuel，Fishman，
Yamaguchi & Gallagher（2007）；
Saxe，Gearhart & Nasir（2001）；
Supovitz，Mayer & Kahle（2000）。

91. Blank，de las Alas & Smith（2007）；

Carpenter *et al.*（1989）；Cohen & Hill（2001）；Lieberman & Wood（2002）；Merek & Methven（1991）；Saxe，Gearhart & Nasir（2001）；Wenglinsky（2000）；McGill-Franzen *et al.*（1999）。

92. Merek & Methven（1991）。
93. Cohen & Hill（2001）。
94. Saxe，Gearhart & Nasir（2001）。
95. Ball & Cohen，1999；Dunne，Nave & Lewis，2000；Little，2003。
96. 参见 Strahan（2003）。
97. Garet *et al.*（2001）；Cohen & Hill（2001）；Supovitz，Mayer & Kahle（2000）。
98. Hord（1997）；Joyce & Calhoun（1996）；Louis，Marks & Kruse（1996）；McLaughlin & Talbert（2001）；Newman & Wehlage（1997）；Friedlander & Darling-Hammond（2007）。

99. Newman & Wehlage（1997）。
100. Bryk *et al.*（1999）；Calkins，Guenther，Belfiore & Lash（2007）；Goddard，Goddard & Tschannen-Moran（2007）；Louis & Marks（1998）；Supovitz & Christman（2003）。
101. Dunne，Nave & Lewis（2000）。
102. Louis，Marks & Kruse（1996）。
103. 本部分参考了 Elmore & Burney（1999）。
104. Darling-Hammond，Hightower *et al.*（2005）。
105. Elmore & Burney（1999）；Darling-Hammond，Hightower *et al.*（2005）。
106. Elmore & Burney（1999）。
107. Elmore & Burney（1999），第 268 页。
108. LaPointe，Darling-Hammond & Meyerson（2007），第 36 页。

第 8 章

1. Darling-Hammond，Ancess & Ort（2002）。
2. Darling-Hammond，Ancess & Ort（2002）；Fine，Stoudt & Futch（2005）；Friedlaender & Darling-Hammond *et al.*（2007）；Wasley *et al.*（2000）。
3. Darling-Hammond，Ancess & Ort（2002）；Bosman（2007）。
4. Ravitch（2009）。
5. Ravitch（2002）。
6. Darling-Hammond，Ancess & Ort（2002）；Fine，Stoudt & Futch

（2005）；Lee，Bryk & Smith（1993）；Newmann & Wehlage（1995）；Wasley *et al.*（2000）。
7. Kearns（1988）。
8. Deming（2000）；Senge（1990）。
9. Braddock & McPartland（1993）；Gottfredson & Daiger（1979）；Lee，Bryk & Smith（1993）；Wehlage *et al.*（1989）。
10. Lee & Smith（1995）。
11. 综述参见 Lee，Bryk & Smith（1993）；Newmann & Wehlage（1995）。

12. Newmann, Marks & Gamoran（1995）。

13. Lee，Smith & Croninger（1995）；可参见 Darling-Hammond，Barron *et al.*（2008）。

14. Friedlaender & Darling-Hammond *et al.*（2007）。

15. 在 2007 年和之前该州毕业率计算依据的是国家教育统计中心的公式，会根据学校出入人数进行调整。2008年起，该州采用了全国州长协会（National Governors Association）建议的不同的计算方法。

16. Friedlaender & Darling-Hammond *et al.*（2007）。

17. Darling-Hammond，Ancess & Ort（2002）。

18. See Ancess（1995）；Bensman（1987，1994，1999）；Darling-Hammond（1997）；Darling-Hammond，Ancess & Falk（1995）。

19. 4 年毕业率反映了一个班级中 9 年级入学、在 4 年内从该校或其他学校毕业，获得了普通高中同等学历证书（GED）的学生比例。 数据来自纽约市公立学校（New York City Public Schools，1994）。

20. Darling-Hammond，Ancess & Ort（2002）。

21. Fine，Stoudt & Futch（2005）。

22. 可以参考 Wasley 等人（2000）对芝加哥 50 所新型小规模高中的分析，研究发现在控制了学生特征和之前成绩因素之后，和大型学校的学生相比，新型小规模学校的学生辍学率大幅下降，平均分更高，阅读成绩更好，数学成绩相当。Fine（1994）对费城小规模特许高中的研究，也得到了相似的结论。两项研究都认为成功学校的关键特征是规模小，结构个性化，教师进行协作，采用基于项目的学习和表现评估。French（2008）发现波士顿试点学校（Pilot Schools）比其他类似学生所在的学校成绩好得多，产生差别的原因包括个性化的结构降低了生师比，给学生提供支持（包括咨询结构），给予教师大量协作时间（每周 285 分钟加上 6 天专业发展时间，或者每周 29 分钟加上在其他 BPS 学校中的 3 天专业发展时间），通过实习、研究项目、展示、作业集和表现评估实行真实教学和评估。

23. 下一部分参考了 Darling-Hammond，Ancess & Ort（2002）和 Friedlaender，Darling-Hammond *et al.*（2007），引言部分均在著作中首次出现。

24. Darling-Hammond，Ross & Milliken（2007）。

25. 综述详见 Darling-Hammond，Ross & Milliken（2007）。

26. Howley & Howley（2004）发现，最佳学校规模与学生的社会经济地位有关，从全国来看在 100 人以下的超小规模学校中低收入学生的成绩最佳。他们还发现数学成绩最平均的学校规模小于 300 人，阅读成绩最平均的高中规模在 300 人到 600 人之间，规模超过 1500 人的学校成绩最不平均。Friedkin & Necochea（1998）在加州的研究和 Howley & Bickel（1999）在其他 6 个州的研究也发现了学校规模、学生成绩与社群社会经济地位之间的相关性，似乎学校规模越小对低收入社群越有利。

27. Howley（1995），第 2 页。

28. Howley（1995）。

29. Verlinden, Hersen & Thomas（2000）。

30. Lee *et al.*（2000）。

31. Lee, Bryk & Smith（1993）。

32. Powell, Ferrar & Cohen（1985）。

33. Miles & Darling-Hammond（1998）。

34. Bryk, Lee & Holland（1993）;
Lee, Croninger & Smith（1997）。

35. Black, Harrison, Lee, Marshall &
Wiliam（2003）。

36. Glaser（1990），第 16—17 页。

37. Newman *et al.*（1996）。

38. Little（1982）; McLaughlin & Talbert
（2001）。

39. Newmann, Marks & Gamoran, "真
实教学法和学生表现"（Authentic
Pedagogy and Student Performance）。

40. Darling-Hammond, Ancess & Ort
（2002）; Lee & Loeb, 芝加哥小学
的学校规模（School Size in Chicago
Elementary Schools）; Wasley *et
al.*（2000）; Bryk, Camburn &
Louis（1999）。

41. Edmonds（1979）。

42. 综述详见 Levine & Lezotte（1990）。

43. 八年研究（Eight-year study）。

44. Erkstine（2002）。

45. Robinson（1984）。

46. Cremin（1961）。

47. Hill（2006）。

48. 盖茨基金会（2005），第 3 页。

49. French（2008）。

50. Young *et al.*（2009）。

51. Imberman（2007）; Miron & Nelson

（2001），第 36 页。

52. CREDO（2009）。

53. Carnoy *et al.*（2005）。

54. 种族与贫困研究所（Institute on Race
and Poverty, 2008）。

55. Miron, Coryn *et al.*（2007）。想要
了解特学学校问题和成果综述，请参
见 Darling-Hammond & Montgomery
（2008）。

56. 会计总署（General Accounting
Office, 2001）。

57. 大城市学校理事会（Council for Great
City Schools, 2008）。

58. Data on 密尔沃基市中小学（包括学
区学校［district schools］、政府特
许学校［instrumentality charters］、
非政府特许学校［noninstrumentality
charters］和合作办学学校［partnership
schools］）成绩趋势数据来自密尔沃
基公立学区 2007—2008 学年成绩单
和威斯康星州公共教育厅（Wisconsin
Department of Public Instruction）网站；
2009 年 5 月 8 日摘自 http://data.dpi.
state.wi.us/data/。

59. Jennings & Pallas（2009）; 儿童权益
维护组织（2009）。

60. NCTAF（1996）; Darling-Hammond
（1997）。

61. NCTAF（1996）。

62. 日本的统计数据是日本教育、文化、
体育、科学和技术部（Ministry of
Education, Culture, Sports, Science,
and Technology）报告中的小学和初中
低年级数据（2004）;美国的统计数据来
自国家教育统计中心（2005a），表 79。

第 9 章

1. Dewey（1900），第 3 页。

2. James Baldwin 在为维尔特维克感化院
（Wiltwyck School）的男孩开设的音
乐会课程上的感言。

3. Swanson（1991）。

4. 概述详见 Darling-Hammond & Rustique-
Forrester（2005）。

5. Darling-Hammond & Rustique-Forrester
（2005）。

6. Cortese & Ravitch（2008），第 4 页。

7. Darling-Hammond & Rustique-Forrester
（2005）。

8. 教育科学研究所（Institute for Education
Sciences，2007）。

9. Mullis, Martin, Kennedy & Foy（2007）。

10. 教育与民主论坛（Forum on Education
and Democracy，2008）。

11. 参见 Darling-Hammond & Rustique-
Forrester（2005）。

12. 可参见 Schmidt，Wang & McKnight
（2005）；Valverde & Schmidt（2000）；
Fensham（1994）。

13. Takahashi，Watanabe & Yoshida
（2004）。

14. Eckstein and Noah（1993），第 119 页。

15. Pettersson（2008）。

16. Eckstein & Noah（1993）。

17. 国际文凭组织（International
Baccalaureate Organization，2005）。

18. Chan, J. K., Kennedy, K. J., Yu, F.W.,
& Fok，第（2008）。

19. 香港考试评估局（Hong Kong
Examinations Assessment Authority,

20. Dowling，M.（undated）。

21. Chan *et al.*（2008）；教育局质量保
证厅（Quality Assurance Division of
the Education Bureau，2008）。

22. 教育局质量保证厅（2008）。

23. Rustique-Forrester（2005）。

24. 儿童、学校和家庭部（Department for
Children，Schools，and Families,
2009）。

25. Ravitch（2009）。

26. MacDonald & Shirley（2009，即将出
版）。

27. MacDonald & Shirlcy（2009，即将出
版）。

28. Schmidt，Wang & McKnight（2005）。

29. Schwartz, M. S., Sadler, P.M.,
Sonnert, G., & Tai, R. H.（2008）。

30. Darling-Hammond，Ancess & Falk
（2005）。

31. 高中毕业之后的成功表现。

32. Sahlberg（2007）。

33. Shulman（1983），第 504 页。

34. Rothstein, R., Jacobsen, R., &
Wilder，T.（2008）。

35. Ancess（1996）；Wilson（1996）。

36. 教育责任论坛（Forum on Educational
Accountability，2004）。

37. 美国教育研究协会（1999）。

38. Liu（2008）。

39. 国家教育、标准和测试委员会
（National Council on Education,
Standards，and Testing，1992）。

2009）。

40. Darling-Hammond（1992—1993）。

41. Schott Foundation（2009）。

42. Betts，Rueben & Danenberg（2000），第 xxix—xxx 页。

43. Ferguson（1991），第 489 页。

44. Betts，Rueben & Danenberg，2000，第 xxiv 页。

45. 想要详细了解全国教师供给政策，请参见 Darling-Hammond & Sykes（2003）.

46. 每年约有 250000 名教师被解聘，通常只有 40%—60% 是新教师，其他都是更换学校的有经验教师或者是以前当过教师、又重新开始执教的人员。

47. 按照目前的流失率，三年以下教龄的新教师会有 50000 名离开教师队伍。每位教师的替换成本为 20000 美元，全国一年要花费近 10 亿美元，这还不包括其他教师流动的费用。

48. Pecheone & Chung（2006）。

49. Darling-Hammond & Bransford（2005），第 415—416 页。

50. 新教师计划（New Teacher Project，2009）。

51. 废除布什绩效工资。

52. Mathews，J.（2008 年 10 月 6 日）。

53. Allegretto，S.，Mishel，L. & Corcoran，S. P.（2008）。

54. Berry，B.（2009）。

55. Rochkind，J.，Ott，A.，Immerwahr，J.，Doble，J. & Johnson，J.（2007）。

56. Berry，B.（2009）。

57. Silva，E.（2008）。

58. Berry，B.（2009）。

59. Zentner，S. M. & Wiebke，K.（2009 年 5 月 1 日）。

60. Senge，P.（1990）; Deming, W. E.（1986）。

61. Leithwood，K. & Jantzi，D.（2005）；可参见 Leithwood，K.，Seashore-Louis，K.，Anderson，S. & Wahlstrom，K.（2004）。

62. Darling-Hammond，Meyerson et al.（即将出版）。

63. 成功的举措请参见 Darling-Hammond，Meyerson et al.（即将出版）。

64. Berry（2009）。

65. Harlem Children's Zone（2008）。

66. Lefkowits，L., & Diamond, B.（2009）。

67. Elmore，R.（1996）。

68. Hargreaves，A.（2008）。

69. Hargreaves（2008），第 25 页。

70. McLaughlin（1991），第 147 页。

71. King，M. L. Jr.（1968，January 7）。

72. Levin（2008）；Western，Schiraldi & Ziedenberg（2003）。

参考文献

Abbeville County School District v. State, 515 S.E.2d 535 (S.C. 1999).

Abdal-Haqq, I. (1998). *Professional development schools: Weighing the evidence*. Thousand Oaks, CA: Corwin Press.

Access Quality Education. (2008). South Carolina litigation history. Retrieved August 9, 2008, from http://www.schoolfunding.info/states/sc/lit_sc.php3.

Advocates for Children. (2002). *Pushing out at-risk students: An analysis of high school discharge figures—a joint report by AFC and the Public Advocate*. Retrieved June 3, 2009, from http://www.advocatesforchildren.org/pubs/pushout-11-20-02.html.

Agam, K., Reifsneider, D., & Wardell, D. (2006). *The Teacher Advancement Program (TAP): National teacher attitudes*. Washington, DC: The Teacher Advancement Program Evaluation.

Akiba, G. L., & Scriber, J. (2007). Teacher quality, opportunity gap, and national achievement in 46 countries. *Educational Researcher, 36*, 369–387.

Alexander, K. L., & McDill, E. L. (1976). Selection and allocation within schools: Some causes and consequences of curriculum placement. *American Sociological Review, 41*, 963–980.

Allegretto, S., Mishel, L., & Corcoran, S. P. (2008). *The teaching penalty: Teacher pay losing ground*. Washington, DC: Economic Policy Institute.

Allington, R., & McGill-Franzen, A. (1992). Unintended effects of educational reform in New York. *Educational Policy, 6*(4), 397–414.

American Educational Research Association. (1999). *Standards for educational and psychological testing*. Washington, DC: American Educational Research Association, American Psychological Association, and National Council on Measurement in Education.

American Educational Research Association. (2006). Brief amicus curiae filed in *Parents Involved in Community Schools v. Seattle School District No. 1*. 127 S. Ct. 2738 (2007).

Amrein, A., & Berliner, D. (2002). High-stakes testing, uncertainty, and student learning. *Educational Policy and Analysis Archives, 10*(8). Retrieved November 21, 2003, from http://www.epaa.asu.edu/epaa/v10n18.

Amrein-Beardsley, A. A., & Berliner, D. C. (2003). Re analysis of NAEP math and reading scores in states with and without high-stakes tests: Response to Rosenshine. *Education Policy Analysis Archives, 11*(25). Retrieved November 16, 2003, from http://epaa.asu.edu/epaa/v11n25/.

Anagnostopoulos, D. (2003). The new accountability, student failure, and teachers' work in urban high schools. *Educational Policy, 17*(3), 291–316.

Ancess, J. (1995). *An inquiry high school: Learner-centered accountability at the Urban Academy*. New York: National Center for Restructuring Education, Schools, and Teaching, Teachers College, Columbia University.

Ancess, J. (1996). *Outside/inside, inside/outside: Developing and implementing the school quality review*. New York: National Center for Restructuring Education, Schools, and Teaching, Teachers College, Columbia University.

Anyon, J. (1997). *Ghetto schooling: A political economy of urban educational reform*. New York: Teachers College Press.

Apte, U. M., Karmarkar, U.S., & Nath, H. (2008, Spring). Information services in the U.S. economy: Value, jobs, and management implications. *California Management Review, 50*(3). Available online at http://ssrn.com/abstract=1265809.

Areglado, N. (1999). "I became convinced": How a certification program revitalized an educator. *Journal of Staff Development, 20*(1), 35–37.

Arenson, K.W. (2004, May 15). More youths opt for G.E.D., skirting high-school hurdle. *New York Times*. Retrieved March 16, 2009, from http://www.nytimes.com/2004/05/15/us/more-youths-opt-for-ged-tests-skirting-the-hurdle-of-high-school.html.

Ashton, P., & Crocker, L. (1987, May–June). Systematic study of planned variations: The essential focus of teacher education reform. *Journal of Teacher Education, 38*, 2–8.

Atelier Learning Solutions Ltd. (2005). *An evaluation of the Australian Government Quality Teacher Programme, 1999 to 2004*. Canberra, Australia: Department of Education, Science and Training.

Athanases, S. (1994). Teachers' reports of the effects of preparing portfolios of literacy instruction. *Elementary School Journal, 94*(4), 421–439.

Baenen, N. (1988, April). *A perspective after five years: Has grade retention passed or failed?* Paper presented at the Annual Meeting of the American Educational Research Association, New Orleans, LA.

Baldassare, M., & Hanak, E. (2005). *California 2025: It's your choice*. San Francisco: Public Policy Institute of California.

Ball, D., & Cohen, D. (1999). Developing practice, developing practitioners: Toward a practice-based theory of professional education. In L. Darling-Hammond & G. Sykes (Eds.), *Teaching as the learning profession: Handbook of policy and practice* (pp. 3–32). San Francisco: Jossey-Bass.

Ballou, D., & Podgursky, M. (1997). Reforming teacher training & recruitment. *Government Union Review, 17*(4), 1–47.

Barber, M., & Mourshed, M. (2007) *How the world's best-performing school systems come out on top*. London: McKinsey and Company.

Baron, J. B. (1999). *Exploring high and improving reading achievement in Connecticut: Lessons from the states*. Washington, DC: National Educational Goals Panel.

Barr, R., & Dreeben, R. (1983). *How schools work*. Chicago: University of Chicago Press.

Bartell, C. (1995). Shaping teacher induction policy in California. *Teacher Education Quarterly, 22*(4), 27–43.

Barton, P. E. (2005). *One-third of a nation: Rising dropout rates and declining opportunities. Policy information report*. Princeton, NJ: Educational Testing Service.

Barton, P. E., & Coley, R. J. (1996). *Captive Students: Education and training in America's prisons*. Princeton, NJ: Educational Testing Service.

Baugh, W. H., & Stone, J. A. (1982). Mobility and wage equilibration in the educator labor market. *Economics of Education Review, 2*(3), 253–274.

Becker, D. E., & Watters, C. (2007). *Independent evaluation of the California high school exit examination (CAHSEE): 2007 evaluation report*. Alexandria, VA: Human Resources Research Organization (HumRRO).

Belfield, C., & Levin, H. (2007). *The price we pay: Economic and social consequences of inadequate education*. Washington, DC: Brookings Institution.

Bell, K., Bernstein, J., & Greenberg, M. (2008). Lessons for the United States from other advanced economies in tackling child poverty. In *Big ideas for children: Investing in our nation's future* (pp. 81–92). Washington, DC: First Focus.

Benner, A. D. (2000). *The cost of teacher turnover*. Austin: Texas Center for Educational Research.

Bensman, D. (1987). *Quality education in the inner city: The story of the Central Park East schools*. Report to the New York Community Trust.

Bensman, D. (1994). *Lives of the graduates of Central Park East elementary school: Where have they gone? What did they really learn?* New York: National Center for Restructuring Education, Schools, and Teaching, Teachers College, Columbia University.

Bensman, D. (1995). *Learning to think well: Central Park East secondary school graduates reflect on their high school and college experiences.* New York: National Center for Restructuring Education, Schools, and Teaching, Teachers College, Columbia University.

Berger, N., & McLynch, J. (2006). *Public school funding in Massachusetts: Where we are, what has changed, and options ahead.* Boston: Massachusetts Budget and Policy Center.

Bernstein, D. S. (2004, June 11). Achievement gap: This is improvement? *The Boston Phoenix.* Retrieved January 2, 2005, from http://www.bostonphoenix.com/boston/news_features/this_just_in/documents/03902591.asp.

Berry, B. (1995). *Keeping talented teachers: Lessons learned from the North Carolina teaching fellows.* Report commissioned by the North Carolina Teaching Fellows Commission. Raleigh, NC: Public School Forum.

Berry, B. (2009). *Keeping the promise: Recruiting, retaining, and growing effective teachers for high-needs schools.* Raleigh, NC: Center for Teaching Quality.

Betts, J. R., Rueben, K. S., & Danenberg, A. (2000). *Equal resources, equal outcomes? The distribution of school resources and student achievement in California.* San Francisco: Public Policy Institute of California.

Black, P. J., Harrison, C., Lee, C., Marshall, B., & Wiliam, D. (2003). *Assessment for learning: Putting it into practice.* Maidenhead, England: Open University Press.

Blackwell, L. S., Trzesniewski, K. H., & Dweck, C. S. (2007). Implicit theories of intelligence predict achievement across an adolescent transition: A longitudinal study and an intervention. *Child Development, 78*(1), 246–263.

Blank, R. K., de las Alas, N., & Smith, C. (2007). *Analysis of the quality of professional development programs for mathematics and science teachers: Findings from a cross-state study.* Washington, DC: CCSSO.

Bohrnstedt, G. W., & Stecher, B. M. (2002, September). *What we have learned about class size reduction in California.* Sacramento: California Department of Education.

Bond, L., Smith, T., Baker, W., & Hattie, J. (2000). *The certification system of the National Board for Professional Teaching Standards: A construct and consequential validity study.* Greensboro, NC: Center for Educational Research and Evaluation.

Bonstingl, J. J. (2004). Expanding learning potential for all students. *Leadership Magazine.* Retrieved March 31, 2008, from http://www.acsa.org/publications/pub_detail.cfm?leadershipPubID=1415.

Boost value of Pell grants. (2006, December 18). *The Ledger,* p. A12. Retrieved on January 15, 2009, from http://www.theledger.com/apps/pbcs.dll/article?AID=/20061218/NEWS/612180334/1036.

Borja, R. (2004, May 6). Singapore's digital path. Technology Counts. *Education Week.*

Bosman, J. (2007, June 30). Small schools are ahead in graduation. *New York Times.* Retrieved May 14, 2009, from http://query.nytimes.com/gst/fullpage.html?res=9C06E1D8173EF933A05755C0A9619C8B63&sec=&spon=&pagewanted=1.

Bowman, B. (1993). Early childhood education. In L. Darling-Hammond (Ed.), *Review of research in education* (Vol. 19, pp. 101–134). Washington, DC: American Educational Research Association.

Boyd, D., Grossman, P., Lankford, H., Loeb, S., & Wyckoff, J. (2006). How changes in entry requirements alter the teacher workforce and affect student achievement. *Education Finance & Policy, 1*(2), 176–216.

Boyd, D., Grossman, P., Lankford, H., Loeb, S., & Wyckoff, J. (2008). Teacher preparation and student achievement. NBER Working Paper No. W14314. National Bureau of Economic Research. Retrieved September 21, 2009, from http://ssrn.com/abstract=1264576.

Boyd, D., Lankford, H., Loeb, S., Rockoff, J., & Wyckoff, J. (2008, June). *The narrowing gap in New York City teacher qualifications and its implications for student achievement in high-poverty schools.* NBER Working Paper No. 14021. Cambridge, MA: NBER.

Braddock, J., & McPartland, J. M. (1993). Education of early adolescents. In L. Darling-Hammond (Ed.), *Review of research in education* (Vol. 19, pp. 135–170). Washington, DC: American Educational Research Association.

Bradley, A. (1994, April 20). Pioneers in professionalism. *Education Week, 13*, 18–21.

Bransford, J. D., Brown, A. L., & Cocking, R. R. (Eds.). (1999). *How people learn: Brain, mind, experience, and school.* Washington, DC: National Research Council.

Braun, H. (2005). *Using student progress to evaluate teachers: A primer on value-added mode* (p. 17). Princeton, NJ: Educational Testing Service.

Brewer, D. J. (1996). Career paths and quit decisions: Evidence from teaching. *Journal of Labor Economics, 14*(2), 313–339.

Britton, T. (2006). Mentoring in the induction system of five countries: A sum is greater than its parts. In C. Cullingford (Ed.), *Mentoring in education: An international perspective* (pp. 110–123). Aldershot, England: Ashgate Publishing.

Brown, D. F. (1992, April). *Altering curricula through state-mandated testing: Perceptions of teachers and principals.* Paper presented at the annual meeting of the American Educational Research Association, San Francisco, CA.

Bryant, D., Maxwell, K., Taylor, K., Poe, M., Peisner-Feinberg, E., & Bernier, K. (2003). *Smart start and preschool child care quality in NC: Change over time and relation to children's readiness.* Chapel Hill, NC: FPG Child Development Institute.

Bryk, A., Camburn, E., & Louis, K. (1999). Professional community in Chicago elementary schools: Facilitating factors and organizational consequences. *Educational Administration Quarterly, 35*(5), 751–781.

Bryk, A., Lee, V., & Holland, P. (1993). *Catholic schools and the common good.* Cambridge, MA: Harvard University Press.

Buchberger, F., & Buchberger, I. (2004). Problem-solving capacity of a teacher education system as a condition of success? An analysis of the "Finnish Case." In F. Buchberger & S. Berghammer (Eds.), *Education policy analysis in a comparative perspective* (pp. 222–237). Linz, Austria: Trauner.

Buday, M., & Kelly, J. (1996). National board certification and the teaching profession's commitment to quality assurance. *Phi Delta Kappan, 78*(3), 215–219.

Bueno, M., Darling-Hammond, L, & Danielle Gonzales, D. (2009). *Pre-k 101: Preparing teachers for the Pre-k classroom.* Washington, DC: PreK Now.

Bureau of Labor Statistics. (2009, January 23). *America's youth at 21: School enrollment, training, and employment transitions between ages 20 and 21.* Washington, DC: U.S. Department of Labor. Retrieved January 25, 2009, from http://www.bls.gov/news.release/pdf/ nlsyth.pdf.

Burns, P. (2003). Regime theory, state government, and a takeover of urban education. *Journal of Urban Affairs, 25*(3), 285–303.

California Postsecondary Education Commission. (2007). *College-going rates: A performance measure in California's higher education accountability framework* (Commission Report No. 07-04). Sacramento, CA: Author.

Calkins, A., Guenther, W., Belfiore, G., & Lash, D. (2007). *The turnaround challenge: Why America's best opportunity to dramatically improve student achievement lies in our worst-performing schools.* Boston: Mass Insight Education & Research Institute.

Capriccioso, R. (2005, November 3). High schools and high college costs. *Inside Higher Ed.* Retrieved March 31, 2008, from http://www.insidehighered.com/news/2005/11/03/costs.

Card, D., & Payne, A. (2002). School finance reform, the distribution of school spending, and the distribution of student test scores, *Journal of Public Economics, 83*, 49–80.

Carnoy, M., Jacobsen, R., Mishel, L., & Rothstein, R. (2005). *The charter school dust-up: Examining the evidence on enrollment and achievement.* Washington, DC: Economic Policy Institute.

Carnoy, M., & Loeb, S. (2002). Does external accountability affect student outcomes? A cross-state analysis. *Education Evaluation and Policy Analysis, 24*(4), 305–332.

Carpenter, T., Fennema, E., Peterson, P., Chiang, C., & Loef, M. (1989). Using knowledge of children's mathematical thinking in classroom teaching: An experimental study. *American Educational Research Journal, 26*, 499–532.

Carrajat, M. A. (1996). *Why do academically able Puerto Rican males drop out of high school?* Unpublished doctoral dissertation, Teachers College, Columbia University, New York, NY.

Carroll, S., Reichardt, R., & Guarino, C. (2000). *The distribution of teachers among California's school districts and schools*. Santa Monica, CA: RAND Corporation.

Carter, K., & Doyle, W. (1987). Teachers' knowledge structures and comprehension processes. In J. Calderhead (Ed.), *Exploring teacher thinking* (pp. 147–160). London: Cassell.

Carter, R., & Goodwin, L. (1994). Racial identity and education. In L. Darling-Hammond (Ed.), *Review of research in education (Vol. 20)*. Washington, DC: American Educational Research Association.

Cavaluzzo, L. (2004). *Is national board certification an effective signal of teacher quality?* (National Science Foundation No. REC-0107014). Alexandria, VA: The CNA Corporation.

Center for the Future of Teaching and Learning (2006). *California's teaching force: Key issues and trends*. Santa Cruz, CA: Author.

Center on Education Policy. (2004). *State exit exams: A maturing reform*. Washington, DC: Author.

Center on Education Policy. (2007, July). *Choices, changes, and challenges: curriculum and instruction in the NCLB Era*. Washington, DC: Author.

Chan, J. K., Kennedy, K. J., Yu, F. W., & Fok, P. (2008). Assessment policy in Hong Kong: Implementation issues for new forms of assessment. *The Hong Kong Institute of Education*. Retrieved September 12, 2008, from http://www.iaea.info/papers.aspx?id=68.

Children's Sentinel Nutrition Assessment Program (C-SNAP). (2004, July). *The safety net in action: Protecting the health and nutrition of young American children*. Boston: C-SNAP. Retrieved August 22, 2005, from http://dcc2.bumc.bu.edu/csnappublic/CSNAP2004.pdf.

Centra, J. A., & Potter, D. A. (1980). School and teacher effects: An interrelational model. *Review of Educational Research, 50*(2), 273–291.

Cheng, M., & Brown, R. S. (1992). *A two-year evaluation of the peer support pilot project: 1990–1992*. Toronto, Ontario, Canada: Toronto Board of Education, Research Department.

Chittenden, E., & Jones, J. (1997, April). *An observational study of national board candidates as they progress through the certification process*. Paper presented at the annual meeting of the American Educational Research Association, Chicago, IL.

Clarke, M., Haney, W., & Madaus, G. (2000). High stakes testing and high school completion. *The national board on educational testing and public policy statements, 1*(3). Chestnut Hill, MA: Boston College, Center for the Study of Testing.

Clement, M. (2000). Making time for teacher induction: A lesson from the New Zealand model. *The Clearing House, 73*(6), 329–330.

Clotfelter, C. T., Ladd, H. F., & Vigdor, J. L. (2005). Classroom-level segregation and resegregation in North Carolina. In J. C. Boger & G. Orfield (Eds.), *School resegregation: Must the South turn back?* (pp. 127–147). Chapel Hill: University of North Carolina Press.

Clotfelter, C. T., Ladd, H. F., & Vigdor, J. L. (2007). *How and why do teacher credentials matter for student achievement?* (NBER Working Paper 12828). Cambridge, MA: National Bureau of Economic Research.

Clotfelter, C. T., Ladd, H. F., Vigdor, J. L., & Diaz, R. A. (2004). Do school accountability systems make it more difficult for low performing schools to attract and retain high quality teachers? *Journal of Policy and Management, 23*(2), 251–272.

Cochran-Smith, M., & Lytle, S. (1993). *Inside/outside: Teacher research and knowledge*. New York: Teachers College Press.

Cohen, D., et al. (1990). Case studies of curriculum implementation. *Educational Evaluation and Policy Analysis,* 12(3).

Cohen, D. K., & Hill, H. C. (2001). *Learning policy.* New Haven, CT: Yale University Press.

College Board. (1985). *Equality and excellence: The educational status of Black Americans.* New York: College Entrance Examination Board.

College Board. (2003). *Advanced placement summary reports.* New York: The College Board.

Coleman, J. S., Campbell, E. Q., Hobson, C. J., McPartland, J., Mood, A. M., Weinfeld, F. D., & York, R. L. (1966). *Equality of educational opportunity.* Washington, DC: U.S. Government Printing Office.

Commission on Chapter 1. (1992). *High performance schools: No exceptions, no excuses.* Washington, DC: Author.

Conant, J. B. (1961). *Slums and suburbs.* New York: McGraw-Hill.

Connecticut State Department of Education. (1990). Impact of Education Enhancement Act. *Research Bulletin*, School Year 1990, No. 1.

Connecticut State Board of Education. (1992). *The other side of the equation: Impact of the teacher standards provisions of the Education Enhancement Act.* Hartford, CT: Author.

Constantine, J., Player, D., Silva, T., Hallgren, K., Grider, M., & Deke, J. (2009). *An evaluation of teachers trained through different routes to certification, final report* (NCEE 2009-4043). Washington, DC: National Center for Education Evaluation and Regional Assistance, Institute of Education Sciences, U.S. Department of Education.

Cooper, E., & Sherk, J. (1989). Addressing urban school reform: Issues and alliances. *Journal of Negro Education, 58*(3), 315–331.

Corak, M. (2005). *Principles and practicalities in measuring child poverty for the rich countries* (Working Paper 2005–01). Florence, Italy: Innocenti Research Center.

Corbett, H., & Wilson, B. (1991). The central office role in instructional improvement. *School Effectiveness and School Improvement, 3*(1), 45–68.

Cortese, A., & Ravitch, D. (2008). Preface. In *Still at risk: What students don't know, even now.* Washington, DC: Common Core.

Council for Great City Schools. (2008). Beating the odds: Assessment results from the 2006–2007 school year: Individual district profiles. Retrieved June 3, 2009, from http://www.cgcs.org/pdfs/BTO_8_Combined.pdf.

Cremin, L. (1961). *The transformation of the school: Progressivism in American education, 1876–1957.* New York: Vintage Books.

Cremin, L. (1970). *American education: The colonial experience 1607–1783.* New York: Harper & Row.

Cubberley, E. P. (1909). *Changing conceptualizations of education.* Boston: Houghton Mifflin.

Darling-Hammond, L. (1990a). Teacher quality and equality. In J. Goodlad & P. Keating (Eds.), *Access to knowledge: An agenda for our nation's schools* (pp. 237–258). New York: College Entrance Examination Board.

Darling-Hammond, L. (1990b). Instructional policy into practice: "The power of the bottom over the top." *Educational Evaluation and Policy Analysis, 12*(3), pp. 233–242.

Darling-Hammond, L. (1991). The implications of testing policy for quality and equality. *Phi Delta Kappan, 73*(3), 220–225.

Darling-Hammond, L. (1992–93, Winter). Creating standards of practice and delivery for learner-centered schools. *Stanford Law and Policy Review, 4*, pp. 37–52.

Darling-Hammond, L. (1997). *The right to learn: A blueprint for creating schools that work.* San Francisco: Jossey-Bass.

Darling-Hammond, L. (2000, January). Teacher quality and student achievement: A review of state policy evidence. *Educational Policy Analysis Archives, 8*(1). Retrieved August 14, 2009, from http://epaa.asu.edu/epaa/v8n1.

Darling-Hammond, L. (2003a). Access to quality teaching: An analysis of inequality in California's public schools, *Santa Clara Law Review, 43*, pp. 101–239.

Darling-Hammond, L. (2003b). *Testimony responding to the state's expert reports with respect to questions of resource equity and teacher quality in* Williams v. California. Retrieved March 20, 2009, from http://www.decentschools.org/expert_reports/ldh_rebuttal.pdf.

Darling-Hammond, L. (2004a). Standards, accountability, and school reform. *Teachers College Record, 106*(6), 1047–1085.

Darling-Hammond, L. (2004). The color line in American education: Race, resources, and student achievement. *W.E.B. DuBois Review: Social Science Research on Race, 1*(2), 213–246.

Darling-Hammond, L. (2005). Teaching as a profession: Lessons in teacher preparation and professional development, *Phi Delta Kappan, 87*(3), pp. 237–240.

Darling-Hammond, L. (2006). *Powerful teacher education: Lessons from exemplary programs.* San Francisco: Jossey-Bass.

Darling-Hammond, L. (2007). *Recognizing and enhancing teacher effectiveness: A policy maker's guide.* Washington, DC: Council for Chief State School Officers.

Darling-Hammond, L. (2009). *Educational opportunity and alternative certification: New evidence and new questions.* Stanford, CA: Stanford Center for Opportunity Policy in Education.

Darling-Hammond, L., & Ancess, J. (1994). *Authentic assessment and school development.* New York: National Center for Restructuring Education, Schools, and Teaching, Teachers College, Columbia University.

Darling-Hammond, L., Ancess, J., & Falk, B. (1995). *Authentic assessment in action: Studies of schools and students at work.* New York: Teachers College Press.

Darling-Hammond, L., Ancess, J., & Ort, S. (2002). Reinventing high school: Outcomes of the coalition campus schools project. *American Educational Research Journal, 39*(3), 39–73.

Darling-Hammond, L., Barron, B., Pearson, P. D., Schoenfeld, A., Stage, E. K., Zimmerman, T. D., Cervetti, G. N., & Tilson, J. L. (2008). *Powerful learning: What we know about teaching for understanding.* San Francisco: Jossey-Bass.

Darling-Hammond, L., & Bransford, J. (2005). *Preparing teachers for a changing world: What teachers Should learn and be able to do.* San Francisco: Jossey-Bass.

Darling-Hammond, L., Hightower, A. M., Husbands, J. L., LaFors, J. R., Young, V. M., & Christopher, C. (2005). *Instructional leadership for systemic change: The story of San Diego's reform.* Lanham, MD: Scarecrow Education Press.

Darling-Hammond, L., & McLaughlin, M. W. (1995). Policies that support professional development in an era of reform. *Phi Delta Kappan, 76*(8), 597–604.

Darling-Hammond, L., & Rustique-Forrester, E. (2005). The consequences of student testing for teaching and teacher quality. In J. Herman & E. Haertel (Eds.), *The uses and misuses of data in accountability testing. The 104th yearbook of the National Society for the Study of Education, part II* (pp. 289–319). Malden, MA: Blackwell.

Darling-Hammond, L., Holtzman, D., Gatlin, S. J., & Heilig, J.V. (2005). Does teacher preparation matter? Evidence about teacher certification, Teach for America, and teacher effectiveness. *Education Policy Analysis Archives, 13*(42). Retrieved June 4, 2009, from http://epaa.asu.edu/epaa/v13n42/.

Darling-Hammond, L., Meyerson, D., LaPointe, M., & Orr, M. (2009, in press). *Preparing principals for a changing world: Lessons from effective school leadership programs.* San Francisco: Jossey-Bass.

Darling-Hammond, L., & Montgomery, K. (2008). Keeping the promise: The role of policy in reform. In L. Dingerson, B. Miner, B. Peterson, & S. Waters (Eds.), *Keeping the promise? The debate over charter schools* (pp. 91–110). Milwaukee, WI: Rethinking Schools.

Darling-Hammond, L., Ross, P., & Milliken, M. (2007). High school size, organization, and content: What matters for student success? In F. Hess (Ed.), *Brookings papers on education policy 2006/07* (pp. 163–204). Washington, DC: Brookings Institution.

Darling-Hammond, L., & Schnur, J. (2008, November 4). The economic bailout is not enough: The case for Obama, education, and the longer view. *Huffington Post*. Retrieved June 4, 2009, from http://www.huffingtonpost.com/martin-carnoy/the-economic-bailout-is-n_b_140285.html.

Darling-Hammond, L., & Sykes, G. (2003). Wanted: A national teacher supply policy for education: The right way to meet the "highly qualified teacher" challenge. *Educational Policy Analysis Archives, 11*(33). Retrieved June 4, 2009, from http://epaa.asu.edu/epaa/v11n33/.

Darling-Hammond, L., Wei, R. C., Richardson, N., Andree, A., & Orphanos, S. (2009). *Professional learning in the learning profession: A status report on teacher development in the U.S. and abroad.* Washington, DC: National Staff Development Council.

Darling-Hammond, L., Williamson, J., & Hyler, M. (2007). Securing the right to learn: The quest for an empowering curriculum for African American citizens. *Journal of Negro Education, 76*(3), pp. 281–296.

Darling-Hammond, L., Wise, A., & Klein, S. (1999). *A license to teach: Building a profession for 21st century schools.* San Francisco: Jossey-Bass.

Dawkins, M. P., & Braddock J. H. (1994). The continuing significance of desegregation: School racial composition and African American inclusion in American society. *Journal of Negro Education, 63*(3), 394–405.

Davis, D. G. (1986, April). *A pilot study to assess equity in selected curricular offerings across three diverse schools in a large urban school district.* Paper presented at the Annual Meeting of the American Educational Research Association, San Francisco.

DeBard, R., & Kubow, P. K. (2002). From compliance to commitment: The need for constituent discourse in implementing testing policy. *Education Policy, 16*(3), 387–405.

DeBray, E., Parson, G., & Woodworth, K. (2001). Patterns of response in four high schools under state accountability policies in Vermont and New York. In S. Fuhrman (Ed.), *From capitol to the classroom: Standards-based reform in the states. The annual yearbook of the National Society for the Study of Education* (Vol. 2, pp. 170–192). Chicago: National Society for the Study of Education.

Deke, J. (2003). A study of the impact of public school spending on postsecondary educational attainment using statewide school district financing in Kansas. *Economics of Education Review, 22*(3), 275–284.

Delors, J. (1996). Learning evaluation report on the Regional Network of Educational Innovation for Development. Bangkok, Thailand: UNESCO.

Deming, W. E. (1986). *Out of the crisis.* Cambridge: Massachusetts Institute of Technology, Center for Advanced Engineering Study.

Deming, W. E. (2000). *The new economics for industry, government, education* (2nd ed.). Cambridge: MIT Press.

Denton, K., & West, J. (2002). Children's reading and mathematics achievement in kindergarten and first grade (NCES 2002–125). *Education Statistics Quarterly, 44*(1). Retrieved March 14, 2009, from http://nces.ed.gov/programs/quarterly/Vol_4/4_1/q3-1.asp.

DeNavas-Walt, C., Proctor, B. D., & Lee, C. H. (2006). Income, poverty, and health insurance coverage in the United States: 2005. *Current Population Reports.* Washington, DC: U.S. Department of Commerce.

Department for Children, Schools, and Families. (2009). *Getting to grips with assessing pupils' progress.* London: Crown.

Desimone, L., Porter, A., Garet, M., Yoon, K., & Birman, B. (2002). Effects of professional development on teachers' instruction: Results from a three-year longitudinal study. *Education Evaluation and Policy Analysis, 24*(2), 81–112.

DeVise, D. (1999, November 5). A+ plan prompts teacher exodus in Broward County. *Miami Herald*, p. 1B.

Dewey, J. (1900). *The school and society.* Chicago: University of Chicago Press.

Dewey, J. (1916). *Democracy and education*. New York: Macmillan.

Diamond, J., & Spillane, J. (2002). *High stakes accountability in urban elementary schools: Challenging or reproducing inequality?* Working paper for the Northwestern University Institute for Policy Research, Evanston, IL.

Dixon, Q. L. (2005). Bilingual education policy in Singapore: An analysis of its sociohistorical roots and current academic outcomes. *International Journal of Bilingual Education and Bilingualism, 8*(1), 25–47.

Doyle, W. (1986). Content representation in teachers' definitions of academic work. *Journal of Curriculum Studies, 18*, 365–379.

Doolan, J., & Peters, T. (2007, October 17). *NAEP 2007: Reading and mathematics, grades 4 and 8.* Presentation to the New Jersey State Board of Education.

Douglass, J. A. (2006). *The waning of America's higher education advantage*. Paper CSHE-9-06. Berkeley: Center for Studies in Higher Education, University of California at Berkeley.

Dowling, M. (undated). *Examining the exams*. Retrieved September 14, 2008, from http://www.hkeaa.edu.hk/files/pdf/markdowling_e.pdf.

Downes T. A., & Pogue, T. F. (1994). Adjusting school aid formulas for the higher cost of educating disadvantaged students. *National Tax Journal, 47*(1), 89–110.

Doyle, W. (1986). Content representation in teachers' definitions of academic work. *Journal of Curriculum Studies, 18*, 365–379.

Duncombe, W., Ruggiero, J., & Yinger, J. (1996). Alternative approaches to measuring the cost of education. In H. F. Ladd (Ed.), *Holding schools accountable: Performance-based reform in education* (pp. 327–356). Washington, DC: Brookings Institution.

Dreeben, R. (1987, Winter). Closing the divide: What teachers and administrators can do to help Black students reach their reading potential, *American Educator*, 11(4), pp. 28–35.

Dreeben, R., & Gamoran, A. (1986). Race, instruction, and learning. *American Sociological Review, 51*(5), pp. 660–669.

Dreeben, R., & Barr, R. (1987, April). *Class composition and the design of instruction*. Paper presented at the Annual Meeting of the American Education Research Association, Washington, DC.

Drucker, P. F. (1994, November). The age of social transformation. *Atlantic Monthly, 274*(5), pp. 53–80.

DuBois, W.E.B. (1970). The freedom to learn. In P. S. Foner (Ed.), *W.E.B. DuBois speaks* (pp. 230–231). New York: Pathfinder.

Dunne, F., Nave, B., & Lewis, A. (2000). Critical friends: Teachers helping to improve student learning. *Phi Delta Kappa International Research Bulletin (CEDR), 28*, 9–12. Retrieved September 11, 2008, from http://www.pdkintl.org/edres/resbul28.htm.

Earl, L., Watson, N., & Torrance, N. (2002). Front row seats: What we've learned from the National Literacy and Numeracy Strategies in England. *Journal of Educational Change, 3*(1), 35–53.

Ebmeier, H., Twombly, S., & Teeter, D. (1990). The comparability and adequacy of financial support for schools of education. *Journal of Teacher Education, 42*(3), 226–235.

Eckstein, M. A., & Noah, H. J. (1993). *Secondary school examinations: International perspectives on policies and practice*. New Haven, CT: Yale University Press.

Eckstrom, R., & Villegas, A. M. (1991). Ability grouping in middle grade mathematics: Process and consequences. *Research in Middle Level Education, 15*(1), pp. 1–20.

Eddin, K. T., Macallair, D., & Schiraldi, V. (1999). *Class dismissed: Higher education vs. corrections during the Wilson years*. San Francisco: Justice Policy Institute.

Edmonds, R. (1979). Effective schools for the urban poor. *Educational Leadership, 37*(1), 15–18, 20–24.

EdSource. (2001, October). *How California ranks: A comparison of education expenditures*. Palo Alto, CA: Author.

Education Trust. (2004). *EdWatch online: 2004 state summary reports.* Retrieved June 4, 2009, from www.edtrust.org.

Education Trust-West. (2005). *California's hidden teacher spending gap: How state and district budgeting practices shortchange poor and minority students and their schools.* Oakland, CA: Author. Retrieved January 29, 2009, from http://www.hiddengap.org/resources/report031105.pdf.

Educational Research Service. (1980). *Class size: A summary of research.* Reston, VA: Author.

Educational Testing Service. (1991). *The state of inequality.* Princeton, NJ: Author.

Elmore, R. (1996). Getting to scale with good educational practice. *Harvard Educational Review, 66*(1), 1–26.

Elmore, R., & Burney, D. (1999). Investing in teacher learning: Staff development and instructional improvement in community school district #2, New York City. In L. Darling-Hammond & G. Sykes (Eds.), *Teaching as the learning profession.* San Francisco: Jossey-Bass.

Elmore, R., & Fuhrman, S. (1993). Opportunity to learn and the state role in education. In *The debate on opportunity-to-learn standards: Commissioned papers.* Washington, DC: National Governors Association.

Erskine, R. (2002, February). *Statement on school reform and the Seattle contract.* Society for the Advancement of Excellence in Education. Retrieved June 9, 2009, from http://www.saee.ca/index.php?option=com_content&task=view&id=319&Itemid=90.

Falk, B., & Ort, S. (1997, April). *Sitting down to score: Teacher learning through assessment.* Presentation at the annual meeting of the American Educational Research Association. Chicago.

Fensham, P. (1994). Progression in school science curriculum: A rational prospect or a chimera? *Research in Science Education, 24*(1), 76–82.

Ferguson, R. F. (1991, Summer). Paying for public education: New evidence on how and why money matters. *Harvard Journal on Legislation, 28*(2), pp. 465–498.

Ferguson, R. F., & Ladd, H. F. (1996). How and why money matters: An analysis of Alabama schools. In H. Ladd (Ed.), *Holding schools accountable* (pp. 265–298). Washington, DC: Brookings Institution.

Fernandez, C. (2002). Learning from Japanese approaches to professional development: The case of lesson study. *Journal of Teacher Education, 53*(5), 393–405.

Fetler, M. (1999). High school staff characteristics and mathematics test results. *Education Policy Analysis Archives, 7*(9). Retrieved June 4, 2009, from http://epaa.asu.edu/epaa/v7n9.html.

Figlio, D. N., & Getzler, L. S. (2002, April). *Accountability, ability, and disability: Gaming the system?* Cambridge, MA: National Bureau of Economic Research.

Fine, M. (1991). *Framing dropouts: Notes on the politics of an urban public school.* Albany: State University of New York Press.

Fine, M. (1994). *Charting urban school reform: Reflections on public high schools in the midst of change.* New York: Teachers College Press.

Fine (2002). Expert report in *Williams v. California.* Retrieved July 30, 2008, from http://www.decentschools.org/expert_reports/fine_report.pdf.

Fine, M. (2002). The psychological and academic effects on children and adolescents of structural facilities' problems, exposure to high levels of under-credentialed teachers, substantial teacher turnover, and inadequate books and materials. Report prepared for *Williams v. California.* Retrieved March 20, 2009, from http://www.decentschools.org/expert_reports/fine_report.pdf.

Fine, M., Stoudt, B., & Futch, V. (2005). *The internationals network for public schools: A quantitative and qualitative cohort analysis of graduation and dropout rates.* New York: City University of New York, Graduate Center.

Finland Ministry of Education. (2009). Education policy: Objectives and programmes. Retrieved April 6, 2009, from http://www.minedu.fi/OPM/Koulutus/koulutuspolitiikka/linjaukset_ohjelmat_ja_hankkeet/?lang=en.

Finley, M. K. (1984). Teachers and tracking in a comprehensive high school. *Sociology of Education, 57*, pp. 233–243.

Finnish National Board of Education. (2007, November 12). Background for Finnish PISA success. Retrieved August 25, 2008, from www.oph.fi/english/SubPage.asp?path=447,65535,77331

Firestone, W., & Mayrowetz, D. (2000). Rethinking "high stakes": Lessons from the United States and England and Wales. *Teachers College Record, 102*(4), 724–749.

Flexner, A., & Pritchett, H. S. (1910). *Medical education in the United States and Canada: A report to the Carnegie Foundation for the Advancement of Teaching.* New York: Carnegie Foundation for the Advancement of Teaching.

Flores v. Arizona, Pet. App. 108a. *Amicus Curiae* Brief of Education Policy Scholars in Support of Petitioners, filed February 26, 2009.

Fordham, S. (1988). Racelessness as a factor in Black students' school success: Pragmatic strategy or pyrrhic victory? *Harvard Educational Review, 58*, 54–84.

Forum on Educational Accountability. (2004, October 21). Joint organizational statement on No Child Left Behind (NCLB) Act. Retrieved May 30, 2009, from http://www.edaccountability.org/Joint_Statement.html.

Frede, E., Jung, K., Barnett, W. S., Lamy, C. E., & Figueras, A. (2007). *The Abbott Preschool Program longitudinal effects study.* New Brunswick, NJ: Early Learning Improvement Consortium and New Jersey Department of Education.

French, D. (2008). Boston's pilot schools: An alternative to charter schools. In L. Dingerson, B. Miner, B. Peterson, & S. Walters (Eds.), *Keeping the promise? The debate over charter schools* (pp. 67–80). Milwaukee, WI: Rethinking Schools.

Friedkin, N., & Necochea, J. (1998). School system size and performance: A contingency perspective. *Educational Evaluation and Policy Analysis, 10*(3), 237–249.

Friedlaender, D., & Darling-Hammond, L., with Andree, A., Lewis-Charp, H., McCloskey, L., Richardson, N., & Vasudeva, A. (2007). *High schools for equity: Policy supports for student learning in communities of color.* Stanford, CA: School Redesign Network at Stanford University. Retrieved June 4, 2009, from http://www.srnleads.org/resources/publications/hsfe.html.

Friedman, T. L. (2005). *The world is flat: A brief history of the twenty-first century.* New York: Picador.

Fullan, M. (2005). *Leadership and sustainability: System thinkers in action.* Thousand Oaks, CA: Corwin.

Fullan, M. (2007). *The new meaning of educational change* (4th ed.). New York: Teachers College Press.

Fuller, E. (1998, November). *Do properly certified teachers matter? A comparison of elementary school performance on the TAAS in 1997 between schools with high and low percentages of properly certified regular education teachers.* Austin: The Charles A. Dana Center, University of Texas at Austin.

Fuller, E. (2000, April). *Do properly certified teachers matter? Properly certified algebra teachers and Algebra I achievement in Texas.* Paper presented at the annual meeting of the American Educational Research Association. New Orleans, LA.

Fuller, E. (2003). *Beginning teacher retention rates for TxBESS and non-TxBESS teachers.* Unpublished paper. State Board for Educator Certification, Texas.

Fuller, E. (2008, October). *Secondary mathematics and science teachers in Texas: Supply, demand, and quality.* Austin: Department of Educational Administration, University Council for Educational Administration, The University of Texas at Austin.

Futernick, K. (2001, April). *A district-by-district analysis of the distribution of teachers in California and an overview of the Teacher Qualification Index (TQI).* Sacramento: California State University.

Gallego, M. A. (2001). Is experience the best teacher? The potential of coupling classroom and community-based field experiences. *Journal of Teacher Education, 52*(4), 312–325.

Gamoran, A. (1992). Access to excellence: Assignment to honors English classes in the transition from middle to high school. *Educational Evaluation and Policy Analysis, 14*(3), 185–204.

Gamoran, A. (1990, April). *The consequences of track-related instructional differences for student achievement.* Paper presented at the Annual Meeting of the American Educational Research Association, Boston.

Gamoran, A., & Berends, M. (1987). The effects of stratification in secondary schools: Synthesis of survey and ethnographic research. *Review of Educational Research, 57*, 415–436.

Gamoran, A., & Hannigan, E. C. (2000). Algebra for everyone? Benefits of college-preparatory mathematics for students with diverse abilities in early secondary school. *Educational Evaluation and Policy Analysis, 22*, 241–254.

Gamoran, A., & Mare, R. (1989). Secondary school tracking and educational inequality: Compensation, reinforcement or neutrality? *American Journal of Sociology*, 94, 1146–1183.

Gamse, B. C., Jacob, R. T., Horst, M., Boulay, B., & Unlu, F. (2008). *Reading First impact study final report* (NCEE 2009-4038). Washington, DC: National Center for Education Evaluation and Regional Assistance, Institute of Education Sciences, U.S. Department of Education.

Garcia, E. (1993). Language, culture, and education. In L. Darling-Hammond (Ed.), *Review of research in education* (Vol. 19, pp. 51–98). Washington, DC: American Educational Research Association.

Garet, M., Porter, A., Desimone, L., Birman, B., & Yoon, K. S. (2001). What makes professional development effective? Results from a national sample of teachers. *American Educational Research Journal, 38*(4), 915–945.

Garofano, A., Sable, J., & Hoffman, L. (2008). *Characteristics of the 100 largest public elementary and secondary school districts in the United States: 2004–05.* U.S. Department of Education, National Center for Education Statistics. Washington, DC: U.S. Government Printing Office.

Gates Foundation. (2005). *High performing schools districts: Challenge, support, alignment, and choice.* Seattle: Bill and Melinda Gates Foundation.

Gemignani, R. J. (1994, October). Juvenile correctional education: A time for change. Update on research. *Juvenile Justice Bulletin.* Washington, DC: U.S. Department of Justice, Office of Juvenile Justice and Delinquency Prevention.

General Accounting Office. (2001). *School vouchers: Publicly funded programs in Cleveland and Milwaukee.* Washington, DC: Author.

Glaser, R. (1981). The future of testing: A research agenda for cognitive psychology and psychometrics. *American Psychologist, 39*(9), 923–936.

Glaser, R. (1990). *Testing and assessment: O Tempora! O Mores!* Pittsburgh, PA: University of Pittsburgh, Learning Research and Development Center.

Glass, G. V., Cahen, L. S., Smith, M. L, & Filby, N. N. (1982). *School class size: Research and policy.* Beverly Hills, CA: Sage.

Goddard, Y. L., Goddard, R. D., & Tschannen-Moran, M. (2007). Theoretical and empirical investigation of teacher collaboration for school improvement and student achievement in public elementary schools. *Teachers College Record, 109*(4), 877–896.

Goe, L. (2002). *Legislating equity: The distribution of emergency permit teachers in California.* Berkeley: Graduate School of Education, University of California, Berkeley.

Goe, L. (2002). Legislating equity: The distribution of emergency permit teachers in California. *Educational Policy Analysis Archives, 10*(42). Retrieved June 4, 2009, from http://epaa.asu.edu/epaa/v10n42/.

Goertz, M. E., & Weiss, M. (2007, November 12). *Assessing success in school finance litigation: The case of New Jersey.* Paper for Columbia University, Teachers College, Symposium: Equal Educational Opportunity: What Now? Retrieved June 4, 2009, from http://devweb.tc.columbia.edu/manager/symposium/Files/111_goertz_NJ_case_study_draft%20_10.04.07_.pdf.

Goldberg, G. L., & Rosewell, B. S. (2000). From perception to practice: The impact of teachers' scoring experience on the performance based instruction and classroom practice. *Educational Assessment, 6*, 257–290.

Goldhaber, D., & Anthony, E. (2005). *Can teacher quality be effectively assessed?* Seattle: University of Washington and the Urban Institute.

Goldhaber, D. D., & Brewer, D. J. (2000). Does teacher certification matter? High school certification status and student achievement. *Educational Evaluation and Policy Analysis*, 22, 129–145.

Gonnie van Amelsvoort, H.W.C., & Scheerens, J. (1996). International comparative indicators on teachers. *International Journal of Educational Research, 25*(3), 267–277.

Good, T. L., & Brophy, J. (1987). *Looking in classrooms.* New York: Harper and Row.

Gordon, S. P., & Reese, M. (1997, July). High stakes testing. Worth the price? *Journal of School Leadership, 7,* 345–368.

Gottfredson, G. D., & Daiger, D. C. (1979). *Disruption in 600 schools.* Baltimore: The Johns Hopkins University, Center for Social Organization of Schools.

Grant, C. A. (1989, June). Urban teachers: Their new colleagues and curriculum. *Phi Delta Kappan, 70*(10), 764–770.

Greenwald, R., Hedges, L. V., & Laine, R. D. (1996a). The effect of school resources on student achievement. *Review of Educational Research, 66*(1), 361–396.

Greenwald, R., Hedges, L. V., & Laine, R. D. (1996b). Interpreting research on school resources and student achievement: A rejoinder to Hanushek. *Review of Educational Research, 66*(3), 411–416.

Griffin, B., & Heidorn, M. (1996). An examination of the relationship between MCT performance and dropping out of high school. *Educational Evaluation and Policy Analysis, 18:* 243–251.

Grissmer, D. W., Flanagan, A., Kawata, J., & Williamson, S. (2000). *Improving student achievement: What NAEP state test scores tell us.* Santa Monica, CA: RAND Report. Retrieved June 4, 2009, from http://www.rand.org/publications/MR/MR924.

Gritz, R. M., & Theobald, N. D. (1996). The effects of school district spending priorities on length of stay in teaching. *Journal of Human Resources, 31*(3), 477–512.

Guadarrama, I. N., Ramsey, J., & Nath, J. L. (Eds.). *Forging alliances in community and thought: Research in professional development schools.* Greenwich, CT: Information Age Publishing.

Gunderson, S., Jones, R., & Scanland, K. (2004). *The jobs revolution: Changing how America works.* Austin, TX: Copywriters, Inc.

Guryan, J. (2001). *Does money matter? Regression-discontinuity estimates from education finance reform in Massachusetts.* NBER Working Paper 8269. Cambridge, MA: National Bureau of Economic Research.

Hallinan, M. T. & Kubitschek, W. N. (1999). Curriculum differentiation and high school achievement. *Social Psychology of Education, 3,* 41–62.

Hammerness, K., Darling-Hammond, L., & Shulman, L. (2002). Toward expert thinking: How curriculum case writing prompts the development of theory-based professional knowledge in student teachers. *Teaching Education, 13*(2), 221–245.

Hancock v. Driscoll. (2002). Superior Court Civil Action No. 02-2978.

Haney, W. (2000). The myth of the Texas miracle in education. *Educational Policy Analysis Archives, 8*(41). Retrieved June 9, 2009, from http://epaa.asu.edu/epaa/v8n41/.

Hanushek, E. (2003). The structure of analysis and argument in plaintiff expert reports for *Williams v. State of California.* Retrieved March 20, 2009, from http://www.decentschools.org/expert_reports/hanushek_report.pdf.

Hanushek, E. (2003). *The structure of analysis and argument in plaintiff expert reports for* Williams v. State of California. Retrieved April 19, 2004, from http://www.mofo.com/decentschools/expert_reports/hanushek_report.pdf.

Hanushek, E. A., Kain, J. F., & Rivkin, S. G. (1999). *Do higher salaries buy better teachers?* Working Paper 7082. Cambridge, MA: National Bureau of Economic Research.

Hanushek, E., & Raymond, M. (2003). Improving educational quality: How best to evaluate our schools? In Y. Kodrzycki (Ed.), *Education in the 21st Century: Meeting the Challenges of a Changing World.* Boston: Federal Reserve Bank of Boston.

Hargreaves, A. (2008). The coming of post-standardization: Three weddings and a funeral. In C. Sugrue (Ed.), *The future of educational change: International perspectives* (pp 15–33). New York: Routledge.

Harlem Children's Zone. (2008). Home page. Retrieved May 29, 2009, from http://www.hcz.org/

Hart, B., & Risley, T. (1995). *Meaningful differences in the everyday experience of young American children.* Baltimore: Brookes Publishing.

Hassell, B. C. (2002). *Better pay for better teaching: Making teacher compensation pay off in the age of accountability.* Progressive Policy Institute 21st Century Schools Project. Retrieved November 18, 2004, from http://www.broadfoundation.org/investments/education-net.shtml.

Hauser, R. (1999, October). *Should we end social promotion? Truth and consequences.* CDE Paper 96-04. Madison: The University of Wisconsin-Madison, Center for Demography and Ecology.

Hawk, P., Coble, C. R., & Swanson, M. (1985). Certification: It does matter. *Journal of Teacher Education, 36*(3), 13–15.

Haycock, K. (2000, Spring). Honor in the boxcar: Equalizing teacher quality. *Thinking K–16, 4*(1), 1.

Haycock, K. (2000, Spring). No more settling for less. *Thinking K–16, 4*(1), 11.

Haynes, D. (1995). One teacher's experience with National Board assessment. *Educational Leadership, 52*(8), 58–60.

Hean, T. C. (2001, October 23). Leading innovation in education. Speech given at the LEP Graduation Ceremony at Grand Copthorne Waterfront Hotel, Singapore.

Heckman, J. J. (2008). The case for investing in disadvantaged young children. In *Big ideas for children: Investing in our nation's future* (pp. 49–66). Washington, DC: First Focus.

Hedges, L. V., Laine, R. D., & Greenwald, R. (1994). Does money matter? A meta-analysis of studies of the effects of differential school inputs on student outcomes. *Educational Research, 23*(3), 5–14.

Hegarty, S. (2001, January 21). Newcomers find toll of teaching is too high: Among those quitting are non-education majors thrust into challenging classrooms. *St. Petersburg Times.*

Henke, R. R., Chen, X., Geis, S., & Knepper, P. (2000). *Progress through the teacher pipeline: 1992–93 college graduates and elementary/secondary school teaching as of 1997.* NCES 2000-152. Washington, DC: National Center for Education Statistics.

Herman, J. L., & Golan, S. (1993). Effects of standardized testing on teaching and schools. *Educational Measurement: Issues and Practice, 12*(4): 20–25, 41–42.

Herman, J. L. (2002). *Black-white-other test score gap: Academic achievement among mixed race adolescents.* Institute for Policy Research Working Paper. Evanston, IL: Northwestern University Institute for Policy Research.

Herman, J. L., Brown, R. S., & Baker, E. L. (2000). *Student assessment and student achievement in the California public school system.* Retrieved November 18, 2004, from cresst96.cse.ucla.edu/CRESST/Reports/TECH519.pdf.

Herrnstein, R. J., and Murray, C. (1994). *The bell curve: Intelligence and class structure in American life.* New York: Free Press.

Hess, A. (1986). Educational triage in an urban school setting. *Metropolitan Education, 2*, pp. 39–52.

Hess, G. A., Ells, E., Prindle, C., Liffman, P., & Kaplan, B. (1987). Where's room 185? How schools can reduce their dropout problem. *Education and Urban Society, 19*(3), 330–355.

Heubert, J., and Hauser, R. (Eds.). (1999). *High stakes: Testing for tracking, promotion, and graduation.* A report of the National Research Council. Washington, DC: National Academy Press.

Hill, P. (2006). *Put learning first: A portfolio approach to public schools.* Washington, DC: Progressive Policy Institute.

Hoffer, T. B. (1992). Middle school ability grouping and student achievement in science and mathematics. *Educational Evaluation and Policy Analysis, 14*(3), 205–227.

Hoffman, J. V., Assaf, L. C., & Paris, S. G. (2001). High stakes testing in reading: Today in Texas, tomorrow? *The Reading Teacher, 54*(5), 482–492.

Holmes, T., & Matthews, K. (1984). *The effects of nonpromotion on elementary and junior high pupils: A meta-analysis. Review of Educational Research,* Vol. 54, pp. 225–236.

Hord, S. (1997). *Professional learning communities: Communities of continuous inquiry and improvement.* Austin, TX: Southwest Educational Development Laboratory.

Horn, C. (2002). The intersection of race, class and English learner status. Working Paper. Prepared for National Research Council.

Howard, R., Hitz, R., & Baker, L. (1997). Comparative study of expenditures per student credit hour of education programs to programs of other disciplines and professions. Montana State University–Bozeman.

Howley, C. (1995). The Matthew principle: A West Virginia replication? *Education Policy Analysis Archives* 3, no. 18.

Howley, C. B., & Bickel, R. (1999). *The Matthew project: National report.* Charleston, WV: Appalachia Educational Laboratory.

Howley, C. B., & Harmon, H. L. (2000). *Small high schools that flourish: Rural context, case studies, and resources.* Charleston, WV: Appalachia Educational Laboratory.

Howley, C., & Howley, A. (2004). School size and the influence of socioeconomic status on student achievement: Confronting the threat of size bias in national data sets. *Education Policy Analysis Archives* 12, no. 52.

Illinois Fair Schools Coalition. (1985). *Holding students back: An expensive reform that doesn't work.* Chicago: Author.

Huh, Kyung-chul. (2007). *Understanding Korean education, volume 1: School curriculum in Korea.* Seoul: Korean Educational Development Institute.

Imberman, S. (2007). Achievement and behavior in charter schools: Drawing a more complete picture occasional paper 142. New York: National Center for the Study of Privatizations in Education.

Ingersoll, R., & Kralik, J. M. (2004). *The impact of mentoring on teacher retention: What the research says.* Denver: Education Commission of the States.

Ingvarson, L. (2005). Getting professional development right. In Australian Council for Educational Research *Annual Conference Proceedings 2005—Getting Data to Support Learning Conference* (pp. 63–71). Retrieved June 28, 2008, from http://www.acer.edu.au/documents/RC2005_Ingvarson.pdf.

Institute for Education Sciences. (2007). *Highlights from PISA 2006: Performance of U.S. 15-year-old students in science and mathematics literacy in an international context.* Washington, DC: U.S. Department of Education. Retrieved April 1, 2008 from http://nces.ed.gov/surveys/pisa/index.asp.

Institute on Race and Poverty. (2008). *Failed promises: Assessing charter schools in the Twin Cities.* Minneapolis: University of Minnesota, Institute on Race and Poverty.

Intercultural Development Research Association. (1996, October). *Texas school survey project: A summary of findings.* San Antonio, TX: Intercultural Development Research Association.

International Baccalaureate Organization. (2005, November). *IB diploma programme: English A1—higher level—Paper 2.* Retrieved May 31, 2008, from http://www.ibo.org/diploma/curriculum/examples/samplepapers/documents/gp1_englisha1hl2.pdf.

Irvine, J. J. (1990). *Black students and school failure: Policies, practices, and prescriptions.* New York: Praeger.

Irvine, J. J. (1992). Making teacher education culturally responsive. In M. E. Dilworth (Ed.), *Diversity in teacher education* (pp. 79–92). San Francisco: Jossey-Bass.

Jacob, B. A. (2002). *The impact of high-stakes testing on student achievement: Evidence from Chicago.* Working Paper. Harvard University.

Jacobs, B. A. (2001). Getting tough? The impact of high school graduation exams. *Educational Evaluation and Policy Analysis, 23*(2), 99–122.

Japanese Ministry of Education, Culture, Sports, Science, and Technology. (2004). *Japan's education at a glance, 2004, School education.* Tokyo, Japan: Author.

Jefferson, T. (1786). Thomas Jefferson to George Wythe, ME 5:396.

Jefferson, T. (1817). Thomas Jefferson: Elementary School Act, 1817. ME 17:440.

Jimerson, S. R., Anderson, G. E., & Whipple, A. D. (2002). Winning the battle and losing the war: Examining the relationship between grade retention and dropping out of high school. *Psychology in the Schools, 39*(4), pp. 441–457.

Jones, B. D., & Egley, R. J. (2004). Voices from the frontlines: Teachers' perceptions of high-stakes testing. *Education Policy Analysis Archives, 12*(39). Retrieved August 10, 2004, from http://epaa.asu.edu/epaa/v12n39/.

Jones, L. V. (1984). White-Black achievement differences: The narrowing gap. *American Psychologist, 39*, pp. 1207–1213.

Jones, L. V., Burton, N. W., & Davenport, E. C. (1984). Monitoring the achievement of Black students. *Journal for Research in Mathematics Education, 15*, pp. 154–164.

Jones, M. G., Jones, B. D., Hardin, B., Chapman, L., & Yarbrough, T. M. (1999). The impact of high-stakes testing on teachers and students in North Carolina. *Phi Delta Kappan, 81*(3), 199–203.

Joyce, B., & Calhoun, E. (1996). *Learning experiences in school renewal: An exploration of five successful programs.* Eugene, OR: ERIC Clearinghouse on Educational Management.

Jukes, I., & McCain, T. (2002, June 18). *Living on the future edge.* InfoSavvy Group and Cyster.

Justice Policy Institute. (2005). *Cellblocks or classrooms?* Retrieved September 22, 2007, from http://www.justicepolicy.org/article.php?id=14.

Kahlenberg, R. (2001). *All together now.* Washington, DC: Brookings Institution Press.

Kain, J. F., & Singleton, K. (1996). Equality of educational opportunity revisited. *New England Economic Review,* May–June, 87–111.

Kang, N. H., & Hong, M. (2008). Achieving excellence in teacher workforce and equity in learning opportunities in South Korea. *Educational Researcher, 37*(4), 200–207.

Karmarkar, U. S., & Apte, U. M. (2007, March). Operations management in the information economy: Information products, processes, and chains. *Journal of Operations Management.*

Kaufman, J. E., & Rosenbaum, J. E. (1992). Education and employment of low-income Black youth in White suburbs. *Educational Evaluation and Policy Analysis, 14*(3), pp. 229–240.

Kearns, D. (1988). A business perspective on American schooling. *Education Week.* Retrieved June 14, 2009, from http://www.edweek.org/login.html?source=http://www.edweek.org/ew/articles/1988/04/20/30kearns.h07.html&destination=http://www.edweek.org/ew/articles/1988/04/20/30kearns.h07.html&levelId=2100.

Kim, G. J. (2002). Education policies and reform in South Korea. In *Secondary Education in Africa: Strategies for Renewal, World Bank Africa Region ed.* (p. 30). Washington, DC: World Bank.

Kim, Y., & Lee, S. (2002). *Adapting education to the information age: A white paper.* Seoul, Korea: Ministry of Education and Human Resources Development.

Klein, S. P., Hamilton, L. S., McCaffrey, D. F., & Stetcher, B. M. (2000). *What do test scores in Texas tell us?* Santa Monica, CA: The RAND Corporation.

Kluger, R. (1976). *Simple justice.* New York: Alfred A. Knopf.

Knapp, M. S. (Ed.). (1995). *Teaching for meaning in high-poverty classrooms.* New York: Teachers College Press.

Korea Education and Research Information Service. *Adapting ICT to elementary and secondary schools.* Retrieved March 29, 2007, from http://www.keris.or.kr/english/pages/sub_04_2.html.

Korea Institute of Curriculum & Evaluation. (nd.) *National curriculum and evaluation.* Retrieved November 16, 2006, from http://www.kice.re.kr/kice/eng/info/info.2.jsp.

Korean Educational Development Institute (KEDI). (2004). *Statistical yearbook of education, 2004.* Seoul, Korea: KEDI.

Korean Educational Development Institute (KEDI). (2006). *Statistical yearbook of education, 2006.* Seoul, Korea: KEDI.

Korean Educational Development Institute (KEDI). (2007a). *Understanding Korean education, vol. 3: School education in Korea.* Seoul, Korea: Author.

Korean Educational Development Institute (KEDI). (2007b). *Understanding Korean education, vol. 5: Education and Korea's development.* Seoul, Korea: Author.

Koretz, D., & Barron, S. I. (1998). *The validity of gains on the Kentucky Instructional Results Information System (KIRIS)*. Santa Monica, CA: RAND, MR-1014-EDU.

Koretz, D., Linn, R. L., Dunbar, S. B., & Shepard, L. A. (1991, April). The effects of high-stakes testing: Preliminary evidence about generalization across tests. In R. L. Linn (chair), *The effects of high stakes testing*. Symposium presented at the annual meetings of the American Educational Research Association and the National Council on Measurement in Education, Chicago.

Koretz, D., Mitchell, K. J., Barron, S. I., & Keith, S. (1996). *Final report: Perceived effects of the Maryland school performance assessment program*. CSE Technical Report. Los Angeles: UCLA National Center for Research on Evaluation, Standards, and Student Testing.

Kozol, J. (1991). *Savage inequalities*. New York: Crown.

Kozol, J. (2005). *The shame of a nation*. New York: Crown.

Krieger, L. M. (2008, July 18). In this contest, China beats UC-Berkeley. *San Jose Mercury News*, pp. 1A, 15A.

Krueger, A. B. (2000). Economic considerations and class size, Paper 447. Princeton University, Industrial Relations Section. Retrieved on May 30, 2007, from www.irs.princeton.edu/pubs/working_papers.html.

Krueger, A. B. (2003). Economic considerations and class size. *The Economic Journal, 113*(485), F34–F63.

Kulik, C. C., & Kulik, J. A. (1982). Effects of ability grouping on secondary school students: A meta-analysis of evaluation findings. *American Education Research Journal, 19*, pp. 415–428.

Labaree, D. F. (1984). Setting the standard: Alternative policies for student promotion. *Harvard Educational Review, 54*(1): 67–87.

Laczko-Kerr, I., & Berliner, D. (2002). The effectiveness of Teach for America and other undercertified teachers on student academic achievement: A case of harmful public policy. *Education Policy Analysis Archives, 10*(37). Retrieved August 14, 2009, from http://epaa.asu.edu/epaa/v10n37.

Ladd, H. F. & Zelli, A. (2002). School-based accountability in North Carolina: The responses of school principals. *Educational Administration Quarterly, 38*(4), 494–529.

Ladson-Billings, G. (1992). Culturally relevant teaching. In C. A. Grant (Ed.), *Research and multicultural education: From the margins to the mainstream* (pp. 106–121). Washington, DC: Falmer Press.

Ladson-Billings, G. (2006). Equity after Katrina. *Voices in urban education, 10*. Providence, RI: Annenberg Institute for School Reform. Retrieved March 20, 2009 from http://www.annenberginstitute.org/VUE/winter06/Billings.php.

Ladson-Billings, G. (2006). From the achievement gap to the education debt: Understanding achievement in U.S. schools. *Educational Researcher, 35*(10), pp. 3–12.

Lankford, H., Loeb, S., & Wyckoff, J. (2002). Teacher sorting and the plight of urban schools: A descriptive analysis. *Education Evaluation and Policy Analysis, 24*(1), 37–62.

Lavonen, J. (2008). *Reasons behind Finnish students' success in the PISA scientific literacy assessment*. Helsinki, Finland: University of Helsinki. Retrieved August 25, 2008 from www.oph.fi/info/finlandinpisastudies/conference2008/science_results_and_reasons.pdf.

Lee, C. (2004). *Racial segregation and educational outcomes in metropolitan Boston*. Cambridge, MA: The Civil Rights Project at Harvard University.

Lee, C. J. (2005). Korean model of secondary education development: Approaches, outcomes and emerging tasks. In M. Kaneko (Ed.), *Core academic competences: Policy issues and educational reform*. Tokyo: University of Tokyo, Center for Research of Core academic competences.

Lee, J., & Wong, K. (2004). The impact of accountability on racial and socioeconomic equity: Considering both school resources and achievement outcomes. *American Educational Research Journal, 41*(4).

Lee, V., et al. (2000). Inside large and small high schools: Curriculum and social relations. *Educational Evaluation and Policy Analysis, 22*(2), 147–171.

Lee, V., & Bryk, A. (1988). Curriculum tracking as mediating the social distribution of high school achievement. *Sociology of Education, 61*, pp. 78–94.

Lee, V., Bryk, A., & Smith, J. (1993). The organization of effective secondary schools. In Linda Darling-Hammond (Ed.), *Review of research in education*. Washington, DC: American Educational Research Association.

Lee, V., Croninger, R., & Smith, J. (1997). Course-taking, equity, and mathematics learning: Testing the constrained curriculum hypothesis in U.S. secondary schools. *Educational Evaluation and Policy Analysis, 19*(2), 99–121.

Lee, V., & Loeb, S. (2000). "School size in Chicago elementary schools: Effects on teachers' attitudes and students' achievement." *American Educational Research Journal, 37*(1), 3–31.

Lee, V. E., & Smith, J. B. (1995). Effects of high school restructuring and size on early gains in achievement and engagement. *Sociology of Education, 68*(4), 241–270.

Lee, V. E., Smith, J. B., & Croninger, R. G. (1995, Fall). Another look at high school restructuring: More evidence that it improves student achievement and more insight into why. *Issues in Restructuring Schools*. Issue report no. 9, pp. 1–9. Madison: Center on the Organization and Restructuring of Schools, University of Wisconsin.

Lefkowits, L., & Diamond, B. (2009). *Transforming urban education: Implications for state policymakers*. Knowledgeworks Foundation. Retrieved May 29, 2009, from http://www.futureofed.org/pdf/taking-action/PolicyBrief1.pdf.

Leithwood, K., & Jantzi, D. (2005). A review of transformational school leadership research 1996–2005. Paper presented at the annual meeting of the American Educational Research Association. Montreal, Canada.

Leithwood, K., Seashore-Louis, K., Anderson, S., & Wahlstrom, K. (2004). *How leadership influences student learning*. Center for Applied Research and Educational Improvement and Ontario Institute for Studies in Education. New York: The Wallace Foundation. Retrieved August 14, 2009, from http://www.wallacefoundation.org/wf/KnowledgeCenter/KnowledgeTopics/EducationLeadership/.

Lepoer, B. L. (1989). *Singapore: A country study*. Washington, DC: Government Printing Office for the Library of Congress.

Letter to the California State Board of Education from leading scientists, CEOs, and university presidents. (2004, March 5). Retrieved March 20, 2009, from http://www.sci-ed-ga.org/standards/Final-Board-Letter.pdf.

Levin, H. M. (1992). The necessary and sufficient conditions for achieving educational equity. In R. Berne (Ed.), *New York equity study*. Report of the Equity Study Group. Albany: New York State Education Department.

Levin, H. M. (2007). *The costs and benefits of an excellent education*. New York: Teachers College, Columbia University.

Levine, D., & Lezotte, L. (1990). *Unusually effective schools: A review and analysis of research and practice*. Madison, WI: The National Center for Effective Schools Research & Development.

Lieberman, A., & Wood, D. (2002). From network learning to classroom teaching. *Journal of Educational Change, 3*, 315–337.

Lilliard, D., & DeCicca, P. (2001). Higher standards, more dropouts? Evidence within and across time. *Economics of Education Review, 20*(5), 459–473.

Linn, R. L. (2000). Assessments and accountability. *Educational Researcher, 29*(2), 4–16.

Linn, R. L., Graue, M. E., & Sanders, N. M. (1990). Comparing state and district test results to national norms: The validity of claims that "everyone is above average." *Educational Measurement: Issues and Practice, 9*, 5–14.

Little Hoover Commission. (2000). *To build a better school*. Sacramento: Author.

Little, J. W. (1982). Norms of collegiality and experimentation: Workplace conditions of school success. *American Educational Research Journal, 19*(3), 325–340.

Little, J. W. (2003). Inside teacher community: Representations of classroom practice. *Teachers College Record, 105*(6), 913–945.

Liu, G. (2008). Improving Title I funding equity across states, districts, and schools. *Iowa Law Review, 93*(3), 973–1013.

Loeb, S., Darling-Hammond, L., & Luczak, J. (2005). How teaching conditions predict teacher turnover in California schools. *Peabody Journal of Education, 80*(3), pp. 44–70.

Loeb, S., Grissom, J., & Strunk, K. (2007). *District dollars: Painting a picture of revenues and expenditures in California's school districts.* Stanford, CA: Stanford University Institute for Research on Education Policy and Practice.

Los Angeles County Office of Education. (1999, May). Teacher quality and early reading achievement in Los Angeles County public schools. *Trends: Policy issues facing Los Angeles County public schools, 6*(2).

Louis, K. S., Marks, H. M., & Kruse, S. (1996). Professional community in restructuring schools. *American Educational Research Journal, 33*(4), 757–798.

Louis, K. S., & Marks, H. M. (1998). Does professional learning community affect the classroom? Teachers' work and student experiences in restructuring schools. *American Journal of Education, 106*(4), 532–575.

MacDonald, E., & Shirley, D. (2009). *The mindful teacher.* New York: Teachers College Press.

MacInnes, G. (2009). *In plain sight: Simple, difficult lessons from New Jersey's expensive effort to close the achievement gap.* New York: The Century Foundation.

MacPhail-Wilcox, B., & King, R. A. (1986). Resource allocation studies: Implications for school improvement and school finance research. *Journal of Education Finance, 11*, pp. 416–432.

Madaus, G., Russell, M., & Higgins, J. (2009). *The paradoxes of high stakes testing.* Charlotte, NC: Information Age Publishing.

Madaus, G., West, M. M., Harmond, M. C., Lomax, R. G., & Vator, K. A. (1992). *The influence of testing on teaching math and science in grades 4–12.* Chestnut Hill, MA: Center of Study of Testing, Evaluation, and Educational Policy, Boston College.

Massachusetts Department of Education. (2004). Dropout Rates for 2002–03. Retrieved June 30, 2007, from http://www.doe.mass.edu/infoservices/reports/dropout/0203/dropouts.pdf.

Mathews, J. (2008, October 6). Merit pay could ruin teamwork. *Washington Post.* P. B02.

Matthews, W. (1984). Influences on the learning and participation of minorities in mathematics. *Journal for Research in Mathematics Education, 15*, pp. 84–95.

McCombs, J. S., Kirby, S. N., Barney, H., Darilek, H., & Magee, S. (2005). *Achieving state and national literacy goals: A long uphill road.* Santa Monica, CA: RAND Corporation.

McGill-Franzen, A., Allington, R. L., Yokio, L., & Brooks, G. (1999). Putting books in the classroom seems necessary but not sufficient. *The Journal of Educational Research, 93*(2), 67–74.

McKnight, C. C., Crosswhite, J. A., Dossey, J. A., Kifer, E., Swafford, S. O., Travers, K. J., & Cooney, T. J. (1987). *The underachieving curriculum: Assessing U.S. School mathematics from an international perspective.* Champaign, IL: Stipes Publishing.

McLaughlin, M. W., & Talbert, J. E. (2001). *Professional communities and the work of high school teaching.* Chicago: University of Chicago Press.

McUsic, M. (1991, Summer). The use of education clauses in school finance reform litigation. *Harvard Journal on Legislation 28*(2), pp. 307–340.

Meier, K. J., Stuart, J., Jr., & England, R. E. (1989). *Race, class and education: The politics of second-generation discrimination.* Madison: University of Wisconsin Press.

Meiers, M., Ingvarson, L, Beavis, A., Hogan, J., & Kleinhenz, E. (2006). *An evaluation of the Getting it Right: Literacy and numeracy strategy in western Australian schools.* Victoria: Australian Council for Educational Research.

Meisels, S. (1992, June). Doing harm by doing good: Iatrogenic effects of early childhood enrollment and promotion policies. *Early Childhood Research Quarterly, 7*(2), 155–174.

Merek E., & Methven, S. (1991). Effects of the learning cycle upon student and classroom teacher performance. *Journal of Research in Science Teaching, 28*(1), 41–53.

Merrow, J. (1999). *Teacher shortage: False alarm?* Video production. New York: Merrow Reports.

Merrow, J. (2004). *From first to worst.* Retrieved March 20, 2009, from http://www.pbs.org/merrow/tv/ftw/.

Metz, M. (1990). How social class differences shape teachers' work. In M. W. McLaughlin, J. E. Talbert, & N. Bascia (Eds.), *The contexts of teaching in secondary schools.* New York: Teachers College Press.

Meyer, L. (2002, January 18). The state of the states. *Education Week.* Washington, DC: Editorial Projects in Education.

Mickelson, R. A. (2001). Subverting Swann: First- and second-generation segregation in the Charlotte-Mecklenburg Schools. *American Educational Research Journal, 38*, 215–252.

Mikkola, A. (2000). Teacher education in Finland. In B. Campos Paiva (Ed.), *Teacher education policies in the European Union* (pp. 179–193). Lisbon, Portugal: INAFOP.

Milanowski, A. T., Kimball, S. M., & White, B. (2004). *The relationship between standards-based teacher evaluation scores and student achievement.* Madison: University of Wisconsin–Madison, Consortium for Policy Research in Education.

Miles, K. H., & Darling-Hammond, L. (1998). Rethinking the allocation of teaching resources: Some lessons from high-performing schools. *Educational Evaluation and Policy Analysis, 20*(1), 9–29.

Miller, J. G. (1997, June). African American males in the criminal justice system. *Phi Delta Kappan,* K1–K12.

Ministry of Education. (2007, June). *Overview of the Singapore education system.* Singapore: Author.

Mintrop, H. (2003). The limits of sanctions in low-performing schools: A study of Maryland and Kentucky schools on probation. *Education Policy Analysis Archives, 11*(3). Retrieved November 8, 2004, from http://epaa.asua.edu/epaa/v11n3.htm.

Miron, G., Coryn, C., & Mackety, D. M. (2007). *Evaluating the impact of charter schools on student achievement: A longitudinal look at the Great Lakes states.* East Lansing, MI: The Great Lakes Center for Education Research and Practice.

Miron, G., & Nelson, C. (2001). Student achievement in charter schools: What we know and why we know so little. Occasional Paper No. 41. New York: Teachers College, Columbia University, National Center for the Study of Privatization in Education.

Monk, D. H. (1994). Subject matter preparation of secondary mathematics and science teachers and student achievement. *Economics of Education Review, 13*(2), 125–145.

Mont, D., & Rees, D. I. (1996). The influence of classroom characteristics on high school teacher turnover. *Economic Inquiry, 34*, 152.

Moore, D., & Davenport, S. (1988). *The new improved sorting machine.* Madison, WI: National Center on Effective Secondary Schools.

Moore, E. G., & Smith, A. W. (1985). Mathematics aptitude: Effects of coursework, household language, and ethnic differences. *Urban Education, 20*, 273–294.

Mosteller, F. (1995). The Tennessee study of class size in the early school grades. *The Future of Children, 5*(2), 113–127.

Mullis, I.V.S., Martin, M. O., Kennedy, A. M., & Foy, P. (2007). *PIRLS 2006 International Report: IEA's Progress in international reading literacy study in primary schools in 40 countries.* Boston: TIMSS & PIRLS International Study Center, Lynch School of Education, Boston College.

Murnane, R., & Levy, F. (1996). *Teaching the new basic skills.* New York: The Free Press.

Murnane, R., and Olsen, R. J. (1990). The effects of salaries and opportunity costs on length of stay in teaching: Evidence from North Carolina. *The Journal of Human Resources 25*(1), 106–124.

Murnane, R., & Phillips, B. R. (1981, Fall). Learning by doing, vintage, and selection: Three pieces of the puzzle relating teaching experience and teaching performance. *Economics of Education Review, 1*(4), 453–465.

Murnane, R., Singer, J. D., & Willett, J. B. (1989). The influences of salaries and opportunity costs on teachers' career choices: Evidence from North Carolina. *Harvard Educational Review, 59*(3), 325–346.

NAEP Analysis reveals details on states beyond simple scores. (2001, May). *National Education Goals Panel Monthly, 2*(25), 1–8.

Nan Chiau Primary School. (2007). *Curriculum Innovations* brochure. Singapore: Author.

National Center for Education and the Economy. (2007). *Tough choices or tough times. Executive summary.* Washington, DC: Author.

National Center for Education Statistics (NCES). (Undated). *Top four states in closing achievement gap.* Retrieved August 2, 2008, from http://www.fldoe.org/asp/naep/pdf/Top-4-states.pdf.

National Center for Education Statistics (NCES). (1985). *The condition of education, 1985.* Washington, DC: U.S. Department of Education.

National Center for Education Statistics (NCES). (1994). *Digest of education statistics, 1994.* Washington, DC: U.S. Department of Education.

National Center for Education Statistics (NCES). (1997). *America's teachers: Profile of a profession, 1993–94.* Washington, DC: U.S. Department of Education.

National Center for Education Statistics (NCES). (1998a). *Characteristics of the 100 largest public elementary and secondary school districts in the United States,* NCES 98-214, Washington, DC: U.S. Department of Education.

National Center for Education Statistics (NCES). (1998b). *The condition of education, 1998.* Washington, DC: U.S. Department of Education.

National Center for Education Statistics (NCES). (2000). *Digest of education statistics, 1999.* Washington, DC: U.S. Department of Education.

National Center for Education Statistics (NCES). (2002). *The condition of education, 2002.* Washington, DC: U.S. Department of Education.

National Center for Education Statistics (NCES). (2003). *The condition of education, 2003.* Washington, DC: U.S. Department of Education.

National Center for Education Statistics (NCES). (2003). *Trends in international mathematics and science study: 2003 results.* Washington, DC: Institute of Educational Sciences, U.S. Department of Education. Retrieved July 12, 2008, from http://nces.ed.gov/timss/TIMSS03Tables. asp?Quest=3&Figure=5.

National Center for Education Statistics (NCES). (2004). *Trends in average mathematics scale scores by race/ethnicity.* Retrieved June 13, 2008, from http://nces.ed.gov/nationsreportcard/ltt/ results2004/sub-math-race.asp.

National Center for Education Statistics (NCES). (2005a). *Digest of education statistics, 2005,* Table 79. Washington, DC: U.S. Department of Education. Retrieved May 16, 2009, from http:// nces.ed.gov/programs/digest/d05/tables/dt05_079.asp?referrer=list.

National Center for Education Statistics (NCES). (2005b). *NAEP trends on-line.* Washington, DC: U.S. Department of Education, National Assessment of Educational Progress.

National Center for Education Statistics (NCES). (2006). *The nation's report card: Science, 2005.* Washington, DC: U.S. Department of Education.

National Center for Education Statistics (NCES). (2007a). *The nation's report card: Mathematics, 2007.* Washington, DC: U.S. Department of Education. Retrieved August 2, 2008, from http://nces.ed.gov/nationsreportcard/pdf/main2007/2007494.pdf.

National Center for Education Statistics (NCES). (2007b). *The nation's report card: Reading, 2007.* Washington, DC: U.S. Department of Education. Retrieved August 2, 2008, from http:// nces.ed.gov/nationsreportcard/pdf/main2007/.

National Commission on Teaching and America's Future (NCTAF). (1996). *What matters most: Teaching for America's future.* New York: Author.

National Commission on Teaching and America's Future (NCTAF). (1997). Unpublished tabulations from the 1993–94 Schools and Staffing Surveys.

National Commission on Teaching and America's Future (NCTAF). (2003). *No dream denied: A pledge to America's children*. New York: Author.

National Council on Education Standards and Testing (NCEST). (1992). *Raising standards for American education*. Washington, DC: Government Printing Office.

National Education Goals Panel (NEGP). (1998). *The National Education Goals report: Building a nation of learners, 1998*. Washington, DC: U.S. Government Printing Office.

National Education Goals Panel (NEGP). (1999). *Reading achievement state by state, 1999*. Washington, DC: U.S. Government Printing Office.

National Science Foundation. (2008). *Survey of earned doctorates*. Washington, DC: Author.

Natriello, G., McDill, E. L., & Pallas, A. M. (1990). *Schooling disadvantaged children: Racing against catastrophe*. New York: Teachers College Press.

Neault, N., Cook, J. T., Morris, V., & Frank, D. A. (2005, August). *The real cost of a healthy diet: Healthful foods are out of reach for low-income families in Boston, Massachusetts*. Boston: Boston Medical Center, Department of Pediatrics.

Nelson, N., & Weinbaum, E. (2006). *Federal education policy and the states, 1945–2004: A brief synopsis*. Albany: New York State Archives.

New America Foundation. (2008). *Federal education budget project*. Retrieved January 25, 2009, http://www.newamerica.net/education_budget_project/state_per_pupil_expenditures.

New America Foundation. (2008b). Within District Comparability Requirement. Retrieved January 29, 2009, from http://www.newamerica.net/programs/education_policy#.

New Jersey Department of Education. (2006, July 7). *New Jersey's plan for meeting the highly qualified teacher goal*. Submitted to the U.S. Department of Education. Retrieved August 20, 2008, from http://liberty.state.nj.us/education/data/hqt/06/plan.pdf.

New Teacher Project. (2009). *The widget effect: Our national failure to acknowledge and act on differences in teacher effectiveness*. New York: Author.

New York City Division of Assessment and Accountability. (2001). *An examination of the relationship between higher standards and students dropping out*. Flash research report #5. New York: Author.

New York City Public Schools. (1994, February 22). *School profile and school performance in relation to minimum standards, 1992–1993*. New York: New York City Public Schools.

Newmann, F. M., Marks, H. M., & Gamoran, A. (1995). Authentic pedagogy: Standards that boost performance. *American Journal of Education, 104*(4), 280–312.

Newmann, F. M., & Wehlage, G. G. (1995). *Successful school restructuring: A report to the public and educators*. Madison, WI: Center on Organization and Restructuring of Schools.

Newmann, F. M., & Wehlage, G. G. (1997). *Successful school restructuring: A report to the public and educators by the Center on Organization and Restructuring of Schools*. Madison, WI: Document Service, Wisconsin Center for Education Research.

Ng, P. T. (2008). Educational reform in Singapore: From quantity to quality. *Education Research on Policy and Practice, 7*, 5–15.

Nieto, S. (1992). *Affirming diversity*. New York: Longman.

Nieto, S., & Rolon, C. (1996). The preparation and professional development of teachers: A perspective from two Latinas. In J. J. Irvine (Ed.), *Defining the knowledge base for urban teacher education*. Atlanta, GA: CULTURES, Emory University.

Noguera, P. (2008). *The trouble with black boys . . . and other reflections on race, equity, and the future of public education*. San Francisco: Jossey-Bass.

Oakes, J. (1992). Can tracking research inform practice? Technical, normative, and political considerations. *Educational Researcher, 21*(4), pp. 12–21.

Oakes, J. (1990). *Multiplying inequalities: The effects of race, social class, and tracking on opportunities to learn mathematics and science*. Santa Monica, CA: The RAND Corporation.

Oakes, J. (1986). Tracking in secondary schools: A contextual perspective. *Educational Psychologist, 22*, 129–154.

Oakes, J. (1985). *Keeping track.* New Haven: Yale University Press.

Oakes, J. (1993). *Ability grouping, tracking, and within-school segregation in the San Jose Unified School District.* Los Angeles: UCLA.

Oakes, J. (2003). *Education inadequacy, inequality, and failed state policy: A synthesis of expert reports prepared for* Williams v. State of California. Retrieved July 30, 2008, from http://www. decentschools.org/expert_reports/oakes_report.pdf.

Oakes, J. (2004). Investigating the claims in *Williams v. State of California:* An unconstitutional denial of education's basic tools? *Teachers College Record, 106*(10), 1889–1906.

Oakes, J. (2005). *Keeping track: How schools structure inequality* (2nd ed). New Haven, CT: Yale University Press.

Oakes, J., and Lipton, M. (1990). *Making the best of schools: A handbook for parents, teachers, and policy-makers.* New Haven, CT: Yale University Press.

Oakes, J., Rogers, J., Silver, D., Valladares, S., Terriquez, V., McDonough, P., Renée, M., & Lipton, M. (2006). *Removing the roadblocks: Fair college opportunities for all California students.* Los Angeles: University of California/All Campus Consortium for Research Diversity & UCLA Institute for Democracy, Education, and Access.

O'Day, J. A. (2002). Complexity, accountability, and school improvement. *Harvard Educational Review, 72*(3), 5, 293–329.

O'Day, J.A., & Smith, M.S. (1993). Systemic school reform and educational opportunity. In S. Fuhrman (Ed.), *Designing coherent education policy: Improving the system.* San Francisco: Jossey-Bass.

Odell, S. J., & Ferraro, D. P. (1992). Teacher mentoring and teacher retention. *Journal of Teacher Education, 43*(3), 200–204.

Olebe, M. (2001). A decade of policy support for California's new teachers: The beginning teacher support and assessment program. *Teacher Education Quarterly, 10*(2), 9–21.

Olsen, L. (1997). *Made in America: Immigrant students in our public schools.* New York: New Press.

Olson, L. (2001). Quality counts 2001: A better balance. *Education Week, 20*(16), 3.

Orfield, G. (2001). *Schools more separate: Consequences of a decade of resegregation.* Cambridge, MA: The Civil Rights Project, Harvard University.

Orfield, G., & Ashkinaze C. (1991). *The closing door: Conservative policy and Black opportunity* (p. 139). Chicago: University of Chicago Press.

Orfield, G., & Lee, C. (2005). *Why segregation matters: Poverty and educational inequality.* Cambridge, MA: The Civil Rights Project, Harvard University.

Orfield, G. F., Monfort, F., & Aaron, M. (1989). *Status of school desegregation: 1968–1986.* Alexandria, VA: National School Boards Association.

Organisation for Economic Cooperation and Development (OECD). (2004). *Completing the foundation for lifelong learning: An OECD survey of upper secondary schools.* Paris: Author.

Organisation for Economic Cooperation and Development (OECD). (2005). *Education at a glance: OECD indicators, 2005.* Paris: Author.

Organisation for Economic Cooperation and Development (OECD). (2006). *Education at a glance: OECD indicators, 2006.* Paris: Author.

Organisation for Economic Cooperation and Development (OECD). (2008). *Education at a glance: OECD indicators, 2007.* Paris: Author.

Organisation for Economic Cooperation and Development (OECD). (2007). *Programme for International Student Assessment 2006: Science competencies for tomorrow's world.* Paris: Author. Retrieved August 14, 2009, from: http://nces.ed.gov/surveys/pisa/index.asp.

Ostrowski, P. (1987, November). *Twice in one grade—A false solution. A review of the pedagogical practice of grade retention in elementary schools: What do we know? Should the practice continue?* ERIC # ED300119.

Packard, R., & Dereshiwsky, M. (1991). *Final quantitative assessment of the Arizona career ladder pilot-test project*. Flagstaff: Northern Arizona University.

Pang, M. (2006). The use of learning study to enhance teacher professional learning in Hong Kong. *Teaching Education, 17*(1), 27–42.

Parents Involved in Community Schools v. Seattle School District No. 1 (2007). 127 S. Ct. 2738 (June 28, 2007), decided together with *Meredith v. Jefferson County Board of Education*.

Partnership for 21st Century Skills. (2008). *Twenty-first century skills, education, and competitiveness: A resource and policy guide*. Tucson, AZ: Author.

Paterson Institute. (1996). *The African American data book*. Reston, VA: Paterson Institute.

Pearson, P. D. (2004). The reading wars. *Educational Policy, 18*(1), 216–252.

Pecheone, R. L., & Chung, R. R. (2006). Evidence in teacher education: The performance assessment for California teachers (PACT). *Journal of Teacher Education, 57*(1), 22–36.

Pelavin, S. H., & Kane, M. (1990). *Changing the odds: Factors increasing access to college*. New York: College Entrance Examination Board.

Pedulla, J. J., Abrams, L. M., Madaus, G. F., Russell, M. K., Ramos, M. A., & Miao, J. (2003). *Perceived effects of state-mandated testing programs on teaching and learning: Findings from a national survey of teachers*. Boston: National Board on Testing and Public Policy, Boston College.

Penuel, W., Fishman, B., Yamaguchi, R., & Gallagher, L. (2007, December). What makes professional development effective? Strategies that foster curriculum implementation. *American Educational Research Journal, 44*(4), 921–958.

Peterson, P. (1989). Remediation is no remedy. *Educational Leadership, 46*(60), 24–25.

Petterson, A. (2008). *The National Tests and National Assessment in Sweden*. Stockholm, Sweden: Stockholm Institute for Education. PRIM gruppen. Retrieved May 31, 2008, from http://www.prim.su.se/artiklar/pdf/Sw_test_ICME.pdf.

Petition of Harry Briggs et al. to Board of Trustees of School District #22, Clarendon County, November 11, 1949. Retrieved February 10, 2009, from http://www.palmettohistory.org/exhibits/briggs/pages/Briggs4.htm.

Pew Center on the States. (2008). *One in 100: Behind bars in America 2008*. Washington, DC: Pew Charitable Trusts.

Pillsbury, W. B. (1921, January). Selection—An unnoticed function of education. *Scientific Monthly, 12*, p. 71.

Pogodzinski, J. M. (2000). *The teacher shortage: Causes and recommendations for change*. San Jose, CA: Department of Economics, San Jose State University.

Policy Analysis for California Education (PACE). (2000). *Crucial issues in California education 2000: Are the reform pieces fitting together?* Berkeley: University of California at Berkeley, PACE.

Popham, W. J. (1999). Why standardized test scores don't measure educational quality. *Educational Leadership, 56*(6), 8–15.

Poplin, M., & Weeres, J. (1992). *Voices from the inside: A report on schooling from inside the classroom*. Claremont, CA: The Institute for Education in Transformation, Claremont Graduate School.

Powell, A. G., Farrar, E., & Cohen, D. K. (1985). *The shopping mall high school*. Boston: Houghton Mifflin.

Prison nation. (2008, March). *New York Times*. Editorial. Retrieved March 28, 2008, from http://www.nytimes.com/2008/03/10/opinion/10mon1.html?_r=1&scp=1&sq=%22prison+nation%22&st=nyt&oref=slogin.

Quality Assurance Division of the Education Bureau. (2008). *Performance indicators for Hong Kong schools, 2008, with evidence of performance*. Retrieved September 12, 2008, from http://www.edb.gov.hk/FileManager/EN/Content_6456/pi2008%20eng%205_5.pdf.

Ravitch, D. (2002, August 12). *A visit to a core knowledge school*. Retrieved May 12, 2009, from http://www.hoover.org/pubaffairs/dailyreport/archive/2856501.html.

Ravitch, D. (2009). What about 21st-century skills? *Education Week.* Retrieved May 9, 2009, from htpp://blog.edweek.org/edweek/Bridging-Differences/2009/03/what_about_21st_century_skills.html.

Raymond, M. (2003). Expert report filed in *Williams v. California.* Retrieved March 20, 2009, from http://www.decentschools.org/expert_reports/raymond_report.pdf.

Rebell, M. A. (2007). Poverty, "meaningful" educational opportunity, and the necessary role of the courts. *North Carolina Law Review, 85,* 1467–1480.

Resnick, L. B. (1987). *Education and learning to think.* Washington, DC: National Academy Press.

Reynolds, A., & Temple, J. (2006). Economic returns of investments in preschool education. In E. Zigler, W. S. Gilliam, & S. M. Jones. (Eds.), *A vision for universal preschool education* (pp. 37–68). New York: Cambridge University Press.

Richland County v. Campbell, 364 S.E.2d 470 (S.C. 1888).

Rivkin, S. G., Hanushek, E. A., & Kain, J. F. (2000). Teachers, schools, and academic achievement. Cambridge, MA: National Bureau of Economic Research, Working Paper No. 6691 (revised).

Robinson, H. S. (1984). The M Street School, Records of the Columbia Historical Society of Washington, D.C., Vol. LI (1984), 122. In Thomas Sowell, *The education of minority children.* Retrieved August 10, 2008, from http://www.tsowell.com/speducat.html#copy.

Rochkind, J., Ott, A., Immerwahr, J., Doble, J., & Johnson, J. (2007). *Lessons learned: New teachers talk about their jobs, challenges, and long-range plans: A report from the National Comprehensive Center for Teacher Quality and Public Agenda.* New York: Public Agenda.

Rock, D. A., Hilton, T. L., Pollack, J., Ekstrom, R. B., & Goertz, M. E. (1985). *A study of excellence in high school education: Educational policies, school quality, and student outcomes.* Washington, DC: National Center for Education Statistics.

Roderick, M., Bryk, A., Jacob, B., Easton, J., & Allensworth, E. (1999). *Ending social promotion: Results from the first two years.* Chicago: Consortium on Chicago School Research.

Rodriguez et al. v. Los Angeles Unified School District, Superior Court of the County of Los Angeles #C611358. Consent decree filed August 12, 1992.

Rogers, J. (2007). Constructing success: Accountability, public reporting, and the California high school exit exam. *Santa Clara Law Review, 47,* 755–780.

Rosenbaum, J. (1976). *Making inequality: The hidden curriculum of high school tracking.* New York: Wiley.

Rothstein, R. (2004). *Class and schools: Using social, economic and educational reform to close the Black-White achievement gap.* Washington, DC: Economic Policy Institute.

Rothstein, R., Jacobsen, R., & Wilder, T. (2008). *Grading education: Getting accountability right.* New York: Teachers College Press.

Roza, M., & Hill, P. T. (2004). How within-district spending inequities help some schools to fail. *Brookings papers on education policy.* Washington, DC: Brookings Institution.

Rumberger, R. W. (2007, July 12). Seeking solutions to dropout crisis. *Sacramento Bee,* Editorials Section, p. B7. Retrieved April 1, 2008, from http://www.sacbee.com/110/story/268222.html.

Rumberger, R. W., & Larson, K. A. (1998). Student mobility and the increased risk of high school dropout. *American Journal of Education, 107*(1), 1–35.

Rumberger, R. W., & Palardy, G. J. (2005). Does resegregation matter? The impact of social composition on academic achievement in Southern high schools. In John Charles Boger & Gary Orfield (Eds.), *School resegregation: Must the South turn back?* (pp. 127–147). Chapel Hill: The University of North Carolina Press.

Russell, M., & Abrams, L. (2004). Instructional uses of computers for writing: The impact of state testing programs. *Teachers College Record, 106*(6), 1332–1357.

Rustique-Forrester, E. (2005). Accountability and the pressures to exclude: A cautionary tale from England. *Education Policy Analysis Archives.* Retrieved August 14, 2009, from http://epaa.edu/epaa/v13n26/.

Ryan, S., & Ackerman, D. (2004). *Creating a qualified preschool teaching workforce, part 1: Getting qualified: A report on the efforts of preschool teachers in New Jersey's Abbott districts to improve their qualifications.* New Brunswick, NJ: National Institute for Early Education Research.

Sable, J., & Hoffman, L. (2005). *Characteristics of the 100 largest public elementary and secondary school districts in the United States: 2002–03.* U.S. Department of Education, National Center for Education Statistics. Washington, DC: U.S. Government Printing Office.

Safer, D. (1986). The stress of secondary school for vulnerable students. *Journal of Youth and Adolescence, 15*(5), 405–417.

Sahlberg, P. (2007). Education policies for raising student learning: The Finnish approach. *Journal of Education Policy, 22*(2), 147–171.

Sahlberg, P. (2009). Educational change in Finland. In A. Hargreaves, M. Fullan, A. Lieberman, & D. Hopkins (Eds.), *International Handbook of Educational Change* (pp. 1–28). The Netherlands: Kluwer Academic Publishers.

Salleh, H. (2006). Action research in Singapore education: constraints and sustainability. *Educational Action Research, 14*(4), 513–523.

San Antonio Independent School District v. Rodriguez. 411 U.S. 1 1973.

Sanders, W. L., & Rivers, J. C. (1996). *Cumulative and residual effects of teachers on future academic achievement.* Knoxville: University of Tennessee Value-Added Research and Assessment Center.

Sato, M. (2000, April). The National Board for Professional Teaching Standards: Teacher learning through the assessment process. Paper presented at the Annual Meeting of American Educational Research Association. New Orleans, LA.

Sato, M., Wei, R. C., & Darling-Hammond, L. (2008). Improving teachers' assessment practices through professional development: The case of national board certification. *American Educational Research Journal, 45*, pp. 669–700.

Saxe, G., Gearhart, M., & Nasir, N. S. (2001). Enhancing students' understanding of mathematics: A study of three contrasting approaches to professional support. *Journal of Mathematics Teacher Education, 4*, 55–79.

Schmidt, W. H., Wang, H. C., & McKnight, C. (2005). Curriculum coherence: An examination of U.S. mathematics and science content standards from an international perspective. *Journal of Curriculum Studies, 37*(5), 525–559.

Schoenfeld, A. (2004). The math wars. *Educational Policy, 18*(1), 253–286.

Schoenfeld, A. (2008). Teaching mathematics for understanding. In L. Darling-Hammond (Ed.), *Powerful learning: What we know about teaching for understanding.* San Francisco: Jossey-Bass.

Schott Foundation. (2009). National Opportunity to Learn campaign. Boston: Author. Retrieved May 30, 2009, from http://www.schottfoundation.org/funds/otl.

Schrag, P. (1999). *Paradise lost: California's experience, America's future.* Berkeley: University of California Press.

Schwartz, M. S., Sadler, P. M., Sonnert, G., & Tai, R. H. (2009). Depth versus breadth: How content coverage in high school science courses relates to later success in college science coursework. *Science Education.* Retrieved March 11, 2009, from http://www.interscience.wiley.com.

Schweinhart, L. J., Montie, J., Xiang, Z., Barnett, W. S., Belfield, C. R., & Nores, M. (2005). *Lifetime effects: The High/Scope Perry Preschool study through age 40.* (Monographs of the High/Scope Educational Research Foundation, 14). Ypsilanti, MI: High/Scope Press.

Sciences Education Foundation. (2004). Briefing regarding the January 16, 2004 draft criteria for evaluating K–8 instructional materials for California's students. Retrieved March 22, 2009, from *http://www.sci-ed-ga.org/standards/9page-briefing.doc.*

Senge, P. M. (1990). *The fifth discipline: The art and practice of the learning organization.* New York: Doubleday.

Seth, M. (2005). *Korean education: A philosophical and historical perspective.* In Kim-Renaud, Y., Grinker, R., & Larsen K. (Eds.), *Korean education.* Washington, DC: The George Washington University.

Shapiro, M. (1993). *Who will teach for America?* Washington, DC: Farragut Publishing.

Shepard, L. A. (2000). The role of assessment in a learning culture. *Educational Researcher, 29*(7), 4–14.

Shephard, L., & Smith, M. L. (1986). Synthesis of research on school readiness and kindergarten retention. *Educational Leadership, 44*(3), 86.

Shields, P. M., Humphrey, D. C., Wechsler, M. E., Riel, L. M., Tiffany-Morales, J., Woodworth, K., Youg, V. M., & Price, T. (2001). *The status of the teaching profession 2001.* Santa Cruz, CA: The Center for the Future of Teaching and Learning.

Shulman, L. S. (1983). Autonomy and obligation: The remote control of teaching. In L. S. Shulman & G. Sykes (Eds.), *Handbook of teaching and policy.* New York: Longman.

Schofield, J. W. (1995). Review of research on school desegregation's impact on elementary and secondary school students. In J. A. Banks & C. A. M. Banks (Eds.), *Handbook of research on multicultural education* (pp.799–812). New York: Simon & Schuster Macmillan.

Silard, J., & Goldstein, B. (1974, July). Toward abolition of local funding in public education. *Journal of Law and Education, 3*, p. 324.

Silva, E. (2008). *The Benwood Plan: A lesson in comprehensive teacher reform.* Washington, DC: Education Sector.

Singapore Examinations and Assessment Board. (2006). *2006 A-level examination.* Singapore: Author.

Singapore Ministry of Education. (2007). Mission statement from the Ministry of Education website. Retrieved August 25, 2008, from http://www.moe.gov.sg/corpora/mission_statement.htm.

Skilbeck, M., & Connell, H. (2003). *Attracting, developing and retaining effective teachers: Australian country background report.* Canberra: Commonwealth of Australia.

Slavin, R. E. (1990). Achievement effects of ability grouping in secondary schools: A best evidence synthesis. *Review of Educational Research, 60* (3), 471–500.

Smith, F. (1986). *High school admission and the improvement of schooling.* New York: New York City Board of Education.

Smith, L. (2008). *Schools that change: Evidence-based improvement and effective change leadership.* Thousand Oaks, CA: Corwin Press.

Smith, M. L. (1991). Put to the test: The effects of external testing on teachers. *Educational Researcher, 20*(5), 8–11.

Smith, M. L., & Shepard, L. A. (1987). What doesn't work: Explaining policies of retention in the early grades. *Phi Delta Kappan, 69*(2), 129–134.

Smith, T., Gordon, B., Colby, S., & Wang, J. (2005). *An examination of the relationship of the depth of student learning and National Board Certification status.* Boone, NC: Office for Research on Teaching, Appalachian State University.

Smith, T. M., & Ingersoll, R. M. (2004). What are the effects of induction and mentoring on beginning teacher turnover? *American Educational Research Journal, 41*(3), 681–714.

Snow-Renner, R., & Lauer, P. (2005). *Professional development analysis.* Denver: Mid-Content Research for Education and Learning.

Snyder, J. (2000). Knowing children, understanding teaching: The Developmental Teacher Education Program at the University of California–Berkeley. In L. Darling-Hammond (Ed.), *Studies of excellence in teacher education: Preparation at the graduate level* (pp. 97–172). Washington, DC: American Association of Colleges for Teacher Education.

Solomon, L., White, J. T., Cohen, D., & Woo, D. (2007). *The effectiveness of the Teacher Advancement Program.* National Institute for Excellence in Teaching.

Spuhler, L., & Zetler, A. (1995). *Montana beginning teacher support program: Final report.* Helena: Montana State Board of Education.

Sonstelie, J., Brunner, E., & Ardon, K. (2000). *For better or for worse? School finance reform in California.* San Francisco: Public Policy Institute of California.

Southeast Center for Teaching Quality. (2003, December 3–5). *Teacher Leaders Network conversation: No Child Left Behind.* Retrieved July 25, 2007, from http://www.teacherleaders.org/old_site/Conversations/NCLB_chat_full.pdf.

Southeast Center for Teacher Quality. (2004). High-stakes accountability in California: A view from the teacher's desk. *Teaching Quality RESEARCH MATTERS, 12*, 1–2. Retrieved September 2, 2004, from http://www.teachingquality.org/ResearchMatters/issues/2004/issue12-Aug2004.pdf.

Spring, J. (1997). *Deculturalization and the struggle for equity* (2nd ed.). New York: McGraw-Hill.

Springfield Education Association and Springfield Finance Control Board/Springfield School Committee (2006, October 10). Ch. 71, Sec. 38 Arbitration decision in Arbitration over Teacher Performance Standards.

Stage, E. K. (2005, Winter). Why do we need these assessments? *Natural Selection: Journal of the BSCS*, 11–13.

Stansbury, K., & Zimmerman, J. (2000), *Lifelines to the classroom: Designing support for beginning teachers*. San Francisco: WestEd.

Statistics Finland. (2007). *Education*. Retrieved December 30, 2007, from http://www.stat.fi/til/kou_en.html.

Stecher, B., Baron, S., Chun, T., & Ross, K. (2000). *The effects of the Washington state education reform on schools and classroom* (CSE Technical Report). Los Angeles: UCLA National Center for Research on Evaluation, Standards, and Student Testing.

Stecher, B. M., Barron, S., Kaganoff, T., & Goodwin, J. (1998). The effects of standards-based assessment on classroom practices: Results of the 1996–97 RAND Survey of Kentucky Teachers of Mathematics and Writing (CSE Technical Report 482). Los Angeles: Center for Research on Evaluation, Standards, and Student Testing.

Steele, C. M., Spencer, S., & Aronson, J. (2003). Contending with group image: The psychology of stereotype and social identity threat. In M. Zanna (Ed.), *Advances in experimental social psychology* (Vol. 34, pp. 379–440). New York: Academic Press.

Stevens, R. J., & Slavin, R. E. (1995). The cooperative elementary school: Effects on students' achievement, attitudes, and social relations. *American Educational Research Journal, 32*, 321–351.

Stevenson, H., & Lee, S. Y. (1998). *The educational system in Japan: Case study findings*. Washington, DC: Office of Educational Research and Improvement, U.S. Department of Education. Retrieved June 27, 2008, from http://www.ed.gov/pubs/JapanCaseStudy/title.html.

Stevenson, H. W. (1992, December). Learning from Asian schools. *Scientific American*, *267*, 66, 70–76.

Stigler, J. W., & Hiebert, J. (1999). *The teaching gap: The best ideas from the world's teachers for improving education in the classroom*. New York: Free Press.

Stigler, J. W., & Stevenson, H. W. (1991, Spring). How Asian teachers polish each lesson to perfection. *American Educator*, pp. 12–20, 43–47.

Stotsky, S. (1998). Analysis of Texas reading tests, grades 4, 8, and 10, 1995–1998. Report prepared for the Tax Research Association. Retrieved September 21, 2009, from http://www.educationnews.org/analysis_of_the_texas_reading_te.htm.

Strahan, D. (2003). Promoting a collaborative professional culture in three elementary schools that have beaten the odds. *The Elementary School Journal, 104*(2), 127–133.

Strauss, R. P. and Sawyer, E. A. (1986). Some new evidence on teacher and student competencies. *Economics of Education Review, 5*(1), 41–48.

Strickland, D. S. (1985). Early childhood development and reading instruction. In C. Brooks (Ed.), *Tapping potential: English and language arts for the black learner* (pp. 88–101). Washington, DC: National Council of Teachers of English.

Strickland, D. S. (1995). Reinventing our literacy programs: Books, basics, balance. *Reading Teacher, 48*(4), 294–302.

Strupp, H. (2009, March 27). Solving California's prison crisis requires smarter approach. *New America Media*, Commentary. Retrieved April 4, 2009, from http://news.newamericamedia.org/news/view_article.html?article_id=4fe07cee4026189e000b3ba688db867d&from=rss.

Supovitz, J. A., & Christman, J. B. (2003, November). *Developing communities of instructional practice: Lessons from Cincinnati and Philadelphia* (CPRE Policy Briefs RB-39). Philadelphia: University of Pennsylvania, Graduate School of Education.

Supovitz, J. A., Mayer, D. P., & Kahle, J. B. (2000). Promoting inquiry based instructional practice: The longitudinal impact of professional development in the context of systemic reform. *Educational Policy, 14*(3), 331–356.

Swanson, Beverly B. (1991). An overview of the six national education goals. *Eric Digest,* ED334714. Retrieved May 21, 2009, from http://www.ericdigests.org/pre-9220/six.htm.

Takahashi, A., Watanabe, T., & Yoshida, M. (2004). *Elementary school teaching guide for the Japanese course of study: Arithmetic (Grades 1–6).* Madison, NJ: Global Education Resources.

Talbert, J. E. (1990). *Teacher tracking: Exacerbating inequalities in the high school.* Stanford, CA: Center for Research on the Context of Secondary Teaching, Stanford University.

Taylor, C. (1997). Does money matter? An empirical study introducing resource costs and student needs to educational production function analysis. In *Developments in School Finance.* Washington, DC: U.S. Department of Education. Retrieved on August 14, 2009, from http://nces.ed.gov/pubs98/dev97/98212g.asp.

Taylor, W. L., & Piche, D. M. (1991). *A report on shortchanging children: The impact of fiscal inequity on the education of students at risk.* Prepared for the Committee on Education and Labor, US House of Representatives. Washington, DC: U.S. Government Printing Office.

Terman, L. M., Dickson, Virgil E., Sutherland, A. H., Franzen, Raymond H., Tupper, C. R., & Fernald, Grace. (1922). *Intelligence tests and school reorganization.* Yonkers, NY: World Book.

Tharman, S. (2005a). Parliamentary reply by Mr. Tharman Shanmugaratnam, Minister for Education, at the Singapore Parliament, 9 March.

Tharman, S. (2005b). Achieving quality: Bottom up initiative, top down support. Speech by Mr. Tharman Shanmugaratnam, Minister for Education, at the MOE Work Plan Seminar 2005 at the Ngee Ann Polytechnic Convention Centre, Singapore.

The California prison disaster. (2008, October 28). *New York Times.* Retrieved April 4, 2009, from http://www.nytimes.com/2008/10/25/opinion/25sat1.html.

Theobald, N. D. (1990). An examination of the influences of personal, professional, and school district characteristics on public school teacher retention. *Economics of Education Review, 9*(3), 241–250.

Theobald, N. D., & Gritz, R. M. (1996). The effects of school district spending priorities on the exit paths of beginning teachers leaving the district. *Economics of Education Rreview, 15*(1), 11–22.

Thompson, C. L. & Zeuli, J. S. (1999). The frame and the tapestry: Standards-based reform and professional development. In L. Darling-Hammond and G. Sykes (Eds.), *Teaching as the learning profession: A handbook of policy and practice* (pp. 341–375). San Francisco: Jossey-Bass.

Trimble, K., & Sinclair, R. L. (1986). *Ability grouping and differing conditions for learning: An analysis of content and instruction in ability-grouped classes.* Paper presented at the annual meeting of the American Educational Research Association, San Francisco.

Tripp, D. (2004). Teachers' networks: a new approach to the professional development of teachers in Singapore. In C. Day & J. Sachsm (Eds.), *International handbook on the continuing professional development of teachers* (pp. 191–214). Maidenhead, UK: Open University Press.

Tsuneyoshi, R. (2005). Teaching for "thinking" in four nations: Singapore, China, the United States, and Japan. In M. Kaneko (Ed.), *Core academic competences: Policy issues and educational reform.* Tokyo: University of Tokyo, Center for Research of Core Academic Competences.

Tyack, D. B. (1974). *The one best system: A history of American urban education.* Cambridge, MA: Harvard University Press.

UNICEF. (2001). *A league table of child deaths by injury in rich nations. Innocenti Report Card 2.* Florence: UNICEF, Innocenti Research Centre.

U.S. Bureau of the Census. (1992). *Statistical abstract of the United States: 1992* (112th ed.). Washington, DC: U.S. Department of Commerce.

U.S. Bureau of the Census. (1996). *Statistical abstract of the United States: 1996* (116th ed.). Washington, DC: U.S. Department of Commerce.

U.S. Bureau of the Census. (2001). *School enrollment—Social and economic characteristics of students: October 2000* (Current Population Reports P20-533). Retrieved June 10, 2008, from http://www.census.gov/population/www/socdemo/school.html.

U.S. Bureau of the Census. (2004). *Statistical abstract of the United States: 1992* (112th ed.). Washington, DC: U.S. Department of Commerce.

U.S. Bureau of the Census. (2005). *Current population reports*, Series P-20; Current Population Survey, March 1990 through March 2005. Washington, DC: U.S. Department of Commerce.

U.S. Bureau of the Census. (2006). *Poverty status of people, by age, race, and Hispanic origin: 1959–2006*. Washington, DC: U.S. Department of Commerce.

U.S. Conference of Mayors. (2004). *Status on hunger and homelessness in America's cities*. Washington, DC: Author.

U.S. Department of Agriculture (2004). *Hunger and homelessness fact sheet*. Retrieved August 14, 2009, from http://www.fsuhabitat.org/hunger.html.

U.S. Department of Education. (2002, June). *Meeting the highly qualified teachers challenge: The secretary's annual report on teacher quality*. Washington, DC: U.S. Department of Education, Office of Postsecondary Education.

U.S. Department of Education. (2003). *2000 Elementary and secondary school civil rights*. Washington, DC: Author.

U.S. Department of Labor. (2006). *Number of jobs held, labor market activity, and earnings growth among the youngest baby boomers: Results from a longitudinal survey*. Washington, DC: Bureau of Labor Statistics. Retrieved September 22, 2007, from http://www.bls.gov/news.release/pdf/nlsoy.pdf.

Useem, E. L. (1990). You're good, but you're not good enough: Tracking students out of advanced mathematics. *American Educator, 14*(3), 24–27, 43–46.

Usiskin, Z. (1987). Why elementary algebra can, should, and must be an eighth grade course for average students. *Mathematics Teacher*, 80, pp. 428–438.

Valverde, G. A., & Schmidt, W. H. (2000). Greater expectations: Learning from other nations in the quest for "world-class standards" in U.S. school mathematics and science. *Journal of Curriculum Studies, 32*(5), 651–687.

Vandevoort, L. G., Amrein-Beardsley, A., & Berliner, D. C. (2004). National Board Certified teachers and their students' achievement. *Education Policy Analysis Archives, 12*(46), 117.

Van Lier, P. (2008). *Learning from Ohio's best teachers*. Cleveland, OH: Policy Matters.

Varian, H., & Lyman, P. (2003). *How much information?* UC Berkeley School of Information Management & Systems (SIMS). Retrieved September 22, 2007, from www2.sims.berkely.edu/research/projects/how-much-info-2003/printable_report.pdf.

Vasudeva, A., Darling-Hammond, L., Newton, S., & Montgomery, K. (2009). *Oakland unified school district: New small schools initiative evaluation*. Stanford, CA: School Redesign Network at Stanford University.

Verlinden, S., Hersen, M., & Thomas, J. (2000). Risk factors in school shootings. *Clinical Psychology Review, 20*(1), 3–56.

Wagner, T. (2008). *The global achievement gap*. New York: Basic Books.

Walberg, H. (1982). What makes schooling effective. *Contemporary Education: A Journal of Review, 1*, 22–34.

Wald, M., & Losen, D. (2003). *Deconstructing the school to prison pipeline*. San Francisco: Jossey-Bass.

Walsh, K. (2001). *Teacher certification reconsidered: Stumbling for quality*. Baltimore: Abell Foundation. Retrieved October 15, 2001, from: www.abellfoundation.org.

Walsh, K., & Podgursky, M. (2001, November). *Teacher certification reconsidered: Stumbling for quality, A rejoinder.* Baltimore: Abell Foundation.

Wasley, P. A., Fine, M., Gladden, M., Holland, N. E., King, S. P., Mosak, E., & Powell, L. C. (2000). *Small schools: Great strides; a study of new small schools in Chicago.* New York: Bank Street College of Education.

Wasserman, J. (1999, September 2). 21,000 kids left back: Record number to repeat; social promotion ends. *New York Daily News.*

Watson, B. C. (1996). *Testing: Its origins, use and misuse.* Philadelphia: Urban League of Philadelphia.

Wehlage, G., Smith, G., Rutter, R., & Lesko, N. (1989). *Reducing the risk: Schools as communities of support.* New York: Falmer Press.

Wei, R. C., Andree, A., & Darling-Hammond, L. (2009). How nations invest in teachers, *Educational Leadership, 66*(5), 28–33.

Wenglinsky, H. (2000). *Teaching the teachers: Different settings, different results.* Princeton, NJ: Policy Information Center, Educational Testing Service.

Wenglinsky, H. (2002). How schools matter: The link between teacher classroom practices and student academic performance. *Education Policy Analysis Archives, 10*(12). Retrieved August 14, 2009, http://epaa.asu.edu/epaa/v10n12/.

Westbury, I., Hansen, S.-E., Kansanen, P., & Björkvist, O. (2005). Teacher education for research-based practice in expanded roles: Finland's experience. *Scandinavian Journal of Educational Research, 49*(5), 475–485.

Western, B., Schiraldi, V., & Ziedenberg, J. (2003). *Education & incarceration.* Washington, DC: Justice Policy Institute. Retrieved March 28, 2008, from http://www.justicepolicy.org/images/upload/0308_REP_EducationIncarceration_AC-BB.pdf.

Wheelock, A. (1992). *Crossing the tracks.* New York: The New Press.

Wheelock, A. (2003). *School awards programs and accountability in Massachusetts: Misusing MCAS scores to assess school quality.* Retrieved May 30, 2005, from http://www.fairtest.org/arn/Alert%20June02/Alert%20Full%20Report.html.

Williams et al. v. State of California. (2000). Superior Court of the State of California, complaint filed June, 2000.

Wilson, M., & Hallum, P. J. (2006). *Using student achievement test scores as evidence of external validity for indicators of teacher quality: Connecticut's Beginning Educator Support and Training Program.* Berkeley, CA: University of California at Berkeley.

Wilson, S. (1990). A conflict of interests: Constraints that affect teaching and change. *Educational Evaluation and Policy Analysis*, 12(3), pp. 309–326.

Wilson, S. M., Darling-Hammond, L., & Berry, B. (2001). *Teaching policy: Connecticut's long-term efforts to improve teaching and learning.* Seattle: Center for the Study of Teaching and Policy, University of Washington.

Wilson, M., & Hallum, P. J. (2006). Using student achievement test scores as evidence of external validity for indicators of teacher quality: Connecticut's Beginning Educator Support and Training Program. Berkeley, CA: University of California at Berkeley.

Wise, A. E. (1968). *Rich schools, poor schools: The promise of equal educational opportunity.* Chicago: University of Chicago Press.

Wise, A. E. (1979). *Legislated learning.* Berkeley: University of California Press.

Wise, A. E., & Gendler, T. (1989). Rich schools, poor schools: The persistence of unequal education. *College Board Review, 151,* 12–17, 36–37.

Wolfe, T. (1987). *The bonfire of the vanities.* New York: Bantam Books.

Woody, E., Buttles, M., Kafka, J., Park, S., & Russell, J. (2004, February). *Voices from the field: Educators respond to accountability.* Retrieved November 19, 2004, from pace.berkeley.edu/ERAP_Report-WEB.pdf.

Woolf, L. (2005). California Political Science Education. Forum on Education of the American Physical Society, Summer 2005 Newsletter. Retrieved March 20, 2009, from http://www.aps.org/units/fed/newsletters/summer2005/woolf.html.

Yoon, K. S., Duncan, T., Lee, S.W.-Y., Scarloss, B., & Shapley, K. (2007). *Reviewing the evidence on how teacher professional development affects student achievement* (Issues & Answers Report, REL 2007–No. 033). Retrieved October 15, 2008, from http://ies.ed.gov/ncee/edlabs/regions/southwest/pdf/REL_2007033.pdf.

Young, V. M., Humphrey, D. C., Wang, H., Bosetti, K. R., Cassidy, L., Wechsler, M. E., Rivera, E., Murray, S., & Schanzenbach, D. W. (2009). *Renaissance schools fund-supported schools: Early outcomes, challenges, and opportunities.* Menlo Park, CA: Stanford Research International and Chicago: Consortium on Chicago School Research. Retrieved May 21, 2009, from http://ccsr.uchicago.edu/publications/RSF%20FINAL%20April%2015.pdf.

Zentner, S. M., & Wiebke, K. (2009, May 11). Using NBCT as a springboard to schoolwide teaching excellence. *Inside the School.* Retrieved May 29, 2009, from http://www.insidetheschool.com/using-nbct-as-a-springboard-to-school-wide-teaching-excellence.

Zigler, E., Gilliam, W. S., & Jones, S. M. (2006). *A vision for universal preschool education.* New York: Cambridge University Press.

书　评

我们非常幸运，琳达·达令－哈蒙德为处于当今这个平面世界的孩子们提供了一个卓越教育的路线图。她深思熟虑地强调了基本的力量——标准、评价、教学等——是我们在这个变化的时代所需要的，并且她概述了为回应 21 世纪的学习需求我们的学校必须做什么。琳达是我最尊敬的教育研究者之一。我很高兴她明确地把公平定为教育我们现在和未来学生的优先项。"所有的孩子"必须意味着一切孩子，这本书告诉我们怎么做。

——理查德·W. 莱利（Richard W. Riley），

美国前教育部长，前南卡罗来纳州州长

当琳达·达令－哈蒙德讲话时，全美国的教师都在听。我听并且向她学习，因为我们共同领导了全国专业教学委员会并建立了教育和美国未来国家委员会。优秀的学校是美国未来经济的关键，优秀的教学是优秀学校的关键。这本书如同警钟，清楚地告诉我们如何组织学校进行成功的教学，以及我们的国家和政策应如何支持成功的教学。

——詹姆斯·B. 亨特（James B. Hunt），

前北卡罗来纳州州长，亨特研究所所长

琳达·达令－哈蒙德为读者提供了一个关于在美国创建我们所需要的学校会付出什么的全面而深刻的解释。除了对当前政策提出有力的批判来解释为什么我们仍然将如此多的孩子落下，她还举了一些经历了更大程度的教育成功的国家的案例，来表明这种政策也应该在这里实行。她的观点清晰而有说服力，她的论点合理，基于证据，不受在当前有关教育的辩论中占主导地位的各种意识形态的党派之争的影响。读完这本书后，一个人将会明白，为什么竞选者奥巴马在寻求有关教育的最尖锐的思想时，会转向琳达·达令－哈蒙德。

——佩德罗·A. 诺格拉（Pedro A. Noguera），博士，

斯坦哈特文化、教育和发展学院彼得·阿格纽教育教授，

纽约大学城市教育中心执行主任

任何想要在美国学生的教育成就上取得巨大飞跃而不是"快速修复"的人都必须解决在这个经过仔细论证和详细记录的工作中出现的问题。

——霍华德·加德纳（Howard Gardner），

哈佛大学教育研究生院，霍布斯认知与教育教授

琳达·达令·哈蒙德再一次清晰地对政治热点问题提出了复杂而深刻的分析，并提出了如何拯救美国公立学校的健全的政策建议。在其中，宏观与微观相遇，让所有具有民主思想的公民叹了一口欣慰的气。

——格洛里亚·兰德森－比林斯（Gloria Ladson–Billings），

威斯康星大学麦迪逊分校，克尔纳家庭城市教育主席

琳达·达令－哈蒙德对这些降低我们教育系统的质量和公平性的问题进行了详尽的描述。在充满激情、扎实的学识和同情心的写作中，她提出了一个改变的愿景：那就是我们有必要为我们的孩子和国家建立一个更好的教育系统和更光明的未来。

——丹妮·里维奇（Diane Ravitch），纽约大学教育研究教授，

著有《伟大的美国学校制度的生死》（*The Death and Life of the Great American School System*）

琳达·达令－哈蒙德的新书是一本非常重要的书。公共教育必须改革

以应对 21 世纪的教学、学习和评估的挑战，她为之提供了强有力的理论基础和清晰详细的线路图。这本书是在一个"平面世界"中的教育工作者、政策制定者和其他关心我们国家未来之人的必读之书。

——托尼·瓦格纳（Tony Wagner），哈佛变革领导小组副主任，

著有《全球成就差距》（ *The Global Achievement Gap* ）

图书在版编目（CIP）数据

平等的教育将如何决定未来 ：平面世界与美国教育 /
（美）琳达·达令 - 哈蒙德著 ；孟梅艳译 . — 北京 ：商
务印书馆，2023
ISBN 978-7-100-19665-9

Ⅰ．①平… Ⅱ．①琳… ②孟… Ⅲ．①教育—研究—
美国 Ⅳ．① G571.2

中国版本图书馆 CIP 数据核字（2022）第 070303 号

平等的教育将如何决定未来：平面世界与美国教育

〔美〕琳达·达令 - 哈蒙德 著

孟梅艳 译

商 务 印 书 馆 出 版
（北京王府井大街 36 号 邮政编码 100710）
商 务 印 书 馆 发 行
艺堂印刷（天津）有限公司印刷
ISBN 978-7-100-19665-9

2023 年 5 月第 1 版　　　　开本 710×1000　1/16
2023 年 5 月第 1 次印刷　　　印张 26
定价：118.00 元